复旦卓越·21世纪汽车类职业教育教材

Qiche Dianqi Shebei Jiegou yu Weixiu

汽车电器设备结构与维修

王宝根 王惠军 主 编

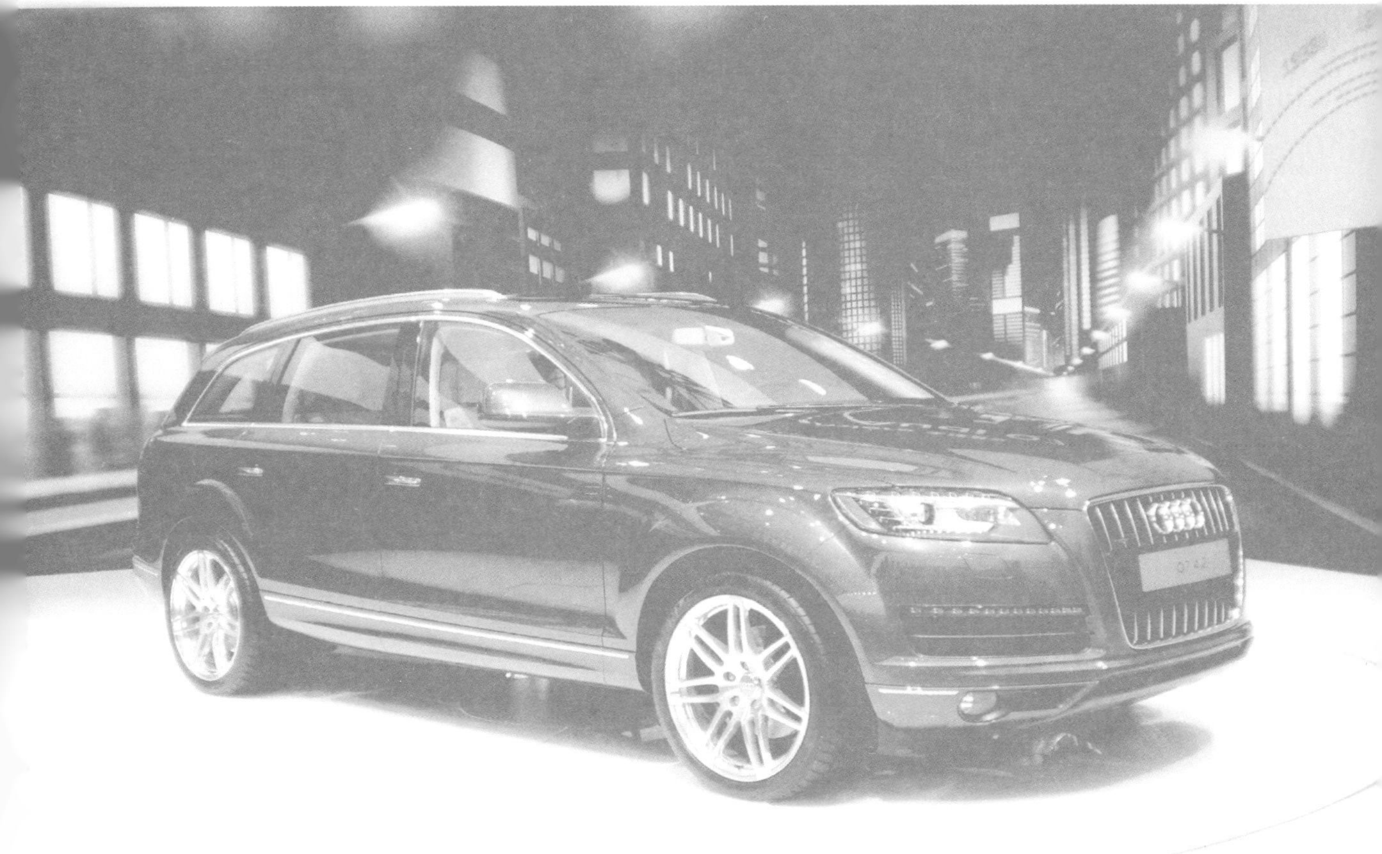

复旦大学 出版社
www.fudanpress.com.cn

编委会主任

雷正光　盛凯　朱国苗　魏荣庆　林原　傅耀祖　李玉明

编委会成员

白小和　陈恒华　陈海明　陈　琳　陈日骏　陈　辉　陈　榕　戴良鸿
段京华　冯学敦　方　铀　方　俊　龚　箭　高建平　葛元昉　顾百钧
黄　红　黄永明　蒋　勇　凌　晨　李　玲　李　芳　李连城　郦　益
罗华洲　潘师安　齐金华　任　贤　沈云华　沈冰武　陶雷进　唐志凌
王宝根　王冬梅　王立志　王　静　王惠军　吴东明　徐广荣　许顺锭
徐华伟　杨李华　印晨曦　殷　吕　杨丽琴　严家国　姚　华　郑　诚
诸鑫炯　张丽华　张　艳　朱　锋　郑健容

Qichedianqishebeijiegouyuweixiu

　　为了贯彻落实国务院、教育部《关于大力发展职业教育的决定》,由上海市教育委员会组织开发编制的《上海市中等职业技术学校汽车运用与维修专业教学标准》已于2006年10月正式颁布。这是实施中职深化课程与教材改革的一项重要举措,旨在建设反映时代特征,具有职业教育特色,品种多样、系列配套、层次衔接,能应对劳动就业市场和满足学生发展多元需要的中等职业教育课程和教材体系。

　　《汽车运用与维修专业教学标准》以"任务引领型"目标为核心,对应当前汽车运用与维修行业的六大工种,设计了6个专门化方向,即汽车维修机工、汽车维修电工、汽车商务、汽车维修钣金工、汽车维修油漆工、汽车装潢美容工。根据此专业标准,汽车运用与维修专业共设34门课程,其中专业核心课程5门,专门化方向课程29门。

　　汽车运用与维修专业课程有5个特征：

　　一是任务引领,即以工作任务引领知识、技能和态度,使学生在完成工作任务的过程中学习专业知识,培养学生的综合职业能力;

　　二是结果驱动,即通过完成典型产品或服务,激发学生的成就动机,使之获得完成工作任务所需要的综合职业能力;

　　三是突出能力,即课程定位与目标、课程内容与要求、教学过程与评价都围绕职业能力的培养,涵盖职业技能考核要求,体现职业教育课程的本质特征;

　　四是内容实用,即紧紧围绕完成工作任务的需要来选择课程内容,不强调知识的系统性,而注重内容的实用性和针对性;

　　五是做学一体,即打破长期以来的理论与实践二元分离的局面,以任务为核心,实现理论与实践一体化教学。

　　为了促进新教材的推广使用,便于边使用边修订,我们整合全国中等职业学校在汽车运用与维修专业方面的优质资源,成立了由相关中等职业学校校长为领导的教材编写委员会,组织各中等职业学校资深的专业教师,并与行业技师相结合来编写教材,以达到忠实体现以"任务引领型"课程为主体的教材改革的理念与思路的目的,保证教材的编写质量。本套教材在积极贯彻落实上海市中等职业技术教育深化课程教材改革任务的同时,也希望能为全国中等职业技术教育的课程教材改革提供案例,为我国职业教育的发展作出自己应有的贡献。

汽车运用与维修专业教材编写委员会
2007年9月

前　言

Qichedianqishebeijiegouyuweixiu

汽车电器设备结构维修，是汽车维修电工必须具备的知识及能力。在传统教学模式中，强调学科的系统化，教学内容多而难，严重脱离实际，不适应学生的学习与发展。目前，根据教育部职业教育教改的精神，以上海市教委发布的汽车运用与维修专业教学改革新教学标准与课程标准为依据，强调以就业为导向，以能力为本位，以岗位需要和职业标准为依据，编写汽车运用与维修电工专业教材，本书为其中之一。

本教材具有以下特点：

1. 以任务驱动、项目引领型课程为主体结构，按照实际工作任务、工作过程和工作情境组织课程。从岗位需求出发，尽早让学生进入工作实践。以工作任务为中心，来整合相应的知识、技能，实现理论与实践的统一。为学生提供体验完整工作过程的学习机会。改变了以前汽车电器设备的系统教学框架结构。

2. 通过图形、表格来展示知识要点，体现了知识结构、技能要求、教学内容弹性化。

3. 为避免把职业能力简单理解为操作技能，注重职业情境中实践智慧的培养，使学生在工作过程中作出判断，采用在活动中培养职业能力的方法。课程内容反映汽车领域的新知识、新技术、工艺和方法。

4. 每个项目着重展示一个基本的知识内容，将理论的知识融入到项目的相关操作中，让学生在操作活动的学习过程中主动地去学习理解，教师在教学过程中可灵活地把握知识点的增删，以适合学生学习，让学生能主动学习，培养学生良好的学习习惯。

5. 建议理论课与实习课的课时比例安排为1∶1，必要时可增加学生实习操作时间。理论知识可根据需要进行增删处理。

建议学时安排如下：

项　　目	理论课时	实训课时
项目一　汽车蓄电池	12	12
项目二　交流发电机	18	18
项目三　汽车起动机	18	18

(续 表)

项　　目	理 论 课 时	实 训 课 时
项目四　点火系	10	10
项目五　灯光与仪表	10	10
项目六　辅助电器	12	12
总　　计	80	80

　　本书由上海市青浦区职业学校王宝根老师和王惠军老师担任主编,参加编写的有王宝根(项目一、项目二、项目三),王惠军(项目四、项目五),仲兵(项目六中的活动五),孙福明(项目六中的活动一至活动四)。全书由王宝根统稿。

　　由于作者的水平有限,对任务驱动、项目引领型教学法的认识有限,书中难免存在错误和不妥之处,恳请读者批评指正。

2009 年 2 月 15 日

目 录

Qichedianqishebeijiegouyuweixiu

项目一　汽车蓄电池 001
- 活动一　识读蓄电池 002
- 活动二　蓄电池的结构 012
- 活动三　蓄电池的工作原理 017
- 活动四　蓄电池的充电 024
- 活动五　蓄电池的性能检测 030
- 活动六　蓄电池的故障及排除 036
- 项目小结 040
- 练习题 040
- 测验试卷 043

项目二　交流发电机 045
- 活动一　发电机的识别 046
- 活动二　发电机的拆卸与安装 052
- 活动三　发电机的分解 059
- 活动四　发电机定子、转子的检测 066
- 活动五　整流器、电刷等元件的检测 071
- 活动六　电压调节器的检测 077
- 活动七　充电电路图的识读 084
- 活动八　发电机技术性能检测 090
- 活动九　发电系的故障诊断与排除 095
- 项目小结 101
- 练习题 101
- 测验试卷 103

项目三　汽车起动机 · 105
活动一　起动机的拆卸工艺 · 106
活动二　起动机的分解 · 111
活动三　起动机的解体检测 · 119
活动四　起动机的不解体检测 · 128
活动五　减速起动机的组装 · 135
活动六　桑塔纳轿车起动电路的连接 · 141
活动七　解放 CA1091 型起动电路连接 · 147
活动八　起动电缆电压降的测试 · 152
活动九　起动系的故障诊断与排除 · 156
项目小结 · 160
练习题 · 161
测验试卷 · 164

项目四　点火系 · 167
活动一　电子点火系的组成 · 168
活动二　分电器的分解 · 182
活动三　微机控制点火系统的识别 · 191
活动四　点火系主要元件的检修 · 201
活动五　点火系统常见故障诊断 · 209
项目小结 · 217
练习题 · 218
测验试卷 · 221

项目五　灯光与仪表 · 223
活动一　汽车灯系的识别 · 224
活动二　前照灯的检测与调整 · 235
活动三　照明灯系线路图的识读 · 243
活动四　灯系故障检测与排除 · 250
活动五　汽车仪表系统 · 255
项目小结 · 262
练习题 · 262
测验试卷 · 266

项目六　辅助电器 ····· 269
　　活动一　电动座椅的使用 ····· 270
　　活动二　电动后视镜的调整 ····· 278
　　活动三　电动门窗的调整 ····· 286
　　活动四　中央控制门锁的使用 ····· 294
　　活动五　汽车GPS导航仪的使用 ····· 304
　　项目小结 ····· 310
　　练习题 ····· 310
　　测验试卷 ····· 313

参考文献 ····· 316

项目一 汽车蓄电池

- 活动一　识读蓄电池
- 活动二　蓄电池的结构
- 活动三　蓄电池的工作原理
- 活动四　蓄电池的充电
- 活动五　蓄电池的性能检测
- 活动六　蓄电池的故障及排除

项目一　汽车蓄电池

情景描述

汽车蓄电池是汽车上常用的两个电源之一，在汽车上蓄电池与发电机并联。蓄电池是汽车上的一个极为重要的能源电器部件，安装在车辆上的位置如图1-1-1所示。

蓄电池在车辆行驶中如出现故障，将直接影响车辆的正常使用。驾驶人员必须知道蓄电池的结构与运行特点，学会蓄电池的日常使用、维护与保养。汽车专业维护人员更应了解蓄电池的故障现象及学会故障排除等知识。

图1-1-1　汽车蓄电池

学习目标

1. 会识别蓄电池的基本结构和型号；
2. 能说明蓄电池的基本工作原理；
3. 掌握蓄电池的容量概念及影响因素；
4. 会解释蓄电池的基本工作特性；
5. 能进行蓄电池技术状况检查和维护；
6. 掌握蓄电池充电；
7. 掌握蓄电池故障排除的基本方法。

活动一　识读蓄电池

案例导入

汽车蓄电池是为起动汽车以及在电气需求超出发电机输出能力时提供电源。同时，它也对整个电气系统起到稳压器的作用，是因为它的工作方式就像一个蓄水池，在汽车起动过程中蓄电池迅速流失的大量电流在随后的充电过程中又缓慢地由发电机补充。所以说蓄电池是汽车上最重要的部件之一。为能正确使用蓄电池，我们必须能正确地认识蓄电池。现有蓄电池如图1-1-2所示，你能看懂其含义吗？

关联知识

要掌握蓄电池的应用与维护，首先要掌握蓄电池的功用，认得蓄电池产品的型号、符号及有关图形表示的含义。下面我们来学习相关的知识。

一、蓄电池的功用

1. 直接供电

在起动发动机时,蓄电池向起动机和点火系统、电子燃油喷射系和其他电器设备供电,如图 1-1-1 所示。

在发动机停止转动时,蓄电池给汽车用电设备供电。

2. 协助供电

当发动机低速运转,发电机电压低于蓄电池的充电电压时,由蓄电池辅助发电机向用电设备供电,如图 1-1-2 所示。

当发电机过载时,蓄电池协助发电机向用电设备供电,如图 1-1-3 所示。

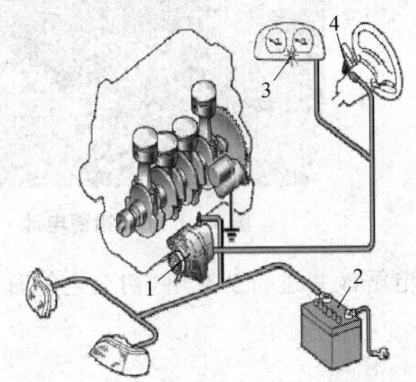

图 1-1-2 蓄电池向用电设备供电

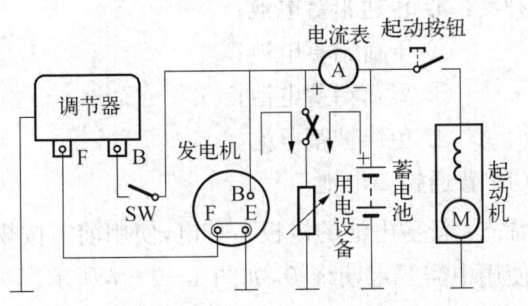

图 1-1-3 发电机过载时,蓄电池协助供电

3. 储存电能

当发动机以中高速运转时,发电机电压高于蓄电池的充电电压,蓄电池将发电机的剩余电能储存起来,如图 1-1-4 所示。

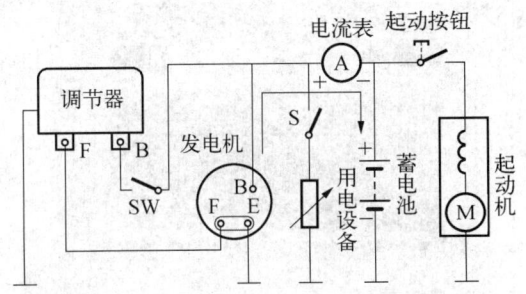

图 1-1-4 蓄电池储存发电机的剩余电能

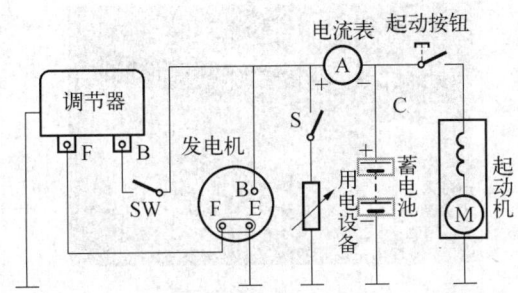

图 1-1-5 蓄电池相当于一个大电容器

4. 汽车电网电压稳定器

蓄电池相当于一个容量很大的电容器 C。在发电机转速和用电负载发生较大变化时,可保持汽车电网电压相对稳定。

蓄电池还可吸收电网中随时出现的瞬间过电流,以保护用电设备尤其是电子元器件不被损坏。这一点对装有大量电子系统的现代新汽车是非常重要的,所以发动机绝不允许脱开蓄电池运转,如图 1-1-5 所示。

二、蓄电池的种类

蓄电池是一种化学电源,靠其内部的化学反应来储存电能或向用电设备供电。目前汽车上使用的蓄电池主要有两大类:铅酸蓄电池(以下简称铅蓄电池)和镍镉蓄电池。还有燃料电池和特种电容电池等新型电池。

1. 铅蓄电池

铅蓄电池可以短时间供给起动机强大的起动电流而被广泛采用,如图1-1-6所示。

优点:结构简单;价格便宜;内阻小;电压稳定;可以短时间供给起动机强大的起动电流。

缺点:电的容量小;使用寿命相对较短。

适用:一般车辆。

种类:① 普通铅蓄电池;
② 干荷铅蓄电池;
③ 湿荷铅蓄电池;
④ 免维护蓄电池。

图1-1-6 铅蓄电池

(1) 普通铅蓄电池

特点:新蓄电池的极板不带电,使用前需按规定加注电解液并进行初充电,初充电的时间较长。使用中需要定期维护,如图1-1-7所示。

(2) 干荷铅蓄电池

它的全称是干荷式电铅酸蓄电池。

特点:新蓄电池的极板处于干燥的已充电状态,电池内部无电解液。负极板有较高的储电能力,在完全干燥状态下,能在两年内保存所得到的电量。使用时只需加入电解液,等20~30 min就可使用。使用中需要定期维护,如图1-1-8所示。

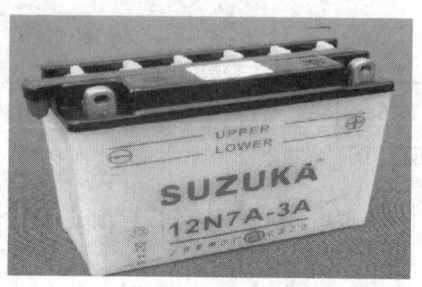

图1-1-7 普通铅蓄电池

图1-1-8 干荷铅蓄电池

(3) 湿荷铅蓄电池

特点:新蓄电池的极板处于已充电状态,蓄电池内部带有少量电解液。在规定的保存期内,如需使用,只需按规定加入电解液,静置20~30 min即可使用。使用中需要定期维护,如图1-1-9所示。

(4) 免维护蓄电池

所谓免维护蓄电池,是指在规定的使用条件下,使用期间不需要进行维护的蓄电池。对于车用铅蓄电池来讲,也就是使用期间不需经常添加蒸馏水的蓄电池。

特点：免维护蓄电池与普通铅蓄电池的最大区别是极板材料不同。它改善了使用性能，延长了使用寿命和储存寿命，使用中不需维护，如图1-1-10所示。

图1-1-9　湿荷铅蓄电池

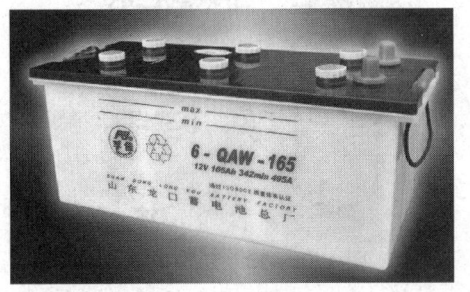

图1-1-10　免维护蓄电池

2. 镍镉蓄电池

镍镉蓄电池的应用广泛程度仅次于铅蓄电池。其比能量可达55 W·h/kg，比功率超过190 W/kg，可快速充电、循环使用，寿命较长，是铅酸蓄电池的两倍多，可达到2 000多次，价格也为铅酸蓄电池的4～5倍。它的初期购置成本虽高，但由于其在能量和使用寿命方面的优势，因此其长期的实际使用成本并不高。使用中要注意做好回收工作，以免重金属镉成为环境污染源，如图1-1-11所示。

3. 燃料电池

燃料电池是一种将储存在燃料和氧化剂中的化学能通过电极反应直接转化为电能的发电装置。它不受热力循环限制，故能量转换效率高，燃料电池的化学能转换效率在理论上可达100%，实际效率已达60%～80%，是普通内燃机热效率的2～3倍，如图1-1-12所示。

图1-1-11　镍镉蓄电池

图1-1-12　燃料电池

4. 特种电容（超级电容）

电动汽车发展到今天，主要的瓶颈就是蓄电池的问题。传统的蓄电池功率密度偏低，不能满足车辆频繁地起动、加速和制动工况的要求，而且由于加速时浪费了过多的能量，致使车辆的行驶里程也不能满足要求。加装超级电容的车辆就可以有效地解决这一问题，既可以提供较大的驱动电流，满足车辆行驶，又可以节省电池的能量，延长车辆的行驶里程，同时减少了蓄电池的频繁充放电麻烦，提高了蓄电池的使用寿命。超级电容是环保的，能够节省能源、降低污染，如图1-1-13所示。上海、北京已有特种电容车在试运行，是理想的环保车辆。

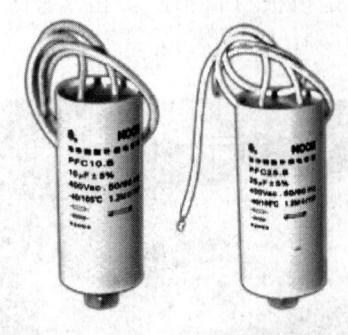
图 1-1-13 超级电容

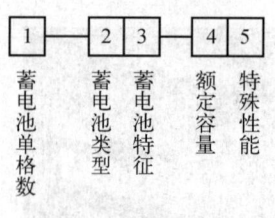
图 1-1-14 蓄电池型号的识别

三、蓄电池型号的识别

1. 蓄电池型号的识别

按机械工业部 JB2599-85《铅蓄电池产品型号编制方法》标准规定,铅蓄电池的型号分为3部分,如图 1-1-14 所示,各档表示的具体含义如下:

1—表示为串联的蓄电池单格数,用阿拉伯数字表示。

2—表示为蓄电池的用途,用汉语拼音字母表示,具体含义如下:

　　Q—表示起动用铅蓄电池;
　　M—表示摩托车用铅蓄电池;
　　JC—表示船用铅蓄电池;
　　HK—表示飞机用铅蓄电池。

3—表示为极板类型,用汉语拼音字母表示(无字为普通铅蓄电池),具体含义如下:

　　A—表示干荷铅蓄电池;
　　B—表示薄型极板铅蓄电池;
　　W—表示无需维护蓄电池。

4—表示 20 h 放电率的额定容量,用阿拉伯数字表示,单位为 A·h(安培小时),单位可略去不写。

5—表示特殊性能,用大写的汉语拼音字母表示(无字为一般性能蓄电池),具体含义如下:

　　G—表示高起动率蓄电池;
　　D—表示低温性能好;
　　S—表示塑料槽蓄电池。

2. 6-QW-54 表示的意义

按机械工业部 JB2599-85《铅蓄电池产品型号编制方法》标准规定,图 1-1-15 和图 1-1-16 中 6-QW-54 所表示的内容如下:

　　6—表示 6 格电池串联额定电压为 6×2=12(V);
　　QW—表示免维护汽车用蓄电池;
　　54—表示额定容量为 54 A·h。

图1-1-15 型号为6-QW-54的蓄电池

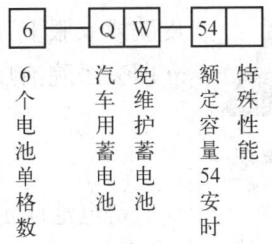

图1-1-16 6-QW-54表示的意义

操作活动

1. 操作名称：蓄电池的识读。
2. 需用器材：蓄电池1~3台，直尺30 cm一把。
3. 学习目标：

学会识读蓄电池的型号；

学会识别蓄电池的外形特点；

学会在操作中，注意环境保护和人身安全。

4. 操作步骤：

（1）识读蓄电池

图1-1-17所示为风帆蓄电池。操作步骤如下：

① 检查蓄电池的正极柱与负极柱，如图1-1-18所示。

② 在蓄电池进行安装、使用、维护、运输、储存及更换时，请注意图1-1-19所示的安全标志。各标志意义如下：

图1-1-17 风帆蓄电池

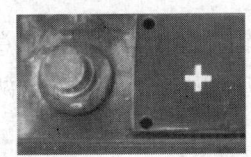 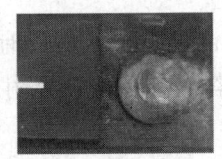

图1-1-18 蓄电池的正负极柱

图1-1-19 蓄电池的安全标志

儿童不得靠近

蓄电池在使用及维护期间有电解液易腐蚀作用，因而严禁儿童靠近，以防事故。

禁止烟火

蓄电池充电时会产生易爆炸的气体，因此蓄电池要远离香烟、火花或明火区域，保持工作场所足够的通风，避免因可燃性气体聚积引起蓄电池的爆炸。

当心酸液腐蚀

硫酸溅到皮肤或衣物上,应立即用大量清水冲洗。如果酸液溅入眼内、皮肤或衣服上,应立即用大量清水冲洗。酸液进入眼睛严重时,建议水洗后立即去医院治疗。

当心爆炸气体

蓄电池应定期检查加水帽和出气孔,冬季还要防止出气孔被冰封住,保持出气孔的排气通畅(新干荷铅蓄电池灌酸前,必须揭下加水帽上的"检封"),避免因排气不畅引起蓄电池的爆炸。对蓄电池的检查或拆卸活动,必须在停车熄火或充电结束静止 10 min 后方可进行。

戴防护眼镜

灌酸时,工作人员应穿戴好防酸工作服、胶鞋、防护眼镜、胶皮手套等防护用品。

注意环境保护

蓄电池的硫酸和相关金属材料,对环境污染是极为严重的。因而使用后必须上交集中处理,决不可任意抛弃,引起环境的严重污染,造成不可想象的严重后果。

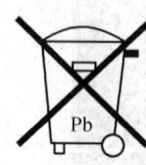
防止金属进入

蓄电池内电解液对金属、棉制品、石材、土壤等有较强的腐蚀作用,注意正确使用。严禁将金属工具及导电体搭放在接线端子附近,以免金属物体与两极相碰造成短路打火,烧坏电池。

③ 免维护蓄电池电量状态显示孔,如图 1-1-20 所示。

图 1-1-20 蓄电池的电量指示器显示

图 1-1-21 蓄电池的电压、容量、型号

④ 如图 1-1-21 所示,蓄电池型号 6-QW-54 的具体含义如下:
蓄电池额定电压为 12 V;

蓄电池额定容量为 54 A·h；

常温起动放电容量 265 A。

(2) 识读进口蓄电池

进口蓄电池容量规格是由蓄电池国际协会(BCI)和汽车工程学会(SAE)联合制定的。BCI 用储备容量和冷起动功率两个指标来评价蓄电池。调换蓄电池，需按应用表来选择蓄电池或选择新额定值比原额定值高的蓄电池。以日本丰田车的蓄电池作一说明。

蓄电池编码标在电池体上，标明电池的尺寸和性能，即蓄电池的电量。如图 1-1-22 所示，46-B-24-L 的具体含义如下：

① 表示蓄电池的性能；

② 表示蓄电池的宽度和高度；

③ 表示蓄电池的长度；

④ 表示负极端子部分。

范例 46 B 24 L
(1) (2) (3) (4)

图 1-1-22　进口蓄电池的型号

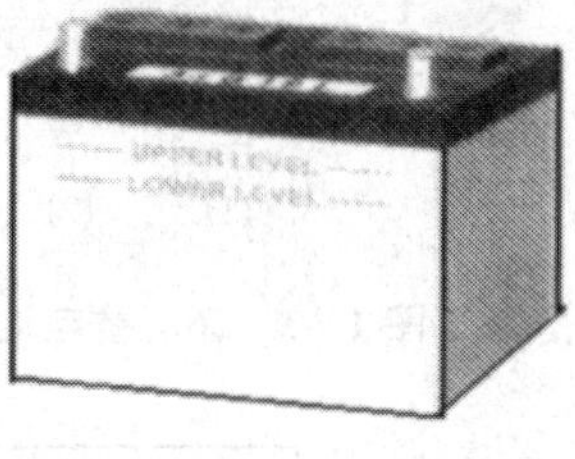

蓄电池的性能：

用来表示蓄电池的容量。数目越大，表明蓄电池可以存储的电量就越大。

蓄电池的容量＝放电安培数×放电时间长度

如图 1-1-23 所示，“46”代表蓄电池的容量为 46 A·h。

蓄电池的宽度和高度：

蓄电池的宽度和高度组合是由 8 个字母(A～H)中的一个表示。字符越接近 H，表示电池的宽度和高度越大。A 表示宽度；B 表示高度。

如图 1-1-24 所示，B 表示蓄电池的宽度为 203 mm，高度为 127 mm 或 129 mm。

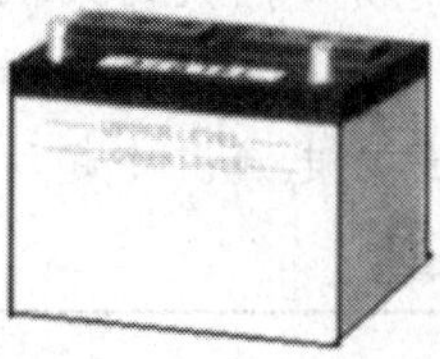

电池ID代码	蓄电池容量(A·h)(5小时充电率)
34B19R/L	27
46B24R/L	36
55B23R/L	48
80B26R/L	55
95B31R/L	64

范例 46 B 24 L
(1) (2) (3) (4)

图 1-1-23　蓄电池的容量表示

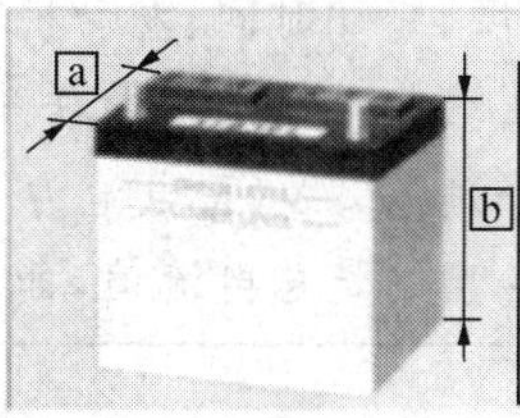

	宽(mm)	高(mm)
A	162	127
B	203	127或129
C	207	135
D	204	173
E	203	176
F	213	182
G	213	222
H	220	278

范例 46 B 24 L
(1) (2) (3) (4)

图 1-1-24　蓄电池的宽度和高度

蓄电池的长度：

蓄电池的长度单位用 cm 表示。

如图 1-1-25 所示，“24”就表示蓄电池的长度约为 24 cm。

负极端子部分：

提示从前面(人可以正确阅读 ID 代码的方向)看时，蓄电池的负极端子是否在电池的左边或者右边位置。

如图 1-1-26 所示，L 表示负极端在左面。

端子直径：

范例 46 B 24 L
(1) (2) (3) (4)

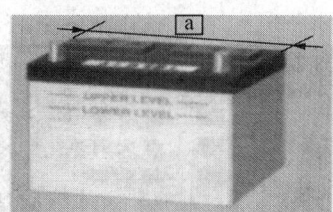

图 1-1-25　蓄电池的长度表示

蓄电池的正极和负极端子直径不同,这样可避免连线时弄错端子。

如图1-1-27所示的正极端端子直径为14.7 mm;负极端端子直径为13.0 mm。

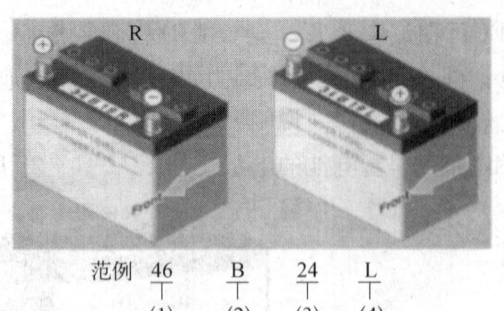

 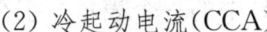

图1-1-26 蓄电池的负极端子位置　　图1-1-27 蓄电池的正、负极端子直径

(1) 储备容量(RC)

它是蓄电池的储备容量指标;用时间来表示,单位为分钟。它指汽车在充电系统不工作的情况下,靠蓄电池点火和提供最低限度的电路负载所能运行的大约时间,可具体表述为:完全充足电的12 V蓄电池,在(25±2)℃的条件下,以25 A恒流放电至蓄电池端电压下降到(10.50±0.05) V时的放电时间。

(2) 冷起动电流(CCA)

它是冷起动电流指标;是指在−17.8℃(0°F)和−28.9℃(−20°F)条件下,可获得的最小电流。这个指标把蓄电池的起动能力与发动机的排量、压缩比、温度、起动时间、发动机和电气系统的技术状态以及起动和点火的最低使用电压这些重要的变量联系起来。它是指充满电的蓄电池在30 s内,其端电压下降到7.2 V(蓄电池为12 V)时,蓄电池所能供给的最小电流。冷起动额定值给出的是总电流值,如300 CCA、400 CCA等。

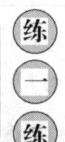

请写出如图1-1-28所示国产蓄电池6-QAW-165的型号意义。

图1-1-28 国产蓄电池

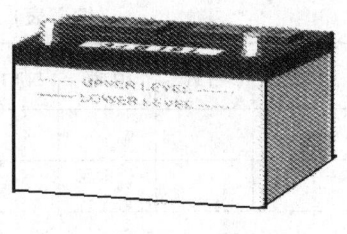

请写出如图 1-1-29 所示进口蓄电池 34B19L 的型号意义。

34　　B　　19　　L

图 1-1-29　进口蓄电池

图 1-1-30　蓄电池的面板

1. 请区分型号为 6-Q-54 和 6-QW-54HD 的蓄电池有何不同之处？
2. 图 1-1-30 中的"12V RC 92 min. CCA 410A(BCI)"表示什么意义？

学生姓名		日期		自评	互评	师评
一、学习评价目标							
1. 能讲清汽车蓄电池的相关符号意义。							
2. 能正确讲述蓄电池的种类、特点。							
3. 掌握蓄电池的功能作用。							
4. 能正确认识蓄电池的外部器件名称。							
5. 能看出蓄电池的蓄电情况。							
6. 能判别国产蓄电池的型号。							
7. 掌握进口蓄电池的型号识别方法。							
8. 识读过程中是否有错误。							

(续 表)

学生姓名		日期		自评	互评	师评
9. 操作过程中，无返工现象。						
10. 活动中环保意识及安全工作做得如何。						
二、学习体会 1. 活动中感觉哪项技能最有兴趣？为什么？ 2. 活动中哪项技能最有用？为什么？ 3. 活动中哪项技能操作可以改进，以使操作更方便实用？请写出操作过程。（请同学们大胆创新，共同研讨，不断提高操作能力。） 4. 你还有哪些要求与设想？						
总体评价				教师签名		

拓展

免维护蓄电池的优点：
① 免维护蓄电池失水量少，可以使用 3～4 年不需补加蒸馏水。
② 栅架采用铅钙合金，特点是晶粒较细，耐腐蚀，不易形成微电池，自行放电量小。
③ 免维护蓄电池有集气室和新型的通气装置，可避免水分散失，有效地防止酸气外逸，从而很大程度地降低了硫酸气体对极桩连接件的腐蚀。
④ 免维护蓄电池的起动电流比普通铅蓄电池大，起动性能好，一方面是由于铅钙合金的导电性能比铅锑合金好，蓄电池内阻小，输出电流大；另一方面是由于免维护蓄电池采用内连式连接，缩短了连线长度，功率损失小，放电电压高。
⑤ 免维护蓄电池采用铅钙合金制作栅架，增加了机械强度，提高了耐充性，还有效地防止了活性物质脱落，提高了使用寿命。

活动二　蓄电池的结构

案例导入

一天，师傅从车上取下一个蓄电池，小王便问："蓄电池由哪些基本结构组成？"我们一起与小王来学习蓄电池的结构吧。

关联知识

蓄电池的基本构造

蓄电池是一种可逆的化学电源，既能将化学能转变成电能供给用电设备，也能在充电时将电能转变成化学能储存起来。

汽车上广泛采用的蓄电池由于其极板的主要成分是铅，电解液是稀硫酸,所以又称铅酸蓄电池。汽车上的蓄电池主要用于起动发动,又称起动型铅酸蓄电池,简称蓄电池,俗称"电瓶",如图1-2-1所示。

1. 蓄电池的组成

普通铅蓄电池由正极板、负极板、隔板、电解液、外壳、极桩等组成,如图1-2-2所示。

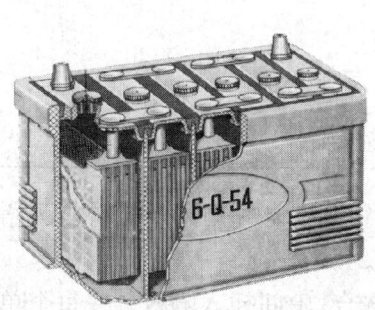

图1-2-1 汽车蓄电池

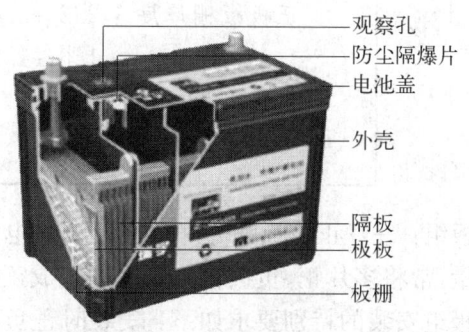

图1-2-2 蓄电池的整体

(1) 极板

① 功用:极板是蓄电池的核心部分,充放电过程中,电能与化学能的相互转换依靠极板上的活性物质与电解液中硫酸的反应来实现。极板分正、负极板两种。

② 组成:蓄电池极板由栅架和活性物质组成,如图1-2-3所示。

栅架:栅架由铅锑合金浇铸而成。结构见图1-2-4。锑可以提高机械强度和浇铸性能,但是锑会加速氢的析出从而加速电解液消耗极板,还会引起蓄电池自放电和栅架腐烂,缩短蓄电池的使用寿命。

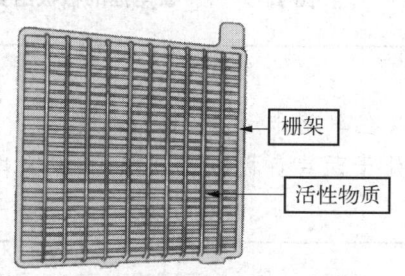

图1-2-3 蓄电池的极板

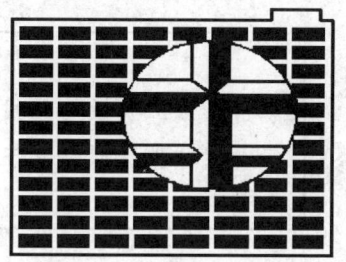

图1-2-4 蓄电池的栅架

目前,蓄电池大多采用铅-低锑合金栅架或铅-钙-锡合金栅架。

为了降低蓄电池内阻和改善起动性能,现代汽车蓄电池采用了放射型栅架,如图1-2-5所示。

图(a)为切诺基吉普车的蓄电池栅架;

图(b)为桑塔纳小轿车的蓄电池栅架。

活性物质:正极板上的活性物质为(PbO_2),深棕色;负极板上的活性物质为海绵状纯铅(Pb),深灰色。

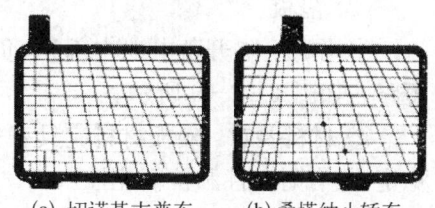

(a) 切诺基吉普车　　(b) 桑塔纳小轿车

图1-2-5 蓄电池的放射型栅架

> 正、负极板上的活性物质分别填充在铅锑合金铸成的栅架上,其中铅占94%,锑占6%。
> 负极板栅厚度：1.6～1.8 mm（厚）；
> 　　　　　　　1.2～1.4 mm（薄）；
> 正极板栅厚度：2.2～2.4 mm（厚）；
> 　　　　　　　1.6～1.8 mm（薄）；
> 正极板片数：4～13 片；
> 负极板片数：5～14 片。

极板组：一片正极板和一片负极板浸入电解液中,可得到 2 V 左右的电动势。为增大蓄电池的容量,常将多片正、负极板分别并联组成正、负极板组。如图 1-2-6 所示。

极板组安装的特别要求如下：安装时正负极板相互嵌合,中间插入隔板。在每个单体电池中,负极板的数量总比正极板多一片。如图 1-2-7 所示。

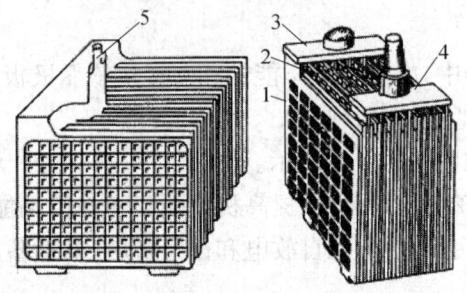

图 1-2-6　蓄电池的极板组

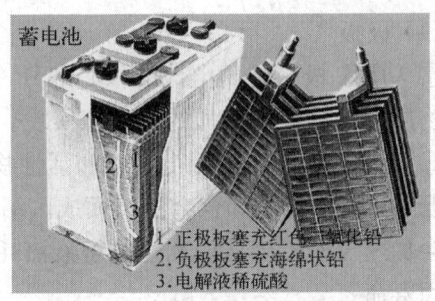

图 1-2-7　蓄电池的极板组安装

> 注意：
> 因为正极板的强度较低,所以在单格电池中,负极板总比正极板多一片。这样可以使每一片正极板都处于两片负极板之间,保持其放电均匀,防止变形。

单体电池的连接方式：蓄电池一般都由 3 个或 6 个单体电池串联而成,额定电压分别为 6 V 或 12 V。如图 1-2-8 所示。

（2）隔板

① 作用：隔开蓄电池内部正、负极板,从而避免彼此接触而短路。如图 1-2-9 所示。

② 材料要求：隔板材料应具有多孔性和渗透性,且化学性能稳定,具有耐酸性和抗氧化性。

③ 材料：木质隔板、微孔橡胶、微孔塑料、玻璃纤维和纸板等。

④ 安装要求：隔板上带沟槽一面应向正极板。

（3）壳体

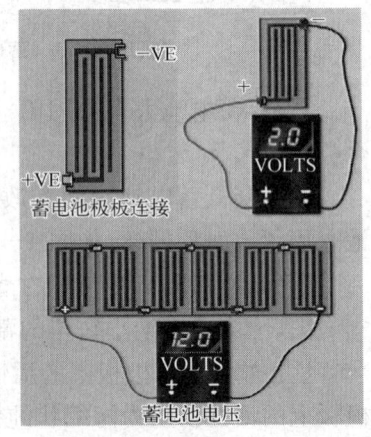

图 1-2-8　蓄电池的单体电池串联

① 作用：如图1-2-10所示，蓄电池用来盛放电解液、极板组和隔板。

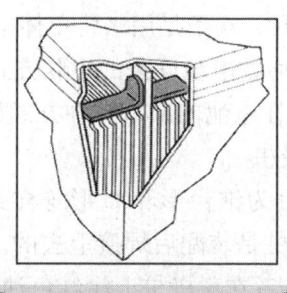

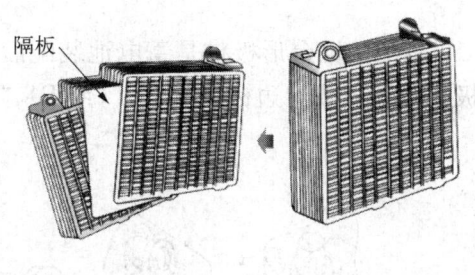

图1-2-9 蓄电池的隔板　　　　　　图1-2-10 蓄电池的壳体

② 材料：由耐酸、耐热、耐震、绝缘性好并且有一定力学性能的材料制成。

常用的材料有硬质橡胶、沥青塑料和工程塑料等。现在国内普遍采用工程塑料外壳。这种外壳美观透明、耐酸、抗蚀、重量轻、强度高，是较好的外壳材料。

③ 结构特点：壳体为整体式结构，壳体内部由间壁分隔成3个或6个互不相通的单格，底部有突起的肋条以搁置极板组。肋条之间的空间用来积存脱落下来的活性物质，以防止在极板间造成短路。极板装入壳体后，上部用与壳体相同材料制成的电池盖密封。在电池盖上对应于每个单格的顶部都有一个加液孔，用于添加电解液和蒸馏水，也可用于检查电解液液面高度和测量电解液相对密度。

（4）电解液

① 作用：如图1-2-11所示，加入壳体中的电解液在电能和化学能的转换过程中起离子间的导电作用，并参与化学反应。

② 成分：由纯硫酸和蒸馏水按一定比例配制而成，而其密度一般为1.24～1.30 g/ml，如表1-2-1所示。

③ 特别注意：电解液的浓度是影响蓄电池的性能和使用寿命的重要因素。

图1-2-11 向蓄电池壳体中加入电解液

表1-2-1 不同地区和条件下使用的电解液不同

地区气候条件	冬季(g/ml)	夏季(g/ml)
冬季温度低于-40℃	1.31	1.27
冬季温度高于-40℃	1.29	1.26
冬季温度高于-30℃	1.28	1.25
冬季温度高于-20℃	12.7	1.24
冬季温度高于0℃	1.24	1.24

(5) 联条

① 作用：联条是用来将单体电池串联起来，提高整个蓄电池的端电压。

② 普通蓄电池联条的串联方式一般是外露式，而新型蓄电池联条的串联方式是穿壁式或跨接式结构（在电池内部），几种方式如图1-2-12所示。

(6) 极桩

极桩分为锥台形和L形等样式，如图1-2-13所示。锥台形极桩是蓄电池装配后再铸上的，L形极桩是装配后焊接上去的。为便于识别，极桩的上方或旁边标刻有"＋"（或P）、"－"（或N）标记，或者在正极桩上涂红色油漆。

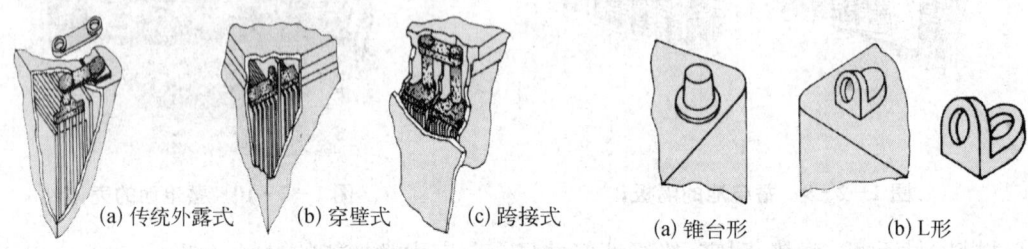

图1-2-12 蓄电池的联条　　　　　图1-2-13 蓄电池的极桩

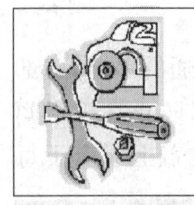

1. 操作名称：认识蓄电池的结构。
2. 需用器材：蓄电池若干台。
3. 学习目标：

学会认识蓄电池的结构；

学会在操作中，注意环境保护和人身安全。

(1) 对图1-2-14分别写出蓄电池的结构名称。

(2) 对图1-2-15分别写出蓄电池极板结构的名称。

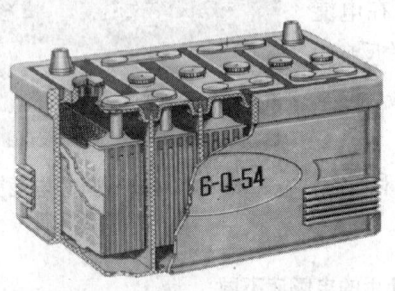

图1-2-14 蓄电池的结构

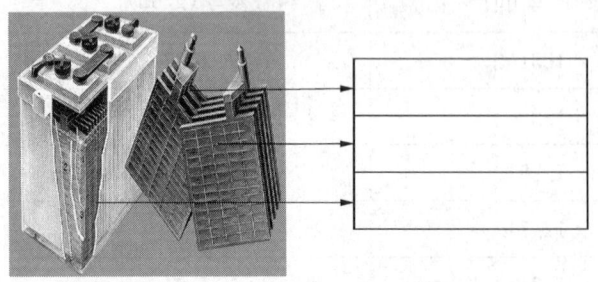

图1-2-15 蓄电池的极板结构

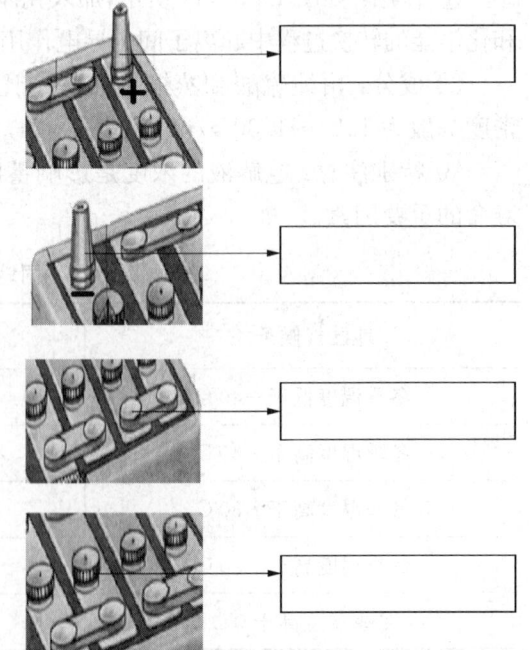

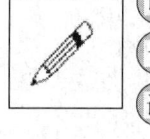
评一评

学生姓名		日期		自评	互评	师评
一、学习评价目标						
1. 能讲清汽车蓄电池的结构组成。						
2. 能正确讲述蓄电池的各部分名称。						
3. 说出蓄电池极板的作用。						
4. 能正确认识蓄电池的隔板的材料。						
5. 能判别蓄电池的外壳材料。						
6. 能判别蓄电池正极板和负极板。						
7. 认识过程中是否有错误。						
8. 操作过程中,无返工现象。						
9. 活动中环保意识及安全工作做得如何。						
二、学习体会 1. 活动中感觉哪项技能最有兴趣？为什么？ 2. 活动中哪项技能最有用？为什么？ 3. 活动中哪项技能操作可以改进,以使操作更方便实用？请写出操作过程。(请同学们大胆创新,共同研讨,不断提高操作能力。) 4. 你还有哪些要求与设想？						
总体评价				教师签名		

活动三 蓄电池的工作原理

案例导入

一个顾客跑到大众修理站,问一位汽车修理师傅蓄电池的工作原理等情况,为自己选购蓄电池做准备。那么我们一起来学习一下蓄电池的工作原理吧!

关联知识

一、蓄电池的工作原理

1. 工作原理

蓄电池充放电过程(即它的工作过程)就是化学能与电能相互转化的过程：当蓄电池向外供电时,将化学能转化为电能;而蓄电池与外部直流电源相连进行充电时,将电能转化为化学能,如图1-3-1所示。

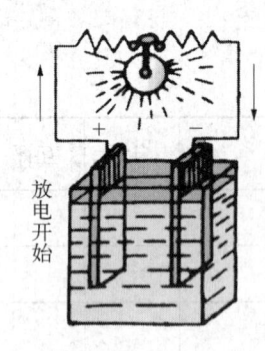 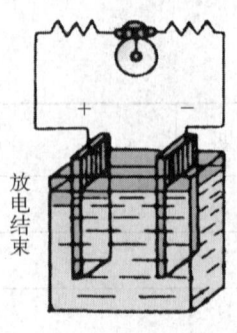 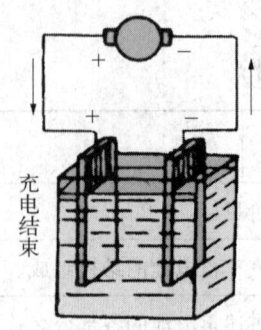

图1-3-1 蓄电池的工作原理

用电化学平衡方程式可表示为:

$$PbO_2 + 2H_2SO_4 + Pb \rightleftharpoons PbSO_4 + 2H_2O + PbSO_4$$
(正极板)(电解液)(负极板)　(正极板)(电解液)(负极板)

2. 电动势的建立

当极板浸入电解液时,在负极板处金属铅受到两方面的作用:一方面它有溶解于电解液的倾向,因而有少量铅进入溶液,生成Pb^{2+},在极板上留下两个电子2e,使极板带负电;另一方面,由于正、负电荷的吸引,Pb^{2+}有沉附于极板表面的倾向。当两者达到平衡时,溶解便停止,此时极板具有负电位,约为-0.1 V。

如图1-3-2所示,正极板处,少量PbO_2溶入电解液,与水生成$Pb(OH)_4$,再分离成四价铅离子和氢氧根离子。即:

$$PbO_2 + 2H_2O \longrightarrow Pb(OH)_4$$

$$Pb(OH)_4 \rightleftharpoons Pb^{4+} + 4(OH)^-$$

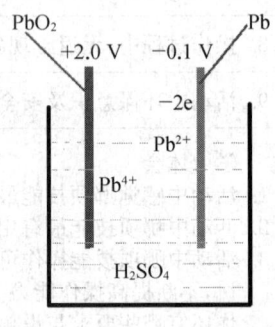

图1-3-2 蓄电池电动势的建立

由于Pb^{4+}沉附于极板的倾向要大于溶解的倾向,因而沉附在正极板上,使极板呈正电位。当达到平衡时,电动势约为$+2.0$ V。

因此,当外电路未接通、反应达到相对平衡状态时,蓄电池的静止电动势约为

$$E_0 = 2.0 - (-0.1) = 2.1 \text{ V}。$$

3. 铅蓄电池的放电

蓄电池将化学能转换成电能的过程称为蓄电池的放电过程。

当蓄电池接上负载时,在电动势的作用下,电流便从正极经过负载流向负极。

当放电回路断开时,放电过程即被终止,正负极与电解液之间达到新的电离平衡状态,如图1-3-3所示。

只有当正负极板上的活性物质全部转变为$PbSO_4$时,蓄电池才因为正负极板的电位差等于零而失去供电能力,放电过程彻底停止,如图1-3-4所示。

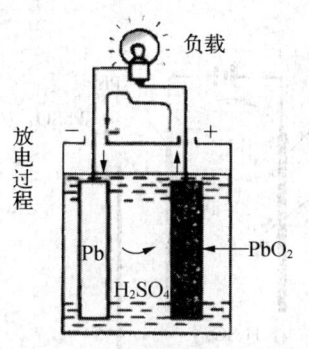

图1-3-3 蓄电池的放电过程

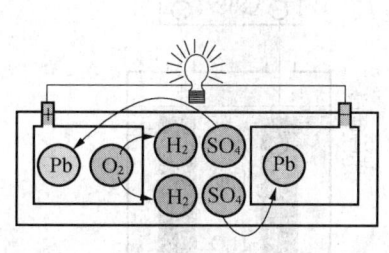

图1-3-4 蓄电池的放电示意图

放电时的化学反应过程如图1-3-5所示。

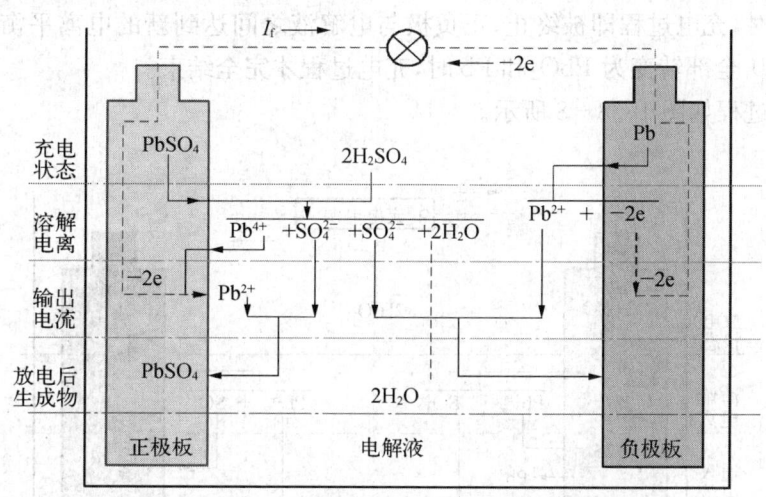

图1-3-5 蓄电池放电时的化学反应过程

蓄电池的放电特征：
① 正、负极板上的活性物质逐渐转变为$PbSO_4$；
② 随着放电的进行，电解液中的H_2SO_4减少，水增多，电解液密度下降；
③ 随着$PbSO_4$的增多，蓄电池内阻增大。同时，由于$PbSO_4$附着于极板表面，使电解液与PbO_2和Pb的接触面越来越小，蓄电池的供电能力逐渐下降。

4. 铅蓄电池的充电

蓄电池将外接电源的电能转换成化学能储存起来的过程，称为蓄电池的充电过程，如图1-3-6所示。

充电时，蓄电池应接直流电源，电源正负极分别接蓄电池的正负极（即两者是并联而不是串联）。

如图1-3-7所示，当电源电压高于蓄电池的电动势时，在电源电压的作用下，电流从蓄电池的正极流入、负极流出。

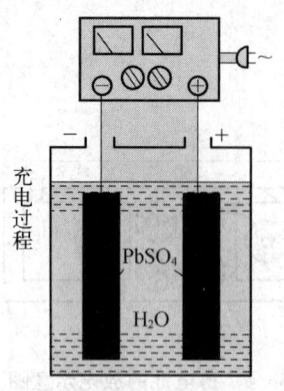
图1-3-6 蓄电池的充电过程

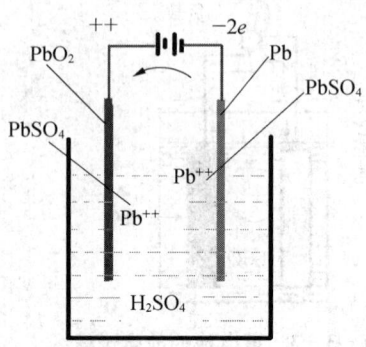
图1-3-7 蓄电池的充电示意图

当电源断开时,充电过程即被终止,正负极与电解液之间达到新的电离平衡状态;只有当正负极板上的 $PbSO_4$ 全部转变为 PbO_2 和 Pb 时,充电过程才完全结束。

其化学反应过程如图1-3-8所示。

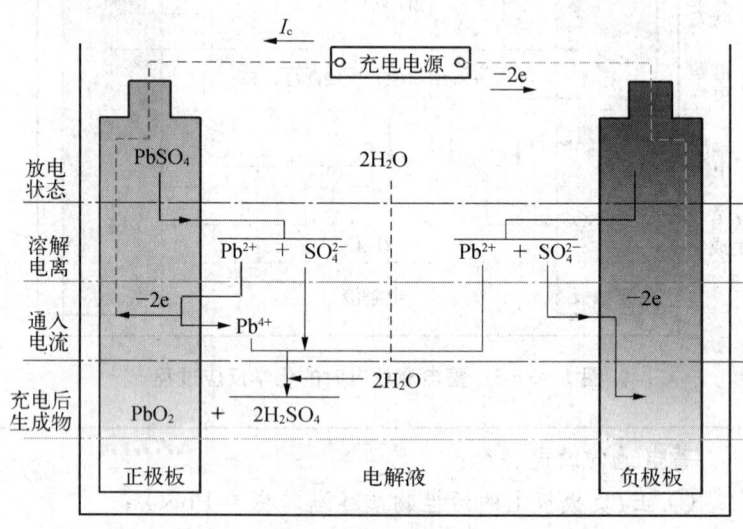

图1-3-8 蓄电池充电时的化学反应过程

蓄电池充电过程的特征:
① 正、负极板上的活性物质逐渐由 $PbSO_4$ 转变为 PbO_2 和 Pb;
② 随着充电的进行,电解液中的水减少、H_2SO_4 增多,电解液密度上升;
③ 随着充电的进行,$PbSO_4$ 减少,PbO_2 和 Pb 增多,蓄电池内阻减小,同时蓄电池的供电能力逐渐恢复。

二、蓄电池的工作特性

蓄电池的工作特性主要包括蓄电池的电动势、内电阻以及充、放电特性。

1. 静止电动势

静止电动势是指蓄电池在静止状态(不充电也不放电)下正负极板之间的电位差(即开路电压),用 E_0 表示。它的大小与电解液的相对密度和温度有关,当相对密度在 1.050～1.300 g/ml 的范围内时,可由下述经验公式计算其近似值:

$$E_0 = 0.85 + \rho_{25℃}(25℃ \text{ 的电解液相对密度})。$$

汽车用蓄电池的电解液相对密度在充电时增高,放电时下降,一般在 1.12～1.30 g/ml 之间波动,因此蓄电池的静止电动势也相应地在 1.97～2.15 V 之间变化。

2. 内电阻

蓄电池的内电阻大小反映了蓄电池带负载的能力。

在相同的条件下,内电阻越小,输出电流越大,带负载能力越强。

蓄电池的内电阻为极板电阻、电解液电阻、隔板电阻、连接条和极柱电阻的总和,用 R_0 表示。隔板电阻因所用的材料而异。

如图 1-3-9 所示为电解液内阻随相对密度变化的关系曲线。相对密度 $\rho_{15℃} = 1.2$(15℃的电解液相对密度)时,硫酸的离解度最好,黏度较小,电阻也最小。

连接条电阻与单体电池的连接形式有关。传统外露式铅连接条电阻比内部穿壁式、跨越式连接的电阻要大。

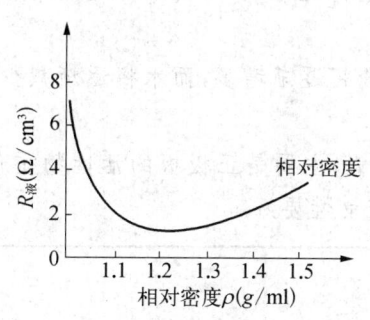

图 1-3-9 电解液内阻与相对密度变化的关系曲线

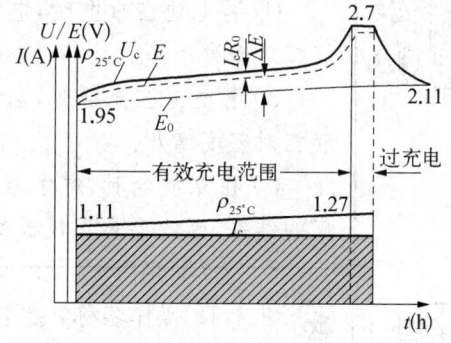

图 1-3-10 蓄电池充电的特性曲线

3. 充电特性

蓄电池的充电特性是指在恒流充电过程中,蓄电池的端电压 U 和电解液密度等参数随充电时间变化的规律。

如图 1-3-10 所示为蓄电池充电的特性曲线。

充电时电源电压必须克服蓄电池的电动势 E 和蓄电池内阻产生的电压降 I_cR_0,因此充电过程中蓄电池的端电压总是大于蓄电池的电动势,即

$$U_c = E + I_c R_0。$$

 蓄电池充电结束的特征:
① 蓄电池内产生大量气泡,呈"沸腾"状;
② 端电压和电解液相对密度均上升至最大值,且在 2～3 h 内不再增加。

4. 放电特性

蓄电池的放电特性是指在恒流放电过程中,蓄电池的端电压 U_f 和电解液相对密度 ρ 等参数随时间而变化的规律。

如图 1-3-11 所示为蓄电池的放电特性曲线,放电过程中,由于蓄电池内阻 R_0 上有压降,所以蓄电池的端电压总是小于其电动势 E,即

$$U_f = E - I_f \times R_0$$

式中,U_f 是放电时蓄电池的端电压;E 是放电时蓄电池的电动势;I_f 是放电电流;R 是蓄电池的内阻。

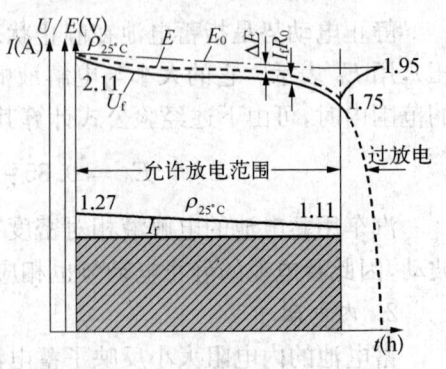

图 1-3-11 蓄电池放电的特性曲线

(1) 蓄电池放电结束的特征
① 电解液相对密度下降到最小许可值;
② 单体电池的端电压降至放电终止电压。
(2) 蓄电池充放电过程的结论
① 蓄电池在放电时,电解液中的硫酸将逐渐减少,而水将逐渐增多,电解液相对密度下降。
② 蓄电池在充电时,电解液中的硫酸将逐渐增多,而水将逐渐减少,电解液相对密度增加。
③ 在充放电时,电解液浓度发生变化,主要是正极板的活性物质化学反应的结果,因此要求正极板处的电解液流动性要好。

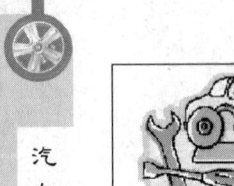

1. 操作名称:蓄电池的拆装。
2. 需用器材:蓄电池 1~3 台,30 cm 直尺一把。
3. 学习目标:
学会蓄电池的拆装过程;
学会选择和使用合适的工具;
学会在操作中,注意环境保护和人身安全。
4. 操作步骤:
第一步　拆卸蓄电池接线柱前,应先关闭点火开关以及所有用电设备,如图 1-3-12 所示。
第二步　拆卸时应先拆下负极电极电缆,如图 1-3-13 所示。再拆正极电缆,如图 1-3-14 所示。
第三步　拧出蓄电池固定板的紧固螺母,并取出固定板,如图 1-3-15 所示。
第四步　最后取出蓄电池,如图 1-3-16 所示。
第五步　安装时,与拆卸的步骤相反。

图1-3-12 先关闭用电设备

图1-3-13 先拆负极电缆

图1-3-14 后拆正极电缆

图1-3-15 拆卸固定板

图1-3-16 取出蓄电池

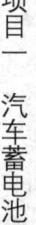
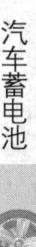

安装提示：
① 在安装时，应最后安装蓄电池负极线，这样能避免损坏蓄电池本身或其他电器元件。
② 拧紧蓄电池的正极电缆时，拧紧力矩为6~10 N·m。

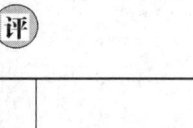

学生姓名		日期		自评	互评	师评
一、学习评价目标						
1. 能正确讲述汽车蓄电池的工作原理。						
2. 能正确讲述蓄电池的化学反应过程。						
3. 掌握蓄电池的放电过程。						
4. 能正确认识蓄电池反应的化学元素，如放出的气体等。						
5. 会从车上拆卸蓄电池。						
6. 能讲述蓄电池充电过程的结论。						
7. 能讲述蓄电池放电过程的结论。						
8. 能讲述蓄电池放电结束的特征。						
9. 能讲述蓄电池的内电阻大小所反映的问题。						

（续 表）

学生姓名		日期		自评	互评	师评
10. 操作过程中,无返工现象。						
11. 活动中环保意识及安全工作做得如何。						

二、学习体会
  1. 活动中感觉哪项技能最有兴趣？为什么？
  2. 活动中哪项技能最有用？为什么？
  3. 活动中哪项技能操作可以改进,以使操作更方便实用？请写出操作过程。（请同学们大胆创新,共同研讨,不断提高操作能力。）
  4. 你还有哪些要求与设想？						

总体评价				教师签名		

 **拓展** 随着蓄电池不断放电,电解液的相对密度不断减小。

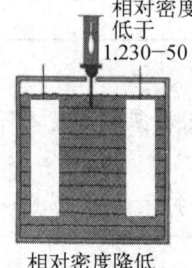 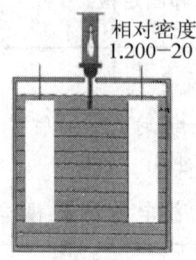 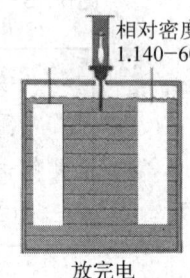

图 1-3-17　电解液的相对密度随蓄电池的放电不断减小

活动四　蓄电池的充电

 **案例导入**

一辆 SQR7160 基本型汽车在行驶 3 600 km 后,忘了关灯停置一段时间,蓄电池就出现亏电,无法起动发动机。那么和小王一起来学习一下蓄电池的充电过程吧！

 **关联知识**

一、蓄电池充电的种类

充电是蓄电池使用过程中的一个重要环节,如图 1-4-1 所示。对于新启用的蓄电池或已修复的蓄电池,在使用前必须进行初次充电；

使用中的蓄电池也要进行补充充电,特别是在汽车充电系统发生故障而导致蓄电池充电不足的情况下；

在存放期间，每3个月也要进行一次放电、充电循环处理，以保持蓄电池一定的容量，延长其使用寿命。

1. 初充电

初充电是指对新的或更换极板后的蓄电池进行的第一次充电。

图1-4-1 蓄电池的充电

特点：充电电流小，充电时间长，必须彻底充足。

程序：

① 加注电解液。

密度符合厂家规定，液面高度符合要求。

② 选择充电电流。

改进恒流法，$I_{c_1} = C_{20}/15$，$I_{c_2} = C_{20}/30$。

③ 连接蓄电池。

④ 充电过程中应注意下面的问题：

旋开加液孔；

观察充电电流，及时调整；

每隔2～3 h测量一次电压和密度，及时转为第二阶段；

经常测量温度，控制其不得高于45℃。

⑤ 调整电解液密度。

2. 补充充电

指对使用中的蓄电池，在无故障的前提下，为保持或恢复其额定容量而进行的正常的保养性充电。一般用充电机如图1-4-2所示。

① 一般汽车蓄电池每隔1～2个月要从车上拆下来进行一次补充充电。

② 使用中需要补充充电的情况：

起动无力时（非机械故障）；

前照灯灯光暗淡，表示电力不足时；

电解液密度下降到1.20 g/ml以下时；

冬季放电超过25%，夏季放电超过50%。

图1-4-2 一般充电机

 补充充电与初充电的不同点：
① 充电前不需要加注电解液；
② 蓄电池补充充电电流的选择：
$I_{c_1} = C_{20}/10(A)$，$I_{c_2} = C_{20}/20(A)$。
（注：C_{20}为蓄电池额定容量。如6-QW-80的蓄电池，额定容量为80 A·h，则其十分之一的充电电流为8 A。）
③ 充电时间约为13～16 h。

3. 间隔过充电

这是避免使用中极板硫化的一种预防性充电,如图1-4-3所示。一般应每隔3个月进行一次。

充电方法是先按补充充电方式充足电,停歇1h后,再以减半的充电电流进行过充电,直至充足电为止。

图1-4-3 间隔过充电　　　　　　　图1-4-4 充电电流指示

4. 循环锻炼充电

这是铅蓄电池为防止极板钝化的保养充电。铅蓄电池使用中常处于部分放电的状况,参加化学反应的活性物质有限,为避免活性物质长期不工作而收缩,每隔3个月进行一次循环锻炼充电。

充电方法:如图1-4-4所示,先按照补充充电或间歇过充电方法将铅蓄电池充足电,再用20h放电率的电流连续放电至单格电池电压降为1.75V为止,其容量降低不得大于额定容量的10%,否则应进行充、放电循环,直至容量达到额定容量的90%为止,方可使用。

二、蓄电池充电的方法

铅蓄电池的充电方法有定电流充电法、定电压充电法和脉冲快速充电法等。

1. 定电流充电法

在充电过程中,使充电电流(一般为蓄电池容量的0.1倍以下,如60A·h蓄电池不大于6A)保持恒定的充电方法称为定电流充电法,简称定流充电。

定流充电时,被充电的蓄电池不论是6V还是12V,均可串联在一起进行充电。

其连接方法如图1-4-5所示。串联的蓄电池的容量应尽可能相同,如不相同,充电电流应以小容量的蓄电池来计算。当小容量的蓄电池充足电后,应随之去除,再继续给大容量的蓄电池充电。

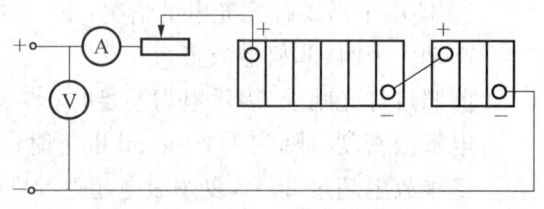

图1-4-5 定流充电时蓄电池的连接

定流充电的优点:

适用性好,可任意选择和调整充电电流,有益于延长蓄电池的使用寿命。这种充电方式可用于各种不同的蓄电池,如新蓄电池的初充电、去硫充电、补充充电等,均可采用这种方式。

定流充电的缺点:

充电时间长,且需要经常调节充电电流。

2. 定电压充电法

在充电过程中,充电电压始终保持不变的充电方法称为定电压充电法,简称定压充电。

定压充电的连接方式如图1-4-6所示。采取此方式时,要求各蓄电池额定电压必须相同。

定压充电的充电电压一般按单体电池2.5 V选取,即6 V蓄电池的充电电压为7.5 V,12 V蓄电池的充电电压为15 V。

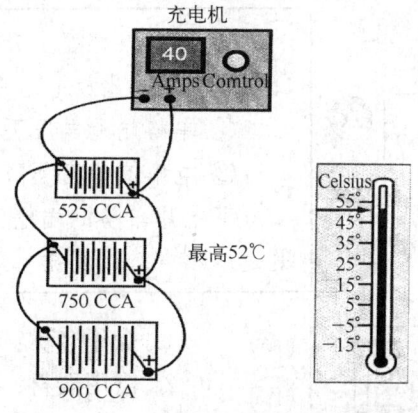

图1-4-6 定压充电时蓄电池的连接

定压充电的优点:
① 充电效率高。开始充电4~5 h内,蓄电池就能获得90%~95%的充电量,因而可大大缩短充电时间。
② 操作方便,不易过充电。

定压充电的缺点:
由于充电初期电流太大,易造成电解液温升过快、极板弯曲、活性物质脱落,从而影响蓄电池的技术性能和使用寿命。因此,这种方法除在短时间补充充电的情况下,一般很少使用。

上述定流充电和定压充电两种方法统称为"常规充电"。定流充电完成一次初充电要60~70 h,补充充电也需20 h左右。由于充电时间太长,给使用带来不便。还有一种充电方法为快速充电。

3. 脉冲快速充电法

脉冲快速充电的特点:
① 充电时间短。初充电一般不超过5 h,补充充电只需0.5~1.5 h。
② 节能。消耗电能为常规充电的80%~85%。
③ 可以增加蓄电池的容量。
④ 具有显著的去硫化作用。
⑤ 对蓄电池的寿命有一定影响,仍需进一步改进。

图1-4-7 快速充电

一般来讲,经快速充电的蓄电池只是提高了充电容量,并未充足电。若想充足,必须用小电流或正常充电电流进行最后充电。当电解液超过一定温度(通常为50℃)时,设备会自动停止充电。

充、放电完成的标志
(1) 蓄电池充电完成的标志
① 蓄电池内产生大量气泡,即出现"沸腾"现象,如图1-4-8所示;
② 端电压上升至最大值,且2 h内不再上升;

③ 电解液密度上升至最大值,且2 h内不再上升。

(2) 蓄电池放电结束的标志

① 单格电池电压下降至终止电压(如铅酸电池电压下降至1.75 V)。

② 电解液密度下降至最小允许值(约1.11 g/ml)。

蓄电池单格的端电压下降至一定值(例如1.75 V)时,如果继续放电,就是过度放电。过度放电对蓄电池非常有害,易造成极板的损坏。

1. 操作名称:蓄电池的充电。
2. 需用器材:蓄电池一台,充电机一台。
3. 学习目标:

学会蓄电池正负极性的识别;

学会蓄电池定压充电的过程;

学会在操作中,注意环境保护和人身安全。

4. 操作步骤:

(1) 蓄电池的正、负极判别

充电时应将蓄电池的正、负极与对应的充电机的正、负极相连。若极性接反,会造成蓄电池的损坏。

如标记模糊不清,如图1-4-9所示,可用下述方法进行识别:

① 观察极桩的颜色,使用过的蓄电池正极桩呈深棕色,负极桩呈淡灰色。

② 用直流电压表接蓄电池的两极,按照指针偏摆方向判断其正、负极。

图1-4-8 蓄电池电解液"沸腾"

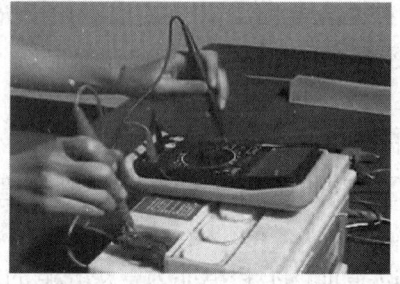

图1-4-9 蓄电池正、负极判别

(2) 定电压充电的方法

① 如图1-4-10所示,拧下蓄电池的电解液盖。

充电过程要将蓄电池排气栓取下。

② 如图1-4-11所示,将充电机的正负极,接在蓄电池的正负极上。

③ 如图1-4-12所示,选择合适的充电电压:

对12 V蓄电池,选用15 V电压;

对24 V蓄电池,选用28 V电压。

④ 如图1-4-13所示,打开充电机的电源开关。

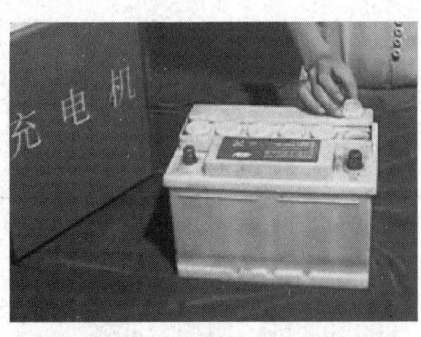
图1-4-10 拧下蓄电池的电解液盖

图1-4-11 连接正、负极

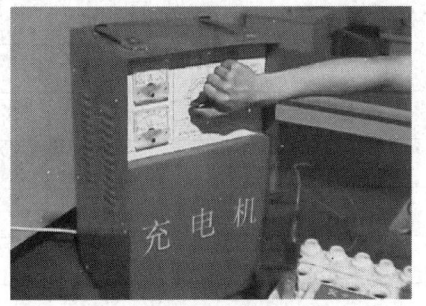
图1-4-12 选择合适的充电电压

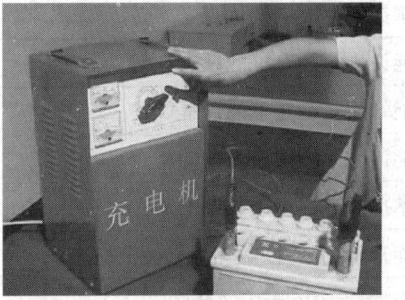
图1-4-13 打开充电机的电源开关

⑤ 充电时注意观察蓄电池的下列现象：

蓄电池内是否出现"沸腾"现象；

端电压是否上升至最大值，如在20 min内达到最大值，则蓄电池有故障；

充电结束前半小时，调整电解液密度和液面，如密度不在 1.28±0.01 g/ml（25℃）范围之内，则需要添加少许净化水进行调整。

（3）充电时注意蓄电池的现象

充电时蓄电池的温度不应超过45℃，否则要采取降温、暂时减小充电电流或降低充电电压等措施。

充电过程的前3 h，应注意及时观察并调整充电电流，以防止电流过大烧毁充电机或造成其他事故，如图1-4-14所示。

图1-4-14 调整充电电流

充电注意事项：
① 硫酸入水；　　　　⑦ 人身防护；
② 室内通风；　　　　⑧ 应急处理：大水冲洗；
③ 严禁试火；　　　　⑨ 不开危险玩笑；
④ 低压接入；　　　　⑩ 定时检测调节；
⑤ 断电连接；　　　　⑪ 记录技术资料；
⑥ 场地防酸处理；　　⑫ 保持工具场地清洁。

 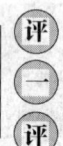 评一评

学生姓名		日期		自评	互评	师评
一、学习评价目标						
1. 能分清蓄电池充电的种类。						
2. 知道铅蓄电池充电的方法。						
3. 掌握定压充电的优点。						
4. 能说出定压充电的缺点。						
5. 能知道定流充电的过程。						
6. 能讲述脉冲快速充电的特点。						
7. 掌握蓄电池定压充电的操作过程。						
8. 能正确判断蓄电池的正、负极极端。						
9. 操作过程中，无返工现象。						
10. 活动中环保意识及安全工作做得如何。						
二、学习体会 1. 活动中感觉哪项技能最有兴趣？为什么？ 2. 活动中哪项技能最有用？为什么？ 3. 活动中哪项技能操作可以改进，以使操作更方便实用？请写出操作过程。（请同学们大胆创新，共同研讨，不断提高操作能力。） 4. 你还有哪些要求与设想？						
总体评价				教师签名		

活动五　蓄电池的性能检测

 案例导入

一辆捷达轿车的蓄电池总亏电，推车着火后行驶一段时间，蓄电池又正常。小李遇到这样的情况后，请教师傅，王师傅告诉小李应学会对蓄电池进行检测。现在我们跟小李一起来学习蓄电池的性能检测。

 关联知识

蓄电池性能测试

为了及时发现蓄电池的各种内在故障，汽车每行驶 1 000 km，或者冬季行驶 10～15 天，夏季行驶 5～6 天，需对蓄电池进行下列 3 方面的检查。

1. 通过观察孔判断蓄电池技术状况

对于无加液孔的全密封型免维护蓄电池，由于不能采用传统的密度计

来测量电解液密度以判断其技术状况,为此在这种免维护蓄电池内部一般装有一只小型密度计,通过顶端的检查孔观察其颜色即可判断蓄电池的技术状况,如图1-5-1所示。

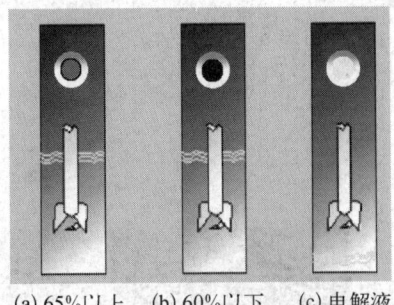

① 绿色:表示蓄电池的技术状况良好;
② 黑色:表示电解液密度偏低,应对蓄电池进行补充充电;
③ 浅黄色:表示电解液液面过低,蓄电池已不能继续使用。

(a) 65%以上荷电状态　(b) 60%以下荷电状态　(c) 电解液液位低

图1-5-1　通过观察孔判断蓄电池技术状况

2. 电解液液面高度

对于塑料壳体的蓄电池,可以直接通过外壳上的液面线检查。如图1-5-2所示,壳体前侧面上标有两条平行的液面线,分别用"max"(或"UPPER LEVEL",或"上液面线")和"min"(或"LOWER LEVEL",或"下液面线")表示电解液液面的最高限和最低限,电解液液面应保持在高、低水平线之间,电解液不足应加注蒸馏水。

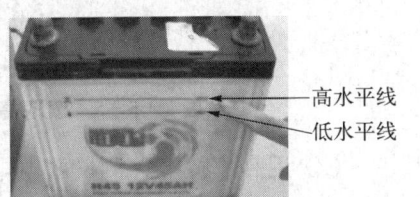

图1-5-2　观察液面的高度

对于不能通过外壳上的液面线进行检测的蓄电池,可以用玻璃管测量液面高度。

检测方法参见图1-5-3。将玻璃管垂直插入蓄电池的加液孔中,直到与保护网或隔板上缘接触为止,然后用手指堵紧管口并将管取出,管内所吸取的电解液的高度即为液面高度,其值应为10~15 mm。

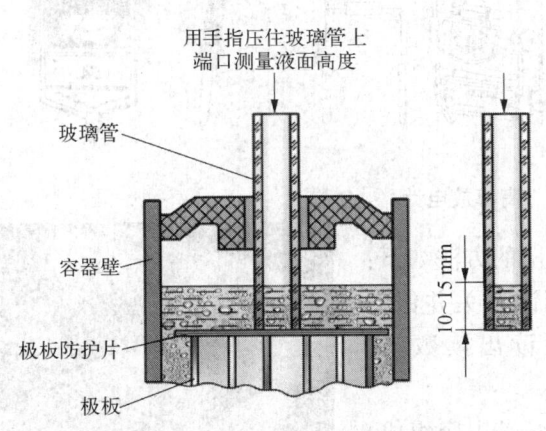

图1-5-3　用玻璃管测量液面高度

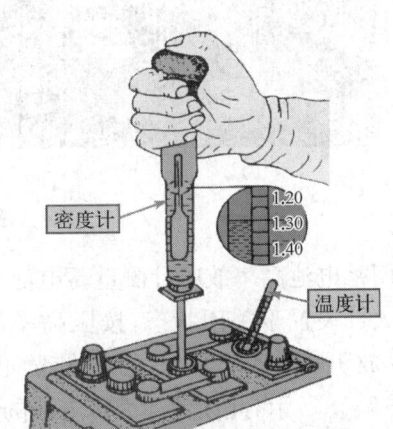

图1-5-4　用密度计测量电解液密度

3. 蓄电池放电程度

蓄电池的放电程度可根据电解液密度判断和用高率放电计或蓄电池测试器检查。

(1) 测量电解液的密度和温度

用密度计测试电解液密度是最直接的一种测试方法。如图1-5-4所示,吸取蓄电池中的电解液,直到浮子浮起,然后检查浮子高度和浮子刻线之间的关系,可读出电解液密度的数值。

用温度计测出电解液的温度值。

测量的高度值为 1.27,如图 1-5-5 所示。

通过浮子的彩色标记来判断蓄电池的放电程度,如图 1-5-6 所示。

① 电解液处于黄色区域,说明电量充足;

② 电解液处于绿色区域,说明电量比较充足;

③ 电解液处于红色区域,则蓄电池必须充电。

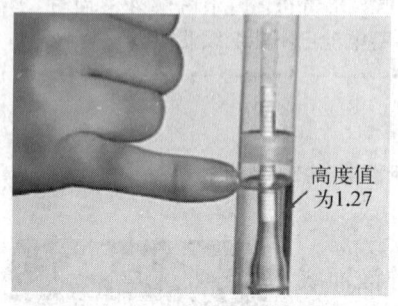
图 1-5-5 读取高度值

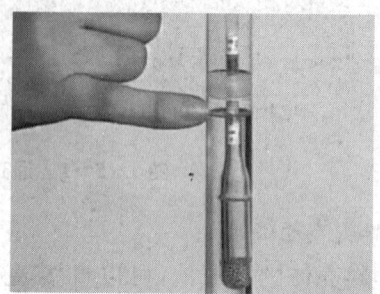
图 1-5-6 电解液处于黄色区域

(2) 用高率放电计测量放电电压

高率放电计是模拟接入起动机负荷,测量蓄电池在大电流(接近起动机的起动电流)放电时的端电压,用以判断蓄电池的放电程度和起动能力,高率放电计如图 1-5-7 所示。

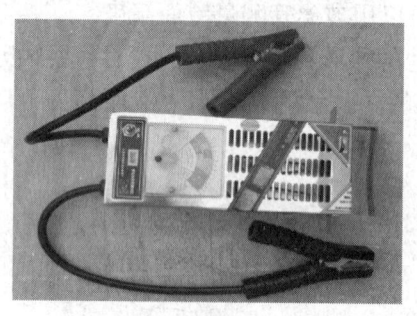
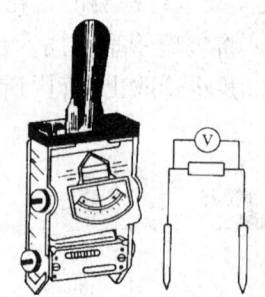
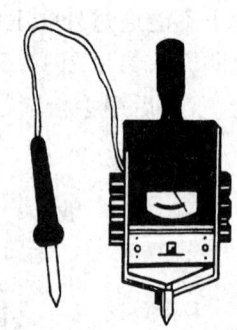

图 1-5-7 高率放电计

用蓄电池高率放电计测量蓄电池空载端电压的方法如下:将点火开关置于关闭状态,按压高率放电计测试开关并保持 5 s 后放开,待测试仪上的指针静止不动后读出读数,如图 1-5-8 所示,此读数即为蓄电池的端电压。

高率放电计由一个 3 V 电压表和一个定值负载电阻组成。测量时应将两夹钳紧压在蓄电池的正、负极柱上,按测试开关历时 5 s 左右,观察大负荷放电情况下蓄电池所能保持的端电压。

如电压小于 12 V,则需对蓄电池进行维护;

图 1-5-8 用蓄电池高率放电计测量蓄电池空载端电压

如电压小于 11 V,则需更换蓄电池。

高率放电计测得的单体电池电压与放电程度对照,如表 1-5-1 所示。

表 1-5-1

单体电池电压(V)	放电程度(%)
1.7~1.8	0
1.6~1.7	25
1.5~1.6	50
1.4~1.5	75
1.3~1.4	100

一般技术状况良好的蓄电池,用高率放电计测量时:单体电池电压应在 1.5 V 以上,并在 5 s 内保持稳定;如果 5 s 内电压迅速下降或某一单体电池电压比其他单体电池电压低 0.1 V 以上时,表示该单体电池有故障,应进行修理,如图 1-5-9 所示。

操作活动

1. 操作名称:蓄电池技术检测。
2. 需用器材:蓄电池若干台,高率放电计一把,万用表一只,密度计一只,温度计一只,玻璃管一只,如图 1-5-10 所示。
3. 学习目标:

学会正确使用高率放电计;

能判断蓄电池的技术性能检测;

学会在操作中,注意环境保护和人身安全。

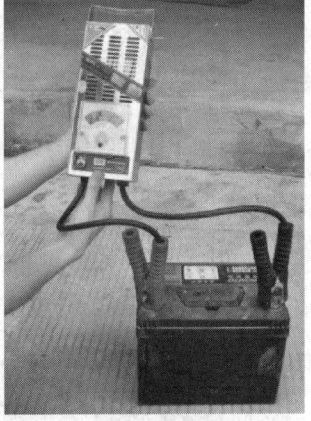

图 1-5-9 高率放电计测量

4. 操作步骤:

(1) 液面高度检查

① 通过蓄电池外壳表面观察液面线来检查,如图 1-5-11 所示。

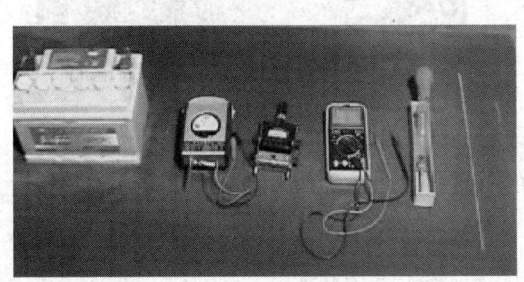

图 1-5-10 操作器材

图 1-5-11 通过蓄电池外壳表面观察液面高度

② 也可以用玻璃管来检查液面的高度,如图1-5-12所示。

电解液液面应高出极板10～15 mm。

(2) 电解液密度检查

① 用拇指压下吸式密度计的橡皮球,将吸式密度计插入蓄电池的电解液中,如图1-5-13所示。

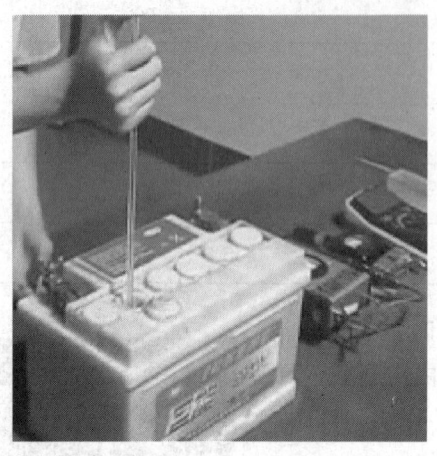

图1-5-12 用玻璃管检查液面高度

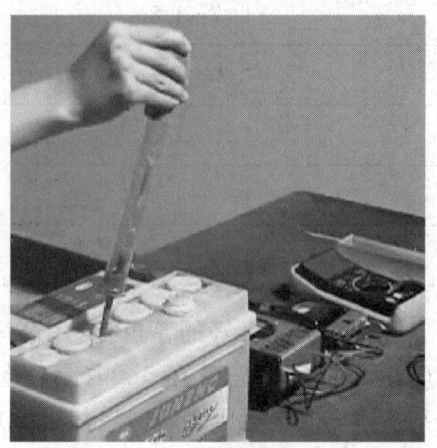

图1-5-13 密度计插入蓄电池中

② 缓慢松开橡皮球,使电解液进入玻璃管中,如图1-5-14所示。将密度计提起,观察液面的位置,来判断蓄电池的放电程度。

③ 检查完毕,将电解液送回原处,如图1-5-15所示。

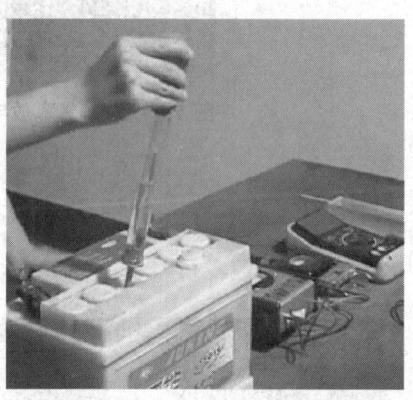

图1-5-14 密度计中吸入蓄电池液

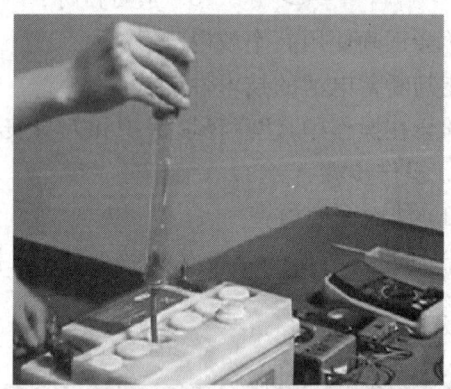

图1-5-15 将电解液送回蓄电池

(3) 蓄电池放电情况检查

① 将高率放电计的黑表笔夹到蓄电池的负极上,红表笔夹到蓄电池的正极上,如图1-5-16所示。

② 根据指针位置判断蓄电池的放电情况,如图1-5-17所示。

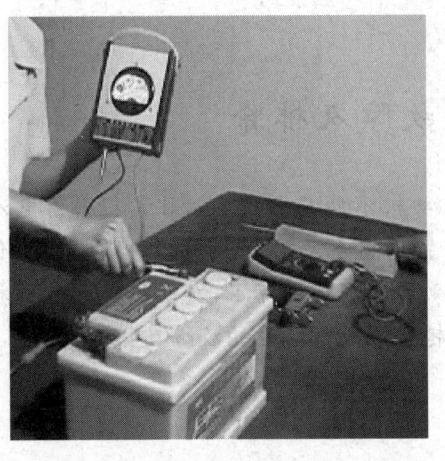

图1-5-16 将表笔夹到蓄电池的正、负极上

图1-5-17 判断蓄电池的放电情况

 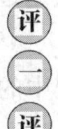

学生姓名		日期		自评	互评	师评
一、学习评价目标						
1. 能通过观察孔判断蓄电池技术状况。						
2. 能直接通过外壳上的液面线检查。						
3. 掌握用玻璃管测量液面高度。						
4. 能用密度计测量电解液密度。						
5. 能用高率放电计测量放电电压。						
6. 能正确使用高率放电计。						
7. 掌握蓄电池的技术性能检测。						
8. 操作过程中是否有错误。						
9. 操作过程中,无返工现象。						
10. 活动中环保意识及安全工作做得如何。						
二、学习体会 1. 活动中感觉哪项技能最有兴趣?为什么? 2. 活动中哪项技能最有用?为什么? 3. 活动中哪项技能操作可以改进,以使操作更方便实用?请写出操作过程。(请同学们大胆创新,共同研讨,不断提高操作能力。) 4. 你还有哪些要求与设想?						
总体评价				教师签名		

活动六 蓄电池的故障及排除

一辆解放牌柴油车(5 t)发动机不能正常起动,测试表明蓄电池已损坏。在换用东北牌QAW-100型新蓄电池后,发动机能顺利起动,但两个月后发动机又不能起动。经检测蓄电池又损坏了,发动机产生了同样的故障。这是什么问题呢?我们一起来学习蓄电池的故障及排除。

蓄电池的常见故障

蓄电池的常见故障可以分为外部故障和内部故障。

外部故障有极桩腐蚀、极桩松动、封胶干裂等,可以直接通过外观检查发现,并根据具体情况进行维修或更换。

内部故障包括极板硫化、自放电、活性物质脱落等,需要根据使用和维护过程中的现象进行仔细分析,确定原因,视情处理。

1. 极板硫化

(1) 故障现象

如图1-6-1所示,蓄电池长期充电不足或放电后长期放置时,极板上生成一层白色的粗晶粒硫酸铅,这种粗大的硫酸铅很难在正常充电时溶解还原。同时,还会堵塞极板的孔隙,使电解液渗入极板内部困难,蓄电池容量明显下降。

(2) 故障原因

① 充电不足,蓄电池长期存放或处于放电状态。

② 电解液不足,使极板一部分外露在空气中而氧化。

③ 电解液密度过大,有利于硫酸铅再结晶。

④ 电解液不纯。

(3) 排除办法

采用去硫酸充电法进行排除,如图1-6-2所示。

图1-6-1 极板硫化

图1-6-2 去硫酸充电法

为了避免极板硫化,蓄电池应经常处于充电状态,放完电的蓄电池应及时充电,电解液密度要恰当,液面高度要符合规定。

> 极板硫化处理时的现象
> ① 用高率放电计检查时,单体电池电压有明显的下降;
> ② 充电时,单体电池电压迅速上升到 2.8 V 左右,电解液密度上升不明显,且过早出现"沸腾"现象。

2. 自行放电

(1) 故障现象

蓄电池放置后,在无负荷的情况下,储电量自行明显下降,甚至会完全无电,如图 1-6-3 所示。

(2) 故障原因

① 电解液不纯,有杂质;

② 蓄电池表面脏污,造成短路;

③ 极板活性物质脱落;

④ 蓄电池内存在焊接铅渣等杂质,造成正、负极板间的短路。

(3) 排除办法

先将蓄电池全部放电或过放电,使极板上的杂质进入电解液;倒出电解液,清洗几次;最后注入标准电解液,并充电。充足电后如仍有自放电现象,则重复上述步骤,直到故障消除。

图 1-6-3 自放电蓄电池

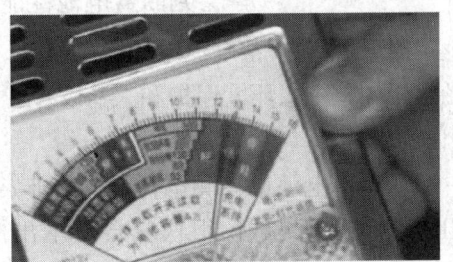

图 1-6-4 蓄电池开路电压过低

3. 极板短路

(1) 故障现象

蓄电池开路电压过低,造成起动机运转无力,如图 1-6-4 所示。充电时,温度高,电压低,密度低,充电末期气泡较少或产生气泡太晚。

(2) 故障原因

① 隔板损坏而漏电或短路;

② 蓄电池底部沉淀太多而将极板短路。

(3) 排除办法

若隔板损坏,则应拆开蓄电池更换隔板。

若蓄电池底部沉淀太多造成短路,则可将蓄电池完全放电,倒出电解液,用蒸馏水反复清洗,注入新配制的电解液,再充电。

4. 活性物质脱落

（1）故障现象

充电时,电解液易"沸腾"并能见到褐色物质自底部上升到表面。

（2）故障原因

① 经常长时间大电流放电,如起动机使用频繁、每次起动时间过长等,从而引起过度放电;

② 长时间过充电,充电时电解液温度过高,充电电压过高(如发电机调节器调节电压过高);

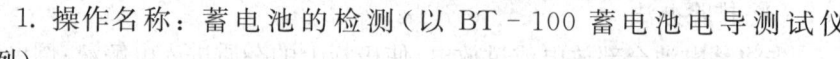

图1-6-5　电解液密度是否过大

③ 电解液密度经常过大,对极板栅架有强腐蚀。

（3）排除办法

将蓄电池解体,反复清洗,检查活性物质脱落情况。若脱落较少,则可以继续充电使用;若严重脱落,则更换新的极板,重新组装使用。另外,还需排除充电电压过高的故障。

除了上述故障外,还可能有极板拱曲、外壳破裂、电解液渗漏、内阻过大、蓄电池发热等故障。

操作活动

1. 操作名称：蓄电池的检测(以BT-100蓄电池电导测试仪为例)。

2. 需用器材：蓄电池1~3台,PBT-100蓄电池电导测试仪一台。

3. 学习目标：

学会判断蓄电池性能;

学会运用PBT-100蓄电池电导测试仪;

学会在操作中,注意环境保护和人身安全。

4. 操作步骤：

PBT-100型蓄电池电导测试仪的操作非常简单,只需把测试仪的夹子接到蓄电池上,设置额定值再压下测试键,测试仪很快就会显示出准确的诊断结果。如图1-6-6至图1-6-7所示。

如图1-6-6所示,绿灯亮表示蓄电池正常;

如图1-6-7所示,绿/黄灯亮表示重新充电;

图1-6-6　蓄电池正常

图1-6-7　重新充电

如图1-6-8所示,黄灯亮表示缺电、充电后再测;

如图1-6-9所示,红灯亮表示更换蓄电池。

图1-6-8 缺电、充电后再测

图1-6-9 更换蓄电池

5. 故障排除案例:

用电压表测得蓄电池两极柱间的电压为10 V,而用蓄电池电导测试仪进行放电试验时,蓄电池电压急剧下降到2 V。

测量结果表明蓄电池已坏。考虑到蓄电池损坏大部分是极板弯曲和活性物质的脱落,很可能是跟蓄电池的充电电流及使用温度有关,所以测量发电机输出电压,并检查蓄电池的使用温度。发电机输出电压正常,但发现在排气管内朝向蓄电池的一侧有长80 mm的裂纹,在发动机运转过程中排气管内的高温高压气体不断地喷射到蓄电池外壳上,以致蓄电池的温度很高。在修复了排气管并换装了新蓄电池后,故障排除。

图1-6-10 故障排除案例

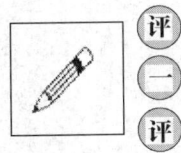

学生姓名		日期		自评	互评	师评
一、学习评价目标						
1. 能讲述汽车蓄电池的常见故障。						
2. 能判断极板硫化的故障现象及排除。						
3. 能判断自行放电的故障现象及排除。						
4. 能判断极板短路的故障现象及排除。						
5. 能判断活性物质脱落的故障现象及排除。						
6. 会运用PBT-100型蓄电池电导测试仪检测蓄电池。						
7. 会用万用表测量蓄电池的电压值。						
8. 操作过程中,无返工现象。						
9. 活动中环保意识及安全工作做得如何。						

(续 表)

学生姓名		日期		自评	互评	师评
二、学习体会 1. 活动中感觉哪项技能最有兴趣？为什么？ 2. 活动中哪项技能最有用？为什么？ 3. 活动中哪项技能操作可以改进，以使操作更方便实用？请写出操作过程。（请同学们大胆创新，共同研讨，不断提高操作能力。） 4. 你还有哪些要求与设想？						
总体评价				教师签名		

项目小结

1. 蓄电池主要由极板、隔板、电解液和外壳等组成。
2. 蓄电池正极板上的活性物质是二氧化铅，负极板上的活性物质是海绵状纯铅。
3. 电解液由蒸馏水和纯硫酸组成，其相对密度为 1.24～1.30 g/ml。
4. 蓄电池在放电过程中，正负极板上的活性物质都转变为硫酸铅。
5. 干荷铅蓄电池在加入电解液静置 20～30 min 后即可投入使用。
6. 蓄电池型号中第一部分表示蓄电池的单格数，第二部分表示蓄电池的类型，第三部分表示极板类型，第四部分表示额定容量，第五部分表示特殊性能。
7. 蓄电池放电结束的特征是单格电压降低到最低允许值，电解液密度下降到最低允许值。
8. 充电结束的特征是单格电压上升到最大值，电解液密度上升到最大值，电解液呈沸腾状况。
9. 蓄电池容量的单位为安培小时，常用的容量有额定容量和起动容量。
10. 影响蓄电池容量的影响因素有放电电流、电解液的温度和电解液的密度。
11. 在蓄电池的电解液没有泄漏而电解液不足时，应补加蒸馏水。
12. 蓄电池的充电方法有定电流充电、定电压充电和脉冲快速充电。
13. 充电种类有初充电、补充充电、去硫化充电等。
14. 蓄电池极板硫化的原因主要是长期充电不足、电解液不足等。
15. 蓄电池技术状况的检查主要包括电解液液面高度的检查、电解液密度的检查等。

练习题

一、填空题

1. 铅蓄电池在放电时,活性物质微粒逐渐____,孔隙逐渐____,电解液相对密度逐渐____,蓄电池电动势逐渐____,内阻逐渐____。
2. 普通铅蓄电池内部故障常见有_____,_____,_____。
3. 极板硫化的主要原因有_____,_____,_____,_____。
4. 严重硫化的电池在充电时,电解液相对密度不会_____,充电初期电解液就_____。
5. 产生极板短路的原因有_____,_____,_____。
6. 严重短路的电池充电时电解液相对密度_____,充电时电解液不会冒_____。
7. 普通电池封口胶由_____、_____、_____组成。
8. 隔板带槽面应朝向_____极板,并且将沟槽朝____方向安装。

9. 干荷式铅蓄电池负极板的活性物质中含有_____剂,因此在正常状态下不必_____初电。
10. LF 表示_____铅蓄电池,MF 表示_____铅蓄电池。
11. 铅蓄电池电解液相对密度每下降 0.01 g/ml,蓄电池容量约下降_____%的额定容量。
12. 发现电池电解液面过低,应及时添加_____。
13. 冬季时,应特别注意保持铅蓄电池存足电状态,以免电解液____,致使蓄电池容器破裂。
14. 充电时,发现电池温度升高过快且超过 40℃,应及时将充电电流____。
15. 当内装式密度计指示器显示绿色时,表明蓄电池处于_____状态;显示淡黄色,表明蓄电池_____;显示黑色,表明蓄电池_____。

二、判断题(对的画"√",错的画"×"。)

1. 蓄电池液面过低,可用矿泉水添加。(　　)
2. 专用蓄电池蒸馏水(俗称"补充液")可以饮用。(　　)
3. 配制电解液时,应将蒸馏水徐徐注入硫酸中。(　　)
4. 普通铅蓄电池电解液面应高于防护板 10～15 mm。(　　)
5. 因为正极板处反应剧烈,通常单格电池内正极板比负极板多一片。(　　)
6. 栅架加锑能提高浇铸性能,但会加剧水分的分解和自放电。(　　)
7. 若极板形成硫酸铅,就说明极板有硫化故障。(　　)
8. 极板硫化后不得用快速脉冲充电法充电。(　　)
9. 负荷测试时,铅蓄电池存电量应在 75% 以上。(　　)
10. 医用蒸馏水及离子交换纯水器制取的纯水均可作为铅蓄电池的蒸馏水。(　　)
11. 新铅蓄电池充电时应采用较大的充电电流。(　　)
12. 湿储存的铅蓄电池应每月至少补充充电一次。(　　)
13. 当电解液温度超过 50℃时,快速脉冲充电机会自动停充。(　　)

三、选择题

1. 铅蓄电池放电时,正负极板上生成的物质是(　　)。
   A. Pb　　　　　　　B. PbO_2　　　　　　C. $PbSO_4$
2. 硫化故障是指极板生成了白色的、(　　)晶粒的、不可逆的硫酸铅。
   A. 粗　　　　　　　B. 细　　　　　　　　C. 圆
3. 铅蓄电池单格静止电动势取决于电池的(　　)。
   A. 极板面积　　　　B. 单格电池极板片数　　C. 电解液相对密度
4. 铅蓄电池的额定容量与(　　)有关。
   A. 单格数　　　　　B. 电解液数量　　　　　C. 单格内极板片数
5. 充电间常用的充电方法是(　　)充电法。
   A. 定电流　　　　　B. 定电压　　　　　　　C. 快速脉冲
6. 焊接铅蓄电池极桩的热源中,以(　　)获得的修复质量为最佳。
   A. 交流低压电源　　B. 汽油焊枪　　　　　　C. 乙炔气焊

7. 不同容量的蓄电池串联充电,充电电流应以最(　　)容量的电池为基准进行选择。
   A. 大　　　　　　　　B. 小
8. (　　)铅蓄电池使用前,一定要经过初充电。
   A. 干荷式　　　　　　B. 普通　　　　　　　　C. 免维护
9. 测量蓄电池存电量较为准确的仪器是(　　)。
   A. 密度计　　　　　　B. 高率放电计　　　　　C. 数字式万用表

四、简答题

1. 如何识别铅蓄电池的正负极桩?
2. 蓄电池搭铁极性接反的危害有哪些?
3. 为什么规定每次接通起动机时间不得超过 5 s,两次间隔时间应在 15 s 以上?
4. 配制电解液时应注意哪些事项?
5. 充电结束有何表征?
6. 哪些蓄电池不得进行快速脉冲充电?
7. 新的干荷式铅蓄电池在什么情况下应进行用前补充充电?

测 验 试 卷

（项目一　汽车蓄电池）

班级：＿＿＿＿　学号：＿＿＿＿　姓名：＿＿＿＿　考试时间：60分钟

题号	一	二	三	四	五	总　分
得分						

一、填空题（每空 1 分，共 26 分）

1. 蓄电池的正极板总是比负极板＿＿＿＿一片。
2. 铅酸蓄电池正极板上的活性物质是＿＿＿＿，呈＿＿＿＿颜色；负极板上的活性物质是＿＿＿＿，呈＿＿＿＿颜色。
3. 电池放电过程的化学反应方程式是＿＿＿＿。
4. 蓄电池单格电压为＿＿＿＿V，12 V 的蓄电池由＿＿＿＿个单格组成。
5. 蓄电池的充电方法有＿＿＿＿充电、＿＿＿＿充电及＿＿＿＿充电。配置电解液时，须先将＿＿＿＿放入容器，然后将＿＿＿＿缓慢地加入水中，并不断搅拌，严禁将＿＿＿＿倒入＿＿＿＿中，以免发生爆溅，伤害人体和腐蚀设备。
6. 蓄电池的工作特性包括＿＿＿＿特性、＿＿＿＿特性。
7. 严重短路的电池充电时，电解液相对密度＿＿＿＿，电解液不会冒＿＿＿＿。
8. 普通电池封口胶由＿＿＿＿、＿＿＿＿、＿＿＿＿组成。
9. 隔板带槽面应朝向＿＿＿＿极板，并且将沟槽朝＿＿＿＿方向安装。
10. 干荷式铅蓄电池负极板的活性物质中含有＿＿＿＿剂，因此在正常状态下不必＿＿＿＿电。

二、选择题（多选或少选均不得分。每题 2 分，共 24 分）

1. 不同容量的蓄电池串联充电，充电电流应以容量（　　）的电池为基准进行选择。
   A. 最大　　　　B. 最小　　　　C. 平均容量
2. 蓄电池隔板沟槽的作用有（　　）。
   A. 充电时气泡沿沟槽上升　　　　B. 使蓄电池盛更多的电解液
   C. 脱落的活性物质沿沟槽下沉　　　　D. 为了使蓄电池便于装卸
3. 对蓄电池进行充电，如果选择的是定压充电，12 V 电池需要的充电电压应为（　　）V。
   A. 7.5　　　　B. 10　　　　C. 12.5　　　　D. 15
4. 蓄电池提高极板活性物质表面积的方法有（　　）。
   A. 增加极板片数　　　　B. 提高活性物质的多孔率
   C. 加稀硫酸　　　　D. 加蒸馏水
5. 冬季，在不结冰的前提下，应尽可能采用（　　）相对密度的电解液。
   A. 稍高　　　　B. 较高　　　　C. 较低　　　　D. 稍低

6. 从汽车上拆卸蓄电池时,应先拆( ),后拆( )。
   A. 正极　　　　　B. 搭铁　　　　　C. 较低　　　　　D. 稍低
7. 铅蓄电池单格静止电动势取决于电池的( )。
   A. 极板面积　　　B. 单格电池极板片数　C. 电解液相对密度
8. 铅蓄电池额定容量与( )有关。
   A. 单格数　　　　B. 电解液数量　　　C. 单格内极板片数
9. 充电常用的方法是( )充电法。
   A. 定电流　　　　B. 定电压　　　　　C. 快速脉冲
10. 焊接铅蓄电池极桩的热源中,以( )获得的修复质量为最佳。
    A. 交流低压电源　B. 汽油焊枪　　　　C. 乙炔气焊
11. 不同容量的蓄电池串联充电,充电电流应以最( )容量的电池为基准进行选择。
    A. 大　　　　　　B. 小
12. ( )铅蓄电池使用前,一定要经过初充电。
    A. 干荷式　　　　B. 普通　　　　　　C. 免维护

得分

三、判断题(对的画"√",错的画"×"。每题 2 分,共 20 分)

1. 新蓄电池在使用前要进行初次充电。( )
2. 蓄电池电解液液面高度应高出极板上沿 15 mm。( )
3. 定压充电不能确保蓄电池完全充足电。( )
4. 蓄电池初充电的特点是充电电流小,充电时间长。( )
5. 蓄电池液面过低,可用矿泉水添加。( )
6. 专用蓄电池蒸馏水(俗称"补充液")可以饮用。( )
7. 配制电解液时,应将蒸馏水徐徐注入硫酸中。( )
8. 普通铅蓄电池电解液面应高于防护板 10~15 mm。( )
9. 因为正极板处反应剧烈,通常单格电池内正极板比负极板多一片。( )
10. 栅架加锑能提高浇铸性能,但会加剧水分的分解和自放电。( )

得分

四、问答题(每题 5 分,共 30 分)

1. 铅蓄电池充电结束有何特征?
2. 在蓄电池的单个电池中为什么负极板比正极板多一片?
3. 如何识别铅蓄电池的正负极桩?
4. 蓄电池搭铁极性接反的危害有哪些?
5. 充电结束有何表征?
6. 哪些蓄电池不得进行快速脉冲充电?

项目二 交流发电机

- 活动一　发电机的识别
- 活动二　发电机的拆卸与安装
- 活动三　发电机的分解
- 活动四　发电机定子、转子的检测
- 活动五　整流器、电刷等元件的检测
- 活动六　电压调节器的检测
- 活动七　充电电路图的识读
- 活动八　发电机技术性能检测
- 活动九　发电系的故障诊断与排除

项目二 交流发电机

情景描述

交流发电机是汽车供电系中的主要部件(如图2-1-1所示)。其功用是在发动机正常运转时,向所有用电设备(起动机除外)供电,同时给蓄电池充电。本项目学习交流发电机的知识。

学习目标

1. 掌握发电机的发电原理、整流过程、励磁方法;
2. 会正确拆卸和组装交流发电机;
3. 能正确进行发电机电路的接线;
4. 掌握调节器的工作原理及检测;
5. 掌握发电机的故障检测及排除方法。

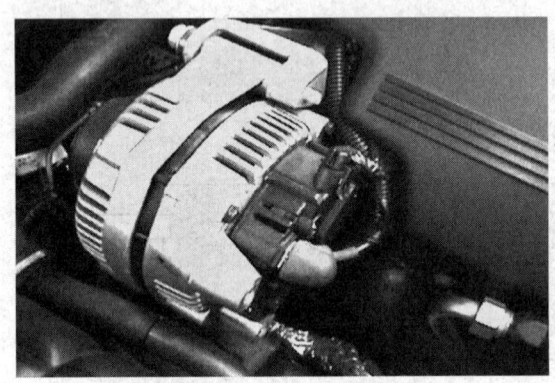

图2-1-1 交流发电机

活动一 发电机的识别

案例导入

交流发电机是汽车供电系中的重要电源。掌握交流发电机的结构组成,是每一个汽车维修电工必须具备的基本知识,下面我们来学习交流发电机的结构组成。

关联知识

汽车电源使用双电源,交流发电机是电源之一,它具有发电性能好、使用寿命长等优点,目前汽车上一般都使用交流发电机。

一、发电机的位置

发电机在汽车上的位置,如图2-1-2所示。

充电系产生的电供给各个电器设备,并在发动机运转时由发电机向蓄电池充电。发动机一起动,传动带就带动发电机进入正常工作。

二、发电机的主要组成

如图2-1-3所示,转子产生磁场,定子产生三相交流电。

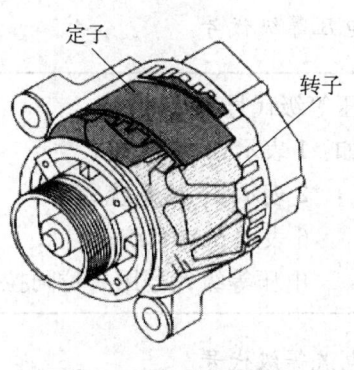

图 2-1-2 发电机在汽车上的位置　　图 2-1-3 定子和转子

如图 2-1-4 所示,整流器将交流电变为直流电。
如图 2-1-5 所示,IC 调节器利用调节器调节发电机的直流输出电压。

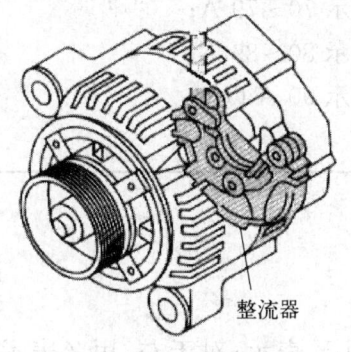
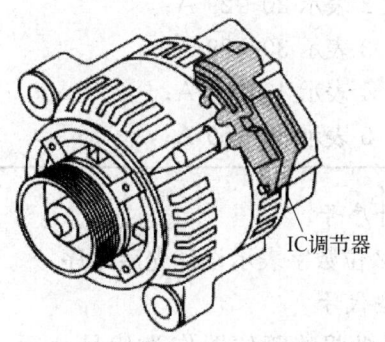

图 2-1-4 整流器　　图 2-1-5 IC 调节器

三、国产交流发电机的型号

根据中华人民共和国汽车行业标准 QC/T73-93《汽车电器设备产品型号编制方法》的规定,汽车交流发电机的型号组成如下:

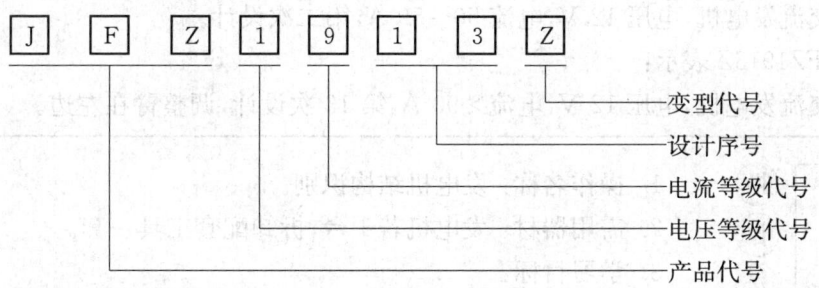

1. 产品代号

产品代号用中文字母表示
例如:JF 表示普通交流发电机;
　　　JFZ 表示整体式(调节器内置)交流发电机;
　　　JFB 表示带泵的交流发电机;
　　　JFW 表示无刷交流发电机。

2. 电压等级代号

> 电压等级代号
> 例如：1 表示 12 V 系统；
> 　　　2 表示 24 V 系统；
> 　　　6 表示 6 V 系统；
> 电压等级代号用一位阿拉伯数字表示。

3. 电流等级代号

> 电流等级代号
> 例如：1 表示 0～19 A；　　　6 表示 60～69 A；
> 　　　2 表示 20～29 A；　　　7 表示 70～79 A；
> 　　　3 表示 30～39 A；　　　8 表示 80～89 A；
> 　　　4 表示 40～49 A；　　　9 表示 90 A 以上。
> 　　　5 表示 50～59 A；

4. 设计序号

由 1～2 位数字表示设计先后顺序。

5. 变型代号

以发电机调整臂位置作为代号表示。对于右，用 Y 表示；对于左，用 Z 表示；中间不加标记。

6. 举例说明

> 例如：JF152 表示：
> 　　　交流发电机，电压 12 V，电流 50～59 A，第二次设计。
> 　　　JFZ1913Z 表示：
> 　　　交流发电机，电压 12 V，电流≥90 A，第 13 次设计，调整臂在左边。

1. 操作名称：发电机结构识别。
2. 需用器材：发电机若干台，拆卸配套工具一套。
3. 学习目标：

能正确识别发电机的种类；

能正确分清发电机的主要零部件；

学会操作中注意环境保护和人身安全。

4. 操作步骤：

（1）认识交流发电机的种类

① 普通交流发电机：需要另外配装电压调节器的发电机，称为普通交流发电机。

例如：EQ140 车用 JF132 型发电机，如图 2－1－6 所示。

② 整体式交流发电机：发电机和调节器制成一个整体。

例如：别克轿车装配的 CS 型发电机，包括 CS-121、CS-130 和 CS-144 三种不同的型号，如图 2-1-7 所示。

图 2-1-6　JF132 型发电机

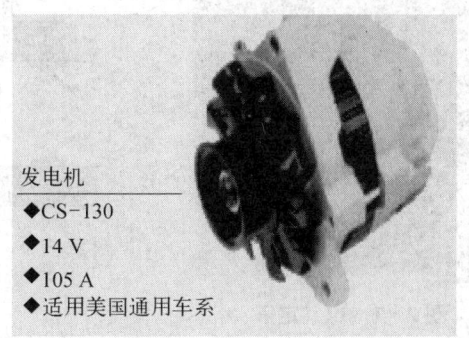

发电机
◆ CS-130
◆ 14 V
◆ 105 A
◆ 适用美国通用车系

图 2-1-7　CS-130 型发电机

③ 带泵交流发电机：将汽车制动系统用真空助力泵安装在一起的发电机。

例如：JFZB292 型发电机，如图 2-1-8 所示。

④ 无刷交流发电机：不需要电刷的发电机。

例如：JFW1914X 型发电机，如图 2-1-9 所示。

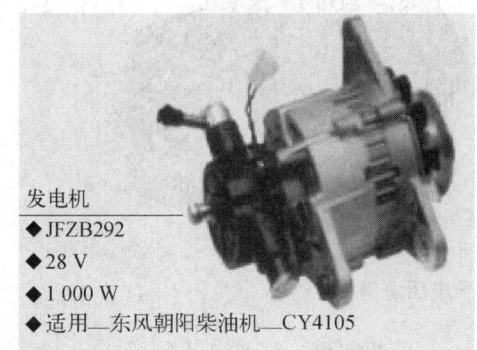

发电机
◆ JFZB292
◆ 28 V
◆ 1 000 W
◆ 适用—东风朝阳柴油机—CY4105

图 2-1-8　JFZB292 型发电机

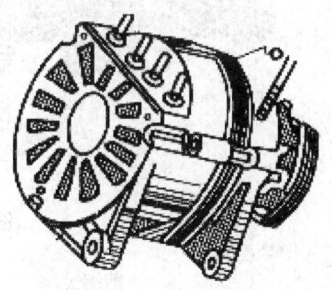

图 2-1-9　无刷交流发电机

⑤ 永磁交流发电机：磁极为永磁铁制成的发电机，如图 2-1-10 所示。

(2) 交流发电机的各主要部件与作用

① 转子的作用：产生磁场。如图 2-1-11 所示。

图 2-1-10　永磁交流发电机

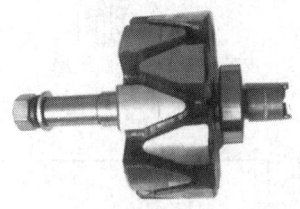

图 2-1-11　转子

② 定子的作用：在三相绕组中感应出三相交流电。如图2-1-12所示。
③ 整流器的作用：将交流电转化为直流电。如图2-1-13所示。

图2-1-12 定子

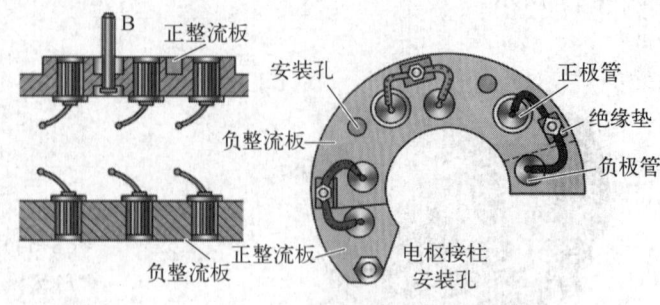

图2-1-13 整流器

④ 电子电压调节器的作用：稳定发电机输出电压。如图2-1-14所示，14 V调节值为(14.20±0.25)V，28 V调节值为(28.0±0.3)V。

⑤ 前后端盖、电刷、风扇和皮带轮的作用：端盖用来固定转子定子等元件；电刷用来传送转子电流；电刷架用来固定电刷；风扇用来冷却电机；皮带轮用来传动转矩。如图2-1-15所示。

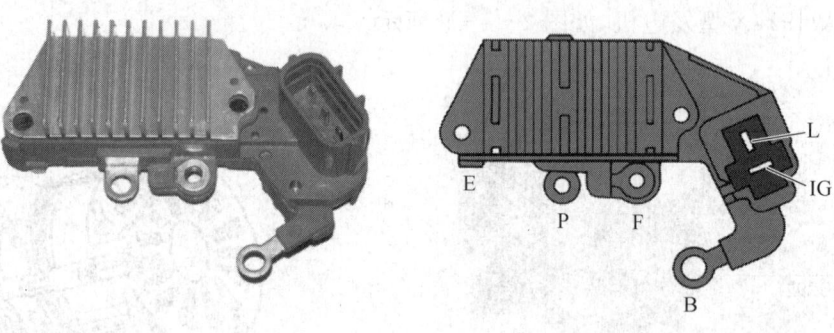

图2-1-14 电子电压调节器

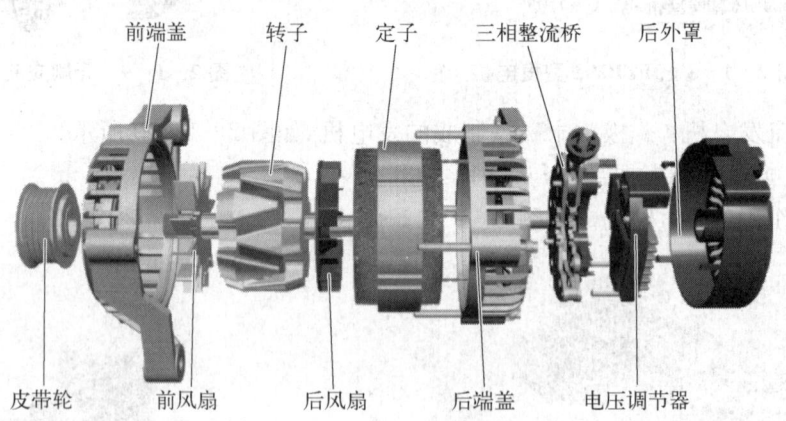

图2-1-15 端盖、电刷、风扇和皮带轮

注意：
调换发电机时，应选用同一型号的发电机。

1. 请写出图 2-1-16 中各主要部件的名称。
2. 说出图 2-1-17 是什么交流发电机。
3. 说出 JFW1914X 的意义。

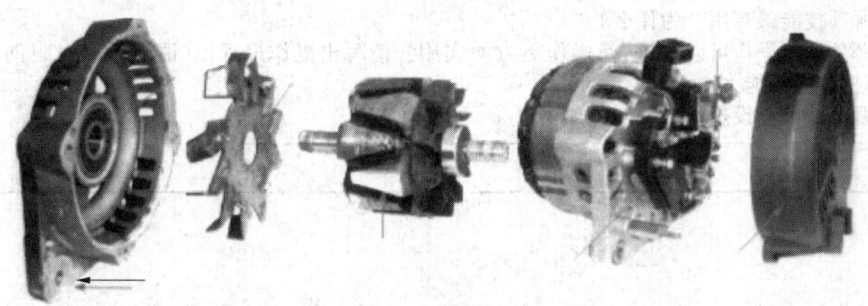

图 2-1-16　发电机的各部件

图 2-1-17　发电机

学生姓名		日期		自评	互评	师评
一、学习评价目标						
1. 能认出发电机的类型。						
2. 能正确识别发电机的主要部件。						
3. 能在汽车上找出发电机及所在部位。						
4. 能认出带泵交流发电机。						
5. 能正确认出发电机电刷和电刷架。						
6. 能认出整流器部件。						
7. 你自己能识别发电机了吗?						
8. 识别过程中是否还有不清楚的地方?						
9. 识别过程中有无认错现象。						
10. 活动中环保意识及安全工作做得如何。						

（续　表）

学生姓名		日期		自评	互评	师评
二、学习体会 1. 活动中感觉哪项技能最有兴趣？为什么？ 2. 活动中哪项技能最有用？为什么？ 3. 活动中哪项技能操作可以改进，使操作更方便实用？请写出操作过程。（请同学们大胆创新，共同研讨，不断提高操作能力。） 4. 你还有哪些要求与设想？						
总体评价				教师签名		

活动二　发电机的拆卸与安装

汽车修理中经常会进行元器件的调换，那就必须学会相关元器件的拆卸与安装操作工艺。下面，我们来学习汽车发电机的拆卸与安装。

交流发电机原理

车用发电机是由机械动能转化为电能的一个能量变换机械。

发电机的转子由发动机带动。励磁电流从滑环流入转子，由于电磁感应原理，在转子上形成了一个交变的 N 极和 S 极，转子的磁场经发动机带动旋转，在定子绕组里产生交流电流，如图 2-2-1 所示。

1. 发电机模型

磁场由发动机带动旋转，形成旋转磁场。

磁场周围的导线（定子绕组），感应出交流电流。

2. 汽车交流发电机原理图

转子中注入励磁电流产生磁场；

定子中的绕组感应出三相交流电；

6 个二极管组成三相桥式整流器，将三相交流电转化为汽车上可应用的直流电，如图 2-2-2 所示。

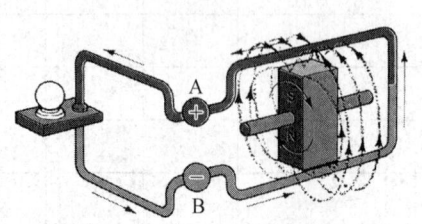 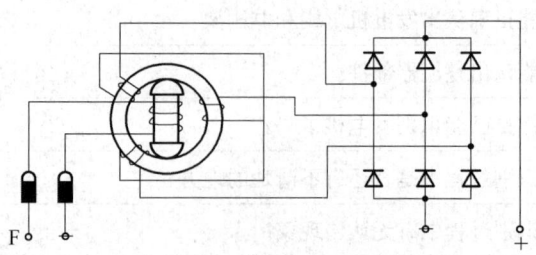

图 2-2-1　发电机模型　　　　　图 2-2-2　交流发电机原理图

3. 发电机工作原理

当外电路通过电刷使励磁绕组通电时,便产生磁场,使爪极被磁化为 N 极和 S 极。当转子旋转时,磁通交替地在定子绕组中变化,根据电磁感应原理可知,定子的三相绕组中便产生交变的感应电动势,经三相整流器将交流电转化为直流电。这就是交流发电机的工作原理,如图 2-2-3 所示。

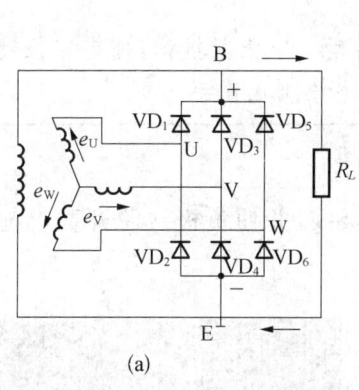 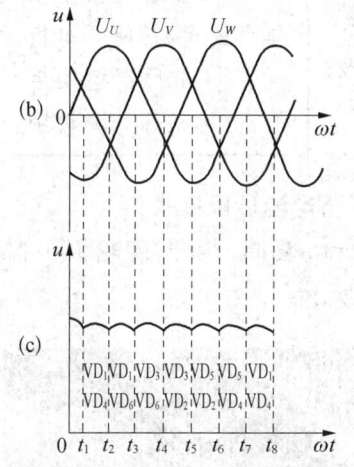

图 2-2-3 发电机的工作原理

1. 操作名称:发电机的拆卸与安装。
2. 需用器材:汽车一辆或发动机台架一台,拆卸配套工具一套。
3. 学习目标:

学会从车辆上拆卸和安装发电机;

学会操作中注意环境保护和人身安全。

4. 操作步骤:

(1) 拆卸发电机(以 AJR 发动机为例)

将车轮停在清洁合适的场所,拉紧驻车制动器,将变速器置于空挡,打开并可靠支撑好发动机舱盖。

① 取下发电机传动带。

用 16~17 mm 开口扳手的 17 mm 开口卡住发动机张紧机构上的凸出位置,用力向顺时针方向转动一个角度,使张紧机构上的孔与支架上的挡块对齐,如图 2-2-4 所示。

将定位销插入定位孔中,使张紧机构固定在该位置上,如图 2-2-5 所示。

图 2-2-4 松弛发电机传动带　　　图 2-2-5 插入定位销

取下松弛的传动皮带。取下传动带时,操作人员双手一定要干净。禁止将油、水等污垢附着到传动带上,如图2-2-6所示。

注意:
① 在用开口扳手扳动张紧机构时,开口扳手要保持正直,因为张紧机构弹力较大,易使开口扳滑脱。
② 定位销插入后,一定要稍稍转动一下张紧机构,确定定位销已可靠阻挡,方可松开开口扳手。否则,张紧机构会弹回伤手。

② 松开蓄电池负极接线。

用φ10 mm套筒、接杆、棘轮扳手拧松蓄电池负极线,并使负极线脱开蓄电池负极柱,如图2-2-7所示。

图2-2-6 取下松弛的皮带

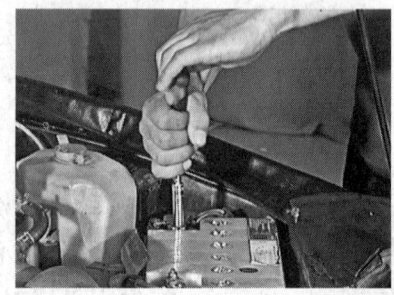

图2-2-7 松开蓄电池负极接线端

注意:
断开蓄电池接线,目的是防止拆卸发电机的过程中,导线搭铁产生短路,引起事故。

③ 松开发电机螺栓。

用φ6 mm内角扳手拧松发电机上端螺栓,取出放在合适的地方,如图2-2-8所示。
用φ8 mm内角扳手拧松发电机下端螺栓,取出放在合适的地方,如图2-2-9所示。

图2-2-8 松开发电机上螺栓

图2-2-9 松开发电机下螺栓

脱开螺栓后,将发电机从支架上取下,如图2-2-10所示。

注意：
发电机与支架之间的配合比较紧，直接用手取有困难时，可用木质锤柄撬动发电机，松动后取下。

④ 分离发电机上的接线。

用 φ13 mm 套筒、棘轮扳手拧松发电机后盖上 B 接线柱上的固定螺母，如图 2-2-11 所示。

 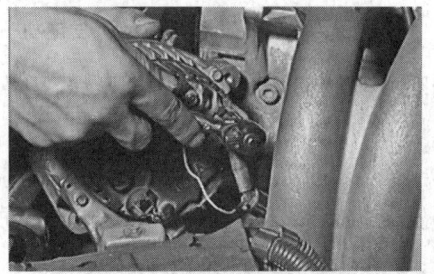

图 2-2-10　从支架上取下发电机　　　　图 2-2-11　拧松 B 接线柱上的螺母

注意：拆卸时要扶稳发电机，防止发电机 B 接线柱损坏。

取下螺母后，将 B 导线从接线柱上取下，用绝缘布包后放好，如图 2-2-12 所示。

用 φ10 mm 套筒、棘轮扳手拧松发电机后盖上励磁导线接线柱上的固定螺母，如图 2-2-13 所示。

图 2-2-12　将 B 导线脱离　　　　图 2-2-13　拧松励磁导线固定螺母

取下螺母后，将励磁导线脱离接线柱。

⑤ 取下发电机。

从发动机上取下发电机，将发电机摆放在零件车上，如图 2-2-14 所示。

（2）安装发电机

① 安装发电机上的导线。

安装励磁导线。如图 2-2-15 所示，将励磁导线装入接线柱，拧紧螺母到合适的力矩（合适一般是指将弹簧垫片压平位置），以防松动。

安装 B 导线。

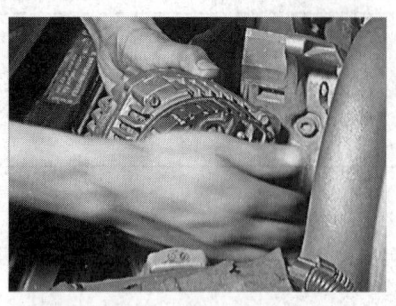
图 2-2-14 从发动机上取下发电机

图 2-2-15 安装励磁导线

如图 2-2-16 所示，装上 B 导线，用 φ13 mm 套筒、棘轮扳手拧紧发电机后盖上 B 接线柱上的固定螺母，拧紧力矩至合适位置。

② 固定发电机。

将发电机装入发动机，如图 2-2-17 所示。安装时注意，不可将导线碰伤了。

图 2-2-16 安装 B 导线

图 2-2-17 将发电机装入发动机

将发电机放入支撑块上，调整好发电机的位置，使发电机的螺孔与支架的螺孔对齐。

紧固发电机。用 φ6 mm 和 φ8 mm 内角扳手拧紧发电机上、下端螺栓，将螺栓力矩分别拧达 25 N·m 和 45 N·m，如图 2-2-18 所示。

③ 安装传动带。

将发电机传动带安装到曲轴、导向轮、张紧轮、发电机皮带轮上，并要确认传动带安装走向是正确的。

从曲轴、导向轮、张紧轮、发电机皮带轮顺序安装，如图 2-2-19 所示。

图 2-2-18 紧固发电机

图 2-2-19 安装传动带

传动带安装时，应保持双手的干净。安装时，对传动带的走向和安装位置进行确诊，以免返工，如图 2-2-20 所示。

确认皮带轮走向。传动带安装完成后,再从下向上,确认一下皮带轮的走向是否正确,在确认正确后才可认为传动带安装完成,如图2-2-21所示。

图2-2-20 传动带装入发电机皮带轮

图2-2-21 确认皮带轮的走向

④ 取出定位销。

用16～17 mm开口扳手的17 mm开口卡住发动机张紧机构上的凸出位置,用力向顺时针方向微动,使定位销松动,然后取出定位销,如图2-2-22所示。

取出定位销后,缓慢放松张紧机构,让张紧机构压向传动带,直至张紧机构不再下降为止,最后放松扳手。

注意:
① 放松张紧机构的过程中,动作一定要缓慢。否则,张紧机构的弹力会对传动带产生巨大的冲击力,易使传动带损坏,另外也易造成人身伤害。
② AJR型发动机采用的张紧机构能自动将传动带的挠度控制在一定的范围内,不需要人工进行张紧力的调整。

⑤ 传动带松紧度检查。

最后可用手压在传动带上,检查一下传动带的松紧度是否合适,如图2-2-23所示。

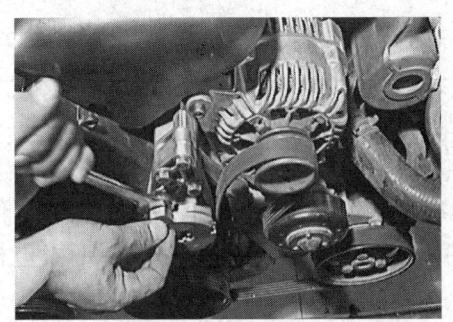
图2-2-22 取出定位销

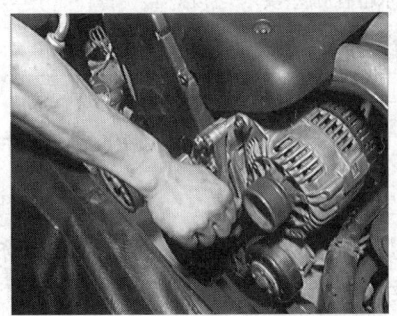
图2-2-23 检测传动带的松紧度

注意:
传动带松紧度合适指以10 kg重的力压下皮带约8～12 mm为合适。

你能拆卸和安装发电机了吗?自己尝试一下拆卸与安装过程。

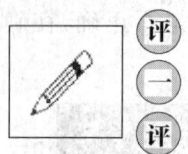

学生姓名		日期		自评	互评	师评
一、学习评价目标						
1. 能讲述发电机的工作原理。						
2. 能正确规范地把发电机从发动机上拆卸下来。						
3. 能规范地把发电机安装在发动机上。						
4. 能正确拆卸发电机上的B电缆接线和励磁接线。						
5. 能正确安装发电机上的B电缆接线和励磁接线。						
6. 能规范安装发电机传动皮带,并调节好张紧度。						
7. 你自己感觉能进行发电机的拆卸和安装工作了吗?						
8. 操作过程中安全是否到位?						
9. 操作过程中无返工现象。						
10. 活动中环保意识及安全工作做得如何。						
二、学习体会 1. 活动中感觉哪项技能最有兴趣?为什么? 2. 活动中哪项技能最有用?为什么? 3. 活动中哪项技能操作可以改进,使操作更方便实用?请写出操作过程。(请同学们大胆创新,共同研讨,不断提高操作能力。) 4. 你还有哪些要求与设想?						
总体评价				教师签名		

汽车上的第一台发电机

在 1902 年 Robert Bosch 公司制成了照明发电机(现称为发电机)的样品,它有作为定子的永久磁铁、带换向器的电枢和点火用的断电器。其主要问题在于照明发电机的电压随发动机转速的变化而发生很大的变动。

为此,研究集中在电压调节的开发上。最后采用与照明发电机电压有关的电磁控制方式才解决了难题。约在 1909 年,完成了一个完整的照明和起动装置。该装置在 1913 年投放市场。它包括:防水、并励、12 V、100 W 的直流发电机,蓄电池,调压器和开关盒,有脚踏开关、带超越离合器的起动机和各种照明器件,如图 2-2-24 所示。

图 2-2-24　1913 年汽车上的首台发电机

活动三 发电机的分解

发电机内部如何组成？让我们来分解发电机，学习发电机的组成及特点，同时学会发电机的分解与装配工艺。

发电机的组成

交流发电机由转子、定子、整流器、端盖、电刷等组成，如图2-3-1所示为JF132型交流发电机的组件图。

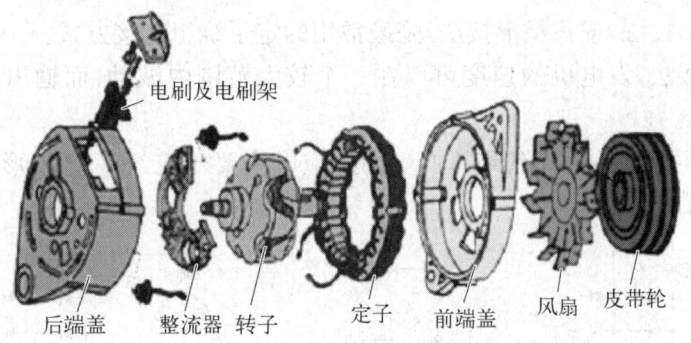

图2-3-1 发电机的组成

1. 转子

（1）组成

转子由转子轴、励磁绕组、两块磁极爪、滑环等组成，如图2-3-2所示。

（2）作用

建立磁场。利用爪极将转子磁铁分为六对或八对磁场，如图2-3-3所示。

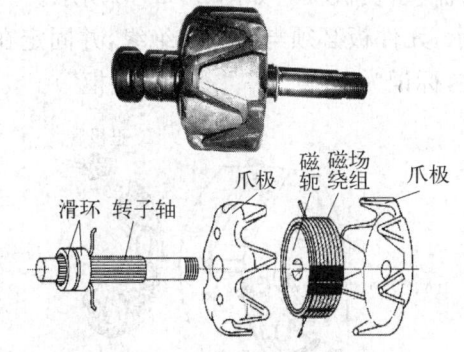

图2-3-2 发电机转子的组成

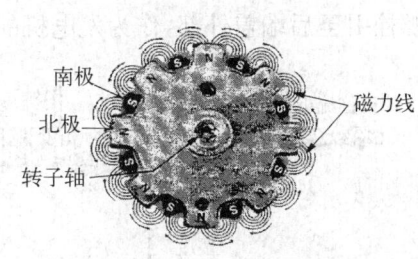

图2-3-3 转子磁场

（3）励磁电流的导入

励磁电流通过"F"（或"磁场"）接线柱和"—"（搭铁）接线柱进入电刷、滑环导入绕组，从而产生发电机的转子磁场,如图2-3-4所示。

2. 定子(也称电枢)

(1) 组成

定子是产生交流电的主要元件。由定子铁芯和定子绕组组成,如图2-3-5所示。

图2-3-4 用电刷、滑环导入励磁电流

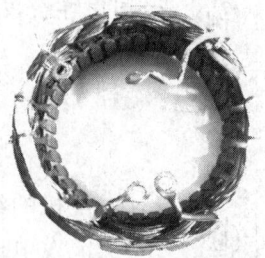

图2-3-5 定子的结构

(2) 定子绕组的接法

定子的Y形接法,或称星形接法,是最常用的定子绕组连接方式。

采用Y形接法,发电机的速度可以在一个较大范围内波动,而输出的电流值保持不变,如图2-3-6所示。

定子的△形接法,在每个绕组里产生的感应电流要比流经一个Y形接法电路的电流多,如图2-3-7所示。

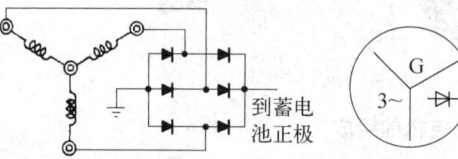

图2-3-6 定子绕组的Y形接法及符号

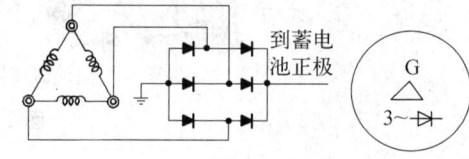

图2-3-7 定子绕组的△形接法及符号

3. 整流器的结构

整流器是由六只硅整流二极管组成的三相桥式整流电路。

将正极管安装在一块铝制散热板上,称为正整流板(正极板);

将负极管安装在另一块铝制散热板上,称为负整流板(负极板),如图2-3-8所示。

整流二极管常装在后端盖上。如图2-3-9所示,元件板必须与后端盖绝缘,并固定在后端盖上用螺栓引至后端盖外部,作为发电机的火线接柱,标记为"B"("A"、"+"或"电枢")。

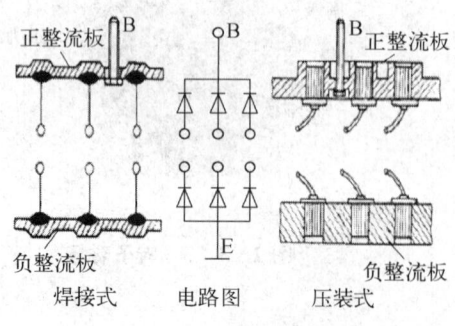

图2-3-8 整流器的结构

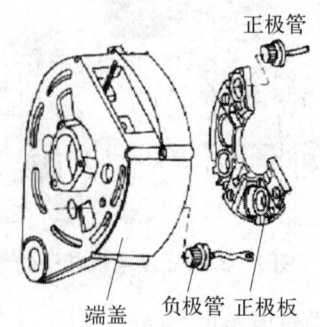

图2-3-9 后端盖上的二极管

4. 其他

① 前后端盖。如图 2-3-10 所示,前后端盖用铝制造,散热较好,是发电机的支架。

② 风扇。如图 2-3-11 所示为发电机的冷却风扇。

(a) 前端盖　　　　(b) 后端盖

图 2-3-10　发电机的前后端盖　　　图 2-3-11　发电机风扇

③ 皮带轮,如图 2-3-12 所示。根据传动皮带不同,紧带轮槽的式样也有所不同。

④ 电刷与电刷架的结构。按电刷安装位置的不同,分为外装式和内装式两种,如图 2-3-13 所示。

 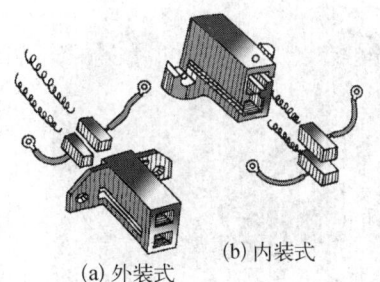

(a) 外装式　　(b) 内装式

图 2-3-12　皮带轮　　　图 2-3-13　电刷架

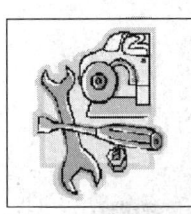

1. 操作名称:发电机的分解。
2. 需用器材:交流发电机一台,拆卸配套工具一套。
3. 学习目标:

学会交流发电机的分解;

能正确识别发电机的转子、定子、整流器、电子调压器等;

学会操作中注意环境保护和人身安全。

4. 操作步骤:

交流发电机的分解工艺

以 JFZ1813Z 型发电机为例,如图 2-3-14 所示。

① 分解前的检查。

分解前应进行外表及电气性能故障的检查,以便尽快找到故障部位或减少不必要的分解工序。

检查项目:

检查外壳是否裂开和损伤;

旋转转子,检查定、转子间是否碰擦;

有条件时,可将发电机与示波器连接,从波形上查找可能

图 2-3-14　JFZ1813Z 型发电机

出现故障的部位,如图2-3-15所示。

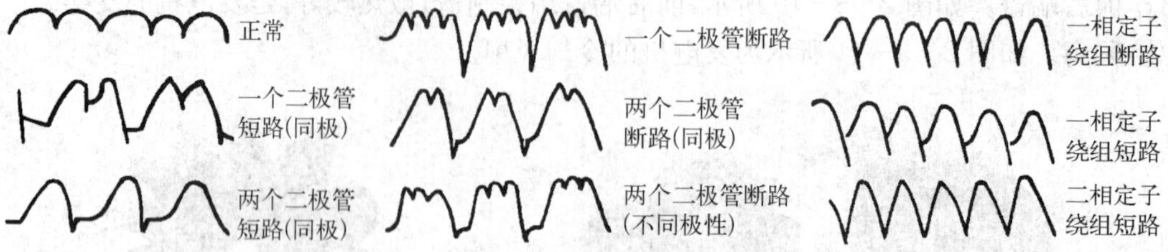

图2-3-15 交流发电机的各种故障波形

② 拆卸皮带轮,如图2-3-16所示。

拆卸步骤:

首先用4寸一字或十字起子卡住风扇;

用φ24 mm套筒、棘轮扳手松开皮带轮紧固螺母;

取下螺母、垫片。

拆卸皮带轮,用拉力器(拉马)套住皮带轮,将皮带轮缓慢拉出,如图2-3-17所示。

图2-3-16 拆卸皮带轮压紧螺母

图2-3-17 拆卸皮带轮

取出月牙形定位销,将风扇取下,如图2-3-18所示。

③ 拆下发电机后端盖罩,如图2-3-19所示。

图2-3-18 取下风扇

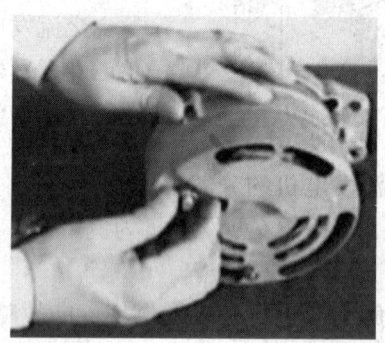

图2-3-19 拆下发电机后端盖罩

操作步骤:

松开后端盖罩紧固螺母;

取下紧固螺母,取下后端盖罩。

④ 分离前、后端盖，如图 2-3-20 所示。

操作步骤：

用 φ10 mm 套筒、棘轮扳手松开前后端盖连接紧固螺母。

取出前后端盖连接螺丝，如图 2-3-21 所示。

图 2-3-20 分离前、后端盖

图 2-3-21 取出前后端盖连接螺丝

将前、后端盖分离，如图 2-3-22 所示。

 注意：

在分离前要做好前、后端盖壳的标记。

分离转子与前端盖，如图 2-3-23 所示。

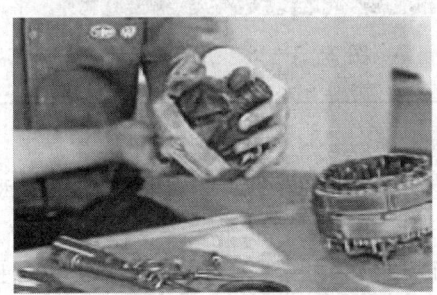

图 2-3-22 分离前、后端盖

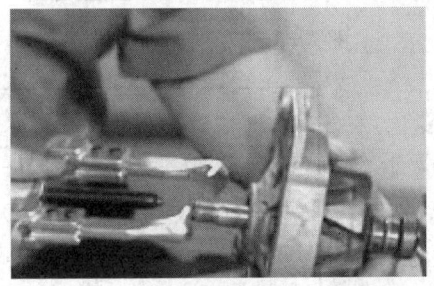

图 2-3-23 分离转子与前端盖

检查端盖轴承是否松动，如有松动需将前端盖与转子分离；如没有松动，也可不再分离。

⑤ 分离定子绕组

用电烙铁焊开整流器二极管与定子绕组的三个连接点，如图 2-3-24 所示。

将定子绕组与整流器分离，如图 2-3-25 所示。

⑥ 拆卸电子调压器，如图 2-3-26 所示。

松开电子调压器紧固螺母及接插接件，取下电子调压器。

⑦ 取下电容器，如图 2-3-27 所示。

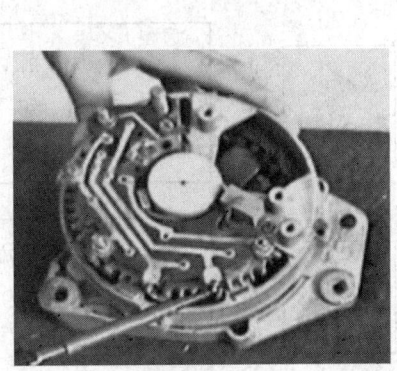

图 2-3-24 焊开定子绕组连接点

松开电容器紧固螺丝及接插接件,取下电容器。

⑧ 拆卸整流器,如图2-3-28所示。

拆卸步骤:

松开整流器紧固螺丝及接插接件,取下整流器。

图2-3-25 分离定子绕组

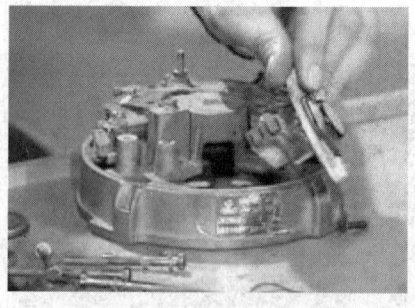

图2-3-26 拆卸电子调压器

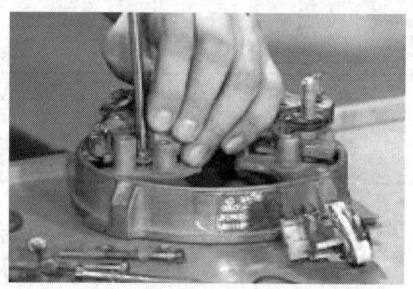

图2-3-27 取下电容器

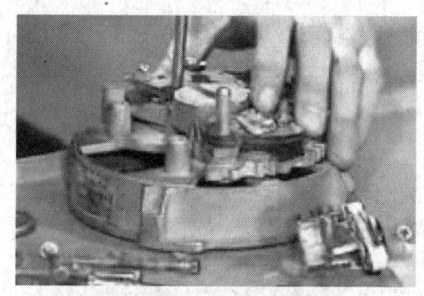

图2-3-28 拆卸整流器

注意:
① 取下整流器时,千万不可将二极管正整流板与负整流板间的绝缘块遗失和损坏,如图2-3-29所示,以保证装配时能顺利进行。
② 电烙铁焊开整流器与定子绕组的三个连接点时,要保证分离后,再进行拆卸整流器板,不可硬拆。

在分离前、后端盖及转子时,敲打用力要适当。如有液压机,可用液压机压出,效果会更好。

与带泵交流发电机(带汽车制动真空泵),如JFZB292发电机分解时有什么不同?

图2-3-29 绝缘块

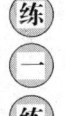

		请你试一试分解 JF132 型发电机,能行吗?			

学生姓名		日期	自评	互评	师评
一、学习评价目标					
1. 你能识别发电机的各个部件吗?					
2. 能正确识别和分离电子调压器和电刷架、电刷。					
3. 能正确识别和分离二极管的正、负极板。					
4. 能正确拆卸电容器上的接线和连接器插座。					
5. 能正确拆卸前、后端盖上的紧固螺丝。					
6. 能规范分离定子绕组与整流器的连接点。					
7. 你自己感觉会进行发电机的分解工作了吗?					
8. 操作过程中,安全是否到位。					
9. 操作过程中,无返工现象。					
10. 活动中,环保意识及安全工作做得如何。					
二、学习体会 1. 活动中感觉哪项技能最有兴趣?为什么? 2. 活动中哪项技能最有用?为什么? 3. 活动中哪项技能操作可以改进,以使操作更方便实用?请写出操作过程。(请同学们大胆创新,共同研讨,不断提高操作能力。) 4. 你还有哪些要求与设想?					
总体评价			教师签名		

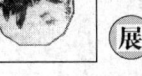

国产 JFW14X 型爪极无刷交流发电机的外形及分解,如图 2-3-30 所示。

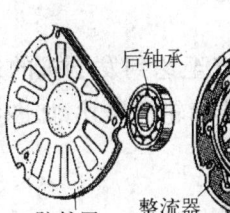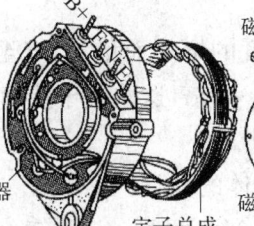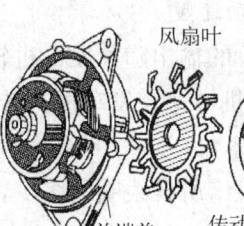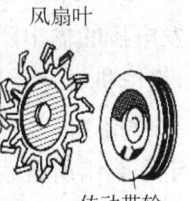

图 2-3-30　JFW14X 型爪极无刷交流发电机的外形及分解

活动四　发电机定子、转子的检测

发电机的定子、转子是发电机产生感应电流的主要部件,其质量好坏直接影响发电机能否正常工作。下面学习如何对发电机定子、转子进行检测与维护。

一、定子

定子又叫电枢,用来产生交流电动势。

由铁芯和三相绕组组成。

连接方法分星形连接和三角连接两种。

在三相绕组中所产生的电动势应是对称电动势,即电动势的大小相等、相位差互差120°,如图2-4-1所示。

二、转子

用来建立磁场。

由两块爪极、励磁绕组、轴和滑环等组成。

励磁电流通过"F"(或"磁场")接线柱和"－"(搭铁)接线柱进入电刷、滑环导入绕组,从而产生发电机的转子磁场,如图2-4-2所示。

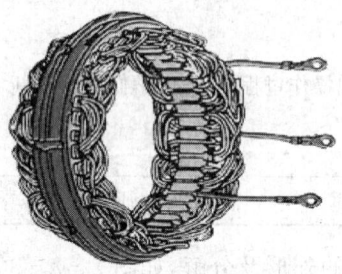

图2-4-1　定子

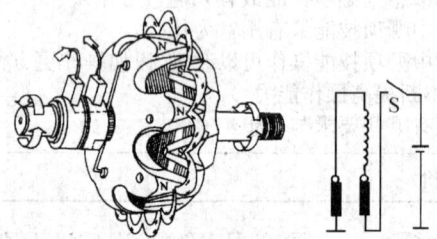

图2-4-2　转子形成磁场的原理

三、影响发电机输出的因素

1. 转动速度

发电机的输出随着发电机转动速度的增加而增加,直至达到发电机的最大输出电流。一般来说,发电机转速比发动机的转速快2~3倍,这取决于传动轮的尺寸,如图2-4-3所示。

2. 导体数目

定子绕组所含线圈的多少,决定导体的数目。

定子绕组的连接方式有Y形或△形两种,定子绕组△形连接比Y形连接输出大,如图2-4-4所示。

图2-4-3 传动轮

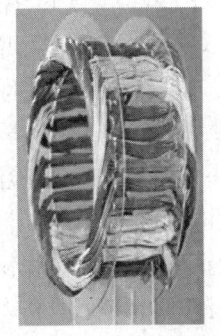
图2-4-4 三相绕组

3. 磁场强度

如果磁场强度增大，发电机的输出也将增大，这是因为通过电磁感应现象产生的电流大小取决于被切割的磁力线的条数。

可以增加绕在转子上绕组的导线匝数来提高磁场的强度。一个大功率输出发电机含有的导线匝数要比一个小功率的电机多，如图2-4-5所示。

磁场的强度还取决于通过转子励磁线圈电流的大小。因为磁场强度是由匝数来度量的，电流强度越大或者匝数越多，发电机的输出就越大。

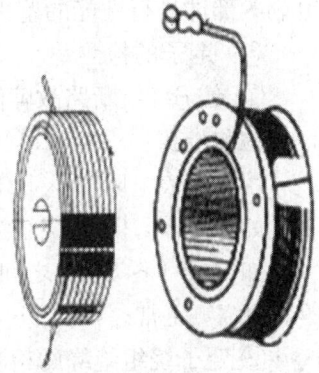
图2-4-5 匝数不同的转子绕组

四、仪表和工具

1. 绝缘电阻表

绝缘电阻表俗称兆欧表、摇表，用于测量各种电机、电缆、变压器等电器的绝缘电阻。用它可以测量汽车发电机的定子绕组的绝缘值，如图2-4-6所示。

2. 绕线机

绕线机是修理电机绕组的常用工具，用于制作电机绕组的制作。发电机定子、转子线圈用绕线机绕制而成，如图2-4-7所示。

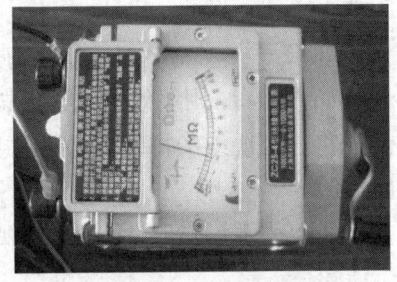
图2-4-6 兆欧表

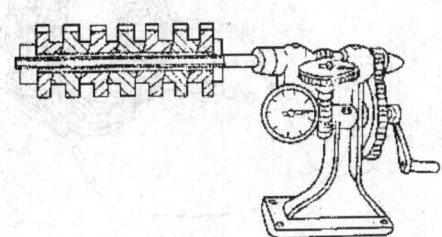
图2-4-7 绕线机

操作活动

1. 操作名称：发电机定子、转子的检测。
2. 需用器材：分解好的交流发电机一台，拆卸配套工具一套，万用表一台，兆欧表一台等。
3. 学习目标：

会检测发电机的定子；

会检测发电机的转子；

操作中能正确使用工具和仪器；

操作中能注意环境保护和人身安全。

4. 操作步骤：

发电机的检测主要是对转子、定子、整流器、电压调节器、电刷等部件进行性能的鉴别，以确定其好坏。

（1）定子的检测

① 定子绕组断路故障的检测。

检测步骤：

用万用表电阻"$R \times 1\ \Omega$"档测量同相绕组的首尾端：

如 $R = \infty$，则此绕组为断线故障；

如 $R = 1 \sim 10\ \Omega$ 之间，并且三相绕组测得的值基本相等，则绕组正常。如图 2-4-8(a) 和 (b) 所示。

② 定子绕组绝缘的检测，如图 2-4-9 所示。

检测步骤：

用万用表电阻"$R \times 10\ \mathrm{k\Omega}$"档测量三相绕组的绝缘电阻值：

如 $R = \infty$，则绕组绝缘良好；

如 $R = 0$，则绕组搭铁短路故障；

将三相绕组的拼端 N 端，用电烙铁焊开，然后再进行每相的短路检测，可找到哪一相出现短路故障。

用万用表测量时，手不要接触定子的铁芯，如图 2-4-10 所示。

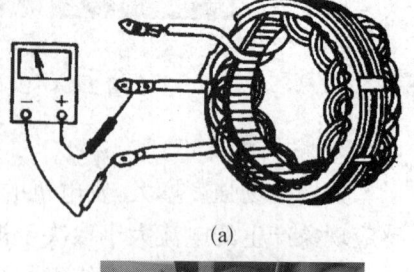

(a)

(b)

图 2-4-8 定子绕组断路故障的检测

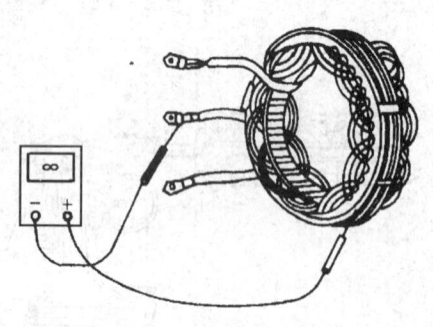

图 2-4-9 定子绕组绝缘的检测

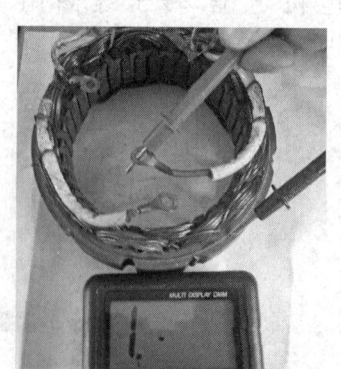

图 2-4-10 用数字万用表测量

用绝缘电阻表（俗称摇表）也可进行定子绕组绝缘的测量。

一般条件下,用万用表测量定子绕组的绝缘电阻值,可判别绕组短路存在与否,但不能测量出其绝缘电阻值。如要知道绝缘是否达到要求,需用绝缘电阻表进行测量。现用 ZC25-4 型绝缘电阻表测量,操作方法如下:

用红导线接在表的"线路"端,另一端与发电机绕组的 N 端接通;
用黑导线接在表的"接地"端,另一端与发电机绕组的铁芯接通;
转动手摇柄,使转速达到 120 r/min,这时指针应指在 5～10 MΩ,则为绝缘良好。

(2) 转子的检测

① 对转子滑环的检测,如图 2-4-12 所示。

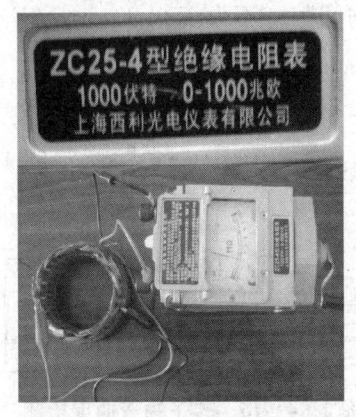

图 2-4-11 用绝缘表测量

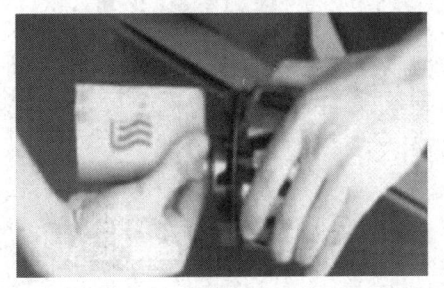

图 2-4-12 转子滑环检测

检测步骤:
检测滑环表面,有否烧蚀和变脏;
如脏要用布料擦清滑环污垢;
如烧蚀,应进行光磨处理;
滑环厚度不小于 2 mm。

② 对转子绕组的检测,如图 2-4-13 所示。

检测步骤:
用万用表电阻"$R \times 1\ \Omega$"档测量转子绕组的电阻值:
如 $R = \infty$,则绕组为断线故障;
如 $R = 0$,则绕组为短路故障;
正常值为 12 V 时,$R = 5 \sim 6\ \Omega$,为 24 V 时,$R = 15 \sim 21\ \Omega$。

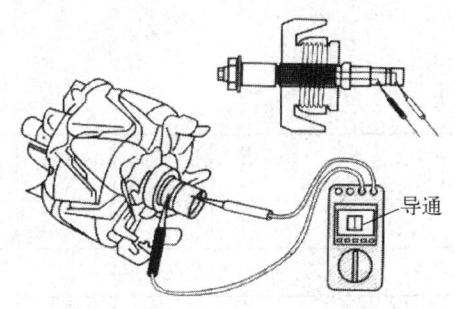

图 2-4-13 转子绕组检测

图 2-4-14 万用表测绕组故障

③ 转子绕组绝缘的测量。

操作步骤：

用万用表电阻"$R \times 10 \text{ k}\Omega$"档测量转子绕组的电阻值：

如 $R = \infty$，则绕组绝缘良好；

如 $R = 0$，则绕组搭铁短路故障，如图 2-4-15 所示。

④ 转子轴的检修。

转子轴的弯曲会造成转子与定子之间间隙过小，从而发生摩擦或碰撞。如发现发电机运转时阻力过大或有异响，应检查转子轴是否弯曲。

如图 2-4-16 所示，进行转子轴的检测。轴向和径向间隙应不大于 0.20 mm。

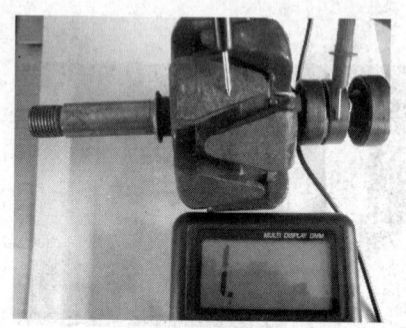
图 2-4-15 转子绕组绝缘的测量

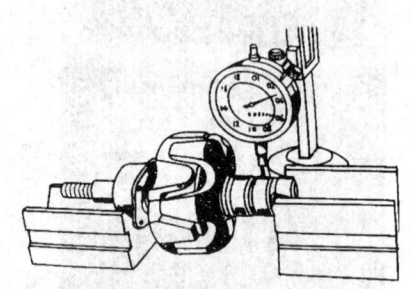
图 2-4-16 转子轴弯曲度检测

转子旋转时滑环和电刷接触，电流产生火花会产生脏污和烧蚀。影响电流的流动，使发电机的性能降低。转子烧蚀严重时，应用车床进行修复。

1. 转子线圈短路，发电机会产生什么后果？
2. 定子绝缘损坏，将会有什么现象出现？

请你试一试对发电机转子、定子的检测。检测一下你有这个能力了吗？

学生姓名		日期		自评	互评	师评
一、学习评价目标						
1. 你能正确选用万用表欧姆档位吗？						
2. 能正确检测转子的电阻和绝缘。						

（续　表）

学生姓名		日期		自评	互评	师评
3. 能正确判别转子滑环的磨损状态。						
4. 能正确测量定子绕组的电阻值。						
5. 能正确测量定子绕组的相间绝缘和搭铁绝缘状态。						
6. 能正确运用绝缘电阻表测量定子、转子绝缘。						
7. 你自己感觉会进行发电机的定子、转子检测工作了吗？						
8. 操作过程中安全是否到位？						
9. 操作过程中无返工现象。						
10. 活动中环保意识及安全工作做得如何。						
二、学习体会 1. 活动中感觉哪项技能最有兴趣？为什么？ 2. 活动中哪项技能最有用？为什么？ 3. 活动中哪项技能操作可以改进，使操作更方便实用？请写出操作过程。（请同学们大胆创新，共同研讨，不断提高操作能力。） 4. 你还有哪些要求与设想？						
总体评价				教师签名		

活动五　整流器、电刷等元件的检测

【案例导入】　学会检测发电机转子和定子，还不能说就学会了发电机测量。发电机的整流器、电刷、电压调节器等元部件还要进行检测，下面一起学习发电机整流器、电刷等的检测。

【关联知识】

发电机的工作原理

1. 基本电路图

如图 2-5-1 所示，由发动机带动转子转动产生旋转磁场；

旋转磁场外有定子绕组，绕组有 3 组线圈，彼此相隔 120°；

转子旋转时，旋转的磁场使电枢绕组切割磁力线（或者说使电枢绕组中通过的磁通量发生变化）而产生电动势。

2. 交流电动势的波形

如图 2-5-2 所示，电动势的波形为变频率、变幅值的三相交流波形；

整流后输出脉冲电压波形，也称为直流电。

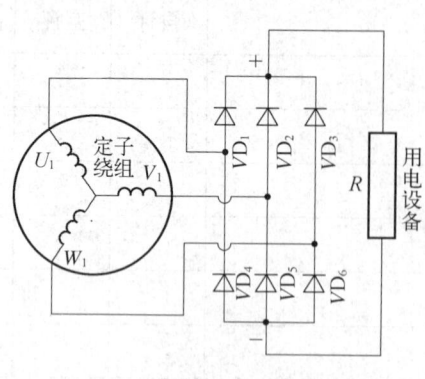

图2-5-1 交流发电机的基本电路

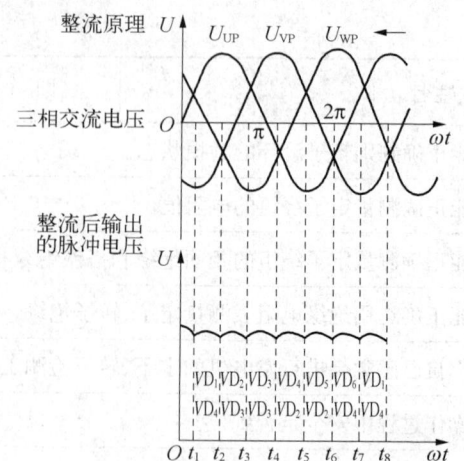

图2-5-2 发电机的波形

3．整流原理

（1）输出的直流电压值

发电机输出的直流电压平均值为

$$U = 1.35 U_L。$$

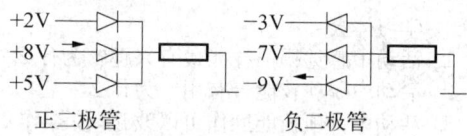

图2-5-3 二极管的导通原则

（2）二极管的导通原则

当三只二极管负极端相连时，正极端电位最高者导通；

当三只二极管正极端相连时，负极端电位最低者导通，如图2-5-3所示。

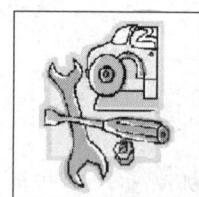

1．操作名称：整流器、电刷等元件的检测。

2．需用器材：分解好的交流发电机一台，拆卸配套工具一套。

3．学习目标：

能正确检测发电机的整流器、电刷、电帽架等；

学会操作中注意环境保护和人身安全。

4．操作步骤

（1）整流器二极管的检测

检测步骤：

将万用表选择开关转到测量二极管档，如图2-5-4所示。

图2-5-4 选取万用表二极管测量档

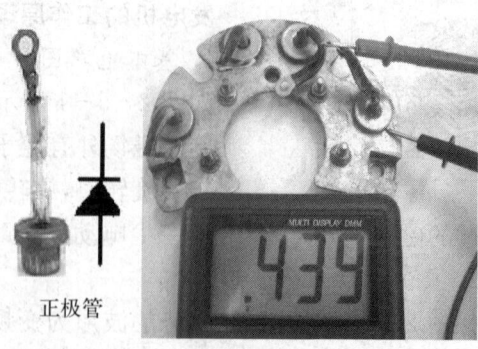

图2-5-5 测正极板上的二极管

① 测正极板上的二极管。

红表棒在出线端,黑表棒在极板上。测量得电阻值为 0.439 Ω,表示正向导通,如图 2-5-5 所示。黑表棒在出线端,红表棒在极板上。测量得电阻值为 1 Ω,表示正向阻断,如图 2-5-6 所示。以上测量结果表示正极板二极管正常。

② 测负极板上的二极管

黑表棒在出线端,红表棒在极板上。测量得电阻值为 0.520 Ω,表示正向导通,如图 2-5-7 所示。

图 2-5-6 交换表棒测量

图 2-5-7 测负极板上的二极管

红表棒在出线端,黑表棒在极板上。测量得电阻值为 1 Ω,表示正向阻断,如图 2-5-8 所示。以上测量结果表示,负极板二极管正常。

点拨

硅二极管单件测量的正确值:

正向电阻值　$R = 8 \sim 10\ \Omega$,

反向电阻值　$R \geqslant 10\ \text{k}\Omega$。

如测得正、反向电阻均为 0 Ω,则二极管短路;

如测得正、反向电阻均为 ∞,则二极管断路。

注意:

不同万用表测量的值有所不同。如用数字万用表测量,数值就比较小。

图 2-5-8 交换表棒测量

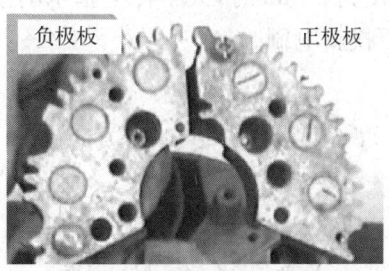

图 2-5-9 绝缘块、螺丝绝缘必须良好

(2) 整流器正、负极板间绝缘的测量

测量步骤:

将万用表选择开关转到"$R \times 10\ \text{k}\Omega$"档;

测量正、负极板间的绝缘电阻,阻值正常时应为∞,如图 2-5-9 所示。

(3) 电刷、电刷架的检测

检测步骤:

① 电刷长度的测量。

如图 2-5-10 所示,用游标卡尺测电刷的长度。如磨损超过原长的 1/2,则应调换。

CA1092 型长度标称值 18 mm,使用极限 9 mm;

桑塔纳电刷长度标称值 13 mm,使用极限 5 mm。

② 电刷架绝缘的测量。

电刷架与端盖、电刷与电刷之间绝缘均应良好。

万用表选择开关转到"$R \times 10 \text{ k}\Omega$"档;

测量电刷架与端盖间的绝缘电阻,阻值正常应为∞;

测量电刷与电刷之间的绝缘电阻,阻值正常应为∞,如图 2-5-11 所示。

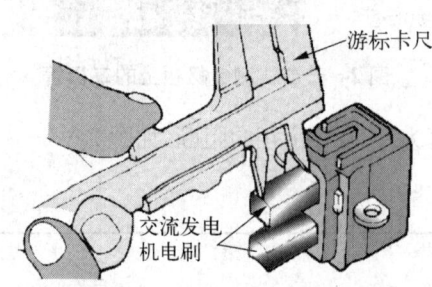

图 2-5-10 电刷长度的测量

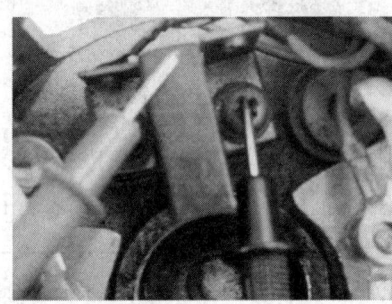

图 2-5-11 电刷架绝缘的测量

(4) 桑塔纳 2000GLi 型轿车电刷及电刷架的检查工艺

步骤:

① 电刷长度的检查。新电刷的长度为 13 mm,允许磨损极限为 5 mm,超过此极限值时应予更换。电刷表面如有油污,应用干布擦拭干净,电刷在电刷架内应滑动自如。电刷架不得有裂纹、弹簧折断或锈蚀现象,否则应更换。

② 电刷弹簧压力的检测。电刷弹簧弹力的检测方法如图 2-5-12 所示,当电刷从电刷架中露出的长度为 2 mm 时,天平秤上指示的读数即为电刷弹簧压力,其值应为 2~3 N。弹簧弹力过小时,应更换新电刷。

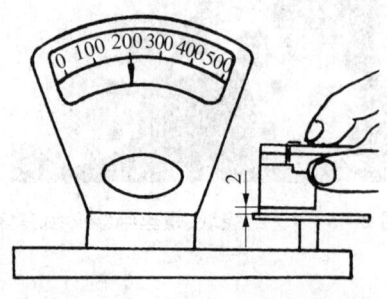

图 2-5-12 检测电刷弹簧弹力

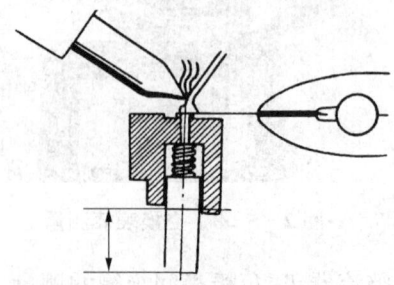

图 2-5-13 电刷的更换方法

③ 电刷的更换。更换电刷可按图 2-5-13 所示进行,先将电刷弹簧和新电刷装入电刷架

内,然后用钳子夹住电刷引线,使电刷露出高度符合规定数值(13 mm),再用电烙铁将电刷引线与电刷架焊牢即可。

④ 端盖、轴承等的检测,如图 2-5-14 所示。

对于端盖的检查,前、后端盖有否裂缝、破碎;端盖的轴承孔、螺丝孔有否损坏。

⑤ 其他部件的检修。

轴承内缺油应更换轴承,不宜加油后继续使用;

V 形带槽内不能有毛刺,以免损伤 V 形带;V 形带轴孔与轴的配合过盈量为 0.01~0.04 mm,若松旷应加工修复;

转子轴承的轴向和径向间隙不得大于 0.20 mm,否则应更换。

图 2-5-14 端盖的检查

 表 2-5-1 中列出了硅整流发电机各引出脚间的电阻测量值。你能正确运用吗?

表 2-5-1 交流发电机各接线柱之间的阻值

发电机型号		F 与 E 间(Ω)	B 与 E 间		N 与 E(B)间	
			正向(Ω)	反向(Ω)	正向(Ω)	反向(Ω)
有刷	JF11,JF13,JF15,JF21	5~6	40~50	>10 000	10	>10 000
	JF12,JF22,JF23,JF25	19.5~21				
无刷	JFW14	3.5~3.8				
	JFW28	15~16				

 1. 请你取一台发电机,对发电机各接线柱之间的阻值进行测量,看测量值是否符合表 2-5-1?

2. 对发电机的整流器、电刷和电刷架进行一次测量。

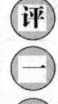

学生姓名		日期		自评	互评	师评
一、学习评价目标						
1. 你能正确区分整流器的正极板与负极板了吗?						
2. 能正确检测正极板二极管的正、反向电阻,并判别其好坏。						

（续 表）

学生姓名		日期		自评	互评	师评
3. 能正确检测负极板二极管的正、反向电阻,并判别其好坏。						
4. 能正确测量电刷磨损的长度。						
5. 能正确测量电刷架的绝缘和搭铁的绝缘状态。						
6. 能进行发电机各接线柱之间的电阻测量,并能判别出故障。						
7. 你自己感觉会进行发电机的检测工作了吗?						
8. 操作过程中,安全是否到位。						
9. 操作过程中,无返工现象。						
10. 活动中,环保意识及安全工作做得如何。						

二、学习体会
1. 活动中感觉哪项技能最有兴趣?为什么?
2. 活动中哪项技能最有用?为什么?
3. 活动中哪项技能操作可以改进,以使操作更方便实用?请写出操作过程。(请同学们大胆创新,共同研讨,不断提高操作能力。)
4. 你还有哪些要求与设想?

总体评价			教师签名	

拓展 几种电子调节器的测量值如表2-5-2和表2-5-3所示。

表2-5-2　JFT1418电子调节器开路实测电阻

红表棒所测的引脚	黑线	红线	黑线	黄线	黑线	黑线	白线
黑表棒所测的引脚	红线	黑线	黄线	黑线	白线	蓝线	黑线
测得的电阻值(kΩ)	1.8	1.8	8.1	5.4	∞	12.9	6.8
红表棒所测的引脚	蓝线	红线	黄线	红线	白线	红线	蓝线
黑表棒所测的引脚	黑线	黄线	红线	白线	红线	蓝线	红线
测得的电阻值(kΩ)	1.5	6	8.3	∞	8.8	14.5	7.9
红表棒所测的引脚	黄线	白线	白线	蓝线	黄线	蓝线	
黑表棒所测的引脚	白线	黄线	蓝线	白线	蓝线	黄线	
测得的电阻值(kΩ)	∞	22.5	24	∞	22	25	

注：红线——电源正极,白线——充电指示灯,黄线——磁场,黑线——负极,蓝线——发电机中性点。

表 2-5-3　JFT207 电子调节器开路实测电阻

红表棒所测的引脚	＋	－	＋	F	－	F
黑表棒所测的引脚	－	＋	F	＋	F	－
测得的电阻值(kΩ)	1.4～2	1.4～2	1.2～1.4	2～3	1.2～1.4	4～6

活动六　电压调节器的检测

案例导入　一辆桑塔纳 2000 型轿车的大灯烧毁,客户要求调换大灯。小王跟师傅说:"我来。"师傅说:"好,你先测试一下发电机输出电压是否正常。"小王起动发动机后,测得发电机输出电压为 16 V。师傅说:"你先检测电压调节器,调正电压后,才能调换大灯。"下面让我们与小王一起进行电压调节器的检测学习。

关联知识

电压调节器

1. 稳压原理

电压调节器是根据发电机输出电压的高低,调节励磁电流的大小,控制转子磁场的大小,达到稳定输出电压在 14～14.5 V 之间。图 2-6-1 为发电机电压调节器的实物接线图。

2. 电压调节器的类型

(1) 触点式(也称电磁振动式)

如 FT61 型双级式电压调节器可与 14 V、500 W 的硅整流发电机配套,用于 12 V 汽车上。其内部结构如图 2-6-2 所示。这种电压调节器的应用正在减少。

(2) 电子式(也称晶体管式、集成式)

电子式电压调节器又称为 IC 调节器,具有结构紧凑、工作可靠、体积小、质量轻等优点。

IC 调节器与电刷组件制成一个整体结构,并采用外装式结构,如图 2-6-3 所示。

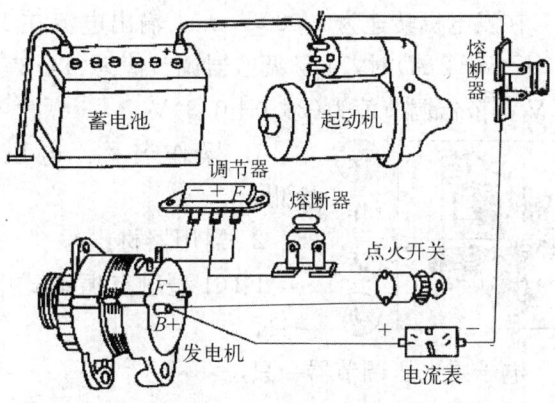

图 2-6-1　电压调节

当电刷磨损或调节器损坏需要更换时,拆下总成部件的两个固定螺钉,即可取下总成,维修十分方便。IC 调节器与电刷组件总成如图 2-6-4 所示。

整体式交流发电机的内部电路如图 2-6-5 所示。

电子式电压调节器的基本工作原理如下:

电子式电压调节器种类繁多,但其工作原理基本相同。电子调节器大多采用 NPN 型三极管制成,与外搭铁式硅整流发电机匹配。电子式电压调节器电压调节值在制造时已调试精确,由于普遍采用整体封装结构,因此使用时已无法调整。

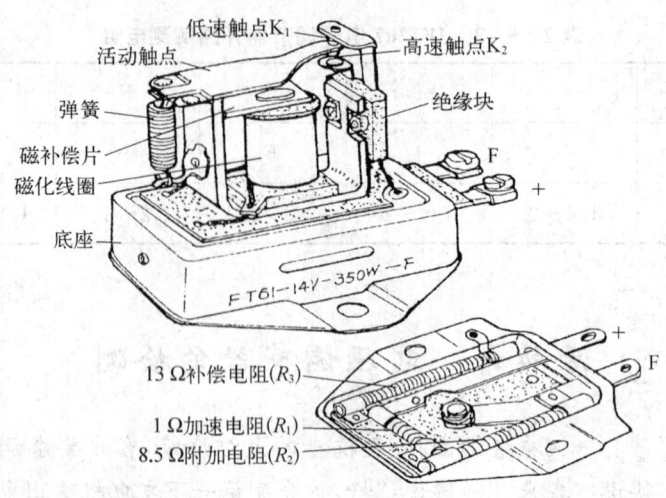

图 2-6-2 电磁振动式电压调节器

图 2-6-3 整体式交流发电机电路图

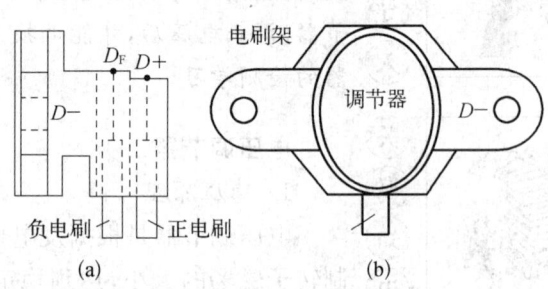

图 2-6-4 电压调节器与电刷架

在发电机转速为 6 000 r/min、输出电流在 10% 额定电流(不小于 2 A)时,14 V 调节器调节值为 (14.20 ± 0.25)V,28 V 调节器调节值为 (28.0 ± 0.3)V。

1. 操作名称:电压调节器的检测。
2. 需用器材:

FT61 型触点振动式电压调节器一只,电子式电压调节器一只,可调稳压电源(电压 0~30 V、电流 0~5 A)一台,测试小灯(2 W/12 V、3 W/24 V)各两只,导线若干及拆卸配套工具一套。

3. 学习目标:

能正确检测发电机的输出电压值;

能判别调节器的工作情况是否正常;

学会操作中注意环境保护和人身安全。

4. 操作步骤:

(1) 电压调节器的识别

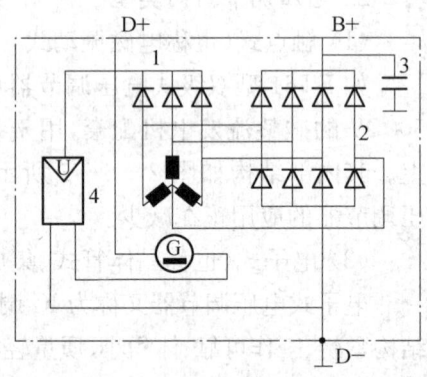

1—磁场二极管,2—输出整流二极管,3—防干扰电容器,4—IC 调节器,G—磁场绕组。

图 2-6-5 整体式发电机内部电路

① 电磁振动触点式电压调节器。

利用触点的闭合与断开，来控制励磁电流的导通与断开，达到稳定发电机输出电压。这种机械调节器稳定性不好，目前已较少使用，如图2-6-6所示。

② 电子式电压调节器。

利用晶体管或集成电路组成电子开关，来控制励磁电流的导通与断开，达到稳定发电机输出电压。它是现代汽车常用的电压调节器，如图2-6-7所示为JFT149型电子式电压调节器。

要搞清电子式电压调节器上的各接线端。国产和国外常见电子电压调节器大多有3个接线端："+"、"F"和"-"。

图2-6-6 电磁振动触点式电压调节器

图2-6-7 JFT149型电子式电压调节器

③ 夏利车电子式电压调节器。

整体式交流发电机与外部连接端子通常用"B+"（或B、BAA）、IG、L、S（或R）和E（或"-"）等符号表示，通常在发电机端盖上标出，如图2-6-8所示。

其代表的含义如下：

B+（或B、BATT）为发电机输出端；

IG连接至点火开关，有的发电机无此端子；

L为放电警告灯连接端子；

S（或R）为调节器的电压检测端子；

E为发电机和调节器的搭铁端子。

夏利车电子式电压调节器的接线如图2-6-9所示。

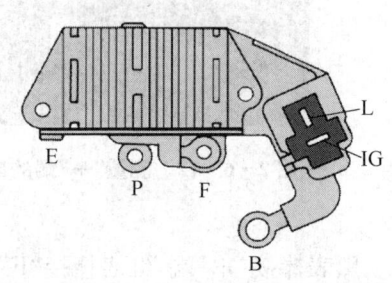

图2-6-8 夏利车电子式电压调节器

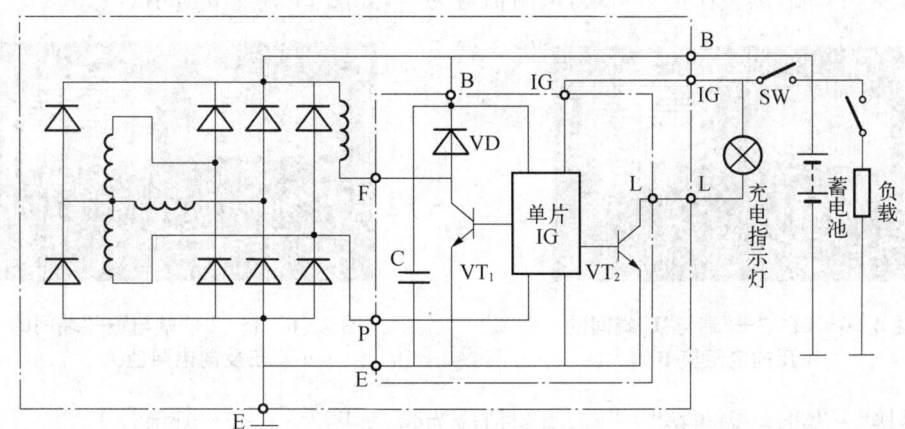

图2-6-9 夏利车电子式电压调节器的接线电路图

（2）电压调节器的静态电阻检测

如图 2-6-10 所示，以 JFT149 型为例用 DT-890B+ 万用表测量。

① 测量"+"与"-"间的电阻值。

红表棒接"+"端，黑表棒接"-"端，如图 2-6-11 所示，显示电阻值为 2.46 kΩ。

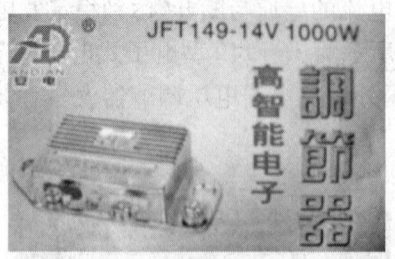

图 2-6-10　JFT149 型电压调节器

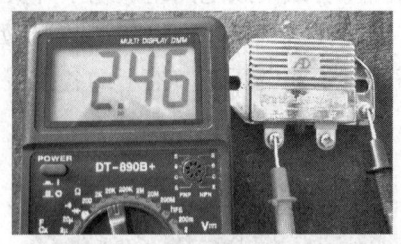

图 2-6-11　测量"+"端的电阻 A

黑表棒接"+"端，红表棒接"-"端。如图 2-6-12 所示，显示电阻值为 2.46 kΩ。电压调节器的静态电阻正常值为 2.40～2.60 kΩ。

② 测量"+"端与"F"端间的电阻值。

红表棒接"+"端，黑表棒接"F"端，电阻值应为 120～140 kΩ，如图 2-6-13 所示。

图 2-6-12　测量"+"端的电阻 B

图 2-6-13　"+"端与"F"端间的正反向电阻值 A

黑表棒接"+"端，红表棒接"F"端，电阻值应为 150～170 kΩ，如图 2-6-14 所示。

③ 测量"F"端与"-"端间的正向电阻值。

红表棒接"+"端，黑表棒接"-"端，电阻值应为∞，如图 2-6-15 所示。

图 2-6-14　"+"端与"F"端间的正反向电阻值 B

图 2-6-15　"F"端与"-"端间的正反向电阻值 A

黑表棒接"+"端，红表棒接"-"端，电阻值应为∞，如图 2-6-16 所示。

几种电压调节器的测量值如表 2-5-2 和表 2-5-3 所示。

（3）电压调节器好坏的检测

检测步骤：

① 按图 2-6-17(a)接线。

将稳压电源正极柱与调节器正极"＋"接线柱用导线连接在一起，将稳压电源负极柱与调节器负极"－"接在一起。

取一只汽车用(2 W/12 V)小灯泡作试灯。试灯的一端接调节器"F"接线柱，另一端接调节器的正极"＋"接线柱。

图 2-6-16　"F"端与"－"端间的正反向电阻值 B

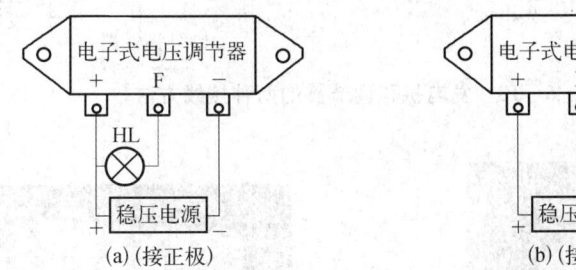

图 2-6-17　电压调节器好坏检测

将稳压电源调到 12 V，观察试灯亮还是不亮。

② 按图 2-6-17(b)接线。

将稳压电源正极柱与调节器正极"＋"接线柱用导线连接在一起，将稳压电源负极柱与调节器负极"－"接在一起。

取一只汽车用(2 W/12 V)小灯泡作试灯。试灯的一端接调节器"F"接线柱，另一端接调节器的负极"－"接线柱。

将稳压电源调到 12 V，观察试灯亮还是不亮。

判别方法：

如果两次试灯都不亮或都亮，说明调节器已经损坏。

如图 2-6-17 灯泡 HL 可以点亮，则为外搭铁式。此时可调节稳压电源电压，让电压慢慢升高，观察灯的变化。当灯突然关闭时，记下电压值，这个电压为调节器的调正值。

若此时灯不亮，可再将 HL 灯泡改接到"F"与"－"两端。灯泡 HL 可以点亮，则为内搭铁式，然后再进行电压调节，方法同上。

注意：进行上述判断时，应根据不同电压调节器选用不同的电压和不同的灯泡。

内搭铁式与外搭铁式电压调节器的接线图如图 2-6-18(a)和(b)所示。

（4）测量充电电压

测量步骤：

① 选择数字万用表的直流"20 V"档；

② 红表棒与发电机的输出端连接，负表棒与发电机外壳连接；

③ 起动发电机提高转速到 2 000 r/min，如图 2-6-19 所示；

④ 记下万用表指示的电压值。充电电压规定值为 13.5～14.5 V，如图 2-6-20 所示。

小王做到现在才体会到师傅所说的"先要检测电压，后调换大灯"的道理。原来是发电机输出电压过高(如为 16 V)，会烧坏大灯等电器。

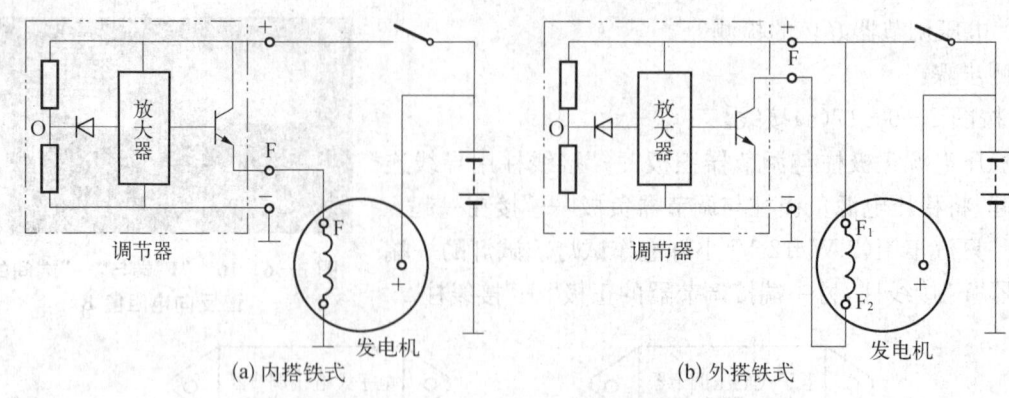

图 2-6-18 发电机和调节器的两种接线方法

图 2-6-19 测量充电电压

图 2-6-20 记下测量电压值

   注意：
使用数字万用表时，表棒的极性不是十分重要。如果表棒接反，万用表上则会显示出一个负号。

 图 2-6-21 是电子式电压调节器的测试电路，你能讲出检测过程吗？

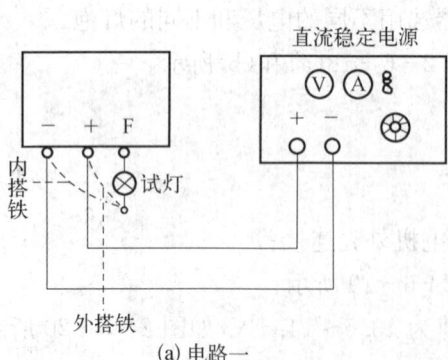

(a) 电路一

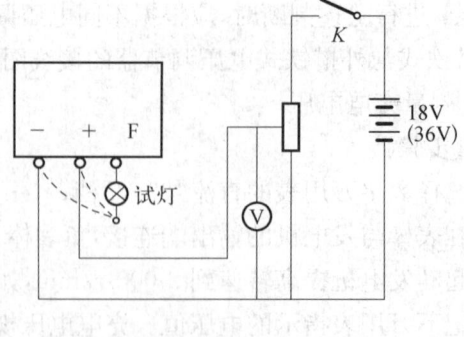

(b) 电路二

图 2-6-21 电子式电压调节器检测电路

 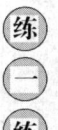

1. 请测一下你身边电子式电压调节器各端间的电阻值？
2. 你家里有车吗？如有可能，请测一下发电机的输出电压值是多少？

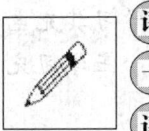 

学生姓名		日期		自评	互评	师评
一、学习评价目标						
1. 能正确区分不同形式的电压调节器。						
2. 能正确检测电子式电压调节器的静态电阻值。						
3. 能正确检测电子式电压调节器的好坏。						
4. 能正确测量发电机的输出电压值。						
5. 能正确测量与识别内搭铁与外搭铁的电子式电压调节器。						
6. 能用数字万用表测量调节器的电阻、电压，并能判别正、负值。						
7. 你自己感觉会进行电压调节器的检测工作了吗？						
8. 操作过程中安全是否到位。						
9. 操作过程中无返工现象。						
10. 活动中环保意识及安全工作做得如何。						
二、学习体会						
1. 活动中感觉哪项技能最有兴趣？为什么？						
2. 活动中哪项技能最有用？为什么？						
3. 活动中哪项技能操作可以改进，使操作更方便实用？请写出操作过程。（请同学们大胆创新，共同研讨，不断提高操作能力。）						
4. 你还有哪些要求与设想？						
总体评价				教师签名		

附图：CA109 汽车晶体管电压调节器电路，如图 2-6-22 所示。

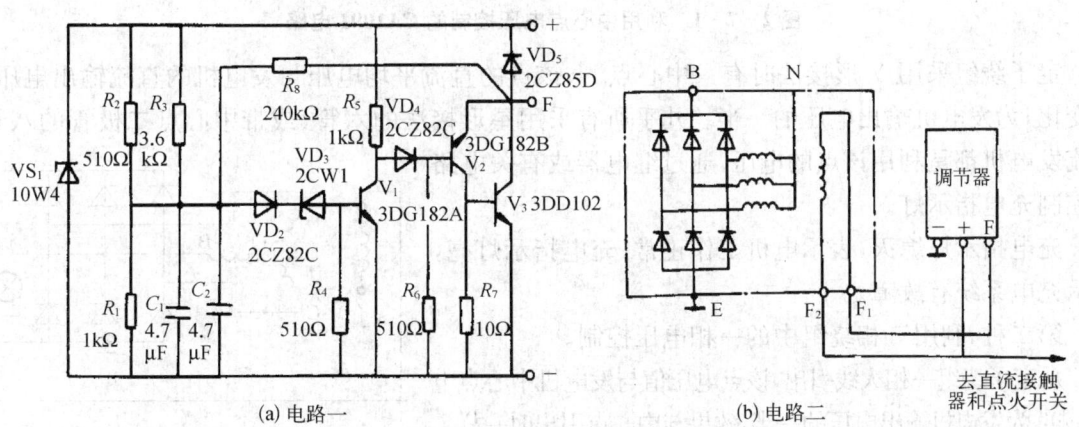

图 2-6-22　CA109 汽车晶体管电压调节器电路

活动七　充电电路图的识读

一辆 CA1091 型车充电线路烧毁,要求调换。师傅让小王学习其充电电路及相关部件,以便一起进行调换装配工作。让我们一起与小王学习充电电路知识。

一、充电指示灯电路的介绍

充电指示灯用来取代电流表监测电源系统的工作状况,当发电机正常工作时熄灭,而当发电机或电压调节器出现故障时点亮,以提示驾驶员及时检修。充电指示灯醒目直观,设置简单,价格便宜,便于仪表小型化、轻量化,因此被广泛用于现代汽车上。从控制原理可大致分为以下 3 种:

第一种,利用交流发电机中心点电压控制,如图 2-7-1 所示。

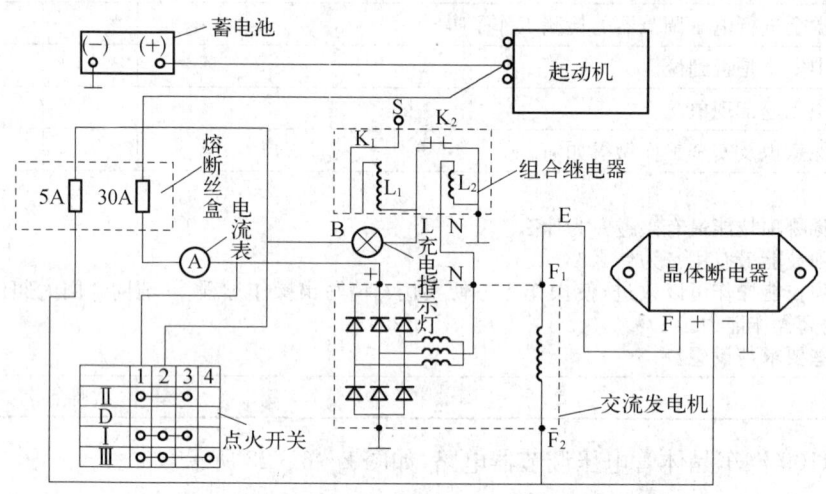

图 2-7-1　利用中心点电压控制的 CA1091 电路

定子绕组采用 Y 形接法时有一中心点 N,该点的直流平均电压与发电机的直流输出电压同步变化,为发电机输出电压的一半。几乎所有采用星形接法的六管(或带中心点二极管的八管)交流发电机都是利用该点的电压,通过继电器或有关电路去控制充电指示灯。

充电指示灯熄灭,表示电机工作正常;充电指示灯亮,表示充电系统有故障。

第二种,利用三相绕组中的一相电压控制。

从定子绕组一相火线引出,该点电压值与发电机中心点电压一样,为发电机输出电压的一半,效果与中心点引出时一样。

天津大发车采用这种控制方式。如图 2-7-2 所示,

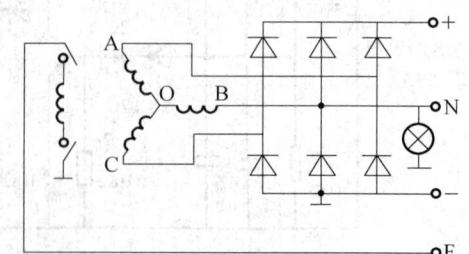

图 2-7-2　利用三相绕组中的一相电压控制

在 N 点接一个指示灯即可。

充电指示灯亮,表示电机工作正常;充电指示灯熄灭,表示充电系统有故障。

第三种,利用 9 管交流发电机进行控制。

在三相绕组端点上分别加一个二极管,用来供给磁场电流,如图 2-7-3 所示。

充电指示灯熄灭,表示电机工作正常;充电指示灯亮,表示充电系统有故障。

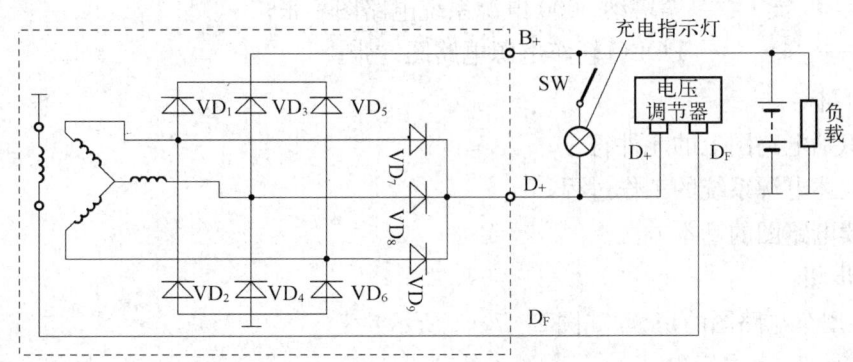

图 2-7-3 利用 9 管交流发电机控制的电路

11 管发电机的整流器,相当于 9 管交流发电机的整流器加 2 只中心点整流管。由于 11 管交流发电机既能提高效率,又使充电指示灯电路简化,因此应用较广。如图 2-7-4 所示。

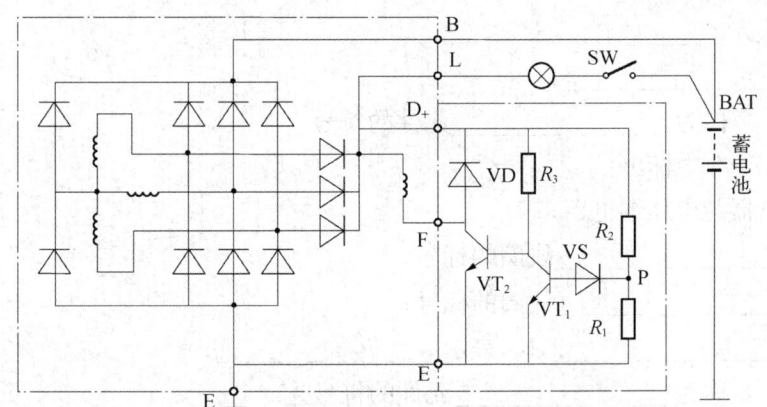

图 2-7-4 利用 11 管交流发电机控制的电路

二、交流发电机内外搭铁电路

内搭铁型交流发电机由转子线圈直接搭铁,称为内搭铁。图 2-7-5 是其电路原理图。

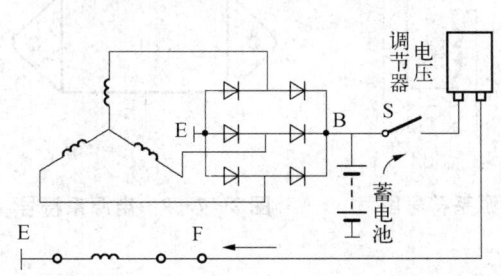

图 2-7-5 内搭铁型交流发电机电路

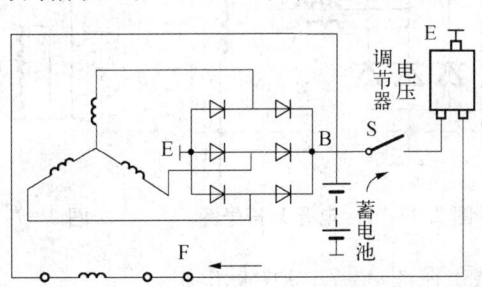

图 2-7-6 外搭铁型交流发电机电路

外搭铁型交流发电机,转子线圈接回发电机输出端,再经电压调节器搭铁,称为外搭铁。图 2-7-6 是其电路原理图。

1. 操作名称：充电电路图的识读。
2. 需用器材：
CA1091 电源电路图一张；
桑塔纳 2000 电源系统电路图一张；
POLO 轿车电源电路图一张。
3. 学习目标：
能正确识别电路图上的元件符号；
能正确表述电源系统的工作过程；
学会识读电路图的基本方法。
4. 操作步骤：
CA1091 型车电路图的识读(如图 2-7-1 所示)

① 在图 2-7-7 中标出：
● 正极二极管与负极二极管元件的符号；
● 磁场绕组的符号和标号；
● 发电机定子的三相绕组符号；
● F_1、F_2 表示_____；
● N 表示_____；
● 图 2-7-7 称为_____元件的符号。

② 在图 2-7-8 中标出：
● 起动继电器与电压继电器；
● L_1 表示_____线圈的标号；
● L_2 表示_____线圈的标号；
● K_1 表示_____,K_2 表示_____；
● 图 2-7-8 称为_____元件的符号。

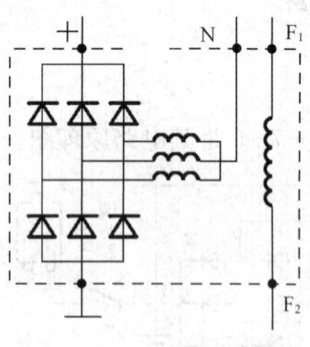

图 2-7-7 电源系符号图　　图 2-7-8 电源系符号图　　图 2-7-9 电源系符号

③ 在图 2-7-9 中标出：
● 符号 1 表示_____；

- F 表示_____，"+"表示_____；
- "−"表示_____。

④ 在图 2-7-10 中标出：
- （a）图表示_____，其中 5 A 表示_____，30 A 表示_____；
- （b）图表示_____，（c）图表示_____；
- （c）图中 1、2、3、4 表示_____，Ⅰ、Ⅱ、Ⅲ、Ⅳ 表示_____。

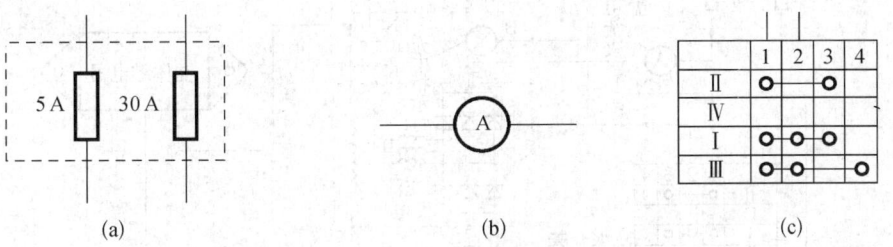

图 2-7-10 电源系符号图

⑤ 简述 CA1091 充电警告电路的工作过程：

发电机磁场的电流流向，如图 2-7-11 所示。

从蓄电池"+"流向起动机接线柱，进入 30 A 熔断丝，经电流表到点火开关 1 进入点火开关，然后从点火开关 2 进入 5 A 熔断丝，由 F_2 流入磁场绕组，从 F_1 流出，经 F 进入调节器，通过调节器搭铁到蓄电池"−"。当输出电压上升到规定值（14.5 V）时，调节器将磁场电流断开，发电机输出电压开始调低。

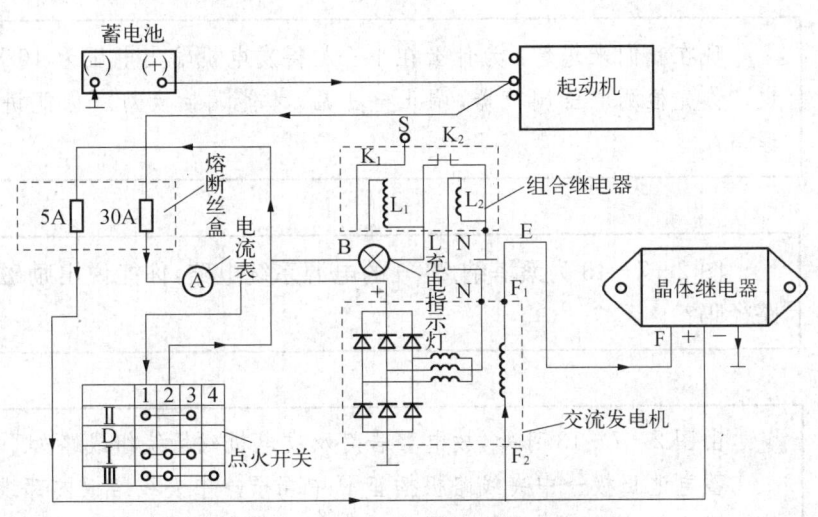

图 2-7-11 CA1091 发电机磁场的电流流向

充电指示灯的电流流向，如图 2-7-12 所示。具体如下：

蓄电池"+"→起动机接线柱→30 A 熔断丝→点火开关 1 进→点火开关 2 出→充放电指示灯点亮→常闭触点 K_2→组合继电器搭铁→蓄电池"−"。

充放电指示灯关闭：

当发电机正常工作,输出电压上升,N 点电位上升,使 L_2 失电,K_2 常闭转为断开,充放电指示灯关闭。

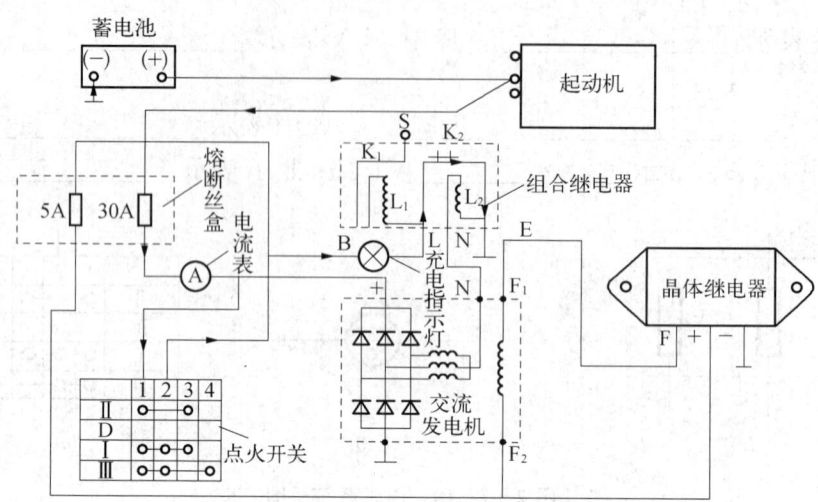

图 2-7-12　充电指示灯的电流流向

① 充电电路识读时,可先分清励磁电流的流动路径,再看励磁电流的大小变化过程。

② 抓住励磁电流变化的依据是输出电压的变化,有了电压的变化信号,电压调节器才进行相关的动作,达到稳定电压的目的。

现在我们来想想:为什么在小王测得发电机输出电压为 16 V 后,师傅要说,"你先检测电压调节器,调正电压后,才能调换大灯。"你能讲出其中的道理吗?

图 2-7-13 为桑塔纳 2000 的电源系统电路,你能说出励磁电流的流动路径吗?

由图 2-7-13 可知,放电警告灯及发电机磁场绕组线路如下:

蓄电池正极→中央线路板插座 P 中端子→中央线路板内部线路→中央线路板插座 P 上端子→点火开关"30"端子→点火开关"15"端子→组合仪表盘下方 14 端子连接器的"14"端子、电阻 R_2 和充电指示灯(发光二极管)→中央线路板 A_{16} 端子→中央线路板内部线路→中央线路板 D_4 端子→单端子连接器 T_1→交流发电机"D+"端子→磁场绕组→电子调节器功率管→搭铁→蓄电池负极。

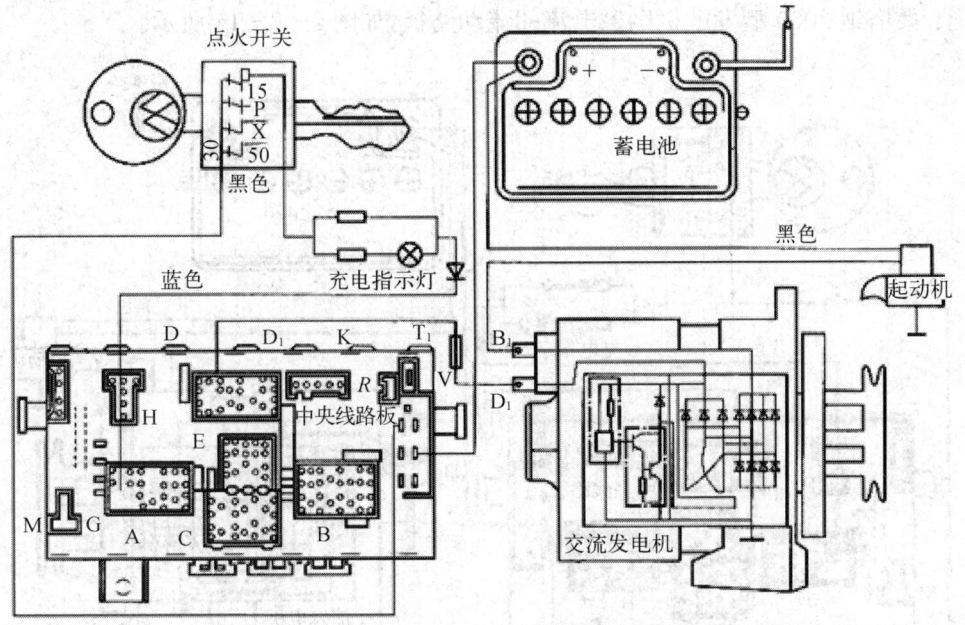

图 2-7-13　桑塔纳 2000 电源系统电路

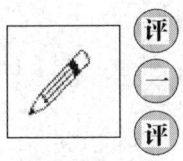

学生姓名		日期		自评	互评	师评
一、学习评价目标						
1. 能正确识别电路图上的主要元器件。						
2. 能正确看出励磁电流的流动路径。						
3. 能正确讲述励磁电流的变化过程。						
4. 能正确测量判别输出电压值。						
5. 能正确识别充电指示灯的工作状态。						
6. 能完整地表述充电系的工作过程。						
7. 你感觉自己会进行电压调节器的检测工作了吗?						
8. 操作过程中安全是否到位。						
9. 操作过程中无返工现象。						
10. 活动中环保意识及安全工作做得如何。						
二、学习体会　　　1. 活动中感觉哪项技能最有兴趣? 为什么?　　2. 活动中哪项技能最有用? 为什么?　　3. 活动中哪项技能操作可以改进, 使操作更方便实用? 请写出操作过程。(请同学们大胆创新, 共同研讨, 不断提高操作能力。)　　4. 你还有哪些要求与设想?						
总体评价				教师签名		

附图：桑塔纳 2000 型发电机励磁电流的流动路径，如图 2-7-14 所示。

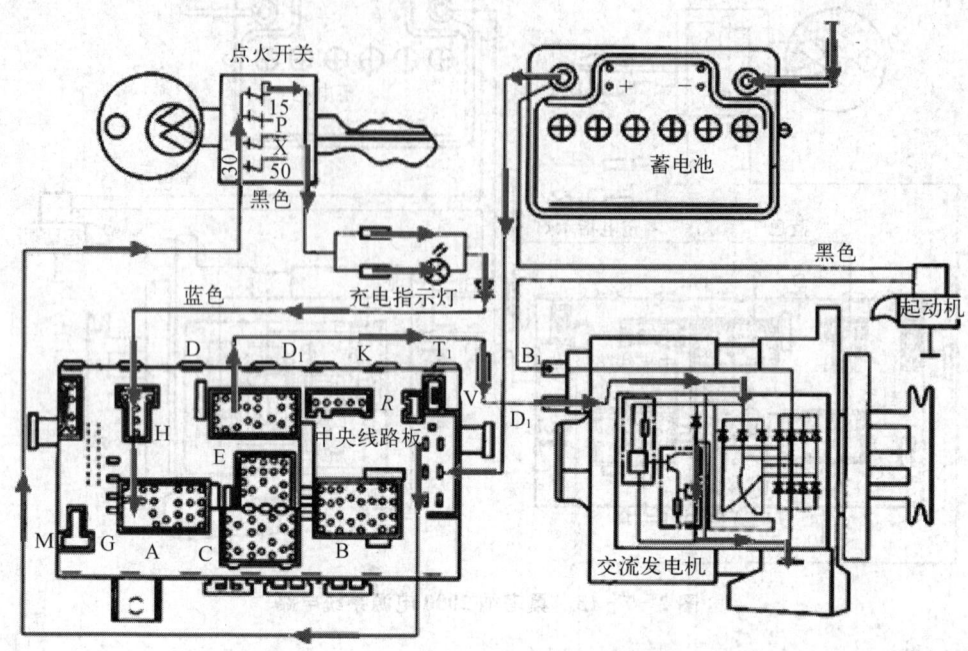

图 2-7-14　桑塔纳 2000 型发电机励磁电流的流动路径

活动八　发电机技术性能检测

今天，厂里来了客户询问："汽车发电机与调节器的使用与维护有哪些要求？"师傅让小王对客户做个说明，看看小王是如何告诉客户的。

交流发电机与调节器的使用注意事项

交流发电机与调节器的结构简单，维护方便，若正确使用，不仅故障少而且寿命长；若使用不当，则会很快损坏。因此在使用和维护中应注意以下几点：

① 发电机的搭铁类型必须与调节器搭铁类型相同。

汽车电路的极性是负极搭铁，就要接成负搭铁，不能接反；否则会烧坏发电机或调节器的电子元件。如图 2-8-1 所示。

② 发电机运转时，不能用试火的方法检查发电机是否发电，否则会烧坏二极管。如图 2-8-2 所示。

③ 发电机与蓄电池之间的连接要牢靠，如突然断开，会产生过电压损坏发电机调节器的电子元件。

图 2-8-1 负搭铁车

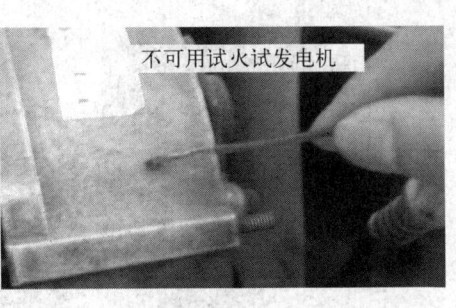

图 2-8-2 不可用试火方法检查发电机

④ 调节器的功率不得小于发电机的功率,否则系统不能正常工作。

⑤ 禁止用兆欧表或 220 V 交流电源检查发电机的绝缘情况,以防高压损坏整流器元件。如图 2-8-3 所示。

⑥ 交流发电机配用调节器时,交流发电机的电压等级必须与调节器电压等级相同。

⑦ 各种车型调节器的安装位置及接线方式均不相同,故接线时要特别注意。

⑧ 发动机熄火,调节器必须处于断开状态,否则会引起蓄电池亏电及烧毁发电机。

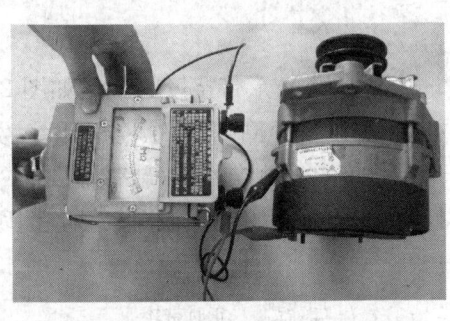

图 2-8-3 禁止用兆欧表或 220 V 交流电源检查发电机的绝缘

1. 操作名称:发电机与调节器的使用与维护。
2. 需用器材:

整车一辆;

万用表一台;

常用工具一套。

3. 学习目标:

能正确使用与维护发电机与调节器。

4. 操作步骤:

(1) 交流发电机使用应定期检查

① 查发电机传动带。

步骤:

检查传动带的外观:用肉眼观看应无裂纹或磨损现象,如有则应更换。

检查传动带的挠度:检查 V 形带张紧度的方法是用拇指将 V 形带下压,用 100 N 的力压在带的两个传动轮之间,新带挠度约为 5~10 mm,旧带约为 7~14 mm。如图 2-8-4 所示。

检查发电机 V 形带的张紧程度和损坏程度、发电机 V 形带与带轮的啮合情况。如图 2-8-5 所示。

发电机的动力是由发动机通过 V 形带传递的,发电机 V 形带的布置如图 2-8-6 所示。当 V 形带工作不正常时,会影响发电机正常工作。使用中听到 V 形带发出啸叫声时,应对 V 形带进行检查。

图 2-8-4 检查传动带的挠度

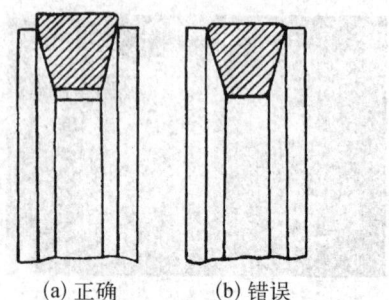

(a) 正确　　(b) 错误

图 2-8-5 检查 V 形带与带轮的啮合情况

发电机 V 形带挠度的调整如图 2-8-7 所示。拧松张紧卡板 A 和发电机上的所有紧固螺栓(至少松开一圈,紧固螺栓松开后,发电机靠自重倒向一侧),用扭力扳手转动张紧螺母 B 使 V 形带挠度符合规定数值(新带需要 8 N·m,旧带需要 4 N·m),然后用 35 N·m 力矩拧紧张紧螺母 B 上的紧固螺栓将张紧螺栓紧固,用 20 N·m 的力矩将支架紧固在气缸盖吊耳上。

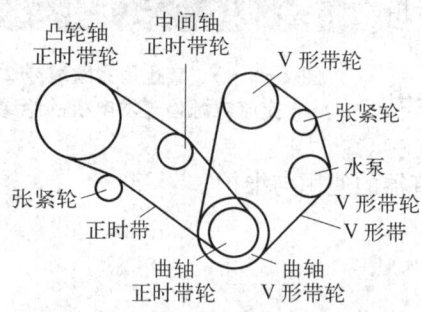

图 2-8-6 检查发电机 V 形带的挠度

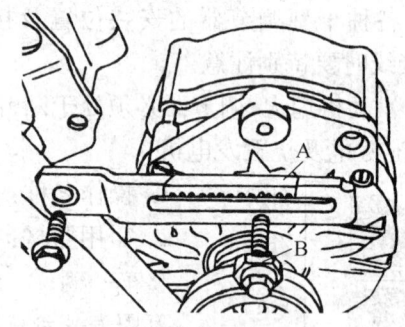

图 2-8-7 调整发电机 V 形带的挠度

② 检查导线的连接。如图 2-8-8 所示,分别检查:
接线是否正确;
接线是否牢靠;
发电机输出端接线螺丝必须加弹簧垫。
③ 检查运转时有无噪声。
④ 检查是否发电。如图 2-8-9 所示。

图 2-8-8 检查导线接线是否正确

图 2-8-9 检查发电情况

观察充电指示灯的熄灭情况：若充电指示灯一直亮着，说明发电机或调节器有故障，也可能是充电指示灯线路有故障，应及时维修。

用万用表直流电压档测量电压：在发电机未转动时测量蓄电池端电压，并记录下来；起动发动机并将转速提高到怠速以上转速，测量蓄电池端电压。

若高于原记录，说明发电机能发电。

若测量电压一直不上升，说明发电机或调节器有故障，应及时维修。

若测量电压一直上升，并且大于15.5 V时，说明发电机或调节器有故障，应及时维修。

（2）交流发电机与调节器的维护

① 要定期对发电机进行维护。维护时不必拆开前后端盖，仅需拆下防护罩便可更换电刷等易损件，并对整流元件、电容、调节器等零部件进行检查和必要的测试。如图2-8-10所示。

② 发电机运转时，禁止将发电机电枢接线柱与搭铁接线柱短路，检查发电机是否发电。否则会使二极管烧坏或烧坏保险丝及线路。

③ 蓄电池正极与发电机正极之间的线路连接要牢固可靠。在发电机高速运转时，如果充电线路突然断开，会因电压过高而击穿二极管或损坏其他电子元件。

④ 调节器必须受点火开关控制，当电子式电压调节器不受开关控制时，蓄电池一直在放电。使用5~7天蓄电池就不能起动发动机了，调节器的使用寿命只有100天左右。

图2-8-10 定期维护发电机

图2-8-11 检测发电机

诊断噪声的技巧：

假如发电机的输出低于正常值，这可能是传动带发生空转或者是松动的结果。在V带的V形角和带轮的V形角之间，所有的传动带（V带和螺旋形带）都有干涉角。V带磨损后，干涉角会消失。结果是即使这时V带的张力合适，V带仍然会开始松动并发出一种尖叫声。

确定噪声是否与传动带有关的一个常用技巧是关掉发动机，在与V带轮相接触的V带表面撒一些去污粉，然后起动发动机。由于多余的去污粉会飞到空气里，所以在发动机起动时要离开发动机罩。撒粉后如果V带不再发出尖叫声，就可以确定是打滑的V带制造出了噪声。

 交流电压的检查：

一台好的发电机输出中不能带有任何明显的交流电压成分。发电机由二极管把交流电转换为直流电。检查称之为波纹的交流电压。你知道如何检测吗？

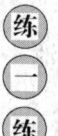 发电机波纹的交流电压的测量（如图2-8-12所示）：

第1步：选择数字万用表的交流电压挡；

第2步：起动发动机，以 2 000 r/min 的转速运转；

第3步：电压表的表笔分别与蓄电池的正极和负极接线柱相连；

第4步：打开前照灯给发电机提供电气负载。

测量结果：

电压表读数小于 500 mV，说明二极管完好；

电压表读数大于 500 mV，说明二极管有故障。

 请你试一试：对一辆车进行一次发电机与调节器的正确使用与维护的工作。

从交流发电机中测量 AC 波纹电压可以得到很多关于发电机工作状态的信息。

如果 AC 波纹电压高于 500 mV，就说明应在二极管或定子中查找问题。

如果 AC 波纹电压低于 500 mV，就应该检查交流发电机的输出以确定它的工作状态。

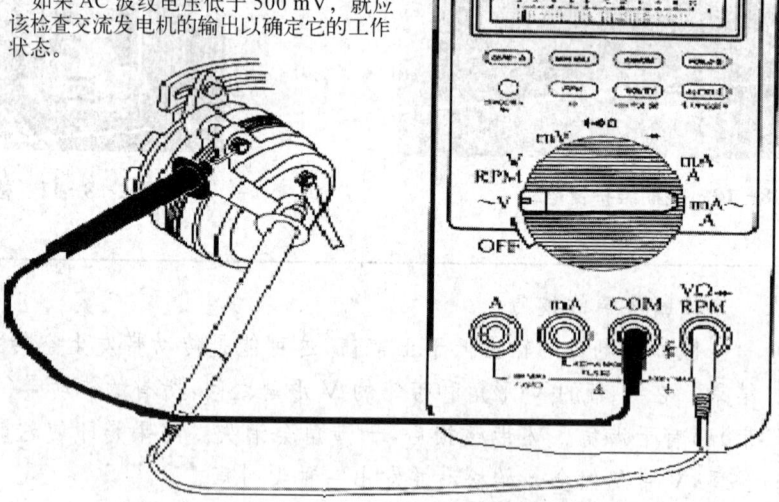

图 2-8-12　交流电压的检查

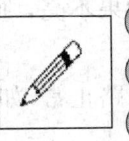 评一评

学生姓名		日期		自评	互评	师评
一、学习评价目标						
1. 能正确使用发电机与调节器。						
2. 能正确做好发电机与调节器的使用与检测工作。						
3. 能正确调节发电机传动带的张紧度。						
4. 能正确判别发电机与调节器的搭铁极性。						
5. 能正确连接发电机与调节器的基本电路。						
6. 能完整地表述发电机与调节器的维护过程。						
7. 你感觉自己会进行发电机与调节器的使用与维护了吗?						
8. 操作过程中安全是否到位。						
9. 操作过程中无返工现象。						
10. 活动中环保意识及安全工作做得如何。						
二、学习体会 1. 活动中感觉哪项技能最有兴趣?为什么? 2. 活动中哪项技能最有用?为什么? 3. 活动中哪项技能操作可以改进,使操作更方便实用?请写出操作过程。(请同学们大胆创新,共同研讨,不断提高操作能力。) 4. 你还有哪些要求与设想?						
总体评价				教师签名		

活动九　发电系的故障诊断与排除

 案例导入

一车主问:"汽车蓄电池老是亏电,是什么原因?"师傅答:"是电压调节器出现问题或者蓄电池老化。"车主要求进行检测。师傅拿个起子不知在什么地方动了一下,不一会车就修好了。你想知道师傅是如何修理的吗?下面让我们来学习发电机的故障诊断与排除。

 关联知识

一、发电系故障诊断的基本方法

1. 利用充放电指示灯诊断

有充放电指示灯的车辆,可直接观察指示灯的变化来诊断有无故障。
方法如下:

① 将点火开关转到"ON"位置,并不起动发动机,观察充放电指示灯是否点亮,如果不亮,则说明充电电路有故障,如图2-9-1所示。

② 起动发动机,发动机转速到600~800 r/min时,放电指示灯熄灭,说明充电电路正常,如图2-9-2所示。

图2-9-1 指示灯点亮(不起动发动机)　　　图2-9-2 指示灯熄灭(起动发动机)

如果此时充放电指示灯点亮,则说明充电电路有故障,应进行故障检测并给以排除,如图2-9-3所示。

图2-9-3 指示灯点亮(起动发动机),表明有故障　　图2-9-4 起动发动机并提高转速至电压稳定

2. 利用电压表诊断

① 将万用表拨到直流电压档(DC),红表棒接发电机B,黑表棒接搭铁;

② 记下电压表的指示,正常应为12.0~12.6 V;

③ 起动发动机,逐步提高转速达600~800 r/min时,电压指示应逐步提高,直到某一调节稳定电压,如图2-9-4所示。

若电压高于调节电压,并随发动机转速提高而提高,则说明发电机良好,如电压超过额定值,说明调节器有故障;

若电压等于调节电压,发动机转速提高而电压不变或下降,说明发电机或调节器有故障。

3. 利用磁化的后轴承诊断

汽车发电机都利用电压调节器控制发电机转子的电流。只要有转子电流形成闭合回路,就会建立转子磁场。整个转子轴和发电机轴承就会被磁化。利用这一信息来诊断发电机是否发电。

发动机转动时,用一个螺钉旋具或其他铁质金属物体测试发电机后轴承的磁力,如图2-9-5所示。

后轴承被磁化,说明发电机转子励磁电路正常;

后轴承没有被磁化,则说明可能出现以下4种故障:

① 电压调节器没有工作;

② 发电机的电刷已磨损或被卡住,并可能是电刷和转子滑环之间接触不良;

③ 发电机的转子可能出现故障;

④ 转子励磁电流电路断路等。

通过检查一个磁化的后轴承,能准确地确定充电系统的问题出现在何处,如果后轴承被磁化,但是发电机却没有充电,那问题就出在发电机定子等方面。

图 2-9-5 磁化的后轴承诊断

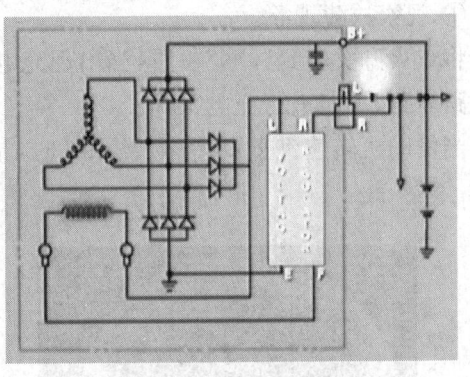

图 2-9-6 不充电现象

二、发电系常见故障现象

不充电(如指示灯常亮),如图 2-9-6 所示;

充电电流太小;

充电电流太大;

充电电流不稳;

发电机有异响,如图 2-9-7 所示。

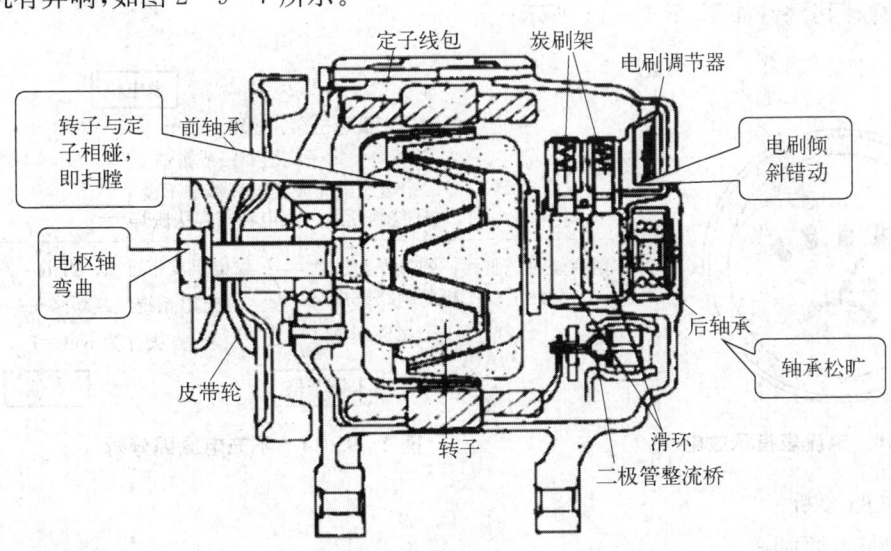

图 2-9-7 发电机有异响

 操作活动

1. 操作名称：发电系的故障诊断与排除。
2. 需用器材：汽车一辆或一台台架发动机（带发电机）、拆卸配套工具等。
3. 学习目标：

学会诊断与排除不充电故障；

操作中注意环境保护和人身安全。

4. 操作步骤

不充电的故障诊断与排除

① 观察故障现象。

将点火开关转到"ON"位置，当出现充电指示灯不亮现象，如图 2-9-8 所示，说明发电机励磁电路断路，不能进行充电工作。

当发动机转速到 600~800 r/min 时，指示灯不熄灭，表示发电机不能充电，如图 2-9-9 所示。

图 2-9-8 充电指示灯不亮

图 2-9-9 指示灯亮，表明有故障

当打开前照灯时，电流表指示放电，说明发电机不发电，如图 2-9-10 所示。

② 故障原因分析。

故障的原因分析，如图 2-9-11 所示。

图 2-9-10 电流表指示放电

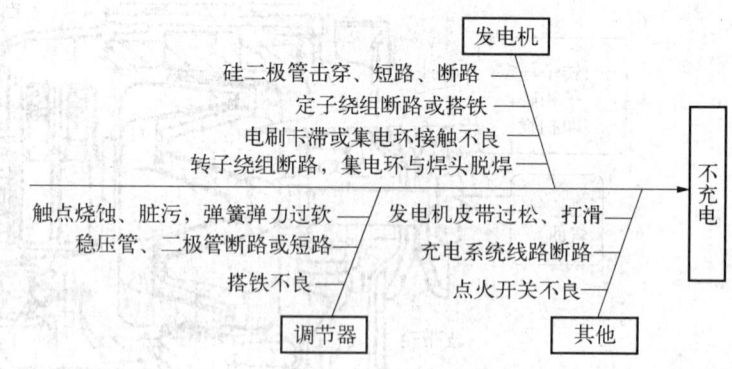

图 2-9-11 不充电原因分析

③ 故障的诊断。

诊断的基本原则：

从易到难，从外到内。

诊断的步骤：

检查发电机皮带是否过松或打滑，如图 2-9-12 所示。

后轴承的磁化诊断，如图 2-9-13 所示。

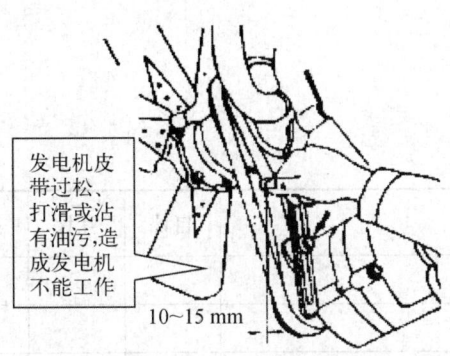

图 2-9-12　发电机皮带过松或打滑

图 2-9-13　后轴承的磁化诊断

如有吸力，表明磁化—励磁电路正常；

如无吸力，表明没有磁化—励磁电路断路。需进行励磁线路检测。

发电系电路有断路或插接器生锈引起接触不良等，如图 2-9-14 所示。

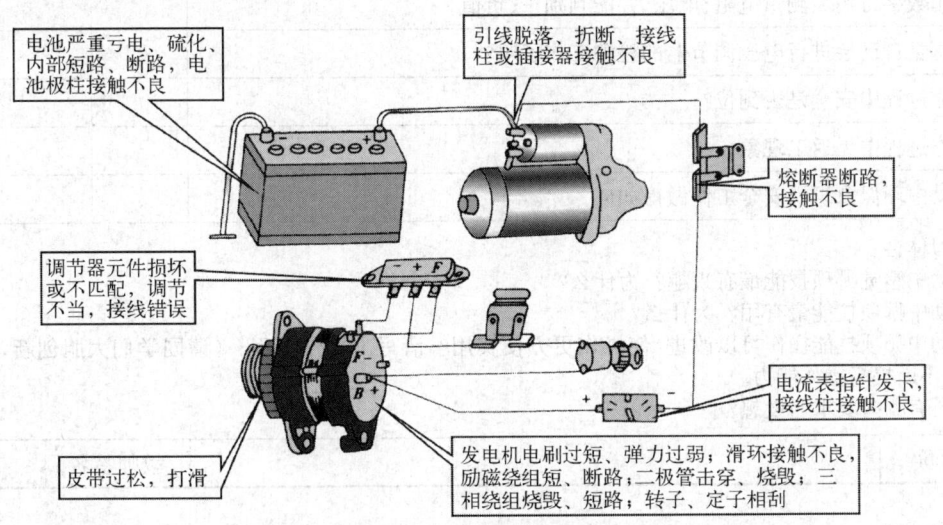

图 2-9-14　电路断路或接触不良等

 **点拨**

在进行以上检测后，确无故障，应进行电压调节器试验。

 **会诊**

本活动开始时讲到师傅拿个起子不知在什么地方动了一下，一会儿车就修好了。现在你想到师傅是用了什么方法吗？

师傅用起子做了后轴承的磁化诊断，发现后轴承没有磁化，又发现线路接线插件因生锈而使励磁电路断开，马上进行了接线插件除锈处理，因而立刻将故障排除。

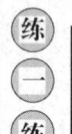 一车辆出现不充电故障,请你单独进行一次故障排除,你能进行吗?试一试?

学生姓名		日期		自评	互评	师评
一、学习评价目标						
1. 能正确讲述充电系故障检测的常用方法。						
2. 说说充电系故障的常见故障有哪些。						
3. 能正确检测电子式电压调节器的好坏。						
4. 能正确测量发电机的输出电压值。						
5. 能正确测量与识别内搭铁与外搭铁的电子式电压调节器。						
6. 能用数字万用表测量电阻、电压,并能判别正、负值。						
7. 你感觉自己会进行电压调节器的检测工作了吗?						
8. 操作过程中安全是否到位?						
9. 操作过程中无返工现象。						
10. 活动中环保意识及安全工作做得如何。						
二、学习体会 1. 活动中感觉哪项技能最有兴趣?为什么? 2. 活动中哪项技能最有用?为什么? 3. 活动中哪项技能操作可以改进,使操作更方便实用?请写出操作过程。(请同学们大胆创新,共同研讨,不断提高操作能力。) 4. 你还有哪些要求与设想?						
总体评价				教师签名		

汽车双电压供电系统

现代汽车中,电气装备越来越多,电气负荷越来越大,传统的14 V电压供电体系已经落后,为此一种新型的双电压(14/42 V)供电体系即将在汽车上运用。

由于用电装备需要更大功率,需要更大电流,为此提升供电体系的电压,使之满足电气装备的需求。同时,提升额定电压值,可以大大降低额定电流,如减小电气装备自己的体积、质量和损耗,也有利于控制安装的小型化和集成化。

目前,世界各大汽车公司(如通用、宝马等公司)对此题目已进行深入研究,就利用14/42 V电压供电取得一致意见。用电装备分为两部分:中小功率负载由14 V电压供电;大功率负载(电控机械制动安装、电控机械气门正时安装、三元催化转换加热器、电气悬架等)由42 V电压供电。

当然,双电压供电体系还存在着必然的缺点。两个蓄电池组不光占用很大的空间,也增加了汽车自重。尽管如此,双电压供电体系仍将很快被运用。据报道,宝马7系列轿车就将采纳这种双电压供电体系。

项目小结

1. 我国汽车交流发电机的型号规定及组成,交流发电机的常用种类。
2. 汽车交流发电机的基本结构组成:由转子、定子、电刷和电刷架、电压调节器、端盖等组成。
3. 交流发电机的基本工作原理:转子产生磁场并在发动机的带动下旋转,使定子绕组产生三相交流电,经整流器整流后转化为直流电,供汽车电器设备用电。
4. 交流发电机的分解方法及有关注意事项。
5. 电压调节器的检测与维护。
6. 交流发电机的检测方法:指示灯法、电压表法和磁化诊断法。
7. 交流发电机故障的检测与排除:

诊断基本原则:从易到难,从外到内。

检测与排除过程中要从现象出发,进行分析判断,仔细找到故障点,稳、准、快地进行故障排除。

一、填空题

1. 交流发电机的输出电压是由( )控制的?
   A. 定子绕组　　　　　B. 转子绕组　　　　　C. 电压调节器
2. 下面发电机的型号表达式中,( )是整体式交流发电机。
   A. JF152　　　　　　B. JFZ1913Z　　　　　C. JFZB292
3. 交流发电机的转子主要作用是( )。
   A. 产生电机磁场　　　B. 传导机械动力　　　C. 产生电动势
4. 交流发电机的定子的三相绕组主要作用是( )。
   A. 产生电机磁场　　　B. 传导机械动力　　　C. 产生三相交流电
5. 14 V 交流发电机的额定输出电压为( )。
   A. (12±0.25)V　　　　B. (14±0.25)V　　　　C. (13±0.25)V
6. 交流发电机采用的励磁方式是( )。
   A. 自励　　　　　　　B. 他励　　　　　　　C. 先他励、后自励
7. 发电机出现不发电时,短接调节器的"+"端与"F"端之后发电,则故障在( )。
   A. 发电机　　　　　　B. 电压调节器　　　　C. 电压表
8. 交流发电机装在元件板上的( )。
   A. 正二极管　　　　　B. 负二极管　　　　　C. 正、负二极管均有可能
9. 桑塔纳2000型车电源指示灯常亮,则故障在( )。
   A. 蓄电池　　　　　　B. 发电机　　　　　　C. 充电系统
10. 完整交流发电机检测时,不可用( )检测。

A. 万用表　　　　　B. 兆欧表　　　　　C. 正时仪

二、判断题(对的画"√",错的画"×"。)

1. 交流发电机硅整流器中的正极管的负极为发电机的正极。（　　）
2. 交流发电机中性点 N 的输出电压为发电机输出电压的一半。（　　）
3. 电子式电压调节器中稳压管被击穿时,其大功率三极管一定处于导通状态。（　　）
4. 在三相桥式整流电路中,每个二极管导通的时间占整个周期的 1/4。（　　）
5. 内搭铁电子调节器和外搭铁电子调节器可以互换使用。（　　）
6. 交流发电机的励磁方法为先他激、后自激。（　　）
7. 交流发电机的定子绕组通常为"Y"形接法,整流器为三相桥式整流电路。（　　）
8. 检查发电机的励磁电路和发电机本身,查不出不充电的具体部位。（　　）
9. 电子式电压调节器利用晶体管导通与截止,使励磁回路接通或断开,会产生电磁波干扰。（　　）
10. 电子式电压调节器利用晶体管的放大作用来控制励磁电流,从而使发电机电压保持恒定。（　　）

三、简答题

1. 简述交流发电机的工作原理。
2. 发电机调节器是如何控制发电机输出电压的?
3. 简述交流发电机的结构与组成。
4. 如何检测电子电压调节器?
5. 简述交流发电机的分解工艺。
6. 如何进行"不充电"故障的诊断与排除?

测 验 试 卷
（项目二 交流发电机）

班级：_____ 学号：_____ 姓名：_____ 考试时间：60分钟

题号	一	二	三	四	总分
得分					

得分

一、填空题（每空1分，共30分）

1. 交流发电机由_____、_____、_____、_____、_____等组成。
2. 汽车电源使用_____，_____是电源之一，它具有发电性能好、使用寿命长等优点，目前汽车上一般都使用_____。
3. 发电机的转子具有产生_____作用，定子具有产生_____作用。
4. JF152表示：交流发电机，电压_____V，电流_____A，第_____次设计；JFZ1913Z表示：交流发电机，电压_____V，电流大于_____A，第_____次设计，调整臂在_____。
5. 电子式电压调节器的作用是稳定发电机输出电压，14 V电压调节值为_____V，28 V电压调节值为_____V。
6. 车用发电机是由_____转化为_____的一个能量变换机械。发电机的转子是由_____带动的。_____从滑环流入转子，由于_____原理，在转子上形成了一个交变的北极和南极，转子的磁场经发动机带动旋转，在_____里产生交流电流。
7. 如果磁场强度增大，则电机的输出也将_____，这是因为通过电磁感应现象产生的电流大小取决于被_____的条数。
8. 发电机输出的直流电压平均值为 $U = $ _____ U_L。
9. 交流发电机都是利用中点的电压，通过继电器或有关电路去控制充电指示灯：充电指示灯熄灭，表示电机工作_____；充电指示灯亮，表示充电系统有_____。

得分

二、选择题（多选或少选均不得分。每题2分，共20分）

1. 交流发电机的输出电压是由（　　）控制的？
   A. 定子绕组　　　　B. 转子绕组　　　　C. 电压调节器
2. 下面发电机的型号表达式中，（　　）是整体式交流发电机。
   A. JF152　　　　　B. JFZ1913Z　　　　C. JFZB292
3. 交流发电机的转子主要作用是（　　）。
   A. 产生电机磁场　　B. 传导机械动力　　C. 产生电动势
4. 交流发电机的定子的三相绕组主要作用是（　　）。

A. 产生电机磁场　　　　B. 传导机械动力　　　　C. 产生三相交流电
5. 14 V 的交流发电机的额定输出电压为(　　)。
　　A. (12±0.25)V　　　　B. (14±0.25)V　　　　C. (13±0.25)V
6. 交流发电机采用的励磁方式是(　　)。
　　A. 自励　　　　　　　B. 他励　　　　　　　C. 先他励、后自励
7. 发电机出现不发电时,短接调节器的"+"端与"F"端后发电,则故障在(　　)。
　　A. 发电机　　　　　　B. 电压调节器　　　　C. 电压表
8. 交流发电机装在元件板上的(　　)。
　　A. 正二极管　　　　　B. 负二极管　　　　　C. 正、负二极管均有可能
9. 桑塔纳 2000 型车电源指示灯常亮,则故障在(　　)。
　　A. 蓄电池　　　　　　B. 发电机　　　　　　C. 充电系统
10. 完整交流发电机检测时,不可用(　　)检测。
　　A. 万用表　　　　　　B. 兆欧表　　　　　　C. 正时仪

三、判断题(对的画"√",错的画"×"。每题 1 分,共 10 分)

1. 交流发电机硅整流器中的正极管的负极为发电机的正极。　　　　　　(　　)
2. 交流发电机中性点 N 的输出电压为发电机输出电压的一半。　　　　　(　　)
3. 电子式电压调节器中稳压管被击穿时,其大功率三极管一定处于导通状态。(　　)
4. 在三相桥式整流电路中,每个二极管导通的时间占整个周期的 1/4。　　(　　)
5. 内搭铁电子调节器和外搭铁电子调节器可以互换使用。　　　　　　　(　　)
6. 交流发电机的励磁方法为先他激、后自激。　　　　　　　　　　　　(　　)
7. 交流发电机的定子绕组通常为"Y"形接法,整流器为三相桥式整流电路。(　　)
8. 检查发电机的励磁电路和发电机本身,查不出不充电的具体部位。　　(　　)
9. 电子式电压调节器利用晶体管导通与截止,使励磁回路接通或断开,会产生电磁波干扰。
　　　　　　　　　　　　　　　　　　　　　　　　　　　　　　　　(　　)
10. 电子式电压调节器利用晶体管的放大作用来控制励磁电流,从而使发电机电压保持恒定。
　　　　　　　　　　　　　　　　　　　　　　　　　　　　　　　　(　　)

四、问答题(共 40 分)

1. 讲述发电机的工作原理。(8 分)
2. 拆卸发电机的过程中,为什么要断开蓄电池的接线?(6 分)
3. 发电机分解前应做什么检查?有哪几个检查项目?(8 分)
4. 交流发电机与调节器的使用注意事项有哪些?(12 分)
5. 发电系故障诊断的基本方法有哪些?(6 分)

项目三
汽车起动机

活动一　起动机的拆卸工艺
活动二　起动机的分解
活动三　起动机的解体检测
活动四　起动机的不解体检测
活动五　减速起动机的组装
活动六　桑塔纳轿车起动电路的连接
活动七　解放 CA1091 型起动电路连接
活动八　起动电缆电压降的测试
活动九　起动系的故障诊断与排除

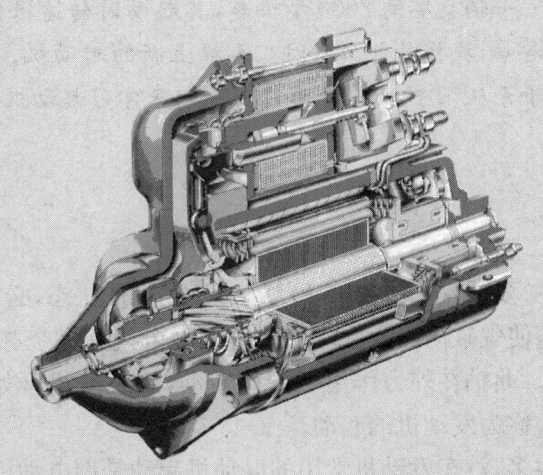

项目三 汽车起动机

情景描述

汽车起动机是发动机的重要组成部分,起动机出现故障将直接影响车辆的的正常运行。起动机的维护是汽车维修人员必须掌握的基本能力。本项目学习起动机的相关知识。

学习目标

1. 会正确拆卸和安装起动机;
2. 能检测起动机各个零部件;
3. 能正确讲述起动机的组成、结构和工作原理;
4. 会分析起动系电流走向及工作过程;
5. 会进行起动线路电压降的测试。

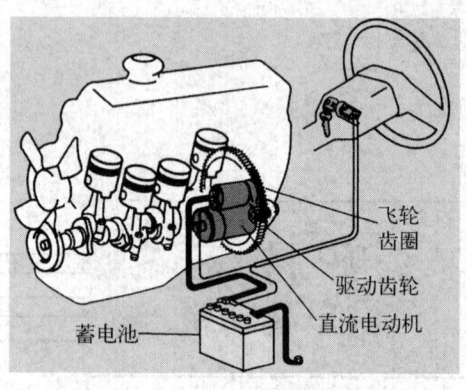

图 3-1-1 汽车起动机

活动一 起动机的拆卸工艺

案例导入

一辆桑塔纳 2000 型轿车,其起动时转速很低。师傅要小王卸下起动机看看,找找是什么原因?再换上新的起动机。小王因刚开始实习,对着车子无从下手,让我们和小王一起来学习起动机的相关知识吧!

关联知识

概述

要使发动机由静止状态过渡到工作状态,必须用外力转动发动机的曲轴,使气缸内吸入(或形成)可燃混合气并燃烧膨胀,工作循环才能自动进行。曲轴在外力作用下开始转动,到发动机开始自动地怠速运转的全过程,称为发动机的起动。

发动机起动的方法很多,汽车发动机常用的电动机起动是用电动机作为机械动力,当电动机轴上的齿轮与发动机飞轮周缘的齿圈啮合时,动力就传到飞轮和曲轴使之旋转。电动机本身又用蓄电池作为能源。目前绝大多数汽车发动机都采用电动机起动。

1. 起动机的作用

起动机的作用就是起动发动机,发动机起动之后,起动机便立即停止工作,如图 3-1-2 所示。

目前,车用发动机常用电力起动机起动,是由直流电动机通过传动机构将发动机起动。它具有操作简单、体积小、质量轻、安全可靠、起动迅速并可重复起动等优点。一般将这种电力起动机简称为起动机。

2. 起动机的类型

(1) 按控制装置的操纵方式分

有机械操纵起动机和电磁操纵起动机两种。

(2) 按直流电动机磁场产生的方式分

有永磁起动机和励磁起动机两种。

图 3-1-2 起动机

(3) 按传动机构有无减速装置分

有减速起动机（如图 3-1-3 所示）和非减速起动机（普通起动机）两种。

(4) 按驱动齿轮的啮入方式分

有惯性啮合式起动机、电枢移动式起动机、齿轮移动式起动机（如图 3-1-4 所示）、强制啮合式起动机 4 种。

图 3-1-3 减速起动机

图 3-1-4 齿轮移动式起动机

3. 常见的几种起动机

(1) 普通式起动机

图 3-1-5 为红旗轿车采用的起动机，电动机为串励式直流电动机，采用滚柱式单向离合器。

(2) 永磁式起动机

永磁式起动机以永磁材料为磁极，具有质量轻、结构简单等优点。由于永磁式电动机的机械特性较差，因此永磁式电动机必须配有减速机构，即永磁式起动机一般都是永磁式减速起动机，如图 3-1-6 所示。

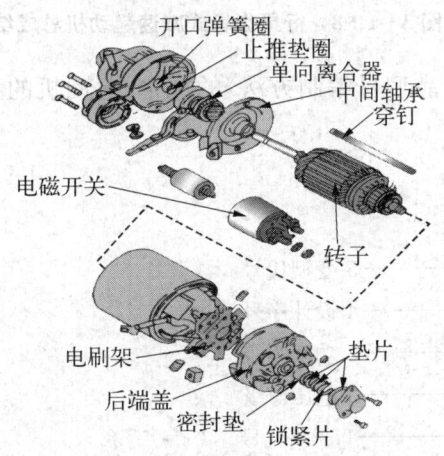
图 3-1-5 红旗轿车采用的起动机

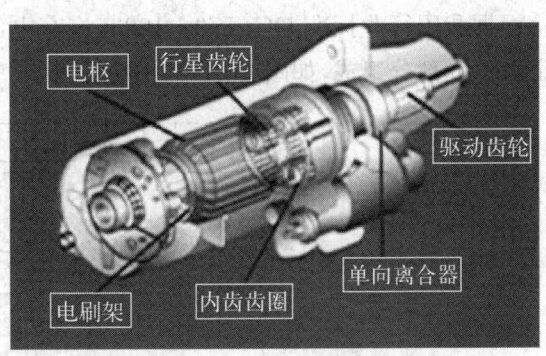
图 3-1-6 永磁式减速起动机

(3) 减速式起动机

① 外啮合式。

图 3-1-7 为丰田汽车采用的外啮合式减速起动机。该起动机的传动中心距离为 30 mm 左右，在电枢轴与驱动齿轮之间，利用惰轮作中间传动，且电磁开关铁芯与驱动齿轮同轴芯，电磁开关直接推动驱动齿轮与飞轮齿圈啮合，无需拨叉，起动机的减速传动效率高，成本适中，被广泛应用于小功率起动机上。

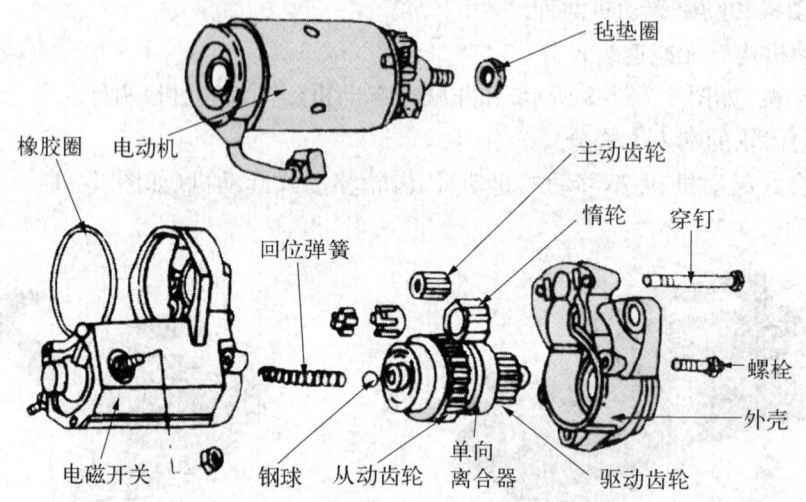

图 3-1-7　丰田汽车采用的外啮合式减速起动机

② 内啮合式。

图 3-1-8 为该种起动机的传动中心距离为 20 mm 左右，减速传动效率高，但成本也高。

③ 行星齿轮式减速起动机。

图 3-1-8 为行星齿轮式减速起动机。该种起动机的传动中心距离为零，输出轴与电枢轴同芯，可使整机尺寸减小。同时该种起动机传动比最大，可达 4.5∶1，大大减少了起动机的起动电流。

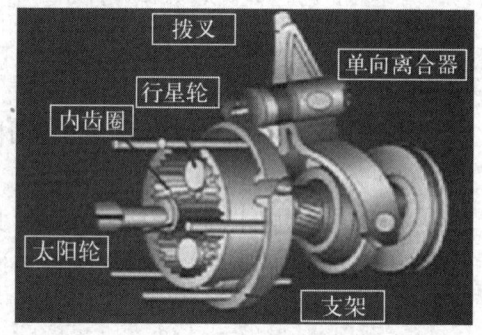

图 3-1-8　行星齿轮式减速起动机总成结构

4. 起动机的型号

根据我国行业标准 QC/T73-1993《汽车电气设备产品型号编制方法》的规定，起动机的型号由以下 5 部分组成，如图 3-1-9 所示。

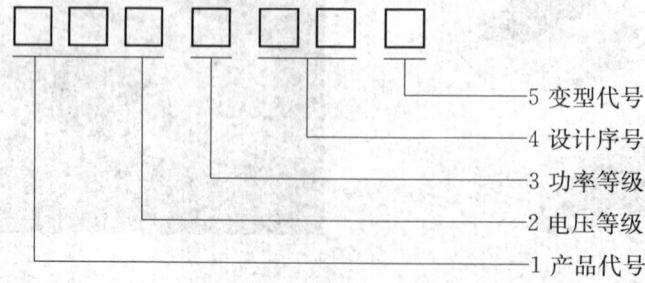

图 3-1-9　起动机的型号

第1部分为起动机的产品代号：

QD 表示起动机，

QDJ 表示减速起动机，J 表示"减"，

QDY 表示永磁起动机，Y 表示"永"。

第2部分为电压等级代号：1 表示 12 V；

2 表示 24 V；

3 表示 6 V。

第3部分为功率等级代号："1"表示 0～1 kW；

"2"表示 1～2 kW；

"9"表示 8～9 kW。

第4部分为设计序号。

第5部分为变型代号。

例如，QD27E 表示额定电压为 24 V、功率为 6～7 kW、第五次设计的起动机。

 操作活动

1. 操作名称：起动机的调换。
2. 需用器材：起动机、升降机一台，拆卸配套工具一套。
3. 学习目标：

学会升降机的使用；

学会从车辆上取下与安装起动机；

学会操作中注意环境保护和人身安全。

4. 操作步骤：

（1）起动机的拆卸

步骤：

① 将车停到合适的位置。

② 找到起动机，断开蓄电池正极上接起动机的电缆，如图 3-1-10 所示。

③ 从发动机离合器壳体上拧下起动机的两个紧固螺丝，如图 3-1-11 所示。

④ 取下起动机，如图 3-1-12 所示。

 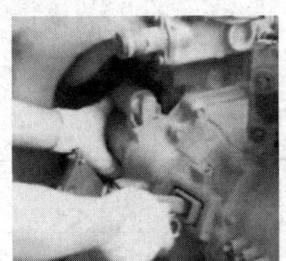 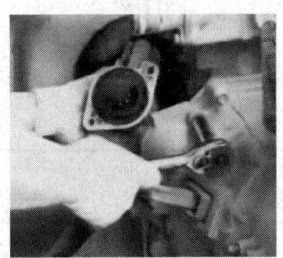

图 3-1-10　找到起动机的位置　　图 3-1-11　拧下起动机的两个紧固螺丝　　图 3-1-12　取下起动机

 点拨

1. 注意断开蓄电池正极上接起动机的电缆时，不要断开电脑供电的正极电源线，以免引起电脑信息掉失而引起的故障。
2. 注意拆卸紧固螺丝时用力要适当，以免引起伤害事故。

(2) 起动机的安装

步骤：

① 将新起动机放在发动机的啮合位置上，如图3-1-13所示。

② 将紧固螺丝穿入起动机的螺孔，并将螺丝紧固，拧紧螺丝力矩为(40±4) N·M，如图3-1-14所示。

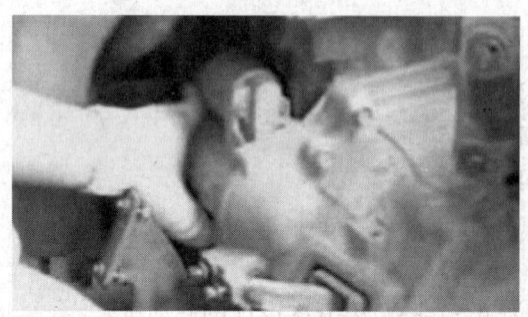
图3-1-13 放置起动机

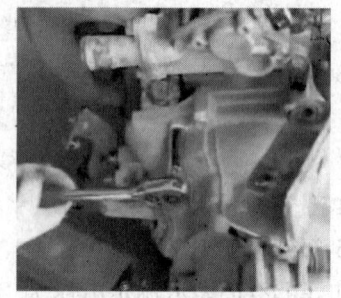
图3-1-14 紧固起动机

③ 接上起动机的电缆接线和电磁吸铁上的电源接线插座。

④ 将起动机的电缆接上蓄电池的正极。

⑤ 打开点火开关，试验起动机运行是否正常。正常后才算完成安装工作。

1. 断开蓄电池正极上接起动机的电缆时，能否将电源全部断开？为什么？是否所有车辆都要这样做？

2. 为什么有时进行起动机的调换，必须要用到升降机？

现有一辆桑塔纳轿车，请你换一下起动机，你会换吗？请试一下好吗？

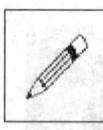

学生姓名		日期		自评	互评	师评
一、学习评价目标						
1. 能正确打开汽车前盖。						
2. 能迅速正确找到起动机所在的位置。						
3. 会正确断开蓄电池正极上接起动机的电缆。						
4. 会拆下起动机上的电缆接线和电磁吸铁上的电源接线插座。						

(续 表)

学生姓名		日期		自评	互评	师评
5. 能正确松开起动机上的紧固螺丝,取下起动机。						
6. 能用合适的力拆卸紧固螺丝,以免引起伤害事故。						
7. 你感觉自己能进行起动机的调换工作了吗?						
8. 操作过程中安全操作是否到位?						
9. 操作过程中无返工现象。						
10. 活动中环保意识及安全工作做得如何。						
二、学习体会 1. 活动中感觉哪项技能最有兴趣?为什么? 2. 活动中哪项技能最有用?为什么? 3. 活动中哪项技能操作可以改进,使操作更方便实用?请写出操作过程。(请同学们大胆创新,共同研讨,不断提高操作能力。) 4. 你还有哪些要求与设想?						
总体评价				教师签名		

活动二 起动机的分解

案例导入

师傅要小王拆开起动机看看,找找是什么原因转速过慢?小王取了工具开始拆卸,可转子就是取不出来,他无从下手。看来小王首先要学习一下起动机的分解知识。

关联知识

起动机的结构

起动机由直流串励电动机、操纵机构和控制装置3大部分组成。

直流串励电动机的作用是将电能转换为机械能,产生转矩。

操纵机构又称离合器、啮合器。它的作用是起动时使起动机轴上的小齿轮啮入飞轮齿环,将起动机的转矩传递给发动机曲轴;在发动机起动后又能使起动机小齿轮与飞轮齿环自动脱开。

控制装置又称起动开关。它的作用是用来接通和断开电动机与蓄电池之间的电路,同时还能接入和切断点火线圈的附加电阻。

不同类型的汽车使用的起动机尽管型号不同,但其直流电动机部分基本相似,主要的区别就在于操纵机构和控制装置各有差异。具体结构如图3-2-2所示。

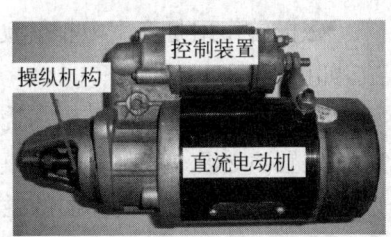

图3-2-1 起动机的三大组成部分

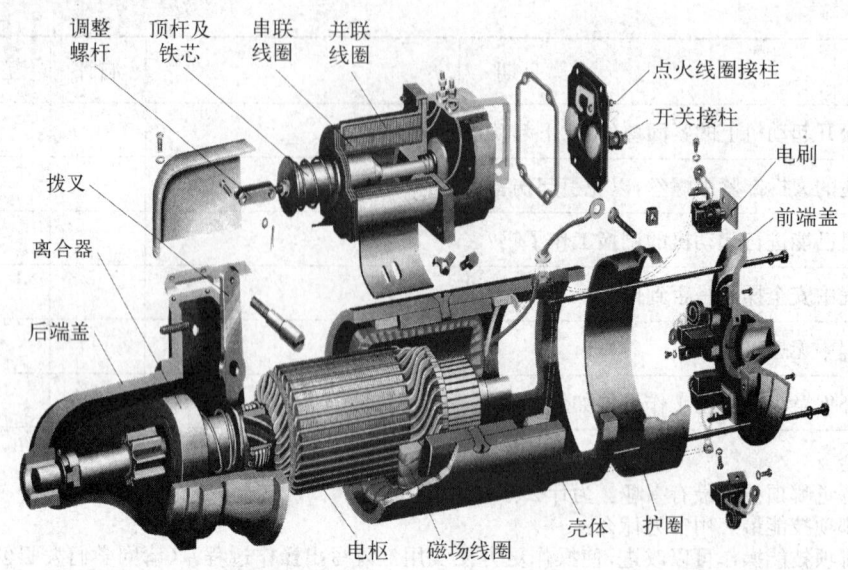

图 3-2-2 起动机的结构图

(1) 直流电动机

直流电动机一般采用直流串励电动机。"串励"是指电枢绕组与磁场绕组串联。

直流电动机由磁极、电枢、换向器和外壳等组成,如图 3-2-3 所示。

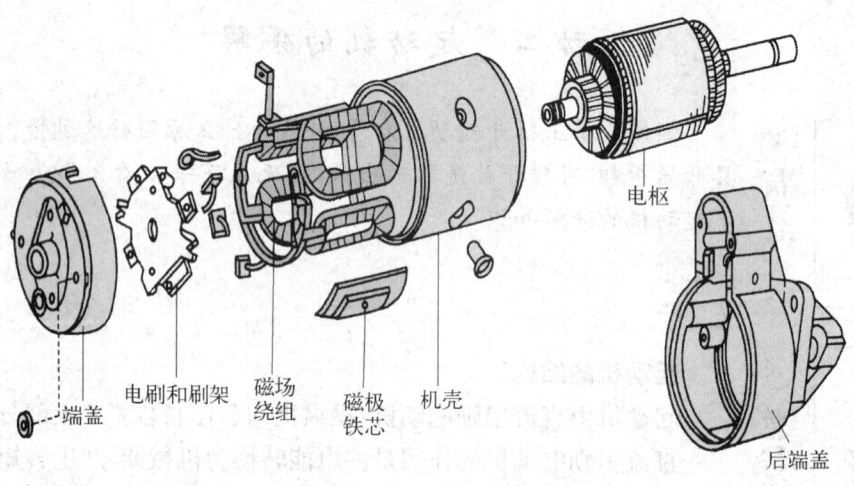

图 3-2-3 直流电动机的组成

① 磁极。

磁极的作用是产生电枢转动时所需要的磁场,它由固定在机壳上的磁极铁芯和磁场绕组组成,如图 3-2-4 所示。

组成:磁极由铁芯和磁场绕组组成。

位置:磁极一般是 4 个绕组,相对交错安装在定子内壳上。

结构:由固定在机壳内的磁极铁芯和磁场绕组线圈组成,如图 3-2-5 所示。两对磁极相对交错安装在电机的壳体内,定子与转子铁芯形成磁通回路,如图 3-2-6 所示。

图 3-2-4 磁极

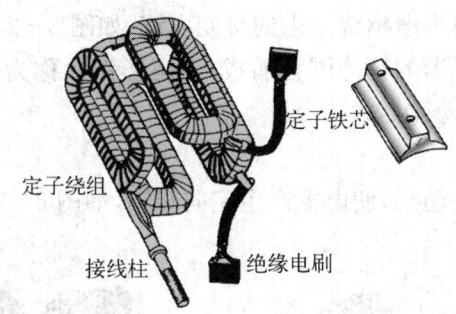
图 3-2-5 绕组

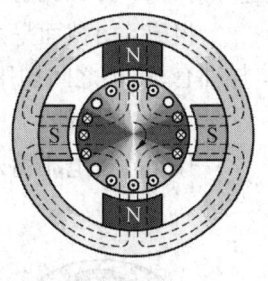
图 3-2-6 磁路

励磁线圈的连接方式：

串联式——励磁线圈有的是相互串联后，再与电枢绕组串联（称为串联式）；

混联式——两相串后并联，再与电枢绕组串联（称混联式）。

如图 3-2-7 所示为励磁绕组的内部电路连接方法，励磁绕组一端接在外壳的绝缘接线柱上，另一端与两个非搭铁电刷相连。

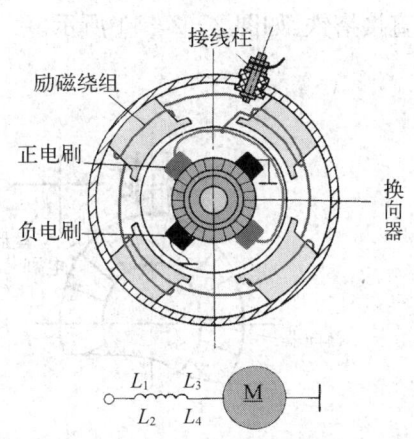
(a) 4 个绕组相互串联

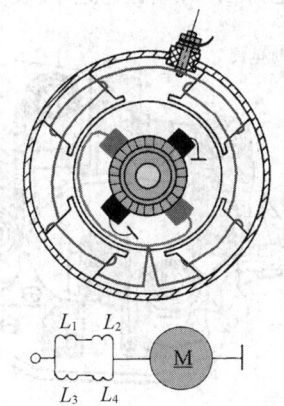
(b) 两个绕组串联后再并联

图 3-2-7 励磁绕组的接法

② 电枢。

作用：包括产生电磁转矩。

组成：包括电枢绕组、铁芯和换向器，如图 3-2-8 所示。

电枢绕组一般采用矩形断面的裸铜线绕制，嵌在铁芯上，线间用绝缘材料隔开；

电枢铁芯由硅钢片叠压而成，内以花键固定在轴上；

换向器由铜片和云母片相间组成，作用是将电流引入电枢。

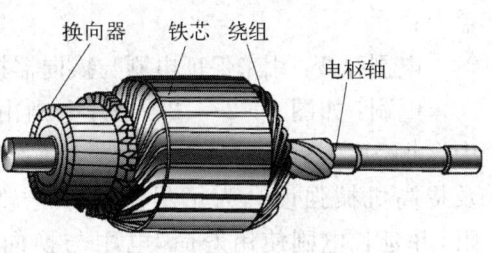
图 3-2-8 电枢

③ 换向器。

作用：将直流电转换为电枢绕组中的交变电流，如图 3-2-9 所示。

组成：由截面呈燕尾形的铜片围合而成，燕尾形铜片称为换向片。换向片之间以及换向片与轴套、压环之间均用云母绝缘。

④ 电刷组件。

作用：将电流引入电动机，使电枢产生定向转矩，如图 3-2-10 所示。

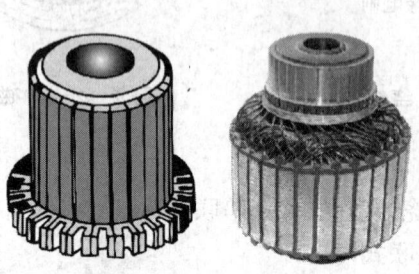

图 3-2-9 换向器

图 3-2-10 电刷组件

组成：主要由电刷、电刷架和电刷弹簧组成。

安装：正极刷架与端盖绝缘固装，负极刷架直接搭铁，如图 3-2-11 所示。

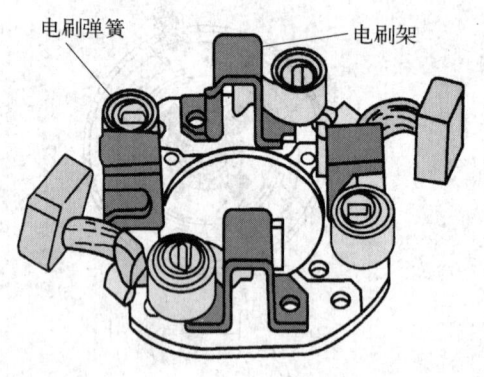 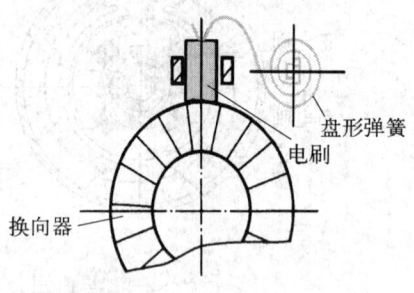

图 3-2-11 电刷组件原理图

搭铁电刷架（负电刷架）：固定在端盖上；

绝缘电刷架（正电刷架）：用绝缘板将电刷架绝缘固定在电刷架盖上；

电刷弹簧：用来保证电刷与换向器接触良好；

电刷：如图 3-2-12 所示，电刷由铜与石墨粉压制而成，其中含铜 80%～90%，石墨 10%～20%，以减小电阻、增加耐磨性及提高机械强度。为了尽量减小电刷与换向器之间的接触电阻，并延长电刷使用寿命，电刷与换向器有较大的接触面积，并且电刷靠电刷弹簧压紧在换向器的外圆表面。一般起动机电刷个数等于磁极个数，也有的大功率起动机电刷个数等于磁极个数的两倍。

图 3-2-12 电刷

⑤ 壳体。

作用：安装磁极和固定元件，由钢管制成。壳体是电动机磁极和电枢的安装机体，其中一端有4个检查窗口，便于进行电刷和换向器的维护，同时起动机的电磁开关也安装在机壳上，其上有一绝缘接线端，是电动机电流的引入线。如图3-2-13所示。

⑥ 端盖。

如图3-2-14所示，端盖分为前、后两个。后端盖一般用钢板压制而成，其上装有4个电刷架，前端盖用铸铁浇铸而成。它们分别装在机壳的两端，靠两个长螺栓与起动机壳紧固在一起。

图3-2-13 壳体

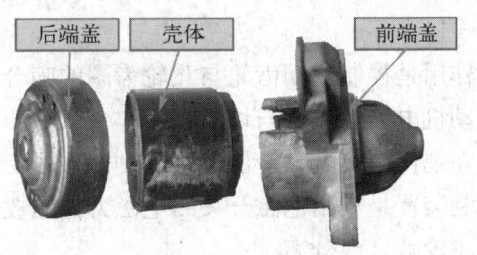

图3-2-14 端盖

(2) 传动机构

作用：起动时，使起动机驱动齿轮与发动机的飞轮齿圈啮合；起动后，自动切断动力传递，防止电动机被发动机带动运转而损坏。

组成：由驱动齿轮、单向离合器、拨叉、啮合弹簧等组成，安装在转子轴的花键部分。如图3-2-15所示。

离合器的种类：有滚柱式单向离合器、摩擦片式单向离合器、弹簧式单向离合器。

其中滚柱式单向离合器（如图3-2-16所示）是最常用的，下面就以滚柱式单向离合器为例，讨论其结构和工作原理。

图3-2-15 传动机构

图3-2-16 离合器

① 滚柱式单向离合器的构造。

滚柱式单向离合器的驱动齿轮与外壳制成一体，外壳内装有十字块和滚柱、压帽和弹簧。十字块与花键套筒固连，壳底与外壳相互扣合密封。如图3-2-17所示。

花键套筒的外面装有啮合弹簧及衬圈，末端安装着拨环与卡圈。整个离合器总成套装在电动机轴的花键部位上，可作轴向移动和随轴转动。在外壳与十字块之间，形成4个宽窄不等的楔形槽，槽内分别装有一套滚柱、压帽及弹簧。滚柱的直径略大于楔形槽的窄端，略小于楔形槽的宽端。

② 工作过程：

当起动机电枢旋转时，转矩经套筒带动十字块旋转，滚柱滚入楔形槽的窄端，将十字块与外壳卡紧，使十字块与外壳之间能传递力矩，如图3-2-18(a)所示；发动机起动以后，飞轮齿圈会带动驱动齿轮旋转，当转速超过电枢转速时，滚柱滚入宽端打滑，这样发动机的力矩就不会传递至起动机，起到保护起动机的作用，如图3-2-18(b)所示。

(3) 控制装置

电磁控制装置在起动机上称为电磁开关，如图3-2-19所示。

作用是控制驱动齿轮与飞轮齿圈的啮合与分离，并控制电动机电路的接通与切断。

在现代汽车上，起动机均采用电磁式控制电路，电磁式控制装置是利用电磁开关的电磁力操纵拨叉，使驱动齿轮与飞轮啮合或分离。

电磁控制装置的组成：如图3-2-20所示为其结构图。电磁开关主要由吸引线圈、保持线圈、回位弹簧、可动铁芯、接触片等组成。其中，端子C接点火开关，通过点火开关再接电源，端子30直接接电源。

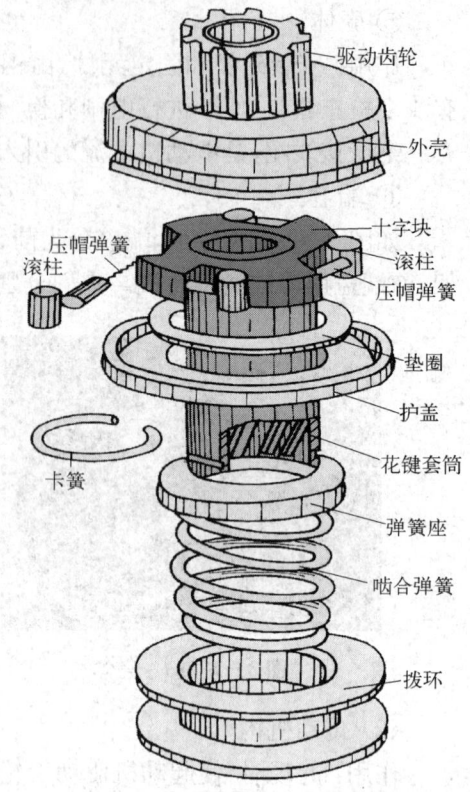

图3-2-17 离合器的结构

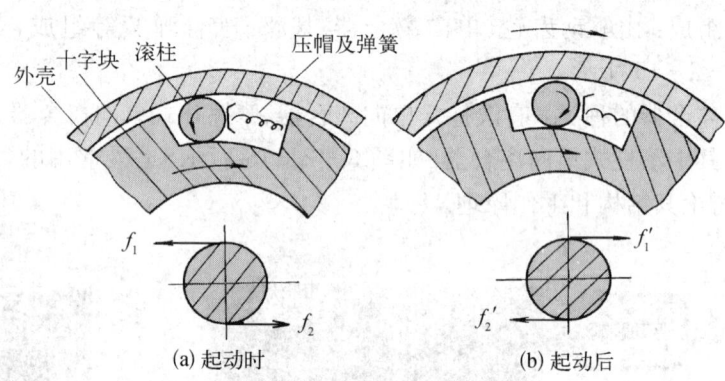

图3-2-18 滚柱的受力及作用示意图

图3-2-19 控制装置

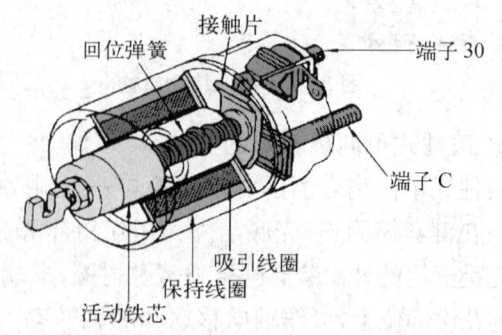

图3-2-20 控制装置的组成

起动机与发动机的接合过程：

如图 3-2-21 所示，在电磁力的作用下，起动机与发动机接合。

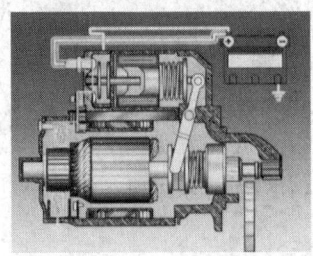 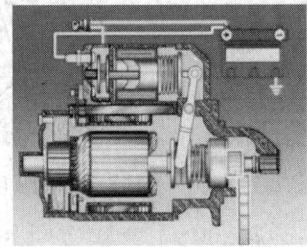 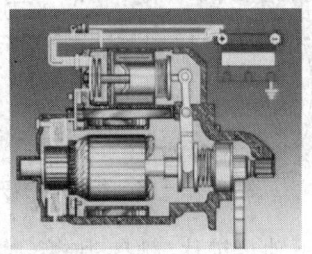

(a) 静止位置　　　　　　　(b) 移动过程中　　　　　　　(c) 啮合位置

图 3-2-21　起动机与发动机的接合过程

1. 操作名称：起动机的分解。
2. 需用器材：起动机、拆卸配套工具一套。
3. 学习目标：

学会起动机的分解与装配；

学会分解与装配操作过程中的环境保护和人身安全方法。

4. 操作步骤：

（1）起动机的分解

原则：从外到内，顺序进行。

起动机解体前，应清洁外部的油污和灰尘，然后按下列步骤进行解体：

① 旋出防尘盖固定螺钉，取下防尘盖，用专用钢丝钩取出电刷，拆下电枢轴上止推圈处的卡簧，如图 3-2-22 所示。

② 用扳手旋出两个紧固穿心螺栓，取下前端盖，抽出电枢，如图 3-2-23 所示。

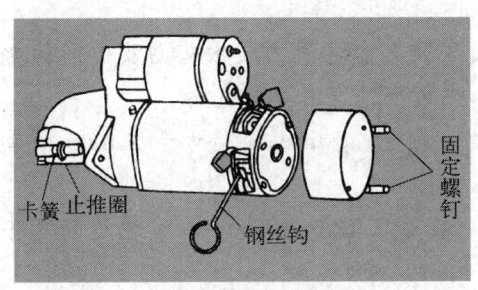 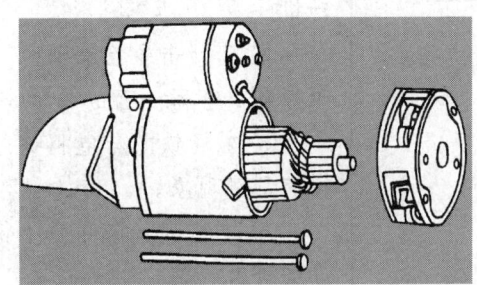

图 3-2-22　取出电刷　　　　　　　　图 3-2-23　拆卸前端盖和电枢

③ 拆下电磁开关主接线柱与电动机接线柱间的导电片，旋出后端盖上的电磁开关紧固螺钉，使电磁开关后端盖与中间壳体分离，如图 3-2-24 所示。

④ 从后端盖上旋下中间支承板紧固螺钉，取下中间支承板，旋出拨叉轴销螺钉，抽出拨叉，取出离合器，如图 3-2-25 所示。

⑤ 将已解体的机械部分浸入清洗液中清洗，电气部分用棉纱沾少量汽油擦拭干净。

⑥ 分解电磁开关，其步骤是：

拆下电磁开关前端固定螺钉，取下前端盖；

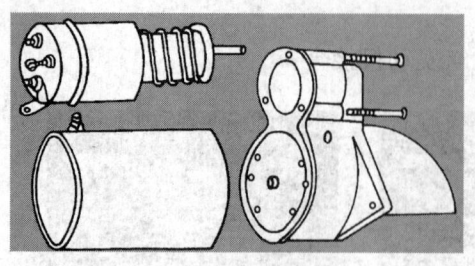
图 3-2-24 拆卸电磁开关

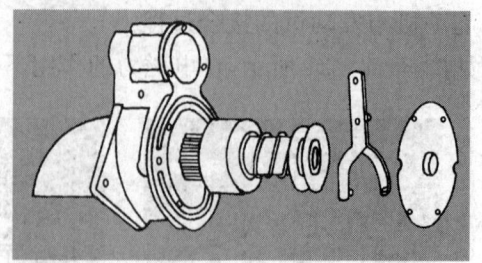
图 3-2-25 拆下离合器

取下独盘锁片、触盘、弹簧,抽出引铁;

取下固定铁芯卡簧及固定铁芯,抽出铜套及吸引和保持线圈。

(2) 起动机的装复

起动机的型号不同,具体装复的步骤不可能完全相同,但基本原则是按分解时的相反步骤进行。

 点拨

起动机装复的注意点:

① 有的电枢轴有 3 个支撑轴承,装配过程不易同轴,引起各轴承轴线相对错位,增加电枢轴的运动阻力。

检查的方法:

各轴颈与每个铜套配合,应转动自如、无卡住现象。

装上前端盖后,再次转动电枢,也应转动灵活,否则轴承不同轴。发现轴承不同轴时,轻者可修刮轴承,严重时应更换个别铜套。

② 各铜套、轴颈、止推垫圈等摩擦部位,都应加注适量的润滑脂。

③ 固定中间支承板时,应装弹簧垫圈,否则将会引起螺栓脱落,损坏起动机。

④ 驱动齿轮后端面的止推垫圈和换向器端面的胶木垫圈及中间轴承支承板靠离合器一面的胶木止推垫圈,在装合过程中不得遗漏。

⑤ 磁场铁芯与电枢铁芯间隙为 0.82~1.8 mm,不得大于 2 mm,两者不得有刮碰现象。

⑥ 电枢轴轴向间隙不得过大,一般为 0.125~0.5 mm,可通过改变垫片厚度进行调整。

 会诊

一台普通桑塔纳轿车的 QD1225 型起动机,装复后发现转动不灵活,是装配中什么地方出现了问题?

 练一练

有一普通桑塔纳轿车的 QD1225 型起动机,电刷有些问题,请你将电刷换一下。你会吗?

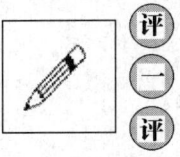

学生姓名		日期		自评	互评	师评
一、学习评价目标						
1. 能正确分解起动机。						
2. 能正确装复起动机。						
3. 3个支撑轴承装配过程中有没有不同轴。						
4. 拆下起动机上的器件,能做好清洁工作。						
5. 各铜套、轴颈、止推垫圈等部位,都能加注适量的润滑脂。						
6. 磁场铁芯与电枢铁芯间隙正确。						
7. 会调节电枢轴轴向间隙。						
8. 各止推垫圈装配是否到位。						
9. 操作过程中无返工现象。						
10. 活动中环保意识及安全工作做得如何。						
二、学习体会 1. 活动中感觉哪项技能最有兴趣?为什么? 2. 活动中哪项技能最有用?为什么? 3. 活动中哪项技能操作可以改进,使操作更方便实用?请写出操作过程。(请同学们大胆创新,共同研讨,不断提高操作能力。) 4. 你还有哪些要求与设想?						
总体评价				教师签名		

活动三 起动机的解体检测

一台 QD1225 型起动机转动无力。顾客要求进行解体检测,以找出故障原因。如何进行起动机的解体检测?

一、直流串励式电动机的工作原理

直流电动机的原理如图 3-3-1 所示,在磁场中放置一个线圈,线圈的两点分别与两片换向片

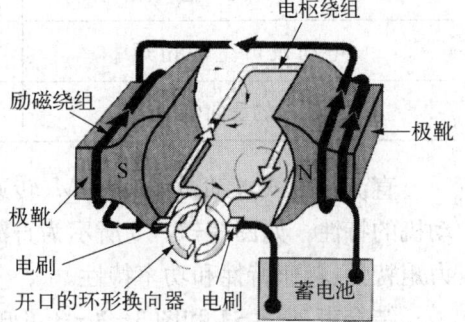

图 3-3-1 电动机的工作原理

连接,两只电刷分别与两片换向片接触,并与蓄电池的正极或负极接通。

(1) 电流方向

蓄电池正极→励磁绕组→正电刷→换向片→电枢绕组→负电刷→蓄电池负极。

(2) 通电导体在磁场中会受到电磁力的作用

电磁力的方向遵守左手定则,通过的电流越大,其产生的转矩也越大。如图3-3-2所示,电磁转矩的产生使载流导体在磁场中受到电磁力作用而发生运动。

两片换向片分别与环状线圈的两端连接,电刷一端与两换向器片相接触,另一端分别接蓄电池的正极和负极。在环状线圈中电流的方向交替变化,用左手定则判断可知,环状线圈在电磁力矩作用下按顺时针方向连续转动。这样在电源连续对电动机供电时,其线圈就不停地按同一方向转动。

电流方向如下:

蓄电池正极→正电刷→换向片 A→线圈 abcd→换向片 B→负电刷→蓄电池负极。电流方向为 a→d,由左手定则可以确定,线圈受到顺时针方向的转矩作用,电枢绕组及换向片在电磁力矩的作用下顺时针转动。

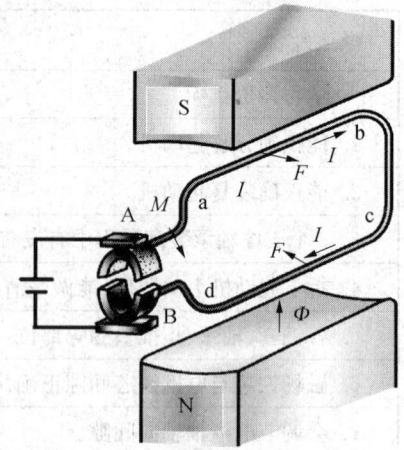

图 3-3-2　磁场中的电磁力

为了增大输出力矩并使运转均匀,实际的电动机中电枢采用多匝线圈,随线圈匝数的增多换向片的数量也要增多。

二、直流电动机的工作特性

直流电动机具有如下两个工作特性:

① 电动机中电流越大,电动机产生的扭矩越大;

② 电动机的转速越高,电枢线圈中产生的反电动势就越大,电流也随之下降。

表 3-3-1　起动机在初始起动期间和正常起动期间各项指标的比较

阶段 项　目	初始起动期间	正常起动期间
电 动 机 速 度	较 低	较 高
电 动 机 电 流	较 大	较 小
电动机产生的扭矩	较 大	较 小
电枢中的反向电动势	较 小	较 大

直流串励式电动机的力矩 M、转速 n 和功率 P 随电枢电流变化的规律,称为直流串励式电动机的特性。如图3-3-3所示为直流串励式电动机的特性曲线,其中曲线 M、n 和 P 分别代表力矩特性、转速特性和功率特性。

结合表3-3-1和图3-3-3可知,起动机在起动的瞬间,电枢转速为零,电枢电流达到最大值,力矩也相应达到最大值,从而使发动机的起动变得很容易。这就是汽车起动机采用串励式电动机的主要原因。

串励式电动机在输出力矩大时，电枢电流也大，电动机转速随电流的增加而急剧下降；反之，在输出力矩较小时，电动机转速又随电枢电流减小而上升。

串励式电动机具有轻载转速高、重载转速低的特性，对保证起动安全可靠非常有利，这也是汽车上采用串励式电动机的一个重要原因。

串励式电动机的功率 P 可用下式表示：

$$P = Mn/9\,550。$$

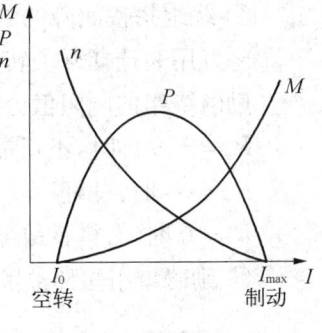

图 3-3-3 电动机的特性

式中，M 表示电枢轴上的力矩（N·m）；n 表示电枢转速（r/min）。

电动机完全制动时，转速和输出功率为零，力矩达到最大值。空载时电流最小，转速最大，输出功率也为零。当电枢电流接近制动电流一半时，电动机输出功率最大。

三、起动机解体检测的任务

对起动机的定子磁场绕组、电枢绕组、电枢上的整流器、电磁开关中的吸引线圈和保持线圈、电刷、单向离合器等作技术判断。

四、起动机解体检测的方法

1. 采用汽车电器万能试验台检测

如进行起动机电枢绕组的短路检测、起动机全制动检测等。这种检测方法测量精确，操作方便，但必须要有设备，投资大一些。

2. 采用常规仪器检测

一般采用百分表、万用表、绕组短路测试器等。这种检测方法使用仪器简单。

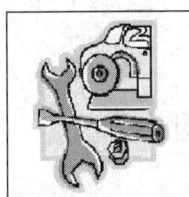

操作活动

1. 操作名称：起动机的解体检测。
2. 需用器材：起动机、蓄电池、电流表、游标卡尺百分表、万用表、绕组短路测试器和拆卸配套工具等。
3. 学习目标：

学会起动机各元器件的检测方法；

学会在检测操作过程中注意环境保护和人身安全。

4. 操作步骤（以 QD1225 型起动机为例）：

（1）定子励磁绕组的检测

步骤：

① 励磁绕组断路故障的测量，如图 3-3-4 所示。

将万用表开关转到电阻"R×1 Ω"档。

励磁绕组的电阻值会出现下述 3 种情况：

$R = 0.8\,\Omega$ 时，正常；

$R = 0$ 时，导线短路；

$R = \infty$ 时，绕组有断路故障。

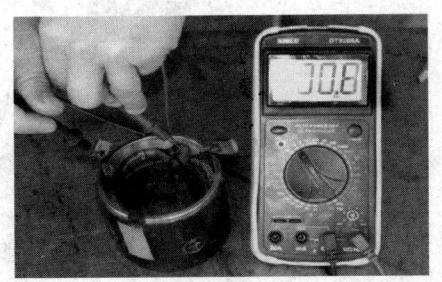

图 3-3-4 励磁绕组断路故障的测量

② 绕组搭铁故障的测量，如图 3-3-5 所示。

将万用表选择开关转到电阻"R×1 kΩ"档。

励磁绕组的电阻值会出现下述 3 种情况：

$R = 0.9\ \Omega$ 时，不正常；

$R = \infty$ 时，良好；

$R = 0$ 时，有搭铁故障。

③ 励磁绕组短路故障的测量，如图 3-3-6 所示。

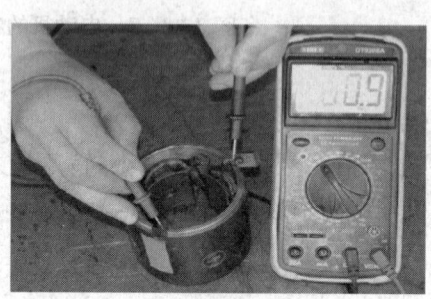 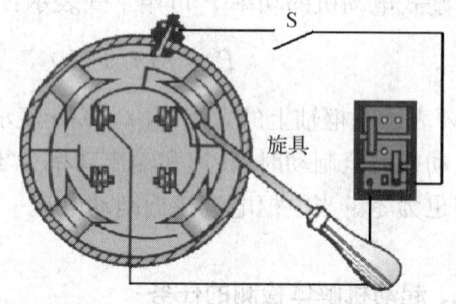

图 3-3-5　绕组搭铁故障的测量　　　　图 3-3-6　励磁绕组短路故障的测量

在励磁绕组的两端加 2 V 的直流电，用一铁钉或螺钉旋具在四个磁极片上分别感受磁吸引的大小。若某一磁极吸引力太小，则表明该磁极上的励磁绕组短路。

(2) 转子的检测

① 绕组搭铁故障的测量。

将万用表选择开关转到"R×10 kΩ"档，然后用一支表棒接触换向器铜片，另一表棒接触转子铁芯，如图 3-3-7 所示。

绕组的电阻值出现如下情况：

$R = \infty$ 时，无搭铁故障；

$R = 0$ 时，有搭铁故障。

② 电枢绕组短路故障的测量。

先检查各线圈在铁芯两端的外部有无变形及接触现象，确认无接触故障后做下一步。

将转子按图 3-3-8 所示放置在短路测试仪上。

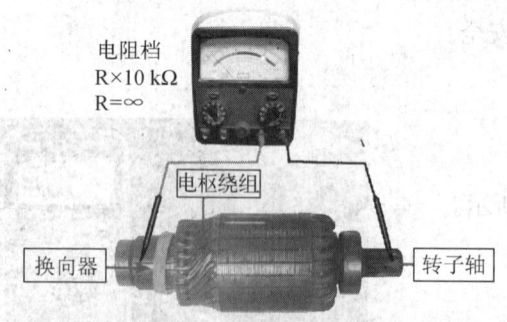 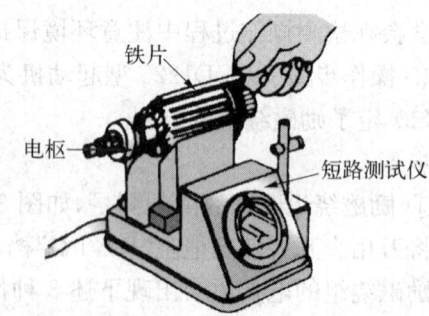

图 3-3-7　绕组搭铁故障的测量　　　　图 3-3-8　电枢绕组短路故障的测量

接通电后，将钢片放置在转子铁芯上，转动转子，钢片在哪个部位出现振动，这处绕组就出现短路故障。

 没有电枢时不要起动电机转子短路测试仪,否则会将仪器损坏。

③ 电枢绕组匝间断路故障的测量。

万用表选择开关转到"R×1 Ω"档,然后用一支表棒接触换向器铜片,另一表棒接触近边的换向器铜片,如图3-3-9所示。

绕组的电阻值出现如下情况:

$R = \infty$ 时,断路故障;

$R = 0\ \Omega$ 时,无故障。

④ 换向器失圆的检测。

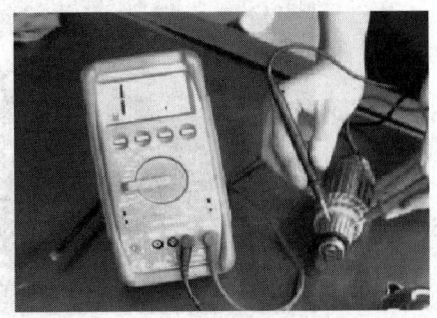

图 3-3-9 电枢绕组匝间断路故障的测量

取百分表,如图3-3-10所示放置好。

转动转子,观察百分表的变化,使其不应超过0.02 mm。

⑤ 转子轴弯曲的检测。

将百分表、偏摆仪、转子按图3-3-11所示放置好。

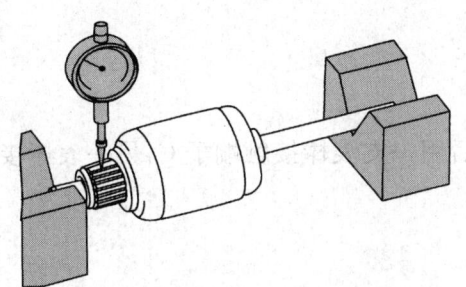

图 3-3-10 换向器失圆的检测

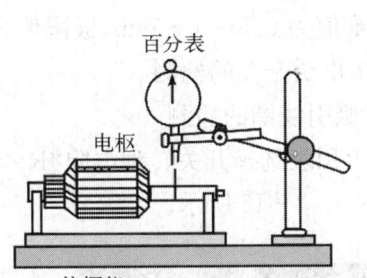

图 3-3-11 转子轴弯曲的检测

转动转子,观察百分表的变化,跳动量不应超过0.08 mm。

 换向器的故障多为表面烧蚀:
轻微烧蚀可用细砂布打磨;
严重烧蚀的换向器径向厚度不得小于0.2 mm,否则应予更换。

(3) 换向器的检测

① 换向器失圆度的检测。

检查换向器是否有脏物或烧蚀,如图3-3-12所示。如必要可用砂纸(300~400#)或车床纠正。

换向器失圆度:

标准值为0.05 mm,极限值为0.4 mm。

② 换向器直径的测量。

用游标卡尺测量换向器直径,如图 3-3-13 所示。

换向器直径:

标准值为 φ28 mm,极限值为 φ27 mm。

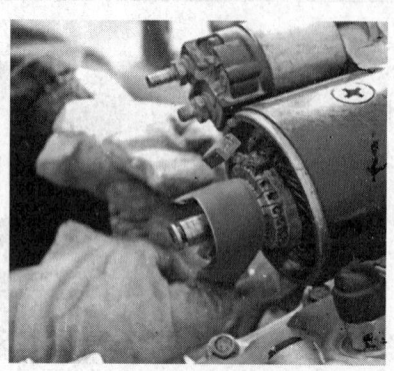

图 3-3-12 换向器失圆度的检测

图 3-3-13 换向器直径的测量

③ 换向器云母深度的测量。

检查换向器云母深度,如图 3-3-14 所示。如小于极限值,应修理或更换。

换向器云母深度:

标准值为 0.5~0.8 mm,极限值为 0.3 mm。

(4)电磁开关的检测

① 吸引线圈的检测。

将万用表选择开关转到电阻"R×1 Ω"档,然后用一支表棒接触端子 C,另一表棒接触端子 50,如图 3-3-15 所示。

图 3-3-14 换向器云母深度的测量

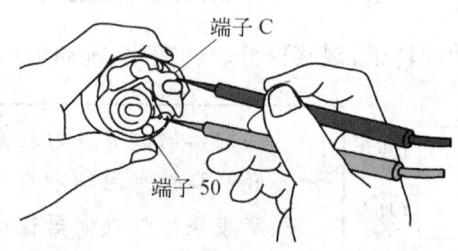

图 3-3-15 吸引线圈的检测

绕组的电阻值出现如下情况:

$R = \infty$ 时,开路故障;

$R = 0\ \Omega$ 或在标准范围内时,无故障。

② 保持线圈的检测。

万用表选择开关转到电阻"R×1 Ω"档,然后用一支表棒接搭铁,另一表棒接触端子 50,如图 3-3-16 所示。

绕组的电阻值出现如下情况：

$R = \infty$ 时，开路故障；

$R = 0\ \Omega$ 或在标准范围内时，无故障。

③ 电磁开关触片的检查。

将万用表选择开关转到电阻"$R \times 10\ \Omega$"档，然后用一支表棒接触端子 C，另一表棒接触端子 30，如图 3-3-17 所示。

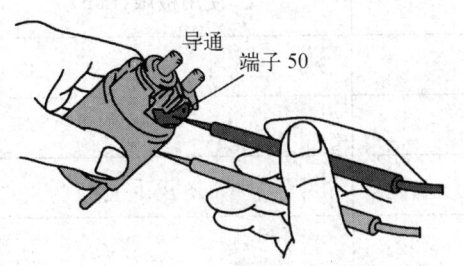

图 3-3-16 保持线圈的检测

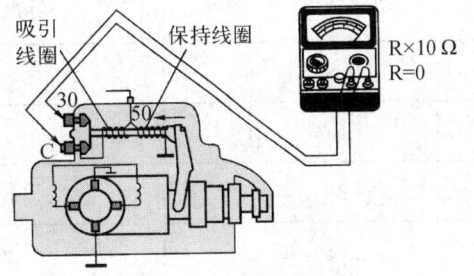

图 3-3-17 电磁开关触片的检查

接通时的接触电阻值出现如下情况：

$R = \infty$ 时，开路故障；

$R = 0\ \Omega$ 或在标准范围内时，无故障。

④ 活动铁芯灵活性的检查。

用大拇指将铁芯压入，然后松开，铁芯应能迅速回复原位，为正常，如图 3-3-18 所示。

(5) 电刷相关器件的检查

① 电刷弹簧的检查。

如图 3-3-19 所示，炭刷弹簧的压力应符合要求。

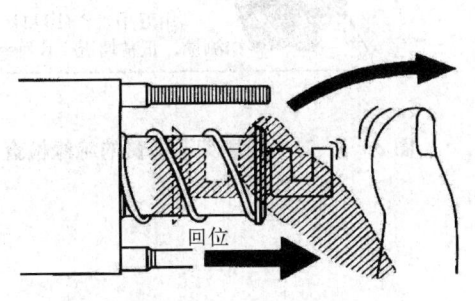

图 3-3-18 活动铁芯灵活性的检查

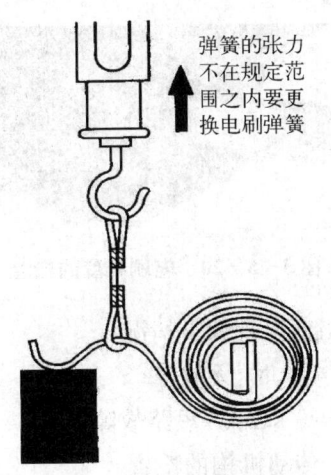

图 3-3-19 电刷弹簧的检查

车型不同，其弹簧压力也有差别：

通用型为 1.0～1.3 kg；2 kW 型为 2.7～3.3 kg；2.5 kW 型为 3.5～4 kg。

如弹簧压力过弱，则应予更换。

炭刷与换向器的接触面积不应低于 80%。

② 电刷长度的检查。

用游标卡尺进行电刷尺寸的检查,如图 3-3-20 所示。

电刷长度应符合表 3-3-2,超过极限,应进行调换。换用新的电刷,应做好研磨,确保接触面在 80% 以上。

表 3-3-2　电刷标准高度与使用极限

功率(kW)	标准高度(mm)	使用极限(mm)
0.8	16	10
1	19	10
2	15~15.5	9.5
2.5	20.5~21	

③ 电刷架的绝缘检查。

炭刷架不应松动和变形。

将万用表选择开关转到电阻"R×10 kΩ"档,然后用一支表棒接触电刷架 A,另一表棒接触电刷架 B,如图 3-3-21 所示。

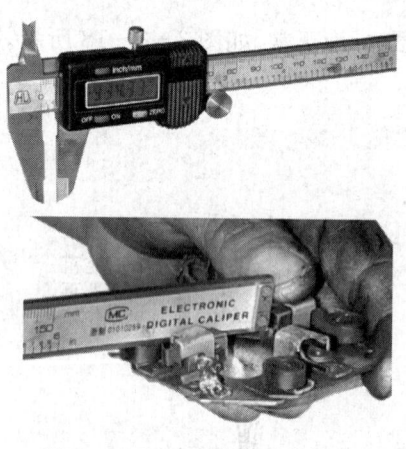

图 3-3-20　电刷长度的检查

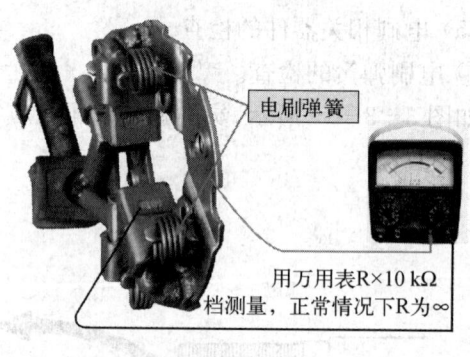

图 3-3-21　电刷架及弹簧的绝缘检查

电阻值出现如下情况:

$R = \infty$ 时,无故障;

$R = 0 \text{ k}\Omega$ 时,短路故障。

(6) 传动机构的检查

步骤:

① 单向离合器的检查。

按图 3-3-22 的方法,用手转动齿轮,看离合器能否锁住。

如需知锁住力的大小,可采取图 3-3-23 的方法:将单向离合器放在台虎钳上,扭力扳手的插头(自制)插入啮合器的花键槽内,按反方向扳转扭力扳手。

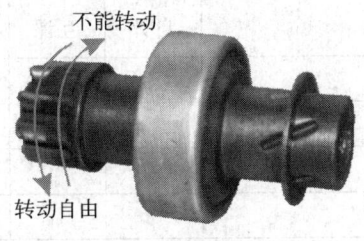
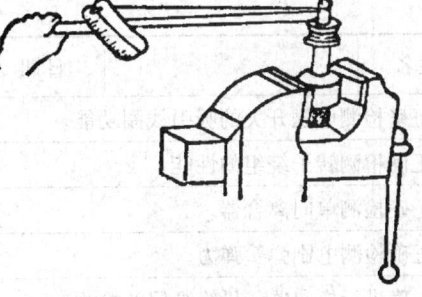

图 3-3-22 用手转动齿轮　　　　图 3-3-23 锁住力的大小检测

对于滚柱式啮合器,应能在 26 N·m 以上的扭矩作用下不打滑;

对于摩擦片式啮合器,应能在 117~176 N·m 的扭矩作用下不打滑。

② 转子轴和轴承的配合检查。

起动机转子轴和轴承的配合应符合相关要求,否则会影响起动机的输出功率和转矩。

在校配轴承钢套时,还应保证前、后端以及中间轴承支撑板铜套三者间的同轴度。

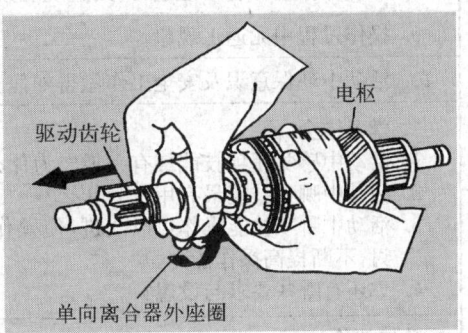

图 3-3-24 转子轴和轴承的配合检查

　① 在使用百分表时,要注意位置的正确放置及转动的平稳性操作。
② 在检查中使用万用表,要注意正确选择量程和档位。
③ 检查单向离合器扭矩时,要注意用力的适当,不可用力过大。

　起动机直流电机转子绕组匝间短路会出现哪些现象?

　请你对 QD1225 型起动机进行一次解体检测。

学生姓名		日期		自评	互评	师评
一、学习评价目标						
1. 能正确检测定子绕组的性能。						
2. 能正确检测电磁开关保持线圈的功能。						

(续　表)

学生姓名		日期		自评	互评	师评
3. 能正确检测电磁开关的吸引线圈功能。						
4. 能正确检测转子绕组的性能。						
5. 能正确检测单向离合器。						
6. 能正确检测电刷弹簧弹力。						
7. 能正确进行换向器云母绝缘层的检测。						
8. 能按操作规程有序地进行,无违规现象。						
9. 操作过程中无返工现象。						
10. 活动中环保意识及安全工作做得如何。						
二、学习体会 1. 活动中感觉哪项技能最有兴趣？为什么？ 2. 活动中哪项技能最有用？为什么？ 3. 活动中哪项技能操作可以改进,使操作更方便实用？请写出操作过程。(请同学们大胆创新,共同研讨,不断提高操作能力。) 4. 你还有哪些要求与设想？						
总体评价				教师签名		

活动四　起动机的不解体检测

 　小王装复一台起动机后,发现转动力不大,不知哪里出现问题。师傅说:"你装复后,应检测好才不会出现这种现象。"可小王不知如何检测,我们和小王一起来学习起动机的检测知识好吗？

一、起动机电磁开关

1. 作用

控制起动机驱动齿轮与发动机飞轮齿圈啮合;控制起动机主电路(电流为200～600 A)的导通;有些起动机的电磁开关还能在起动时将点火线圈的附加电阻短路,以提高起动时的点火电压。

2. 组成

起动机电磁开关由吸引线圈、保持线圈及柱塞等元件组成。

如图3-4-1所示为电磁开关的结构,如图3-4-2所示为起动机电路结构。

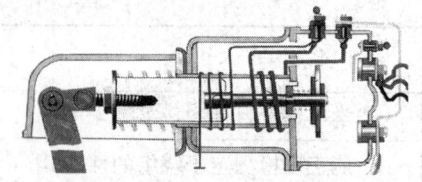

图3-4-1　电磁开关结构

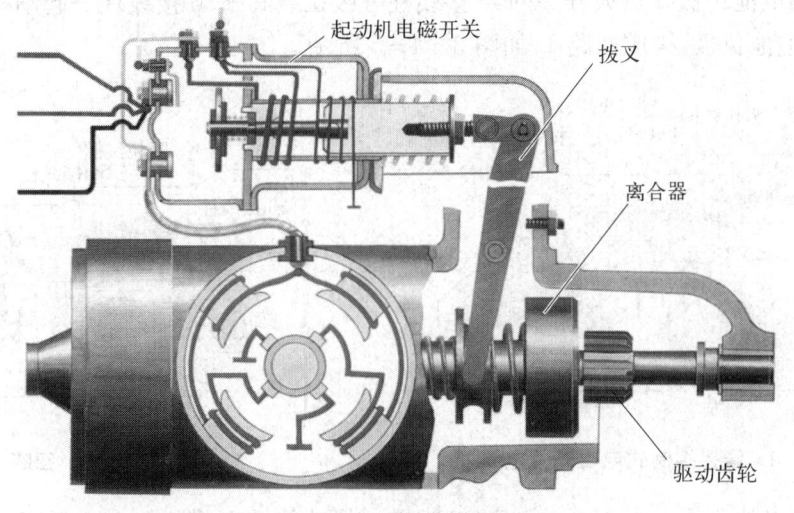

图 3-4-2 起动机电路结构

3. 啮合过程

在电磁开关的作用下,驱动齿轮与飞轮齿圈进入啮合,当两者完全啮合后,主电路接通,电枢轴开始带动发动机曲轴旋转。发动机起动后,驱动齿轮与飞轮齿圈仍处于啮合状态,单向离合器打滑,驱动齿轮在飞轮的带动下空转。起动结束后,驱动齿轮在电磁开关的作用下,与发动机飞轮齿圈脱离啮合。啮合过程如图 3-4-3 所示。

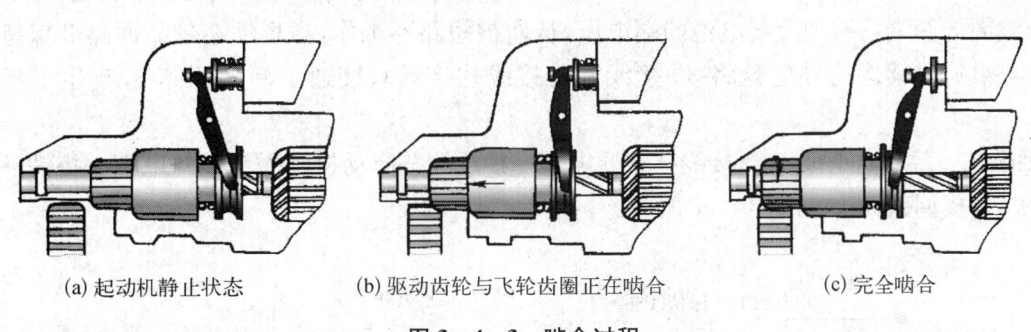

(a) 起动机静止状态　　(b) 驱动齿轮与飞轮齿圈正在啮合　　(c) 完全啮合

图 3-4-3 啮合过程

二、操纵机构

起动机的操纵机构,主要由起动电磁开关、拨叉、拨环等组成。起动机的工作主要受电磁开关的控制,而电磁开关又受别的装置控制。如果电磁开关直接受点火开关的控制,则称为直接控制式电磁开关;如果在电磁开关的控制回路中加入继电器控制回路,则称为带起动继电器式电磁开关。

1. 直接控制式电磁开关

直接控制式电磁开关的控制电路如图 3-4-4 所示。通过电磁开关推动起动机驱动齿轮强制啮入飞轮齿圈。直接控制式电磁开关的控制电路共有 3 条工作回路。其工作过程如下:

① 起动时,将点火开关打到起动档,在点火开关打到起动档的一瞬间,接通了 2 条回路,实现了 2 个动作。

回路1：蓄电池正极→点火开关→50接线柱→吸拉线圈→30接线柱→起动机励磁绕组→电枢→搭铁→蓄电池负极，构成回路1，如图3-4-5所示。

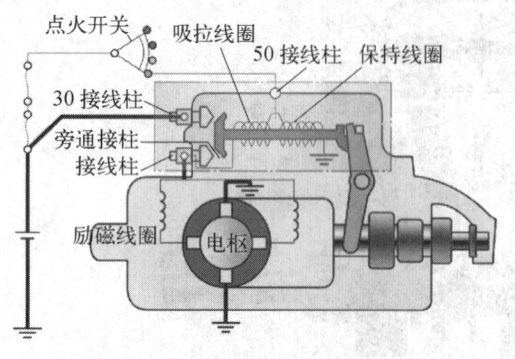

图3-4-4 直接控制式电磁开关电路

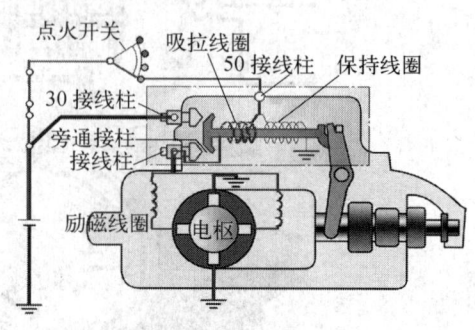

图3-4-5 回路1

回路2：蓄电池正极→点火开关→50接线柱→保持线圈→搭铁→蓄电池负极，构成回路2，如图3-4-6所示。

动作1：流经励磁与电枢绕组中的小电流，起动机缓慢转动，保证驱动齿轮被强制啮入时与飞轮齿圈的顺利啮入。

动作2：磁场铁芯在吸拉线圈与保持线圈所产生的磁场共同作用下，向左移动，并同时通过拨叉推动起动机驱动齿轮向右移动，与飞轮齿圈啮入。

磁场铁芯向左移动，致使导电盘接通电磁开关上的30接线柱与接线柱，此时短路了回路1（吸拉线圈的两端均被加上蓄电池的端电压，从而被短路不工作，磁场铁芯依靠回路2保持线圈所产生磁场，继续保持导电盘将30接线柱与接线柱接通），接通了新的回路3，产生了新的动作3。

回路3：蓄电池正极→30接线柱→导电盘→接线柱→起动机励磁绕组→电枢→搭铁→蓄电池负极，构成回路3，如图3-4-7所示。

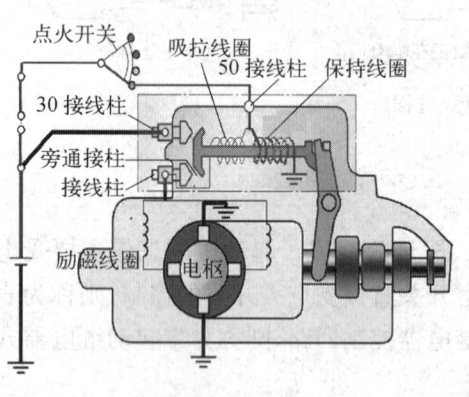

图3-4-6 回路2

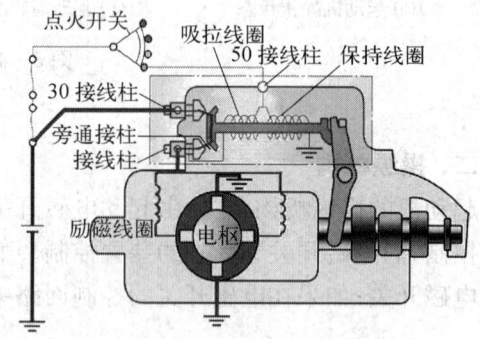

图3-4-7 回路3

动作3：回路3中流经励磁与电枢绕组中的大电流使起动机产生大转矩，经起动机的传动机构驱动飞轮齿圈使曲轴旋转，用来起动发动机。

② 发动机起动后，松开点火开关，50接线柱断电，由于机械惯性，在松开点火开关的瞬间，导电盘仍将30接线柱与接线柱接通，瞬间构成一个新的回路：

蓄电池正极→30 接线柱→导电盘→吸拉线圈→保持线圈→搭铁→蓄电池负极。

吸拉线圈与保持线圈产生相反方向的磁场,从而有效磁场大大削弱,磁场铁芯因失去磁场力而在回位弹簧的作用下迅速回位,导电盘与接线柱及 30 接线柱分开,回路 3 被断开,同时驱动齿轮通过拨叉被拉回位,起动完毕。

在上述的 3 条回路中,我们一般将回路 1 和回路 2 认作一条回路,即起动系的开关电路(没有起动继电器的控制电路中,也可以认作控制电路)。而回路 3 则被称为起动系的主电路。

2. 起动继电器控制的电磁开关

图 3-4-8 是继电器控制电磁开关的控制电路。与图 3-4-4 直接控制式电磁开关电路相比,只是多了一条点火开关控制继电器磁场线圈的控制回路。

① 3 条回路。

控制回路:

蓄电池正极→主触头→电流表→点火开关→起动继电器线圈→搭铁→蓄电池负极;

(电磁)开关回路:

蓄电池正极→主触头→继电器磁轭→继电器触点→起动机接线柱

→保持线圈→搭铁→蓄电池负极;
→吸拉线圈接线柱→吸拉线圈→

导电片→主触头→励磁绕组→电枢→搭铁→蓄电池负极;

主回路:

蓄电池正极→主触头→接触盘→主触头→励磁绕组→电枢→搭铁→蓄电池负极。

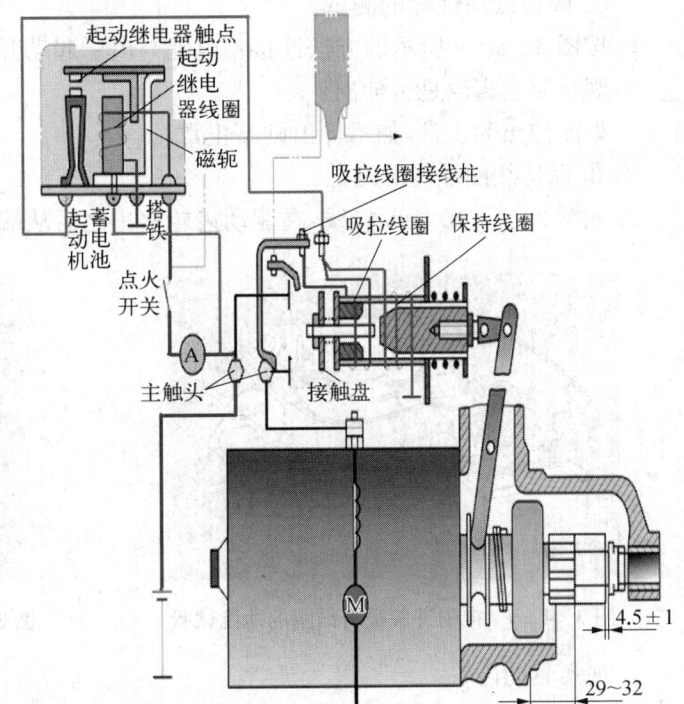

图 3-4-8 继电器控制电磁开关的控制电路

② 3 条回路的控制关系

控制回路控制着开关回路,开关回路又控制着主回路。

发动机起动时,将点火开关旋至起动档位,起动继电器通电后,吸下衔铁使触点闭合,接通电磁开关回路,起动机投入工作。发动机起动后,松开点火开关,点火开关自动转回到点火工作档位,起动继电器线圈断电而触点被断开,电磁开关回路也随即断开,起动机停止工作。

利用起动继电器的优点,能减小通过点火开关触点的电流,避免了点火开关的烧蚀,延长了点火开关的使用寿命。

1. 操作名称:起动机的不解体检测。
2. 需用器材:起动机、蓄电池、电流表、游标卡尺和拆卸配套工具。
3. 学习目标:

学会起动机的不解体检测方法;

注意起动机不解体检测过程中的环境保护和人身安全。

4. 操作步骤(以 QD1225 型起动机为例):

(1) 起动机的不解体检测

在进行起动机的解体之前和起动机组装完毕之后,应进行不解体检测,以保证起动机的正常运行。

　　进行以下项目的检测时,应尽快完成,如全制动试验以不超过 5 s 为好,以免烧坏电动机的线圈。

① 吸拉线圈性能的测试。

按图 3-4-9 所示的方法连接蓄电池与电磁起动开关。

观察驱动齿轮是否伸出:

如能伸出为正常,如不伸出则不正常。

② 保持线圈性能的测试。

如图 3-4-10 所示接线,在驱动齿轮移出之后从端子 C 上拆下导线。

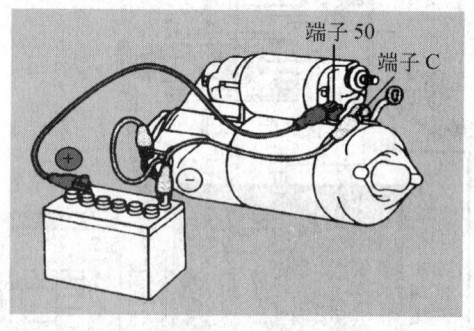
图 3-4-9　电磁开关吸引线圈的功能试验

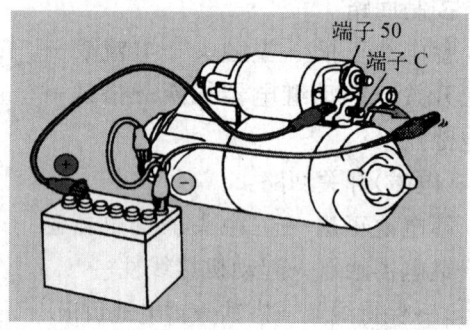
图 3-4-10　电磁线圈和保持线圈的功能试验

观察驱动齿轮:

齿轮仍能保留在伸出位置,表明正常,否则表明保持线圈损坏或接地不正确。

③ 驱动齿轮回位的测试。

如图 3-4-11 所示,拆下蓄电池负极接外壳的接线夹后,齿轮能迅速返回原始位置即为正常。不能迅速返回原始位置,则有故障。

④ 驱动齿轮间隙的检查。

按图 3-4-12 连接蓄电池和电磁开关,按图 3-4-13 进行驱动齿轮间隙的测量。

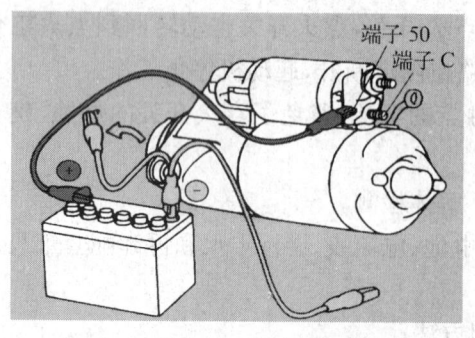
图 3-4-11　驱动齿轮复位的试验

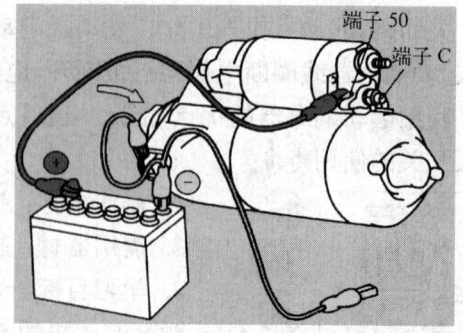
图 3-4-12　驱动齿轮间隙检查时的接线

测量时先把驱动齿轮推向电枢方向,消除间隙后测驱动齿轮端和止动套圈间的间隙,并和标准值进行比较。

⑤ 空载测试。

固定起动机,按图3-4-14所示的方法连接导线,检查起动机应该平稳运转,同时驱动齿轮应移出。读取安培表的数值,应符合标准值。断开端子50后,起动机应立即停止转动,同时驱动齿轮缩回。

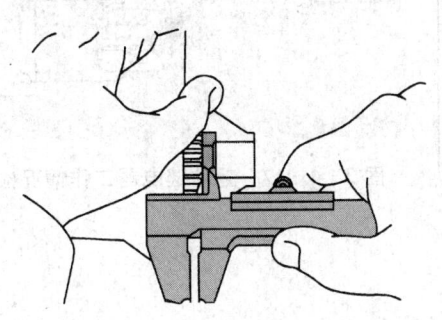

图3-4-13 驱动齿轮间隙的测量

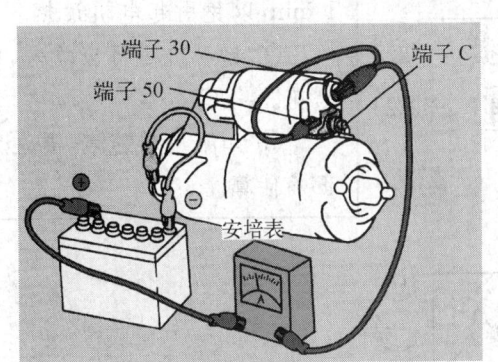

图3-4-14 起动机的空载测试

空载测试的试验参数见表3-4-1。

表3-4-1 起动机空载试验参数

起动机型号	电压(V)	功率(kW)	空载电流 不大于(A)	空载转速 不少于(r/min)	适用车辆
QD1225 QD1229	12	0.95	55	4 700	桑塔纳、奥迪
QD124	12	1.47	90	5 000	EQ1090
QD1332	12	2	120	4 000	五十铃N系列

(2) 电磁开关的检修

起动机构如果有起动继电器,则需要对其进行检查,检查的项目和方法如下:

起动继电器的检查。

起动继电器的原理如图3-4-15所示。

起动继电器出脚位置用万用表电阻档检测,如图3-4-16所示:

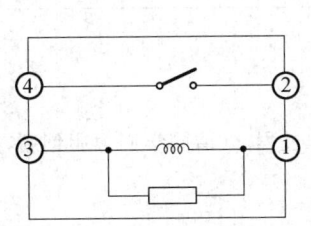

图3-4-15 起动继电器原理图

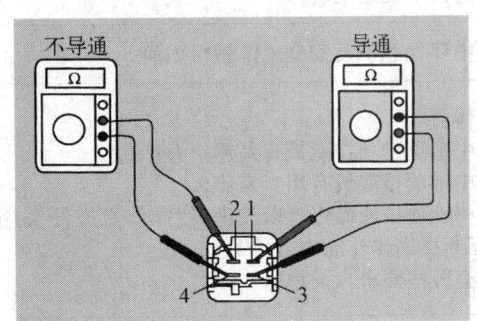

图3-4-16 起动继电器出脚位置

1～3 为继电器电磁线圈电阻值；2～4 为开关电阻值。

起动继电器工作情况的检查，如图 3-4-17 所示。

继电器工作时，开关 2～4 应导通。

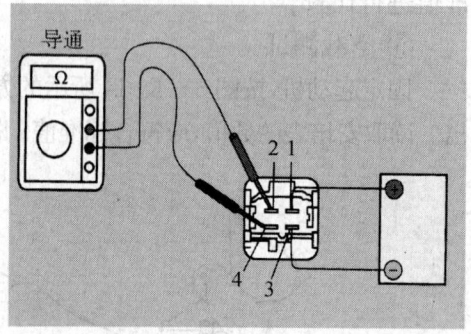

图 3-4-17 起动继电器工作情况检查

① 起动机空载试验不要超过 1 min，以免引起电机过热。

② 起动机运行应均匀，电刷下无火花。

③ 如不用转速表，要注意转速的正确估算。

 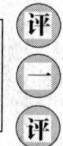

学生姓名		日期		自评	互评	师评
一、学习评价目标						
1. 能正确检测电磁开关的吸引线圈功能。						
2. 能正确检测电磁开关的保持线圈功能。						
3. 能正确测量驱动齿轮端面与凸端盖面的间隙。						
4. 能按图正确进行接线，转速表指示清楚。						
5. 空载试验没有超过 1 min，起动机无过热现象。						
6. 空载试验起动机电流正常。						
7. 通电后起动机能平稳运行，驱动齿轮能同时平稳移出。						
8. 能按操作规程有序地进行，无违规现象。						
9. 操作过程中无返工现象。						
10. 活动中环保意识及安全工作做得如何。						
二、学习体会 1. 活动中感觉哪项技能最有兴趣？为什么？ 2. 活动中哪项技能最有用？为什么？ 3. 活动中哪项技能操作可以改进，使操作更方便实用？请写出操作过程。（请同学们大胆创新，共同研讨，不断提高操作能力。） 4. 你还有哪些要求与设想？						
总体评价				教师签名		

活动五　减速起动机的组装

案例导入　一天厂里送来一辆北京现代索纳塔,顾客要求修理坏了的汽车起动机。师傅让小王进行分解并查出故障进行修理,但小王不知道减速起动机的知识。那么我们和小王一起来学习一下减速起动机!

关联知识

一、减速起动机的基本结构和工作原理

减速起动机与常规起动机的主要区别,是在传动机构和电枢轴之间安装了一套齿轮减速装置,通过减速装置把力矩传递给单向离合器,可以降低电动机的速度,增大输出力矩,减小起动机的体积和重量。

齿轮减速装置主要有平行轴外啮合减速齿轮装置和行星齿轮减速装置两种形式。

目前,采用减速起动机的汽车越来越多,如北京现代索纳塔、北京切诺基吉普车、奥迪、本田和丰田等轿车都采用了减速起动机。下面结合实例学习减速起动机的结构和工作原理。

1. 平行轴式减速起动机

主要包括直流电动机、平行轴减速装置、传动机构和控制装置。结构如图3-5-1所示。

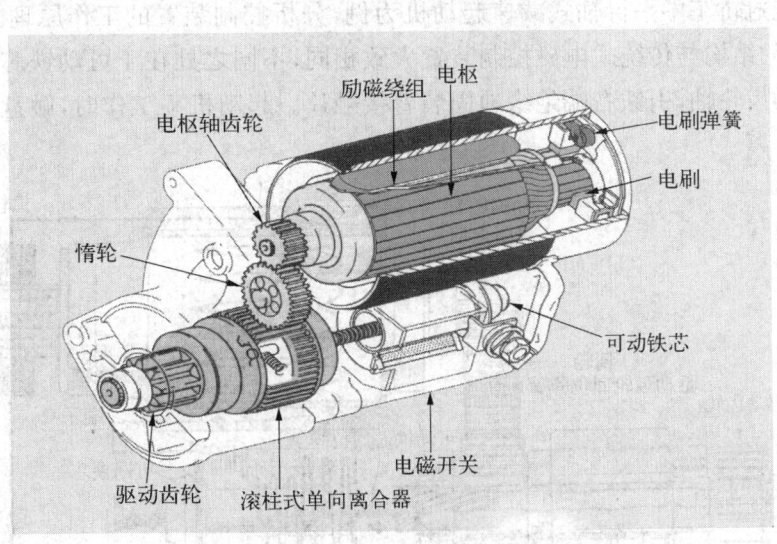

图3-5-1　平行轴式减速起动机的构造

(1) 直流电动机

该电动机四个磁场绕组相互并联后再与电枢绕组串联,仍为串励式电动机,如图3-5-2所示。基本部件与常规起动机相似,此处不再重复其工作原理。

(2) 传动机构及减速装置

传动机构和减速装置的位置关系如图3-5-3所示。

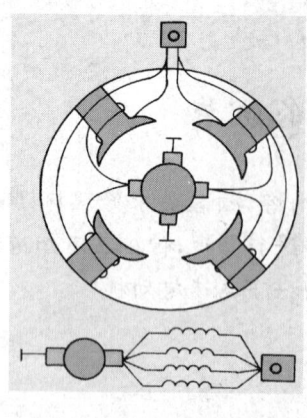
图 3-5-2 磁场绕组的连接

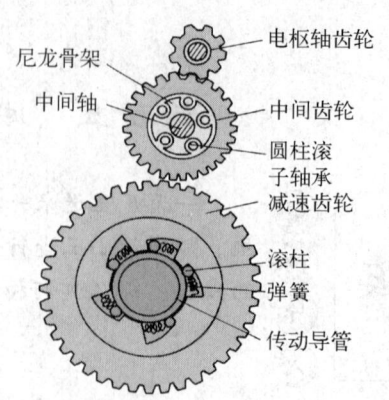
图 3-5-3 减速齿轮啮合关系和单向离合器

滚柱式单向离合器设置在减速齿轮内毂,其内毂制成楔形空腔,传动导管装入时,将空腔分割成 5 个楔形腔室,腔室内放置滚柱和弹簧。平时在弹簧张力作用下,滚柱滚向楔形腔室窄端,传递动力时,由滚柱将传动导管和减速齿轮卡紧成一体。离合器的工作原理和常规起动机中的滚柱式单向离合器工作原理相同,此处不再进行分析。

减速齿轮装置采用平行轴外啮合减速齿轮装置,该装置中设有 3 个齿轮,即电枢轴齿轮、惰轮(中间齿轮)及减速齿轮。从图 3-5-3 中可以看出,与常规起动机相比,该减速装置传动比较大,输出力矩也较大。

(3) 控制装置及工作过程

现以丰田花冠轿车中平行轴式减速起动机为例,分析控制装置的工作原理。如图 3-5-4 所示,控制装置的结构与传统式电磁控制装置大致相同,不同之处在于可动铁芯左端装的挺杆,经钢球推动驱动齿轮轴,引铁右端绝缘地固装着接触片。起动机不工作时,触盘与触点分开,驱动齿轮与飞轮分离。

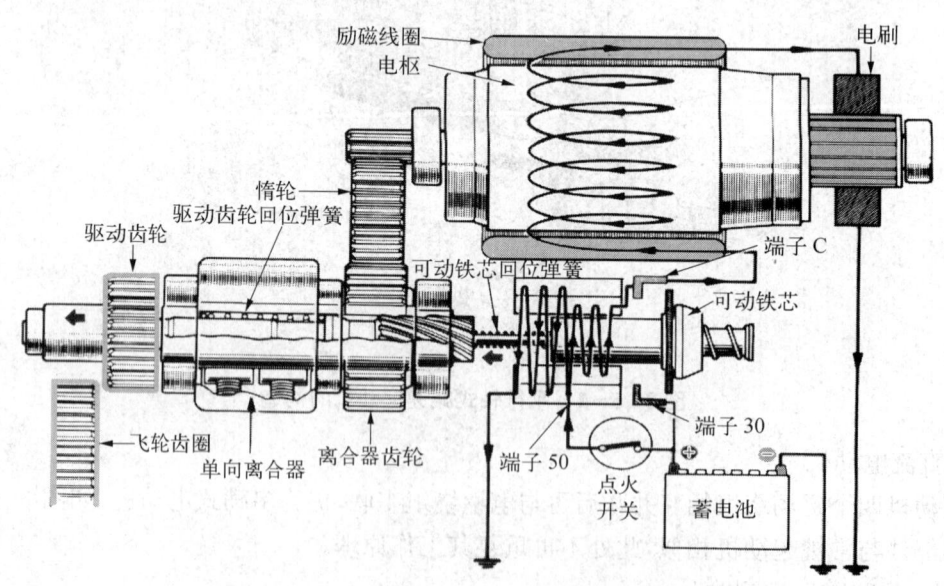
图 3-5-4 平行轴式减速起动机的电路图

其工作过程如下：

接通起动开关，吸引线圈和保持线圈通电。

① 电流流向：

蓄电池→点火开关→端子 50→保持线圈→搭铁；

蓄电池→点火开关→端子 50→吸引线圈→端子 C 励磁线圈→电枢绕组→搭铁。

此时电动机低速运转，如图 3-5-5 所示。

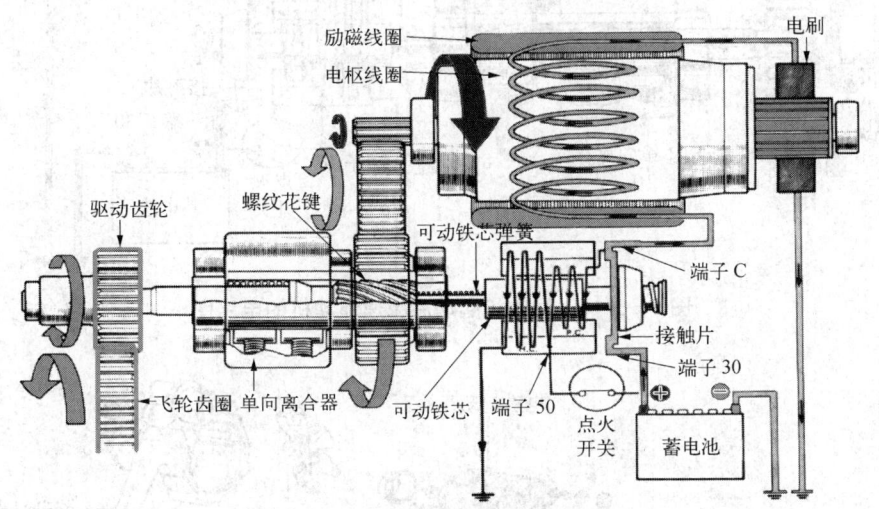

图 3-5-5 驱动齿轮和齿圈的啮合过程

② 动作过程：

图 3-5-4 中，吸引线圈和保持线圈的电磁力吸引使可动铁芯左移，推动驱动齿轮轴，迫使驱动齿轮与飞轮啮合，这种动作过程称为直接齿轮式。

图 3-5-5 中驱动齿轮与飞轮齿圈进入啮合后，接触片和触点接触，此时电流的方向为：

蓄电池→点火开关→端子 50→保持线圈→搭铁。

这样保持线圈产生的磁场使可动铁芯保持在原位。

同时电流还流经励磁线圈，电路为：

蓄电池"＋"→端子 30→接触片→端子 C→励磁线圈→电枢绕组→搭铁。

这样电枢电路接通并开始旋转。

电枢轴产生的力矩经电枢轴齿轮→惰轮→减速齿轮→滚柱式单向离合器→驱动齿轮轴→驱动齿轮→飞轮齿圈，带动曲轴旋转，使发动机起动。

③ 停止过程：

发动机起动后，放松起动开关，点火开关回到"点火"档。吸引线圈和保持线圈断电，引铁在回位弹簧张力作用下回位，接触片与触点分离，电枢停止转动。同时，驱动齿轮轴在回位弹簧作用下回位，拖动驱动齿轮与飞轮分离，恢复到初始状态，如图 3-5-6 所示。

二、行星齿轮式减速起动机

1. 结构

行星齿轮式减速起动机的结构组成，如图 3-5-7 所示。

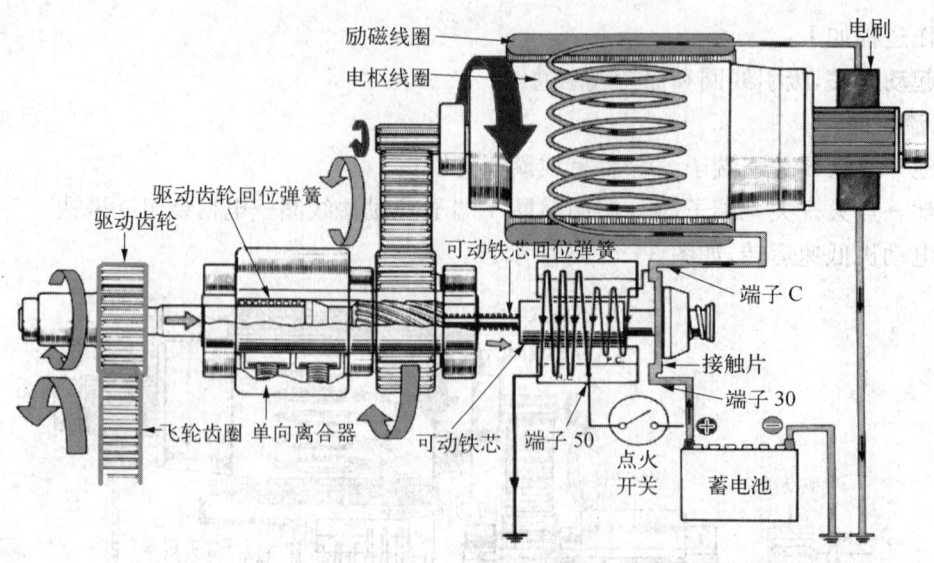

图 3-5-6 发动机起动后减速起动机的电路图

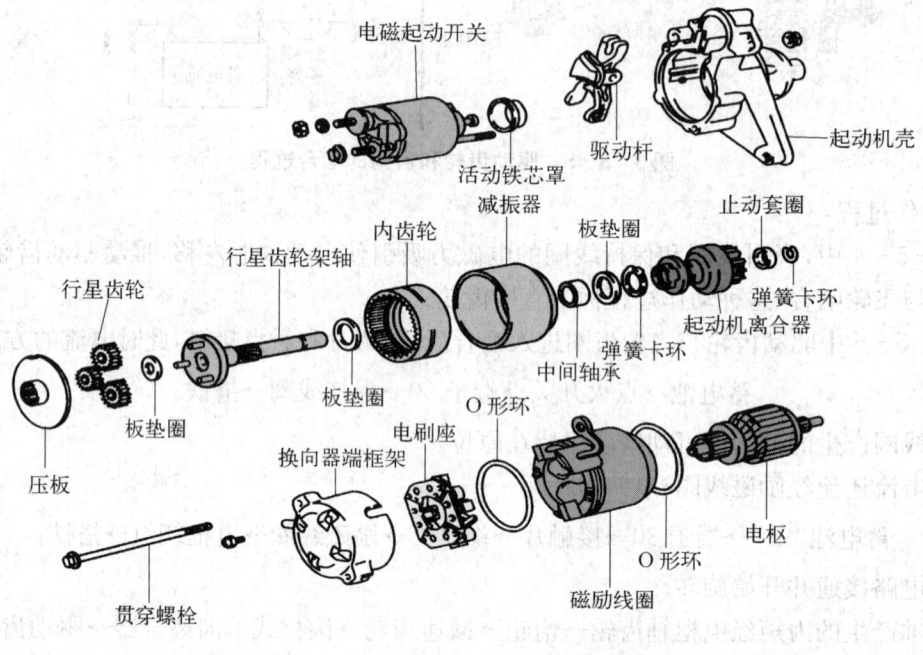

图 3-5-7 行星齿轮式减速起动机

2. 电动机

该电动机的结构分为两类：

① 采用励磁线圈产生磁场；

② 采用永久磁铁磁场代替励磁绕组，减小了起动机的体积，提高了起动性能。

3. 减速齿轮装置

该起动机的传动机构采用滚柱式单向离合器，用拨叉拨动驱动齿轮使之移动。其结构和工作过程与传统式起动机类似。如图 3-5-8 所示为拨叉的位置。

4. 行星齿轮减速装置

行星齿轮减速装置中设有三个行星轮，一个太阳轮（电枢轴齿轮）及一个固定的内齿圈，如图 3-5-9 所示。

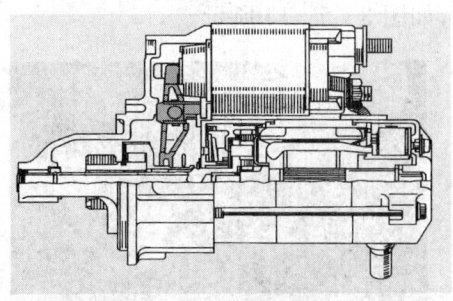

图 3-5-8 行星齿轮式减速起动机的拨叉位置

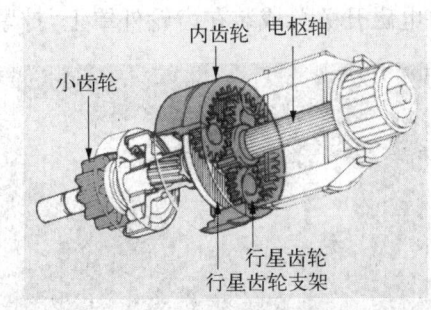

图 3-5-9 行星齿轮减速装置结构

内齿圈固定不动，行星齿轮支架是一个具有一定厚度的圆盘，圆盘和驱动齿轮轴制成一体。三个行星齿轮连同齿轮轴一起压装在圆盘上，行星齿轮在轴上可以边自转边公转。驱动齿轮轴一端制有螺旋键齿，与离合器传动导管内的螺旋键槽配合。

内齿圈的结构是为了防止起动中过大扭力对齿轮造成损坏，弹簧垫圈把离合器片压紧在内齿轮上，这样当内齿圈受到扭力过大时，离合器片和弹簧垫圈可以吸收过大的扭力，如图 3-5-10 所示。

该起动机的控制装置和前两种起动机相似。

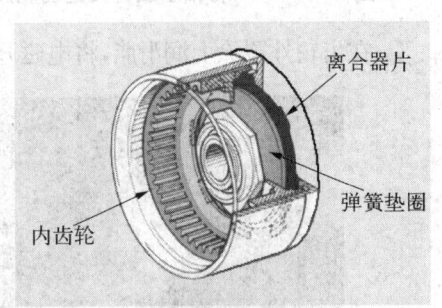

图 3-5-10 减速装置中内齿圈的结构

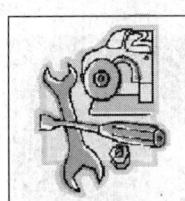
操作活动

1. 操作名称：减速起动机的组装。
2. 需用器材：分解好的减速起动机、蓄电池、电流表、游标卡尺等。
3. 学习目标：
学会起动机的组装工艺；
注意起动机组装过程中的环境保护和人身安全。
4. 操作步骤（以本田雅阁减速起动机为例）：

减速起动机的组装

减速起动机的组装如图 3-5-11 所示。

① 先将单向离合器组件涂上润滑脂，如图 3-5-12 所示。

图 3-5-11 减速起动机的组装

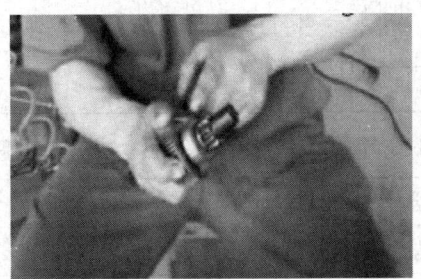

图 3-5-12 将单向离合器组件涂上润滑脂

② 将单向离合器组件装在单向离合器壳内,再将轴承及善减速齿轮涂上润滑脂,如图 3-5-13 所示。

③ 电磁开关总成安装。

将电磁开关总成装在齿轮外罩上,拧紧固定螺丝,如图 3-5-14 所示。

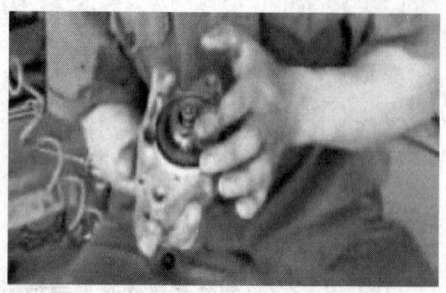 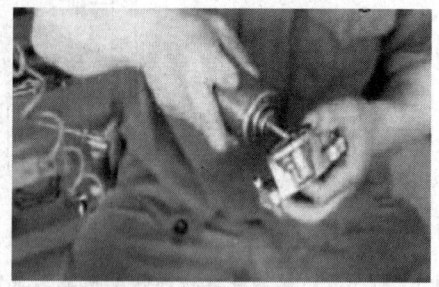

图 3-5-13 将轴承及善减速齿轮涂上润滑脂　　图 3-5-14 装电磁开关总成

在齿轮外罩涂上润滑脂,将电磁开关与减速齿轮机构组合,并拧紧紧固螺丝,如图 3-5-15 所示。

图 3-5-15 电磁开关与减速齿轮机构组合　　图 3-5-16 装上电枢、炭刷架

④ 装入电枢永磁外罩,装上电枢,装上炭刷架,如图 3-5-16 所示。装上起动机炭刷、电源线,固定螺母并拧紧。

⑤ 装上电动机。

装上直流电动机。

将起动机后端盖与齿轮外罩的螺栓拧紧,拧紧起动机尾端外罩的螺丝,如图 3-5-17 所示。

⑥ 装复后应作空载试验,确认安装质量。

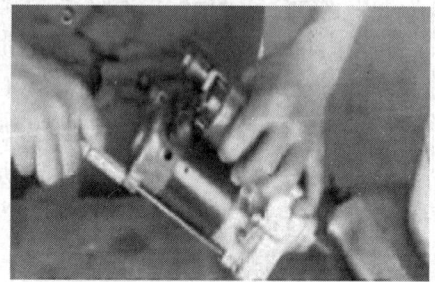

图 3-5-17 装上电动机

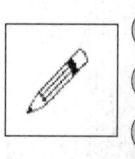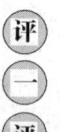

学生姓名		日期		自评	互评	师评
一、学习评价目标						
1. 能组装减速起动机。						
2. 能正确识别减速起动机的各个部件。						

（续　表）

学生姓名		日期		自评	互评	师评
3. 能正确讲述减速起动机的起动动作过程。						
4. 能表达起动时的电流路线。						
5. 组装过程顺序正确。						
6. 操作过程中没有拿错元件。						
7. 通电后起动机能平稳运行,驱动齿轮能同时平稳移出。						
8. 能按操作规程有序地进行,无违规现象。						
9. 操作过程中无返工现象。						
10. 活动中环保意识及安全工作做得如何。						
二、学习体会 1. 活动中感觉哪项技能最有兴趣？为什么？ 2. 活动中哪项技能最有用？为什么？ 3. 活动中哪项技能操作可以改进,使操作更方便实用？请写出操作过程。（请同学们大胆创新,共同研讨,不断提高操作能力。） 4. 你还有哪些要求与设想？						
总体评价				教师签名		

活动六　桑塔纳轿车起动电路的连接

师傅要小曹给一辆普通桑塔纳轿车接上起动电路,小曹取出普通桑塔纳轿车原理图,看得有点懂,又感觉接线把握不大,心中没底。为解决这个问题,我们先来学习无起动继电器的起动电路连接。

起动系的控制电路是指除起动机本身电路以外的起动电路,起动系的控制电路随车型的不同而有所不同,大体上可以分为无起动继电器的控制电路、带有起动机电器的控制电路和带有保护继电器的控制电路。

无起动继电器的控制电路

1. 丰田 AE 系列起动机控制电路

丰田 AE 系列起动机控制电路,如图 3-6-1 所示。

① 当点火开关位于起动档时,电流的流向为：

蓄电池"＋"→点火开关起动开关→端子50→保持线圈→搭铁。

同时吸引线圈中也通过电流,方向为：蓄电池"＋"→点火

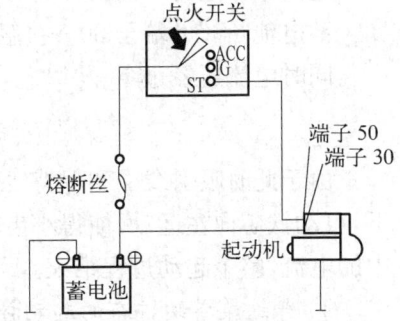

图 3-6-1　丰田 AE 系列起动机控制电路

开关起动开关→端子 50→吸引线圈→端子 C→励磁线圈→电枢→搭铁。

此时由于吸引线圈和励磁线圈中的电流非常小，电动机低速运转。同时吸引线圈和保持线圈中产生的磁场吸引可动铁芯向右运动，克服回位弹簧的作用力，拉动拨叉向左运动，拨叉使离合器的小齿轮向左和飞轮的齿圈啮合。这个过程电动机的转速低，可以保证齿轮之间平顺啮合。

② 当小齿轮和飞轮齿圈完全啮合以后，如图 3-6-2 所示。与可动铁芯连在一起的接触片向右运动，和端子 30 及端子 C 接触，从而接通了主开关，通过起动机的电流增大，电动机的转速升高。而电枢轴上的螺纹使小齿轮和飞轮齿圈更加牢固地啮合。此时吸引线圈两端的电压相等，所以无电流通过。保持线圈产生的磁场力使可动铁芯保持在原位不动。

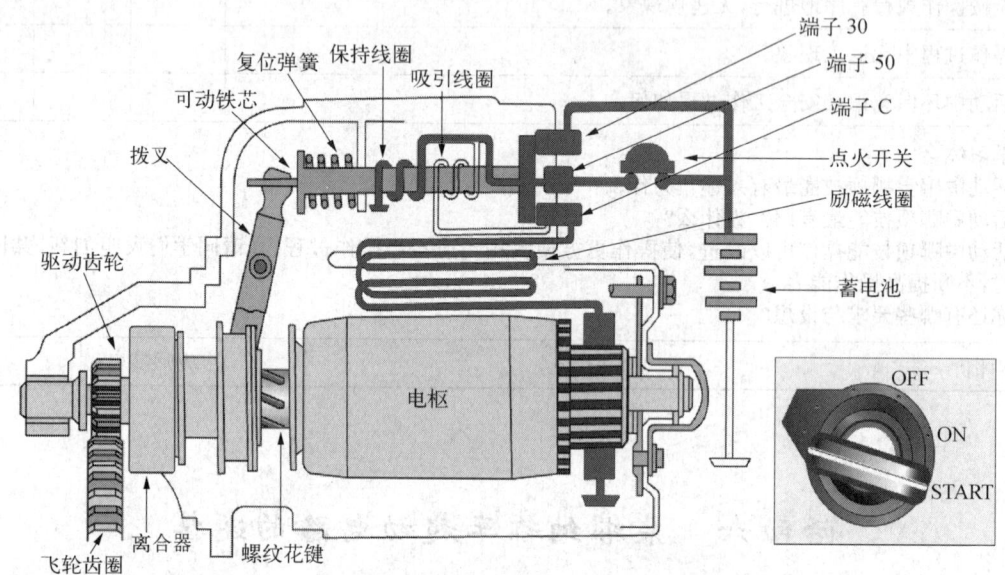

图 3-6-2 小齿轮和飞轮齿圈完全啮合以后状态

电路中的电流方向为：

蓄电池"+"→点火开关起动开关→端子 50→保持线圈→搭铁；

蓄电池"+"→端子 30 接触片→端子 C→励磁线圈→电枢绕组→搭铁。

③ 发动机起动以后，点火开关会从"START"档回到"ON"档，这就切断了端子 50 上的电压。这时，接触片和端子 30 及端子 C 仍保持接触，如图 3-6-3 所示。

电路中的电流方向为：

蓄电池"+"→端子 30→接触片→端子 C→吸引线圈→保持线圈→搭铁。

同时电流还经过

端子 C→励磁线圈→电枢→搭铁。

由于此时吸引线圈和保持线圈的电流方向相反，产生的磁场力相互抵消，在复位弹簧的作用下，可动铁芯向左运动，使得小齿轮与飞轮齿圈脱离，同时，接触片和两个端子断开，切断电动机中的电流，整个起动过程结束。

2. 普通桑塔纳轿车的起动控制电路

桑塔纳轿车采用 QD1225 型起动机，起动系的控制电路采用无起动继电器的起动电路，如图 3-6-4 所示。

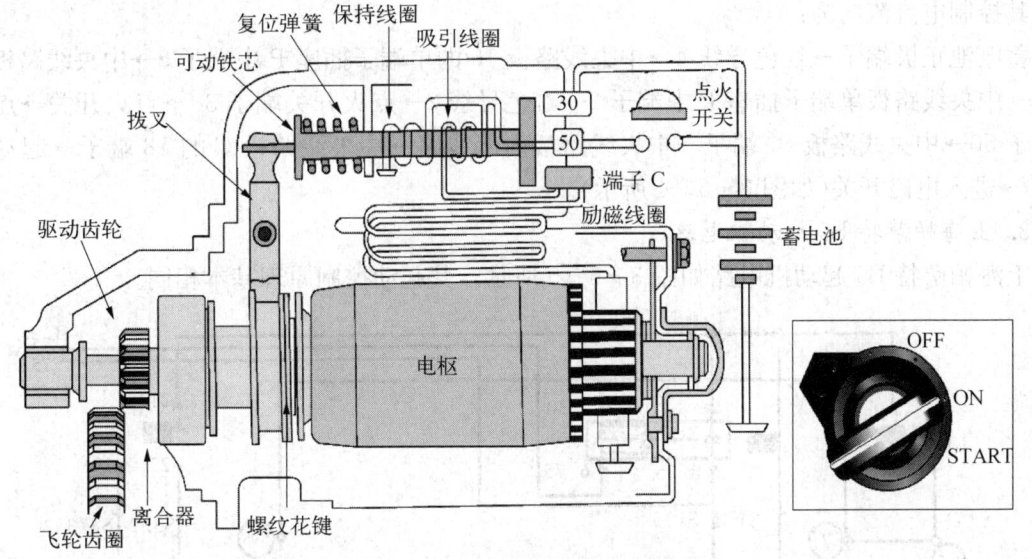

图 3-6-3 发动机起动以后的状态

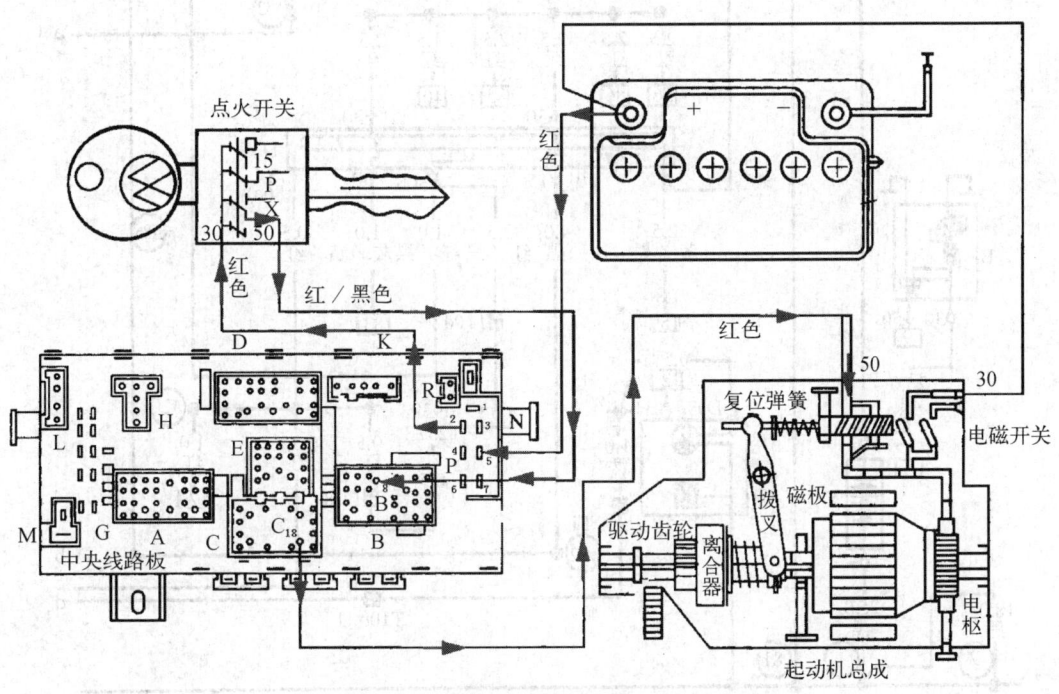

图 3-6-4 桑塔纳轿车起动控制电路

接线情况如下：

在其控制电路中，点火开关"30"接线柱接电源，由红/黑色导线从点火开关上"50"接线柱送至中央线路板 B_8 结点，再通过中央线路板 C_{18} 结点，引到起动机电磁开关"50"接线柱。用黑色导线连接蓄电池正极与起动机"30"接线柱。

工作过程如下：

点火开关 1 拨到第二档，其端子 30 与端子 50 接通，使起动机的电磁开关通电，起动机进入工作状态。

其控制电流流向为:

蓄电池正极端子→红色导线4→中央线路板16的单端子插座P中端子5→中央线路板内部线路→中央线路板单端子插座P中端子2→红色导线2→点火开关端子30→点火开关→点火开关端子50→中央线路板B_8端子→中央线路板内部线路→中央线路板C的18端子→起动机端子50→进入电磁开关(如图3-6-4所示)。

3. 上海帕萨特B5起动机电路

上海帕萨特B5起动机电路如图3-6-5所示。其起动控制原理基本相同。

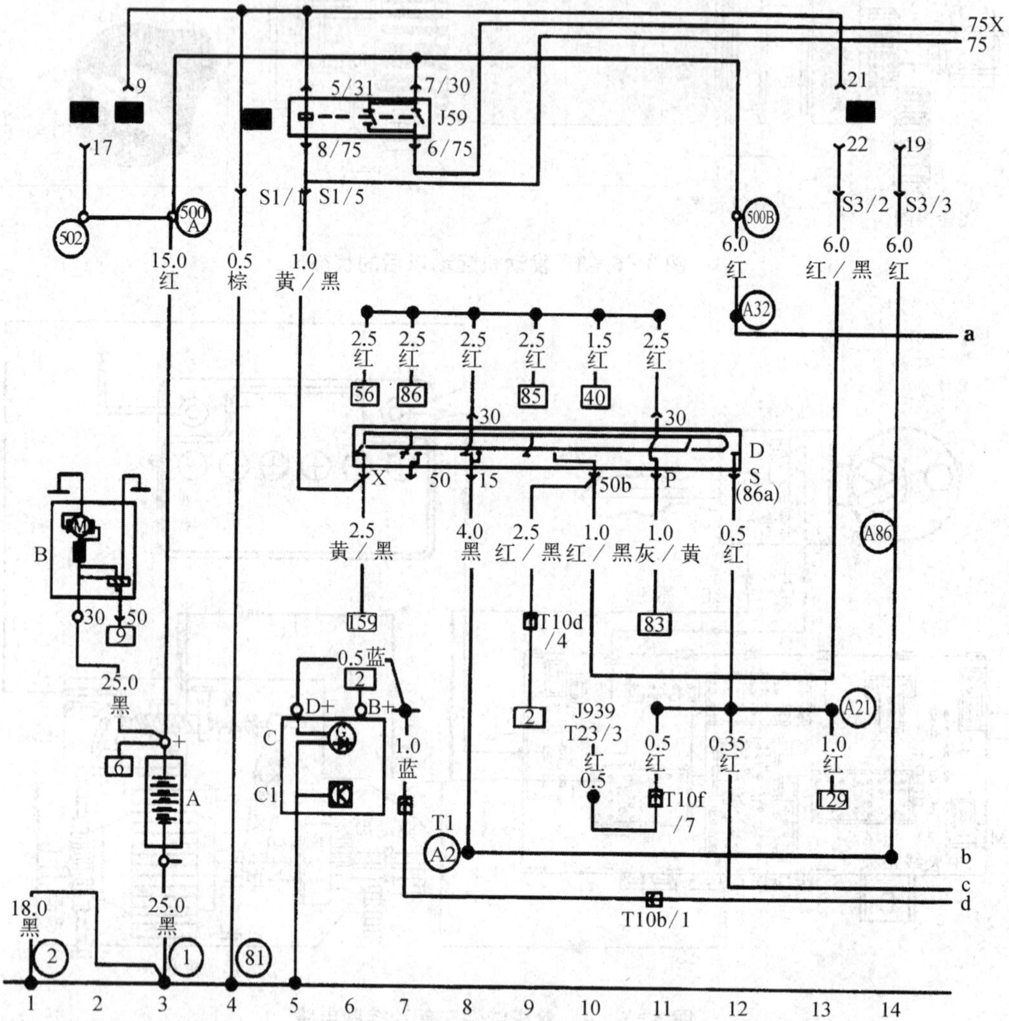

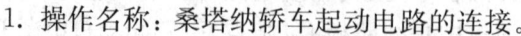

A:蓄电池;B:起动机;C:发电机;C1:调压器;D:点火开关

图3-6-5 帕萨特B5起动机电路

 1. 操作名称:桑塔纳轿车起动电路的连接。
2. 需用器材:QD1225型起动机、蓄电池、点火开关、桑塔纳车中央线路板等。
3. 学习目标:

学会桑塔纳轿车起动电路的连接工艺;

学会在操作过程中注意环境保护和人身安全。

4. 操作步骤：

（1）画出接线路径（在图 3-6-6 上标出）

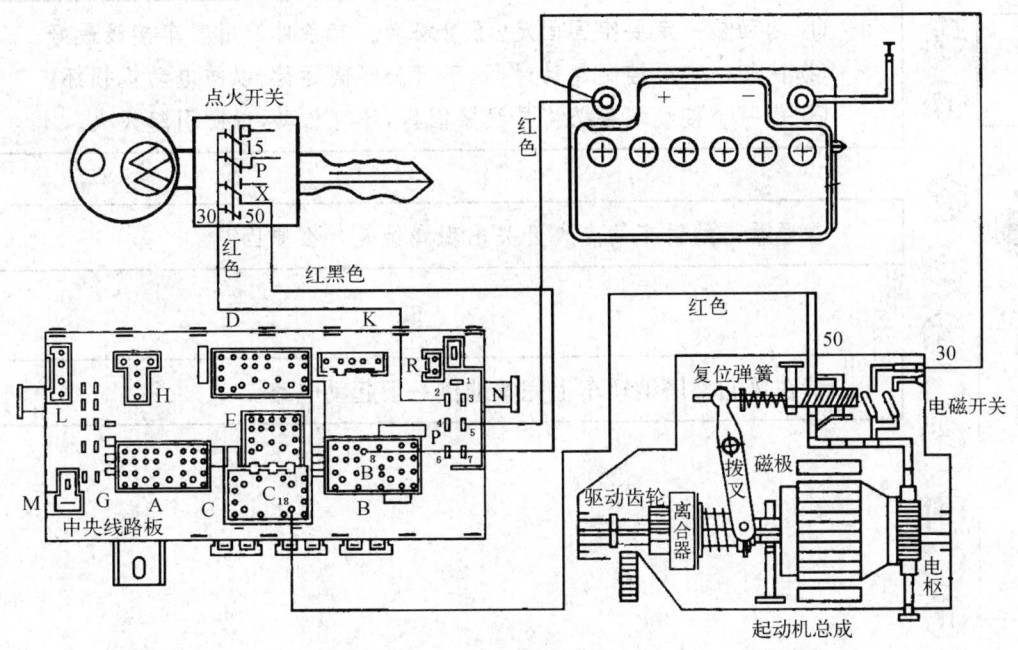

图 3-6-6　桑塔纳轿车起动电路

① 控制电路：

蓄电池正极端子→红色导线→插座 P 中 5 号位端子→中央线路板内部线路→插座 P 上 2 号位端子→红色导线→点火开关 30 端子→点火开关 50 端子→中央线路板 B 的 8 号端子→中央线路板内部线路→中央线路板 C 的 18 号端子→红色导线→起动机端子 50→进入电磁开关。

② 主电路：

蓄电池正极端子→正极电缆→起动机 30 号端子→起动机 C 端子→起动机电刷→电枢→起动机电刷→搭铁。

（2）接线

接线的具体步骤如下：

① 固定部件。

将起动机、蓄电池、点火开关、中央线路板 4 个部件按部位固定好，以便接线。

② 接电缆线。

接上蓄电池正负端电缆；

接上起动机 30 端子电缆；

接上搭铁电缆。

③ 接控制导线。

接红色导线：蓄电池正极端子、插座 P 中 5 号端子；

接红色导线：插座 P 中 2 号端子、点火开关 30 端子；

接红黑导线：点火开关 50 端子、中央线路板 B 的 8 号端子；

接红色导线：中央线路板 C 的 18 端子、起动机端子 50。

④ 通电试车。

将点火开关拨到起动档，观察电机运行情况。

① 起动机一定要牢固固定，不得松动。有条件的用实车接线最好。
② 试转一定要控制起动时间，不可长时间运行，以防电动机损坏。
③ 每一个接线端务必将导线紧固好，不可松动，以防引起大火。

普通桑塔纳轿车的点火开关出现烧蚀是什么原因？

请在普通桑塔纳轿车上完整地接一下起动电路。

学生姓名		日期		自评	互评	师评
一、学习评价目标						
1. 能正确读出起动电路的接线路径。						
2. 能正确连接电缆线。						
3. 能正确固定起动机。						
4. 能正确连接起动机控制电路的各根导线。						
5. 能正确进行起动机的试验、运行。						
6. 能正确识别中央线路板上的继电器、保险器等的接线位置。						
7. 会看起动系电路图，并能与实际接线一一相对应。						
8. 能按操作规程有序地进行，无违规现象。						
9. 操作过程中无返工现象。						
10. 活动中环保意识及安全工作做得如何。						
二、学习体会 1. 活动中感觉哪项技能最有兴趣？为什么？ 2. 活动中哪项技能最有用？为什么？ 3. 活动中哪项技能操作可以改进，使操作更方便实用？请写出操作过程。（请同学们大胆创新，共同研讨，不断提高操作能力。） 4. 你还有哪些要求与设想？						
总体评价				教师签名		

活动七 解放 CA1091 型起动电路连接

案例导入 小曹学会了普通桑塔纳轿车起动电路的连接,心中很高兴。师傅又请小曹给一辆解放 CA1091 车接上起动电路。小曹想桑塔纳轿车我都会接,解放车应该没问题。可一到车上,就感觉有点看不懂,发现多了继电器,心中有点慌。为此,我们来学习带起动保护继电器的起动电路连接。

关联知识

一、带起动继电器的控制电路

1. 组成

装起动继电器的目的是减小通过点火开关的电流,防止点火开关烧损。起动继电器有四个接线柱,分别标有起动机、电池、搭铁和点火开关,点火开关与搭铁接线柱之间是继电器的电磁线圈,起动机和电池接线柱之间是通过继电器的触点接通的。

2. 工作过程

发动机起动时,将点火开关起动档接通,继电器的电磁线圈通电,使触点闭合,电源的电流便经继电器的触点通往起动机电磁开关的起动机接线柱,电磁开关通电后,便控制起动机进入工作状态。从电路中可以看出,起动期间流经点火开关起动档和继电器线圈的电流较小,大电流经过继电器开关流入起动机,保护了点火开关。起动过程的工作原理如前述,此处不再重复。如图 3-7-1 所示。

二、带保护继电器的控制电路

为了防止发动机起动以后起动电路再次接通,一些起动电路中还安装了带有保护功能的组合式继电器。下面以 CA1090 型汽车起动系电路为例,介绍其作用和工作过程。

组合继电器 CA1090 型汽车起动系装用了 JD171 型组合继电器,如图 3-7-2 所示。

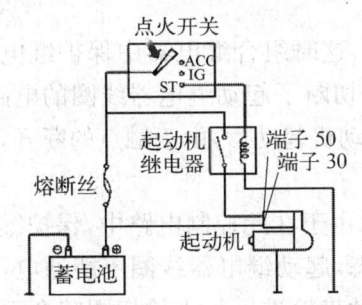

图 3-7-1 带起动继电器的控制电路

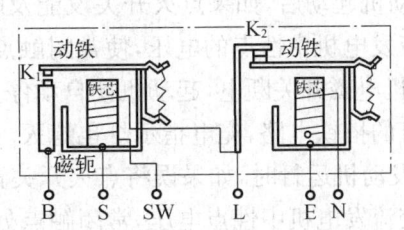

图 3-7-2 JD171 型组合继电器

1. 组成

JD171 型组合继电器由两部分构成:一部分是起动继电器,其作用与前述起动继电器的作用相同;另一部分是保护继电器,它的作用是与起动继电器配合,使起动电路具有自动保护功能,另外还控制充电指示灯。

起动继电器、保护继电器都由铁芯、线圈、磁轭、动铁、弹簧触点组成,其中起动继电器触点 K_1 为常开式,保护继电器触点 K_2 为常闭式。由于起动继电器线圈与保护继电器触点 K_2 串联,因此当 K_2 打开时,K_1 不可能闭合。组合继电器共有 6 个接线柱,分别为 B、S、SW、L、E、N,分别接电源、起动机电磁开关、点火开关起动档、充电指示灯、搭铁和发电机中性点。

2. 工作过程

如图 3-7-3 所示,起动系的工作过程如下:

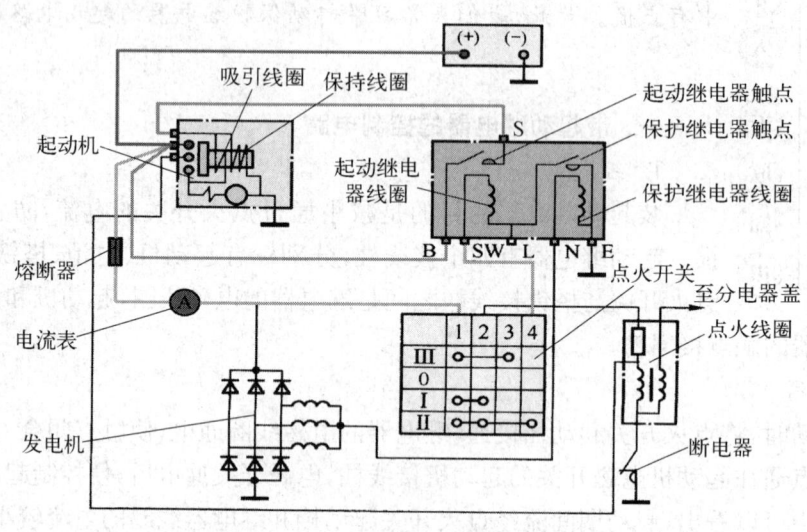

图 3-7-3　CA1090 型汽车起动电路

① 当点火开关 3 置于起动档(Ⅱ档)时,起动继电器线圈通电,电流回路为:

蓄电池正极→熔断器→电流表→点火开关起动触点Ⅱ→起动继电器线圈→保护继电器常闭触点→搭铁→蓄电池负极。

起动继电器线圈通电,使起动继电器的常开触点闭合,接通了起动机电磁开关电路,使起动机进入起动状态。

② 发动机起动后,松开点火开关,钥匙自动返回点火档(Ⅰ档),起动继电器触点打开,切断了起动机电磁开关电路,电磁开关复位,停止起动机工作。

③ 发动机起动后,如果点火开关没能及时返回Ⅰ档,这时组合继电器中保护继电器线圈由于承受交流发电机中性点的电压,使常闭触点断开,自动切断了起动继电器线圈的电路,触点断开,使起动机电磁开关断电,起动机便自动停止工作。发动机起动后,由于触点的断开,也切断了充电指示灯的搭铁电路,充电指示灯也熄灭。

④ 在发动机运行时,如果误将点火开关置于起动档,由于在此控制电路中,保护继电器的线圈总加有交流发电机中性点电压,常闭触点处于断开状态,起动继电器线圈不能通电,起动机电磁开关不能动作,避免了发动机在运行中使起动机的驱动齿轮进入与飞轮齿圈啮合而产生的冲击,起到了保护作用。

有的汽车起动继电器线圈通过防盗系统搭铁,发动机起动时,只有防盗系统发出起动信号后,继电器线圈才能搭铁,如果防盗系统没有收到起动信号,则继电器线圈中无电流,起动机就不能工作,实现了防盗功能。

三、组合继电器式控制装置

为了防止发动机起动以后起动电路再次接通,一些起动电路中安装了带有保护功能的组合式继电器。

1. 组成

由起动继电器和保护继电器组合而成。起动继电器由点火开关控制,用来控制起动机电磁开关的电路,保护继电器与起动继电器配合,使起动电路具有自动保护功能,并可以控制充电指示灯。

2. 工作过程

① 如图3-7-4所示,点火开关转至起动档位时,起动继电器电磁铁线圈电路接通。其电路为:

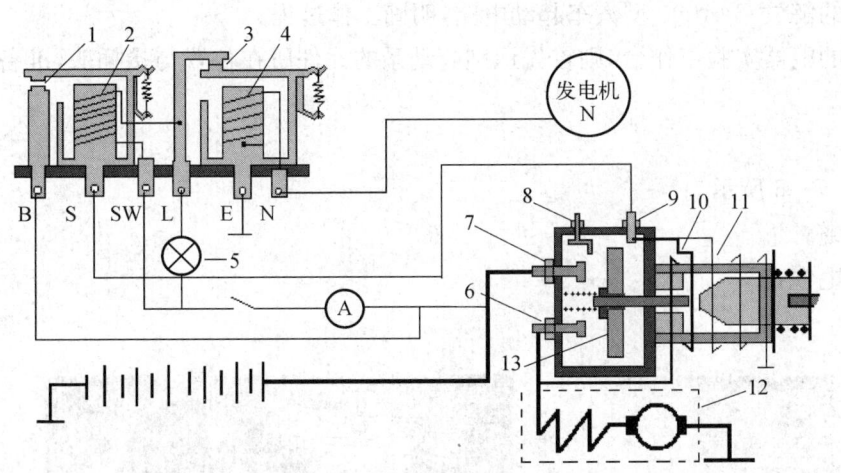

1—起动继电器常开触点
2—起动继电器线圈
3—保护继电器常闭触点
4—保护继电器线圈
5—充电指示灯
6—端子"C"
7—端子"30"
8—附加电阻短路开关接线柱
9—端子"50"
10—吸引线圈
11—保持线圈
12—直流电动机

图3-7-4　组合继电器式控制电路

蓄电池正极→电流表→点火开关→组合继电器接柱"SW"→起动继电器电磁铁线圈→充电指示控制继电器触点→搭铁→蓄电池负极。

起动继电器触点闭合,接通吸引线圈和保持线圈电流通路,起动机开始工作。

② 发动机发动后,发电机建立电压,其中性点同时有一定数值的电压对充电指示控制继电器线圈供电。其电路为:

定子绕组→中性点→组合继电器接柱"N"→线圈→接柱"E"→搭铁→正向导通二极管→定子绕组。

当中性点电压达到$U_e/2$后,线圈通过电流使铁芯产生吸力吸开触点,切断起动继电器线圈电路,触点张开,起动机停止工作。

发动机正常工作后,若误接通起动开关,起动机也不会工作。因为此时,发电机已正常供电,中性点始终保持一定的电压值,使充电指示控制继电器触点总是处于张开状态,起动继电器触点不再闭合,起动机更不会工作,从而实现了对起动机的保护。

点拨

① 看起动电路图时,要分清电路所给的继电器是单个起动继电器还是组合式的继电器。

② 组合继电器要看清其各出线端的符号,弄清其内部接线的关系,这对接线与维修大有益处。

1. 操作名称：解放 CA1090 型汽车起动电路的连接。
2. 需用器材：发动机一台、QD124A 或 QD124H 型起动机、蓄电池、点火开关、复合继电器、发电机、电流表、保险器等。
3. 学习目标：

学会解放 CA1090 型汽车起动电路的连接工艺；

学会在操作过程中注意环境保护和人身安全。

4. 操作步骤：

(1) 读图

读懂图 3-7-3 所示的解放 CA1090 型汽车起动电路，明确工作过程。

如有图 3-7-5 所示的电器实验工作台，则首先识别起动系的元件所在位置与接插头，准备好连接导线。

(2) 接线

① 接电缆线，如图 3-7-6 所示。

接上蓄电池正负端电缆；

接上起动机②号端子电缆；

接上搭铁电缆。

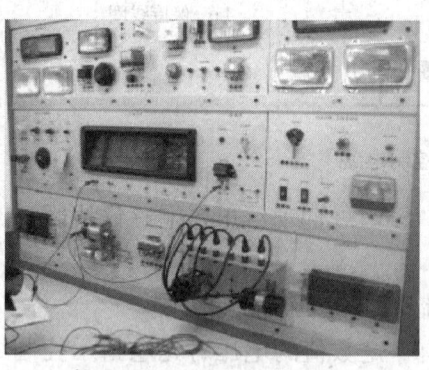

图 3-7-5 实验工作台

图 3-7-6 接电缆线

② 接控制导线，如图 3-7-7 所示。

接粉红色导线：起动机①号端子、组合继电器 S 端子；

接红色导线：起动机②号端子、组合继电器 B 端子；

接红黑导线：起动机②号端子、30 A 熔断器两端、电流表流进端子；

接粉红色导线：电流表流出端子、发电机 A 接线端、点火开关 1 接线端；

接棕色导线：点火开关 4 接线端、组合继电器 SW 端子；

接蓝色导线：发电机 N 接线端、组合继电器 N 端子；

接搭铁线：组合继电器 E 接线端、发电机、起动机搭铁均要良好。

③ 通电试车，如图 3-7-8 所示。

将点火开关拨到起动档，起动发动机，观察起动运行情况；

松开点火开关，看钥匙能否自动返回点火档（I 档）；

再将点火开关置于起动档，试一下是否在误操作时，有自动保护功能。

图 3-7-7 接控制导线

图 3-7-8 通电试车

   当组合继电器保护线圈出现烧断时,起动电路会出现什么故障现象?
当组合继电器起动线圈出现烧断时,起动电路会出现什么故障现象?

 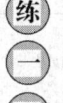 请你试一试,按图 3-7-9 所示的东风 EQ140 汽车起动电路接线,看你是否能正确地安装好?

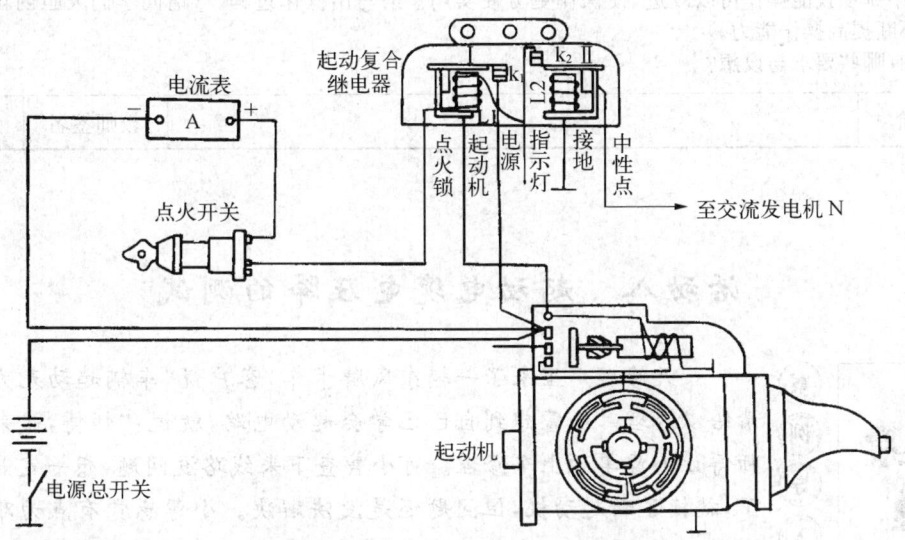
图 3-7-9 东风 EQ140 汽车起动电路

学生姓名		日期		自评	互评	师评
一、学习评价目标						
1. 能正确读出起动电路的接线路径。						
2. 能正确连接电缆线。						

(续 表)

学生姓名		日期		自评	互评	师评
3. 能正确固定起动机等各个元器件。						
4. 能正确连接起动机的控制电路各根导线。						
5. 能正确进行起动机的试验运行。						
6. 能正确识别组合起动继电器的各个接线端。						
7. 会看起动系电路图,并能与实际接线一一相对应。						
8. 能按操作规程有序地进行,无违规现象。						
9. 操作过程中无返工现象。						
10. 活动中环保意识及安全工作做得如何。						

二、学习体会
1. 活动中感觉哪项技能最有兴趣?为什么?
2. 活动中哪项技能最有用?为什么?
3. 活动中哪项技能操作可以改进,使操作更方便实用?请写出操作过程。(请同学们大胆创新,共同研讨,不断提高操作能力。)
4. 你还有哪些要求与设想?

总体评价				教师签名		

活动八 起动电缆电压降的测试

案例导入

一天修理厂里来了一辆东风牌卡车,客户说"车辆起动无力,转速慢,请给以修理。"小曹想到自己已学会起动电路,就说:"师傅,我来修理吧。"师傅让小曹单独上车修理。可小曹查下来线路没问题,想一定是起动机坏了,就换了新起动机,但问题还是没法解决。小曹感觉有点为难。这时师傅说:"你测量一下线路电压降,看有什么问题?"下面我们来学习起动线路电压降的测量方法。

关联知识

电压降

1. 什么是电压降?

电压降是电流流过电阻时,在电阻两端产生的电位差。从串联电路特性可知,总电压等于各分电压之和。

由图3-8-1可知:

蓄电池电压　　　　　$U = U_1 + U_2 + U_3 + U_4$。

其中U_1、U_2、U_3是电缆上的电压,U_4为起动机的工作电压,则

$$U_4 = U - U_1 - U_2 - U_3。$$

我们把 U_1、U_2、U_3 的电压之和称为电缆导线的电压降。电缆两端的电压降越大,表明电路中的电阻就越大。这个电阻增大的原因,主要是电缆线铜的截面积变小和电缆接触端接触不良引起的接触电阻增大。

2. 为什么要测试电缆的电压降?

我们把 $U_4 = U - U_1 - U_2 - U_3$ 改写为 $U_4 = U - U_{缆}$。设定蓄电池电压是 U,当 $U_{缆}$ 增大,起动机工作电压 U_4 必定减小。所以起动电路和充电电路中导线的电压降过大(大电阻),将使电流减小,因而可能导致起动转速变慢。

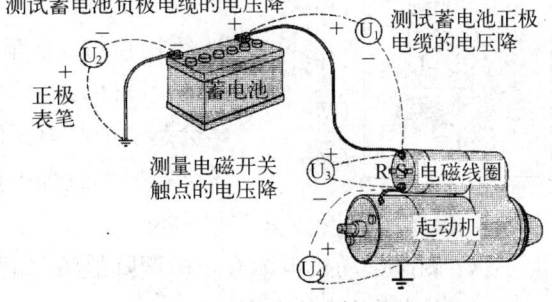

图 3-8-1 测试起动电缆的电压降

如果电压降高到一定程度,例如由于蓄电池端子污染所致,那么起动机将可能不能运转。起动电路中电阻过大的典型表现特征是起动机电磁线圈会发出"喀嚓、喀嚓"声。

3. 电压降测试的测试方法

电压降测试是在可能有问题的电缆端子间连接一个直流电压表,并在起动发动机过程中测试。如图 3-8-1 所示。

在测定蓄电池电缆端子之间的电压降时,电流必须流经电缆。电阻的作用只有在电流流过时才显示出来。如果没有起动发动机,电流就不会流经蓄电池电缆,也就测不出电压。

测量电压降的方法如下:

测量蓄电池电缆连接处的电压降,可把电压表的一支正表笔与电缆线电流流入端相接触,另一支负表笔与电缆电流流出端相接触,并在起动发动机时测量。电压表值表示电缆之间的电压差值,$U_{缆}$ 值不应该超过 0.2 V 为正常。

4. 为什么说"电压降就是电阻"?

许多汽车维修工问过这样的问题,"用欧姆表很容易测量出电阻,为什么还要测量电压降?"试想电缆的股线只有一根是好的而其余的都已断裂时的情形,如果使用欧姆表测量电缆的电阻,读数将非常低,很可能小于 1 Ω。然而这个电缆并不能承载起动发动机所需要的电流。在不太严重的情况下,可能只有几根股线断裂,但是也会因此影响起动电机的运转。当蓄电池电缆的电阻没有明显增大时,电阻仍将引起发热并使起动电压降低。因此测量电压降(两点之间的电压差值)是确定电路中真实电阻的一种精确方法。

电压降值是多少时不正常?所有电路电阻引起的电压降不应超过电路电压的 3%。因此,在一个 12 V 的电路中,电缆和连接处的最大电压降是 0.36 V(12 V×0.03 = 0.36 V),剩余 97% 的电路电压(11.64 V)作用于电气设备(负载)。

请记住:低电压降=低电阻;
　　　　高电压降=高电阻。

1. 操作名称：汽车起动线路电压降的测试。
2. 需用器材：整车或发动机台架、直流电压表和万用表等。
3. 学习目标：

学会起动电缆电压降的测试工艺；

学会在操作过程中注意环境保护和人身安全。

4. 操作步骤：

(1) 测试起动机电缆有否电压降故障（如图 3-8-2 所示）

① 测试蓄电池的电压。

将电压表连接在蓄电池两端，起动发动机，记录电压表读数 U_1 的值。

② 测试起动机的工作电压。

将电压表接在起动机的两端，再起动发动机，记录电压表读数 U_2 的值。

③ 分析判断。

如果这两种情况下的读数之差 $\Delta U = U_1 - U_2$ 超过 0.5 V，则电缆有电压降故障，应进行哪根电缆有故障的寻找。

(2) 具体哪根电缆有故障的查找测量（如图 3-8-3 所示）

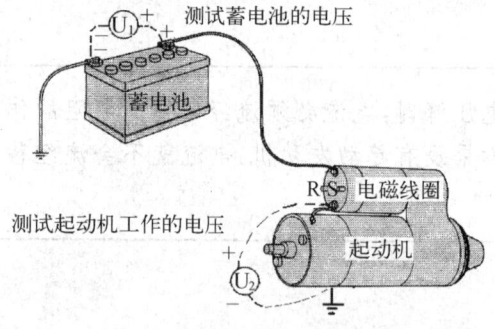
图 3-8-2 判断电缆有否电压降故障

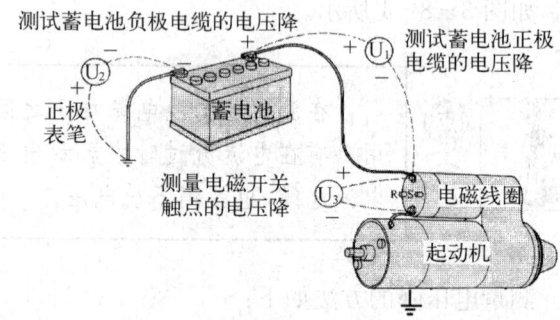
图 3-8-3 测定起动电缆的电压降

① 测试蓄电池正极电缆的电压降 U_1，将电压表按图 3-8-3 所示方法连接。起动发动机，记录电压表读数 U_1 的值。

② 测试蓄电池负极电缆的电压降 U_2，将电压表按图 3-8-3 所示方法连接。起动发动机，记录电压表读数 U_2 的值。

③ 测试电磁开关触头电压降 U_3。将电压表按图 3-8-3 所示方法连接。起动发动机，记录电压表读数 U_3 的值。

(3) 评估测试结果

如果电压表读数为零，$U_1 + U_2 + U_3 = 0$，则被测电缆的电阻值为零，情况良好；

如果电压表的读数大于 0.2 V，则被测电缆电阻过大，需要进行更换。

① 采用手摸电缆是否发烫对起动电路作实测，看看效果如何。

② 对装有电源总开关的车辆，测量电源开关的接触电阻（电压降）。

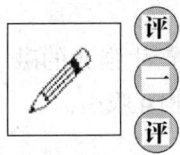

学生姓名		日期		自评	互评	师评
一、学习评价目标						
1. 能讲清楚什么是电压降？为什么要测试电缆的电压降？						
2. 会进行电缆线电压降的测试。						
3. 能正确进行起动机电缆有否电压降故障的判别性测试。						
4. 能正确掌握哪根电缆有故障的查找测量方法。						
5. 能正确进行起动机故障电缆的调换。						
6. 能正确识别线端电阻增大故障原因的处理。						
7. 会用手摸电缆是否发烫的简单判别方法。						
8. 能按操作规程有序地进行，无违规现象。						
9. 操作过程中无返工现象。						
10. 活动中环保意识及安全工作做得如何。						
二、学习体会 1. 活动中感觉哪项技能最有兴趣？为什么？ 2. 活动中哪项技能最有用？为什么？ 3. 活动中哪项技能操作可以改进，使操作更方便实用？请写出操作过程。（请同学们大胆创新，共同研讨，不断提高操作能力。） 4. 你还有哪些要求与设想？						
总体评价				教师签名		

拓展

① 用钳式数字万用表测量起动机工作电流，如图3-8-4所示。

② 诊断案例：起动机嘶叫和蓄电池电缆跳动。

一辆汽车不能起动，维修工刚开始认为是蓄电池端子连接出现松动或被腐蚀。然而在清洁电缆之后，将点火开关到起动位置时，起动机仍没有声响。当维修工打开车门观察车内照明灯，发现当起动时顶灯熄灭了，这表明蓄电池的电压显著地降低了。

在起动时电压降低、顶灯变暗是正常的。电压不能降到9.6V以下，车灯应微亮。

在整理了两根蓄电池电缆，使它们平行并保持一定距离，重复这个测试。发现起动时，蓄电池电缆就会彼此跳向对方。维修工认识到起动机励磁线圈或电枢短路了。因短路给起动机电流提供了直接接地的回路，导致流出的

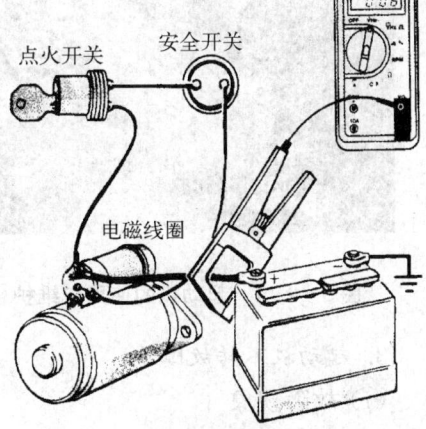

图3-8-4 钳式数字万用表测量起动电流

电流比正常的起动电流大得多。大电流降低了蓄电池电压,照明灯自然就不会亮。

  为什么蓄电池电缆会跳动呢?蓄电池电缆的跳动是由于大电流在每根电缆周围产生强大的磁场,因为一根电缆是正极,另一根电缆是负极,产生的磁场具有相反的极性,所以彼此相互吸引。

活动九　起动系的故障诊断与排除

  车辆因起动系出现故障而不能正常工作是最常见的。维修人员应掌握好起动机常见故障的维护修理技能。以下学习起动机常见故障的维护知识。

起动机的使用与维护

1. 起动机的正确使用

  ① 起动机每次起动时间不超过 5 s,再次起动时应间歇 15 s,使蓄电池得以恢复。如果连续第三次起动,应在检查与排除故障的基础上停歇 2 min 以后进行。

② 在冬季或低温情况下起动时,应对蓄电池采取保温措施。

③ 发动机起动后,必须立即切断起动机控制电路,使起动机停止工作。

④ 每行驶 3 000 km,要清洁炭刷一次,行驶 5 000 km 需更换炭刷。

⑤ 每年对起动机进行一次解体保养,如图 3-9-1 所示。

2. 起动机常见故障部位

如图 3-9-2 所示为起动机的常见故障部位。

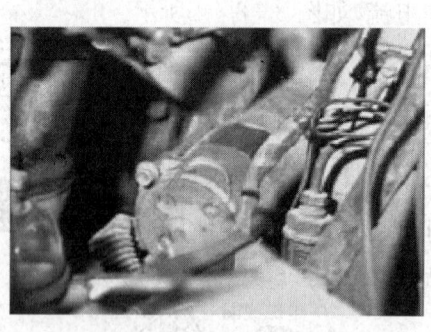

图 3-9-1　起动机的使用与维护

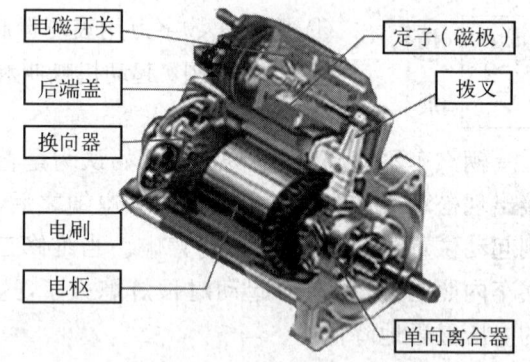

图 3-9-2　起动机常见故障部位

3. 起动机不转故障

(1) 故障现象

将点火开关旋至"起动"档,起动机驱动齿轮不向外伸出,起动机不转。

(2) 思路与方法

首先应区分故障是由蓄电池及电路连接造成,还是起动机本身造成。

方法:

用螺丝刀或导线短接起动机电磁开关上的端子30和端子C两个接线柱。

若起动机不转,说明电动机有故障,应解体检修;

若起动机运转,说明电动机正常,故障在起动机本身以外的电路。

(3) 流程

如图3-9-3所示,是对起动机不转故障诊断的具体流程。

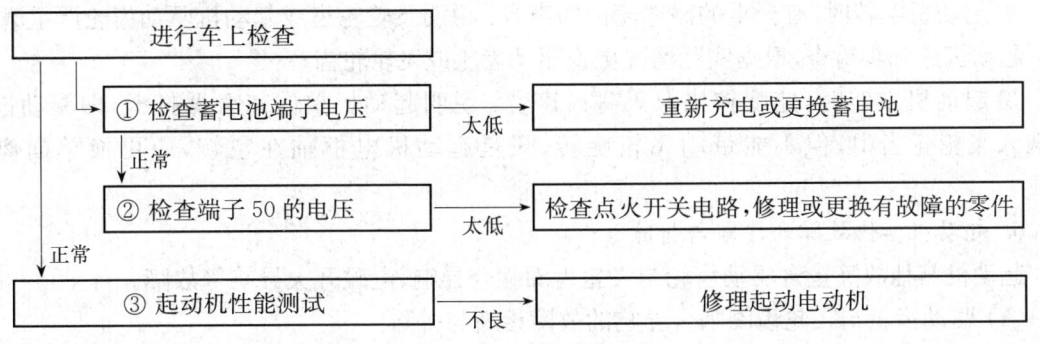

图3-9-3 起动机不转故障诊断流程

4. 起动机转动无力的检测

(1) 故障现象

将点火开关旋至"起动"档,驱动齿轮发出"咔哒"声向外移出,但是起动机不转动或转动缓慢无力。

(2) 思路与方法

首先应区分故障是由蓄电池及电路电缆电压降增大造成,还是起动机本身造成。

方法:

检查起动机端电压的电压值是否合适。

若电压正常,说明电动机有故障,应解体检修;

若电压过低,说明蓄电池及电路电缆电压降增大。

(3) 流程

如图3-9-4所示,是对起动机转动无力故障诊断的具体流程。

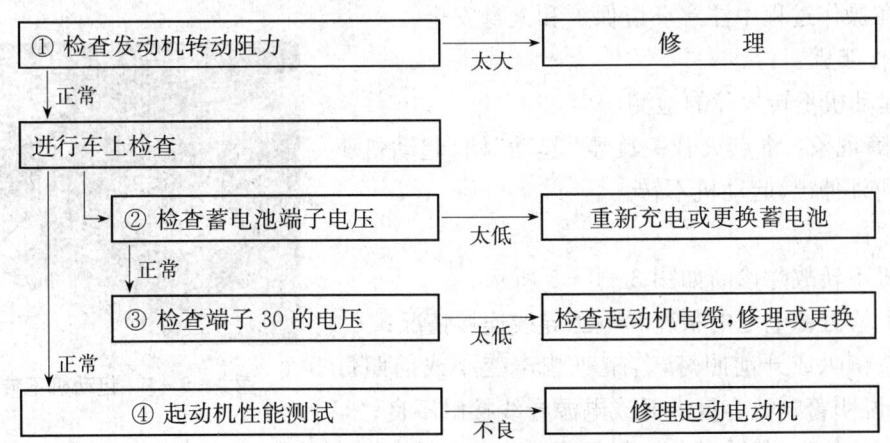

图3-9-4 起动机转动无力故障诊断流程

5. 起动机空转的检测

(1) 故障现象

接通点火开关"起动"开关,起动机只是空转,不能带动发动机运转。

(2) 思路与方法

① 起动机空转时,有较轻的摩擦声音,起动机驱动齿轮不能与飞轮轮齿啮合而产生空转,即驱动齿轮还没有啮合到飞轮轮齿中,电磁开关就提前接通:说明主回路的接触盘行程过短,应拆下起动机,进行起动机接通时刻的调整;

② 起动机空转时,有严重的碰擦轮齿的声音:说明飞轮轮齿或起动机驱动齿轮严重磨损,应拆下起动机进一步检查,根据实际情况更换驱动齿轮或飞轮轮齿;

③ 起动机空转时,速度较快但无碰齿声音:说明起动机单向离合器打滑,即驱动齿轮已经啮入飞轮轮齿中,但不能带动飞轮旋转,只是起动机电枢轴在空转,应更换单向离合器总成。

6. 起动机其他故障的诊断与排除

起动机其他故障包含驱动齿轮与飞轮齿圈啮合异响、电磁开关异响等故障。

(1) 驱动齿轮与飞轮齿圈啮合异响的故障诊断与排除

(2) 现象

起动发动机时,驱动齿轮不能顺利啮入飞轮齿圈,有齿轮撞击声。

(3) 故障原因

① 驱动齿轮轮齿或飞轮齿圈轮齿磨损过甚或个别齿损坏;

② 起动机调整不当,驱动齿轮端面与端盖凸缘间的距离过小。当驱动齿轮与飞轮齿圈尚未啮合或刚刚啮合时,起动机主电路就已接通,于是驱动齿轮高速旋转,与静止的飞轮齿圈啮合而发出撞击声。

1. 操作名称:起动系常见故障诊断与排除。

2. 需用器材:整车或发动机台架、直流电压表和万用表、常用工具一套等。

3. 学习目标:

学会起动系常见故障诊断与排除;

学会在操作过程中注意环境保护和人身安全。

4. 操作步骤:

(1) 起动机不转故障的检测

① 故障现象:将点火开关旋至"起动"档,起动机驱动齿轮不向外伸出,起动机不转。

② 检测:

起动机不转故障诊断如图 3-9-5 所示。

在车上检查蓄电池的状况和电源导线连接情况;

可以按喇叭或开前照灯,若喇叭响声变小或前照灯灯光暗淡,说明蓄电池容量过低或电源导线接触不良;

点火开关位于"起动"档时,测量蓄电池两端的电压,应不低于 9.6 V;

图 3-9-5 起动机不转故障诊断

若蓄电池良好,应检查起动机端子的电压,若电压过低(如低于 8 V),应对蓄电池的正极线、搭铁线、各接线柱及点火开关进行检查,若接线柱有脏污或松脱,应清洁或紧固;若点火开关损坏,应进行修理和更换。

若故障仍然存在,说明故障在起动机本身。应进行起动机调换或进行起动机性能测试(吸拉线圈和保持线圈测试等),排除起动机的故障。

(2) 起动机转动无力的检测

① 故障现象:起动时,驱动齿轮发出"咔哒"声,但起动机不转动或转动缓慢无力。

② 检测:

用万用表检测起动机起动时的端电压,如低于规定值(9.6 V),说明蓄电池或电缆有故障。电压正常,起动电磁开关时仍有打机枪似的"哒、哒、哒"声,表明起动机自身有故障,如电刷磨损(如图 3-9-6 所示)、弹簧变软、接触盘烧毁等。应拆检电磁开关的保持线圈是否断路或搭铁不良;对于个别车型,还有可能是起动继电器断开电压过高,故应检查其断开电压。

图 3-9-6 电刷磨损

起动机异响故障原因除了发生在电路外还有以下可能:
① 飞轮齿圈的牙齿磨损,如图 3-9-7 所示;
② 驱动齿轮与飞轮齿圈啮合间隙调节不当,如图 3-9-8 所示;
③ 单向离合器打滑等。

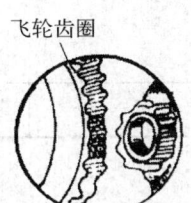

图-9-7 飞轮齿圈碰伤

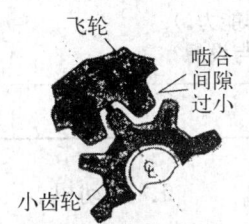

图 3-9-8 啮合间隙不当

自己单独对不能起动故障作一次实际操作,看一下是否有能力排除故障。

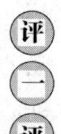

学生姓名		日期		自评	互评	师评
一、学习评价目标						
1. 能正确使用起动机。						
2. 会进行起动机常见故障的检测。						
3. 能正确排除起动机不转故障。						
4. 能正确排除起动机空转的故障。						
5. 能正确进行起动机转动无力的故障排除。						
6. 能正确测量蓄电池两端的电压。						
7. 能诊断起动机异响故障部位。						
8. 能按操作规程有序地进行,无违规现象。						
9. 操作过程中无返工现象。						
10. 活动中环保意识及安全工作做得如何。						
二、学习体会 1. 活动中感觉哪项技能最有兴趣?为什么? 2. 活动中哪项技能最有用?为什么? 3. 活动中哪项技能操作可以改进,使操作更方便实用?请写出操作过程。(请同学们大胆创新,共同研讨,不断提高操作能力。) 4. 你还有哪些要求与设想?						
总体评价				教师签名		

项目小结

1. 起动机。

① 组成:
起动机由直流电动机、传动机构、单向离合器和电磁控制开关等元件组成。

② 作用:起动发动机,发动机起动之后,起动机便立即停止工作。

③ 类型:
按控制装置的方式,分为机械操纵起动机和电磁操纵起动机;
按磁场产生的方式,分为永磁起动机和励磁起动机;
按传动机构的方式,分为减速起动机和非减速起动机(普通起动机);
按齿轮的啮入方式,分为惯性啮合式、电枢移动式、齿轮移动式、强制啮合式。

2. 起动机的型号,由以下五部分组成:

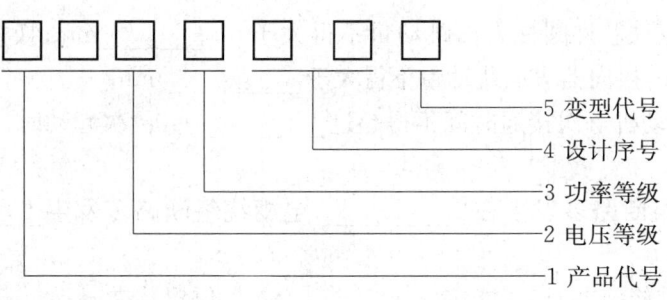

1. 产品代号
2. 电压等级
3. 功率等级
4. 设计序号
5. 变型代号

3. 起动机的正确使用。

① 起动机必须在空载起动,每次起动时间不超过 5 s,再次起动时应间歇 15 s,如果连续第三次起动,应在检查与排除故障的基础上停歇 2 min 以后进行。

② 在冬季或低温情况下起动时,应对蓄电池采取保温措施。

③ 发动机起动后,必须立即切断起动机控制电路,使起动机停止工作。

④ 每行驶 3 000 km,要清洁炭刷一次,行驶 5 000 km 需更换炭刷。

⑤ 每年对起动机进行一次解体保养。

4. 起动机的分解原则:从外到内,顺序进行。

5. 起动电路有直接式、继电器式和自动保护继电器式。桑塔纳轿车采用 QD1225 型起动机,起动系的控制电路采用无起动继电器的起动电路。

6. 电缆导线的电压降。电缆两端的电压降越大,表明电路中的电阻就越大。这个电阻增大的原因,主要有电缆线铜的截面积变小和电缆接触端接触不良引起的接触电阻增大。

7. 为什么说"电压降就是电阻"?

当蓄电池电缆的电阻没有明显增大时,电阻仍将引起发热并使起动电压降低。因此测量电压降(两点之间的电压差值),是确定电路中真实电阻的一种精确方法。

8. 起动机不转故障的检测思路与方法:

首先应区分故障是由蓄电池及电路连接造成,还是起动机本身造成。

方法:用螺丝刀或导线短接起动机电磁开关上的端子 30 和端子 C 两个接线柱。

若起动机不转,说明电动机有故障,应解体检修;

若起动机运转,说明电动机正常,故障在起动机本身以外的电路。

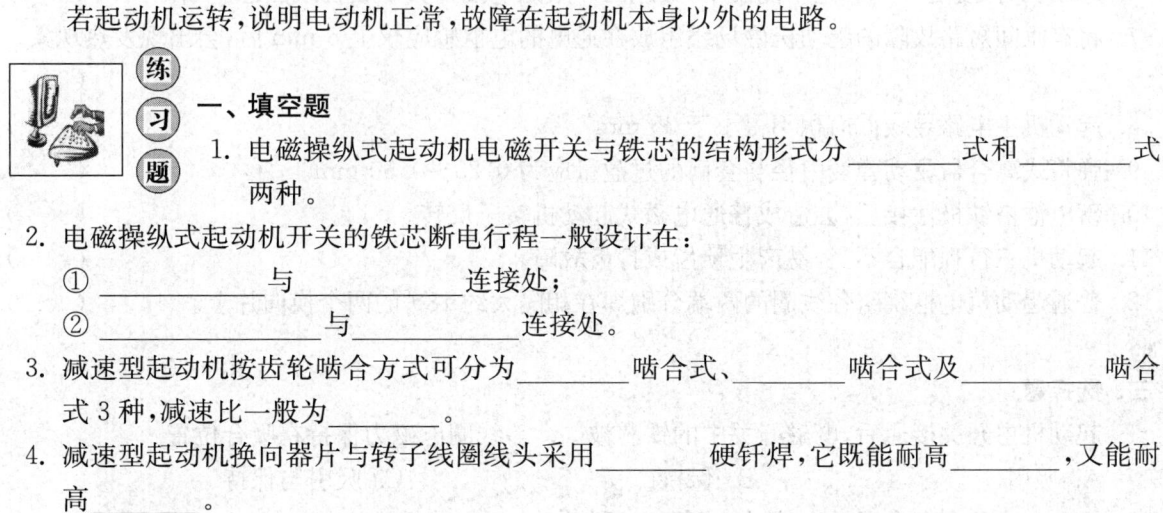

一、填空题

1. 电磁操纵式起动机电磁开关与铁芯的结构形式分_____式和_____式两种。

2. 电磁操纵式起动机开关的铁芯断电行程一般设计在:
   ① _____与_____连接处;
   ② _____与_____连接处。

3. 减速型起动机按齿轮啮合方式可分为_____啮合式、_____啮合式及_____啮合式 3 种,减速比一般为_____。

4. 减速型起动机换向器片与转子线圈线头采用_____硬钎焊,它既能耐高_____,又能耐高_____。

5. 普通起动机电枢铁芯外圆柱表面跳动量不得大于_____mm；换向器片厚度不得小于_____mm，换向器表面跳动量不得大于_____mm。

6. 起动时，普通起动机每次接通时间不得超过_____s，再次起动时，两次间隔时间不得超过_____s。

7. 起动机励磁绕组断路多发生在_____；电枢绕组断路多发生_____。

8. 永磁式起动机维修装夹时，只能按_____位置装夹。

9. 起动机的电刷磨损超过原长度的_____应更换电刷。电刷与换向片的接触面积应在_____以上。

10. 用铰刀铰削起动机铜套时，两手用力应_____，铰完后应朝_____时针方向旋出铰刀。

11. 起动机电磁开关触点闭合后，活动铁芯应移动_____mm 附加行程，使开关可靠闭合。

12. 起动机行程调节机构常见有_____式、_____式和_____式等几种。

13. 起动机副开关接通时刻应比主开关接通时刻_____。副开关的作用是在_____时短接_____的附加电阻，增大点火能量。

14. 起动机空载试验时，若电流和转速均低于标准值，说明起动机线路中有_____故障。制动试验时，若制动电流小于标准值，电动机空转，表明起动机_____。

15. 起动机电枢轴的轴向间隙不得过大，应为_____mm，不合适时，可在转子前后端改变_____厚度进行调整。

二、判断题(对的画"√"，错的画"×"。)

1. 起动机一定有励磁绕组且与电枢绕组呈完全串联。（   ）
2. 电磁操纵起动机单向离合器与电枢轴普遍用螺旋花键连接。（   ）
3. 电磁操纵起动机均设计有铁芯断电行程。（   ）
4. 减速型起动机的转子动不平衡量应控制在 4 g 以内。（   ）
5. 北京切诺基吉普车近期采用了行星齿轮减速型起动机。（   ）
6. 起动机有"哒哒"声响，但不能发动，其原因一定是电磁开关中吸拉线圈已烧断。（   ）
7. 将有匝间短路故障的起动机磁场绕组放在通电的电枢感应仪上 5 min 后，会出现发热现象。（   ）
8. 起动机主电路导线截面积不得小于 35 mm^2。（   ）
9. 弹簧式离合器驱动弹簧内径与套筒的过盈量应为 0.25～0.50 mm。（   ）
10. 蓄电池搭铁极性接反，会造成普通电磁式起动机转子反转。（   ）
11. 起动机三行程配合不当，易产生顶齿或打齿故障。（   ）
12. 普通起动机电枢绕组各线圈的两端分别焊在相隔大约 180°的两个换向片上。（   ）

三、选择题

1. 起动机主开关接通后，电磁开关中的铁芯被（   ）线圈电磁力保持在吸合位置。
   A. 吸引   B. 保持   C. 吸引与保持

2. （   ）式单向离合器最大传递转矩可以调整。

A. 滚柱   B. 弹簧   C. 摩擦片

3. 起动机空转试验的接通时间不得超过（　　）。

    A. 5 s   B. 1 min   C. 5 min

4. 起动机作全制动时间不得超过（　　）。

    A. 5 s   B. 1 min   C. 5 min

5. EQ1090系列汽车起动机齿轮端面与端盖凸缘距离应为（　　）mm。

    A. 29～32   B. 34～36   C. 36～37

6. 为了减少电阻起动机内导电开关及绕组均用（　　）制成。

    A. 紫铜   B. 黄铜   C. 青铜

四、简答题

1. 为什么普通起动机较多地采用串并混联？
2. 如右图所示，当起动机保持线圈断路时，按下起动按钮会出现什么现象？为什么？
3. 减速型起动机有何优点？
4. 使用起动机应注意哪些事项？
5. 永磁式起动机维修时应注意哪些事项？

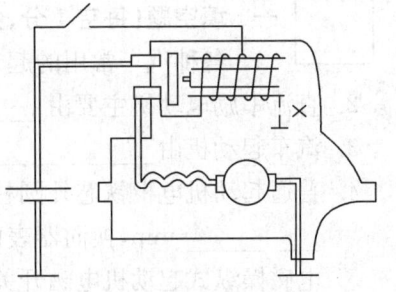

保持线圈断路的起动机

测 验 试 卷
（项目三 汽车起动机）

班级：_____ 学号：_____ 姓名：_____ 考试时间：60分钟

题号	一	二	三	四	总 分
得分					

得分 ☐

一、填空题（每空1分，共23分）

1. 各种汽车常用的起动方式有_____和_____两种。
2. 直流串励电动机主要由_____、_____、换向器等主要部件构成。
3. 汽车起动机由_____、_____和控制装置组成。
4. 普通起动机电枢铁芯外圆柱表面跳动量不得大于_____mm，换向器片厚度不得小于_____mm，换向器表面跳动量不得大于_____mm。
5. 电磁操纵式起动机电磁开关与铁芯的结构形式分_____式和_____式两种。
6. 减速型起动机按齿轮啮合方式可分为_____啮合式、_____啮合式及_____啮合式3种。
7. 起动时，普通起动机每次接通时间不得超过_____s，再次起动，两次间隔时间不得超过_____s。
8. 普通起动机励磁绕组断路多发生在_____，电枢绕组断路多发生在_____。
9. 起动机的电刷磨损超过原长度的_____应更换电刷。电刷与换向片的接触面积应在_____以上。
10. 起动机电枢轴的轴向间隙不得过大，应为_____mm，不合适时，可在转子前后端改变_____厚度进行调整。

得分 ☐

二、选择题（多选或少选均不得分。多选每题2分，单选每题1分，共19分）

1. 起动机传动机构中的离合器分为（　　）。
   A. 滚柱式　　B. 弹簧式　　C. 摩擦片式　　D. 齿轮式
2. 小功率起动机广泛使用的是（　　）式离合器。
   A. 滚柱　　B. 摩擦片　　C. 弹簧
3. 需传递较大转矩且起动机尺寸较大时，应用（　　）式单向离合器。
   A. 滚柱　　B. 摩擦片　　C. 弹簧
4. 电磁开关将起动机主电路接通后，活动铁芯依靠（　　）线圈产生的电磁力保持在吸合位置上。
   A. 吸拉　　B. 保持　　C. 吸拉和保持
5. 起动机工作时，副开关应比起动机主开关接通时刻（　　）。
   A. 早　　B. 迟　　C. 同时
6. 起动机电磁开关通电、活动铁芯完全吸进、驱动齿轮推出时，驱动齿轮与止推环之间的间隙一般为（　　）mm。

A. 1.5～2.5　　　　　　B. 5　　　　　　　　C. 5～10

7. (　　)式单向离合器最大传递转矩可以调整。
   A. 滚柱　　　　　　　B. 弹簧　　　　　　　C. 摩擦片

8. 起空转试验的接通时间不得超过(　　)。
   A. 5 s　　　　　　　　B. 1 min　　　　　　 C. 5 min

9. 作全制动时间不得超过(　　)。
   A. 5 s　　　　　　　　B. 1 min　　　　　　 C. 5 min

10. EQ1090系列汽车起动机齿轮端面与端盖凸缘距离应为(　　)mm。
    A. 29～32　　　　　　B. 34～36　　　　　　C. 36～37

11. 小电阻起动机内导电开关及绕组均用(　　)制成。
    A. 紫铜　　　　　　　B. 黄铜　　　　　　　C. 青铜

12. 在将起动机转动叉压到极限位置时,驱动小齿轮与止推垫圈之间必须保持适当的间隙,这个间隙一般为(　　)。
    A. (1±0.5)mm　　　　B. (2±0.5)mm　　　　C. (3±0.5)mm　　　　D. (4±0.5)mm

13. 起动机换向器的圆柱度偏差值超过规定值时,应加工其表面,经加工后的换向器外径超过使用极限标准时,应予更换。一般规定起动机换向器的圆柱度偏差值不能超过(　　)。
    A. 0.15 mm　　　　　B. 0.25 mm　　　　　C. 0.35 mm　　　　　D. 0.45 mm

14. 用千分表检查起动机电枢轴是否弯曲,如需校正时,其径向跳动值应超过(　　)。
    A. 0.15 mm　　　　　B. 0.25 mm　　　　　C. 0.35 mm　　　　　D. 0.45 mm

15. 起动机炭刷的高度如不符合要求,则应予更换。一般炭刷高度不应低于标准高度的(　　)。
    A. 1/2　　　　　　　　B. 1/3　　　　　　　　C. 1/4　　　　　　　　D. 1/5

16. 单向啮合器的检查可在台虎钳上进行,当按扭力扳手工作方向扳转时,应在规定值的扭矩作用下才能不打滑,这一扭矩值为(　　)。
    A. 16 N·m　　　　　　B. 26 N·m　　　　　　C. 36 N·m　　　　　　D. 46 N·m

17. 起动机电枢由3道轴承支承,根据起动机每次工作时的特点,均采用多孔性和自闭性好的石墨青铜轴承。这里所有的"起动机每次工作的特点"是(　　)。
    A. 时间短　　　　　　B. 时间长　　　　　　C. 不稳定　　　　　　D. 稳定

18. 当起动机电磁开关继电器线圈通过电流时,铁芯被磁化而吸闭触点,致使吸引线圈和保持线圈之间的电路被(　　)。
    A. 断开　　　　　　　B. 接通　　　　　　　C. 隔离　　　　　　　D. 以上都不对

19. 起动机机械开关接触面如有轻微烧蚀时,可以进行修磨,触点的标准厚度为(　　)。
    A. 4.5 mm　　　　　　B. 3.5 mm　　　　　　C. 2.5 mm　　　　　　D. 1.5 mm

三、判断题(对的画"√",错的画"×"。每题1分,共26分)

1. 汽车发动机必须空载起动,即不能带负载的起动。(　　)
2. 起动机转速越高,流过起动机的电流越大。(　　)
3. 弯曲的磁力线有伸直特性,迫使通电导线运动,起动机就是利用此原理制成的。(　　)
4. 判断起动机电磁开关中吸引线圈和保持线圈是否已损坏,应以通电情况下看其能否有力地吸动活动铁芯为准。   （　　）

5. 用试灯法进行检查起动机绝缘炭刷架的绝缘情况,将导线一端接炭刷架,另一端接壳体。如灯亮,说明绝缘良好;若灯不亮,则绝缘损坏应修复。   （　　）
6. 起动机开关断开而停止工作时,继电器的触点张开,保持线圈的电路便改道,经吸引线圈、电动机开关回到蓄电池的正极。   （　　）
7. 机械式起动机开关的原理是:当踏下起动机塔板时,使驱动齿轮与飞轮啮合,当啮合约一半时,点火线圈热变电阻短路开关和电动机开关便断开。   （　　）
8. 只有当附加起动继电器内触点闭合,起动机继电器的吸引线圈和保持线圈才通电工作。（　　）
9. 起动机在起动时需要的扭力较大,而起动机所能产生的最大扭力只有其几分之一,因此在结构上就采用可通过小齿轮带动大齿轮来增大扭力的方法解决。   （　　）
10. 一个单格电池的电压加在起动马达励磁绕组两端,同时用铁片在各个磁极上搭试。如果某一磁极的吸引力较小,则表明该磁极上的绕组有匝间断路故障。   （　　）
11. 起动机开关接通时,如果驱动小齿轮与飞轮齿圈啮合过早,就会使发动机发动不起来。（　　）
12. 如果发现起动马达励磁绕组有匝间短路故障,则只需更换绕组中的绝缘纸,并用纱带重新包扎。   （　　）
13. 起动机不转动,可把起动机开关两接线柱短路;如果短路后起动机转动了,则故障在开关,应对开关进行修理。   （　　）
14. 起动机驱动齿轮与飞轮不啮合并有撞击声,这是起动机开关闭合过晚的缘故——驱动齿轮与飞轮还未啮合,起动机就已转动了。   （　　）
15. 一定有励磁绕组且与电枢绕组呈完全串联。   （　　）
16. 起动机的转子动不平衡量应控制在 4 g 以内。   （　　）
17. 起动机单向离合器与电枢轴普遍用螺旋花键连接。   （　　）
18. 北京切诺基吉普车近期采用了行星齿轮减速型起动机。   （　　）
19. 短路故障的起动机磁场绕组放在通电的电枢感应仪上 5 min 后,会出现发热现象。（　　）
20. 起动机均设计有铁芯断电行程。   （　　）
21. 起动机有"哒哒"声响但不能发动的原因一定是电磁开关中吸拉线圈已烧断。   （　　）
22. 起动机主电路导线截面积不得小于 35 mm²。   （　　）
23. 弹簧式离合器驱动弹簧内径与套筒的过盈量应为 0.25~0.50 min。   （　　）
24. 三行程配合不当,易产生顶齿或打齿故障。   （　　）
25. 起动机电枢绕组各线圈的两端分别焊在相隔大约180°的两个换向片上。   （　　）
26. 搭铁极性接反,会造成普通电磁式起动机转子反转。   （　　）

四、问答题(共 32 分)

1. 常规起动机由哪几个部分组成?各起什么作用?(8分)
2. 影响起动机功率的因素。(6分)
3. 起动机起动时为什么要严格控制接通时间?(6分)
4. 起动系的组成和功用是什么?起动系的常见故障有哪些?(6分)
5. 为什么说"电压降就是电阻"?(6分)

项目四 点火系

活动一　电子点火系的组成

活动二　分电器的分解

活动三　微机控制点火系统的识别

活动四　点火系主要元件的检修

活动五　点火系统常见故障诊断

项目四 点火系

情景描述

点火系是发动机正常工作所必需的电器系统之一,本项目主要学习电子点火系的工作原理,学会磁感应式和霍尔式普通电子点火系的工作过程等相关知识(如图4-1-1所示)。

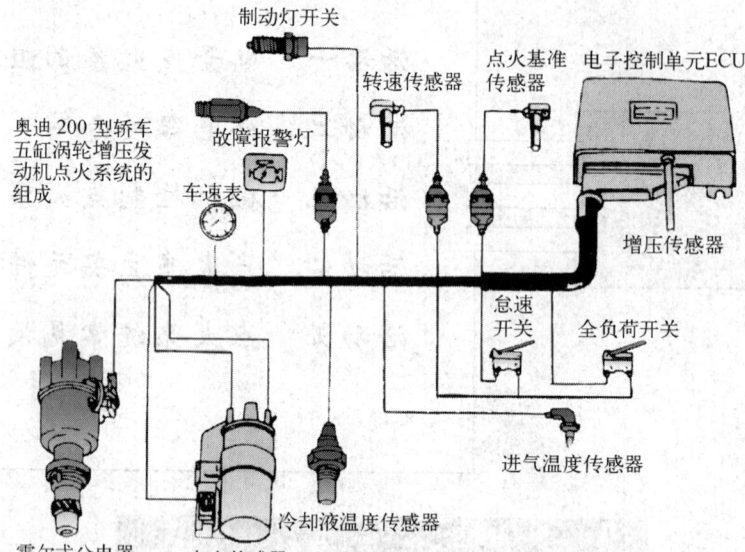

图 4-1-1 奥迪汽车点火系

学习目标

1. 掌握汽车电子点火系的组成。
2. 能讲述汽车电子点火系的工作原理。
3. 能讲述电控点火系的组成及工作原理。
4. 学会点火系主要部件的检测。
5. 学会点火系故障的排除。

活动一 电子点火系的组成

案例导入

现代的汽车一般都是电子点火,一位顾客问修理厂的师傅,到底什么是电子点火,在现代各汽车类型中有什么特点?师傅从头开始讲述汽车电子点火的组成与特点。

一、点火系的组成、作用、要求与分类

1. 点火系的组成

由火花塞、分缸线、中央线、点火线圈、分电器、蓄电池、点火开关等组成。其位置如图4-1-2所示。

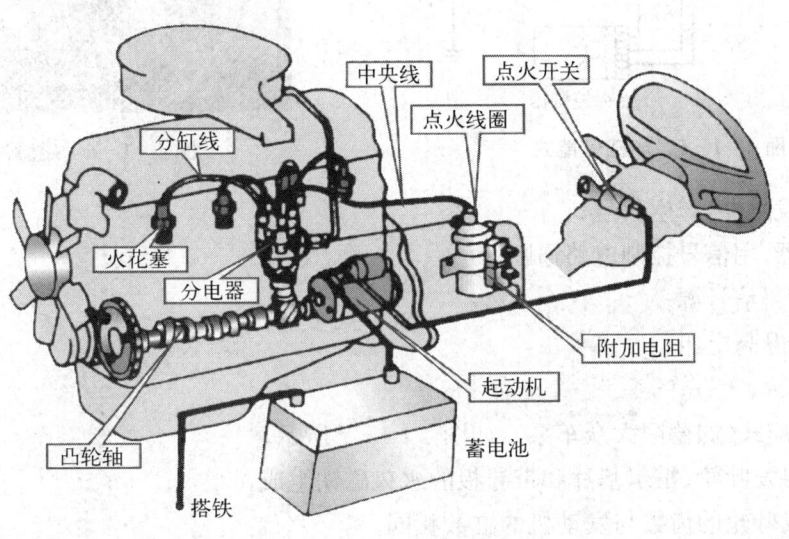

图4-1-2 点火系的组成

2. 点火系的作用

点火系是将汽车电源供给的低压电转变为高压电,并按照发动机的工况要求,适时准确地将高压电送至各缸的火花塞,使火花塞跳火,点燃气缸内的混合气。点火系产生高压电的过程如图4-1-3所示。

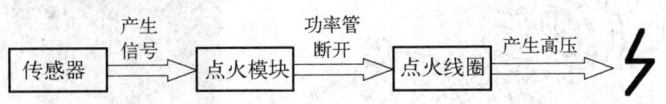

图4-1-3 点火系产生高压电的过程

3. 对点火系的要求

① 能产生足以击穿火花塞间隙的电压;
② 火花应具有足够的能量,如图4-1-4所示;
③ 点火时刻应适应发动机的工况。

4. 点火系的分类

(1) 按点火系储存能量的方式分

① 电感储能式,点火能量以磁场能形式储存在点火线圈中,如图4-1-5所示;
② 电容储能式,点火能量以电场能的形式储存在储能电容中。

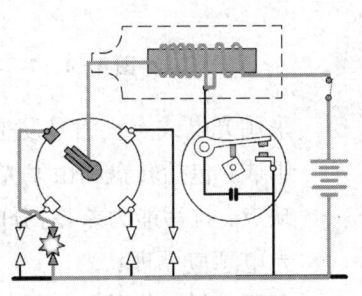

图4-1-4 火花具有足够的能量

(2) 按点火信号发生器的原理分

① 磁脉冲式(如日本丰田车系),如图4-1-6所示。其组成如下:

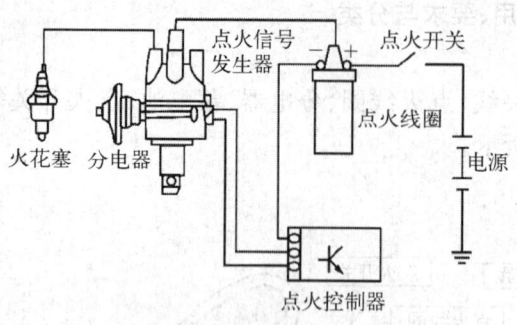

图 4-1-5 电感储能式

图 4-1-6 磁脉冲式

点火信号发生器,产生信号;

电子点火器,用信号控制电路通断;

分电器,获得信号源;

点火线圈,升高电压;

火花塞,点火。

② 霍尔效应式(如德国大众车系),如图 4-1-7 所示。

组成:由触发叶轮、霍尔基片和带导板的永久磁铁组成;

特点:触发叶轮的齿数与发动机的缸数相同。

③ 光电式(如日本日产车系),如图 4-1-8 所示。

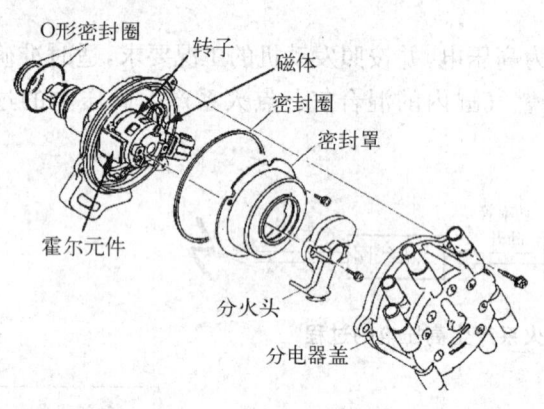

图 4-1-7 霍尔效应式

图 4-1-8 光电式

采用光电式点火信号发生器产生点火信号,控制电子点火器和点火系的工作。

组成:包括转盘和由发光二极管、光敏二极管组成的光触发器。

缺点:抗污能力差,对分电器的密封要求高,应用不广泛。

光电感应原理:

利用光敏二极管的光敏效应制成;当光敏二极管接收到光线时,光敏二极管导通;当光敏二极管没接收到光时,就截止。

(3) 按初级电路控制方式分

① 传统点火系;

② 电子点火系;

③ 计算机控制点火系,如图 4-1-9 所示。

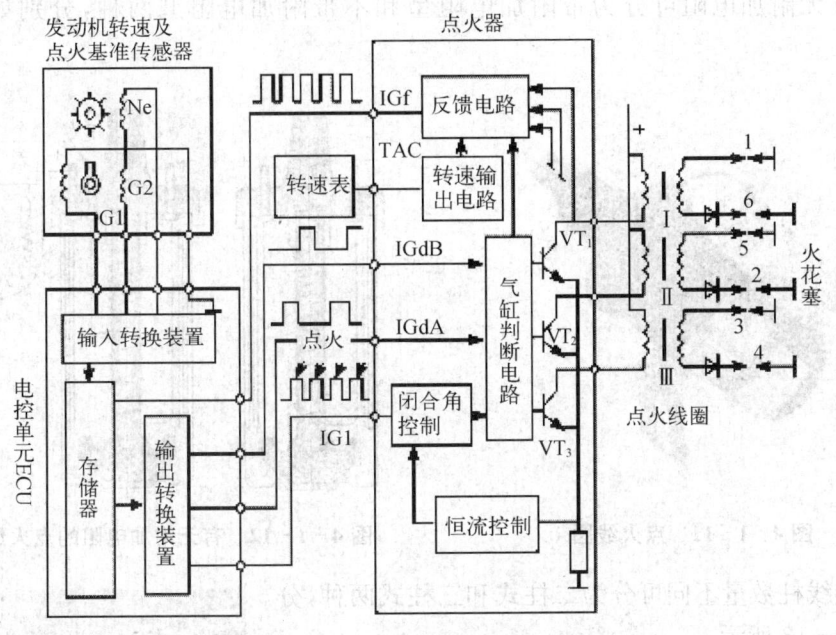

图 4-1-9 计算机控制点火系

(4) 按高压电的配电方式分
① 机械配电点火系（有分电器）。
② 计算机配电点火系（无分电器）。
说明：电感储能式中电磁感应式和霍尔效应式应用广泛。有分电器点火系在中低档车中应用广泛，无分电器点火系在中高档车中应用广泛。

二、电子点火系

在汽车上采用的电子点火系统种类很多，电路各不相同。

电子点火系主要由电源、点火线圈、点火信号发生器、点火控制器、分电器、火花塞、高压线、点火开关等组成。如图 4-1-10 所示。

① 点火信号发生器：分电器转动时，将产生脉冲电压信号；
② 电子点火器：将信号整形、处理后，控制一侧电路上三极管的导通与截止；
③ 点火线圈：变压（将低压变为高压）；
④ 火花塞：产生电火花。

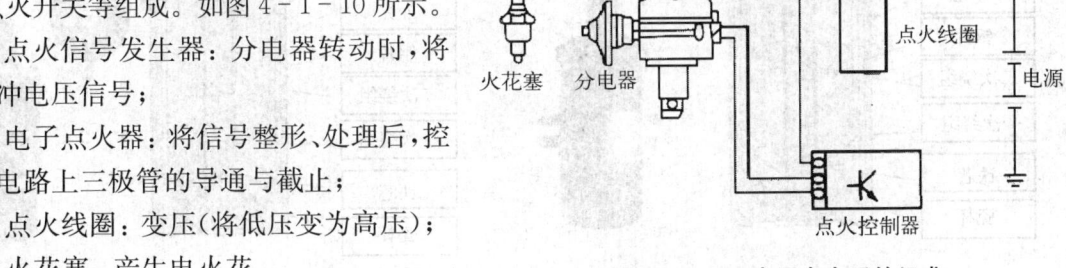

图 4-1-10 电子点火系的组成

1. 点火线圈

（1）点火线圈的作用

如图 4-1-11 所示，点火线圈将蓄电池或发电机供给的低压电转变为 17～30 kV 的高压电。

（2）点火线圈的分类

① 按有无附加电阻可分为带附加电阻型和不带附加电阻型两种，分别如图 4-1-12 所示。

图 4-1-11　点火线圈

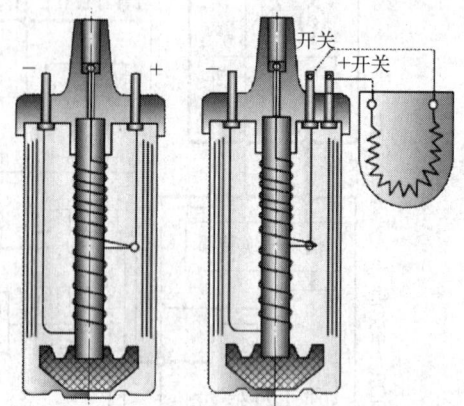

图 4-1-12　有无附加电阻的点火线圈

② 按接线柱数量不同可分为二柱式和三柱式两种，分别如图 4-1-13 所示。

根据低压接线柱的数目不同，点火线圈有二接线柱式和三接线柱式之分。如图 4-1-14 所示，二接线柱式点火线圈的低压接线柱上分别标有"＋"、"－"标记。如图 4-1-15 所示，三接线柱式点火线圈与二接线柱式的主要区别是外壳上装有一个附加电阻，为固定该电阻，又增加了一个低压接线柱。

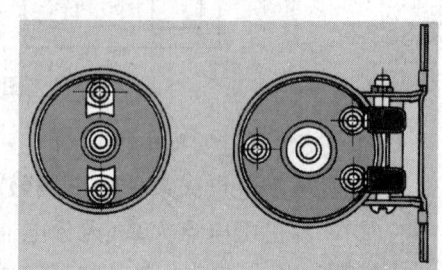

图 4-1-13　二、三柱式点火线圈

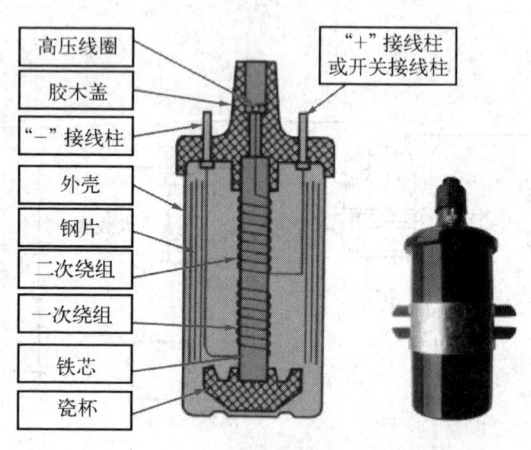

图 4-1-14　二柱式点火线圈

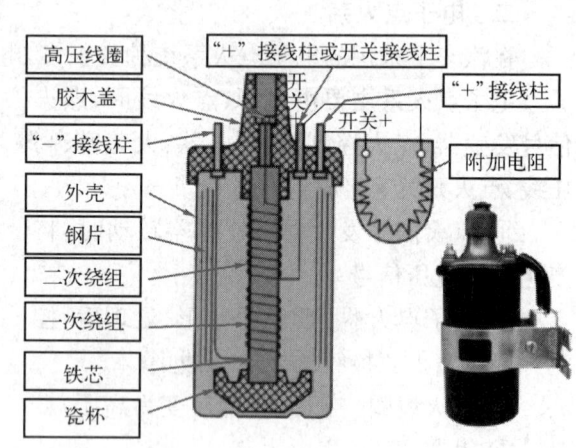

图 4-1-15　三柱式点火线圈

③ 按性能可分为普通点火线圈和高能点火线圈两种。

④ 按磁路结构可分为开磁路和闭磁路点火线圈两种。

开磁路点火线圈

构造：初级绕组（φ0.5～1.0 mm 高强度漆包线 200 匝），次级绕组（φ0.06～0.10 mm 漆包线 2 万匝），铁芯接线柱，附加电阻，中央高压线插孔，导磁钢套，胶木盖等。

作用：将电压变为 15～20 kV 的高电压。

原理：与自耦变压器类似。

开磁路式点火线圈的结构如图 4-1-15 所示。分为高压接线柱和低压接线柱。

闭磁路点火线圈

闭磁路点火线圈的外形如图 4-1-16 所示，图 4-1-17 分别给出闭磁路点火线圈的结构和磁路。

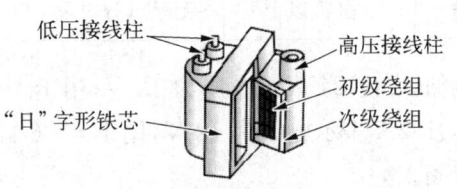

(a) 闭磁路点火线圈结构

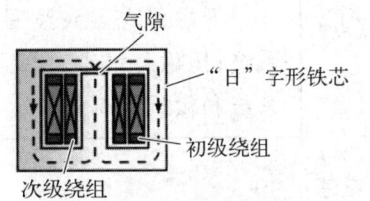

(b) 闭磁路点火线圈磁路

图 4-1-16 闭磁路点火线圈　　　图 4-1-17 闭磁路点火线圈的结构

结构：用带气隙的"日"形或"口"形铁芯，初级绕组（φ0.5～1.0 mm 漆包线 230～37 万匝），次级绕组（φ0.06～0.10 mm 漆包线 1.1～2.6 万匝）等。

特点：结构简单、体积小、重量轻。漏磁小，转换效率高（从 60% 提到 70%）。无外壳，无绝缘盖，易散热。

(3) 点火线圈的型号

根据 QC/T73-93《汽车电气设备产品型号编制方法》的规定，点火线圈的型号组成如图 4-1-18 所示。

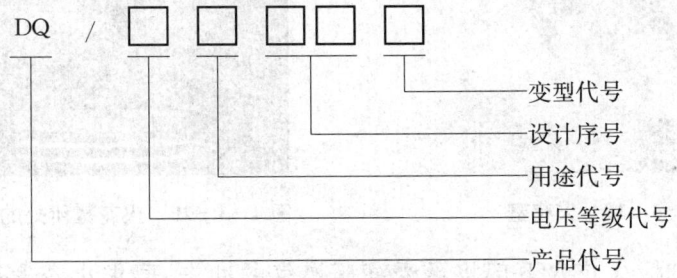

图 4-1-18 点火线圈的型号

产品代号中，D 表示点火，Q 表示线圈，DQG 表示干式点火线圈，DQD 表示电子点火系统用点火线圈,第三个字母G和D分别表示干和电。

电压等级代号中,1表示12 V,2表示24 V,6表示6 V。

具体的用途代号见表4-1-1。

表4-1-1 点火线圈的分组(用途)代号

代号	1	2	3	4	5
用途	单、双缸机	4、6缸机	4、6缸机(带附加电阻)	6、8缸机(带附加电阻)	6、8缸机
代号	6	7	8	9	
用途	8缸机以上	无触点分电器	高能	其他(包括3、5、7缸机)	

例如:DQ124表示电压为12 V,用于4~6缸发动机,设计序号为4的点火线圈。

DQ132A表示电压为12 V,用于4~6缸(带附加电阻)发动机,设计序号为2,第一种型式的点火线圈。

 开磁路式点火线圈的能量转换率低(仅60%左右),广泛应用在传统点火系统;闭磁路式点火线圈的能量转换率高(可达75%以上),多用于电子点火系统和微机控制的点火系统。

2. 火花塞

(1) 火花塞的作用

将高压电引进发动机燃烧室,在电极间形成电火花,以点燃可燃混合气。

火花塞装于气缸盖的火花塞孔内,下端电极伸入燃烧室。上端连接分缸高压线。

火花塞是点火系中工作条件最恶劣、要求最高的部件。其外形如图4-1-19所示。

(2) 对火花塞的要求

如图4-1-20所示为火花塞所处的工作状态,故对火花塞有很高的要求:

图4-1-19 火花塞

图4-1-20 火花塞所处的工作状态

① 混合气燃烧时,火花塞下部将承受高压燃气的冲击,要求火花塞必须有足够的机械强度。

② 火花塞承受着交变的高电压,要求它应有足够的绝缘强度,能承受30 kV高压。

③ 混合气燃烧时，燃烧室内温度很高，可达 1 500～2 200℃，进气时又突然冷却至 50～60℃，因此要求火花塞不但耐高温，而且能承受温度剧变，不出现局部过冷或过热。

④ 混合气燃烧产物很复杂，含有多种活性物质，如臭氧、一氧化碳和氧化硫等，易使电极腐蚀。因此要求火花塞要耐腐蚀。

⑤ 火花塞的电极间隙影响击穿电压，所以要有合适的电极间隙，火花塞安装位置要合适，以保证有合理的着火点。火花塞气密性应当好，以保证燃烧室不漏气。

(3) 火花塞的结构

火花塞的结构如图 4-1-21 所示。

① 组成：壳体、金属杆、绝缘体、中央电极、侧电极和垫片等组成。

② 电极间隙：指的是中心电极与侧电极之间的间隙。

电极间隙过小，则火花微弱，并且容易因产生积炭而漏电。

电极间隙过大，则所需的击穿电压增高，发动机不易起动，且在高速时易发生"缺火"现象。

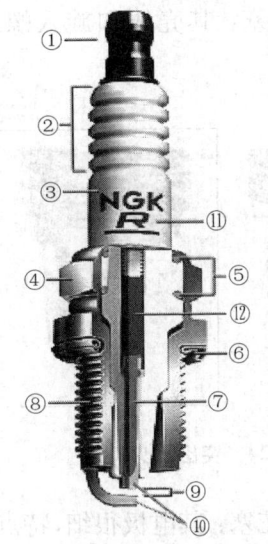

1. 接线螺母；
2. 高氧化铝陶瓷绝缘体；
3. 商标；
4. 钢质壳体（六角形）；
5. 内垫圈（密封导热）；
6. 密封垫圈；
7. 中心电极导电杆；
8. 火花塞裙部螺纹；
9. 电极间隙；
10. 中心电极和侧电极；
11. 型号；
12. 去干扰电阻。

图 4-1-21 火花塞的结构

 一般的电极间隙为 0.6～0.8 mm，现代的汽车甚至采用 1.0～1.2 mm，以改善排气净化。

(4) 常用火花塞的类型

常用火花塞的类型如图 4-1-22 所示。

① 冷型：绝缘体裙部短（<8 mm），适于高速高压大功率发动机；
② 标准型：绝缘体裙部长度为 11～14 mm；
③ 热型：绝缘体裙部长（16～20 mm），适于低速、低压缩比的小功率发动机。

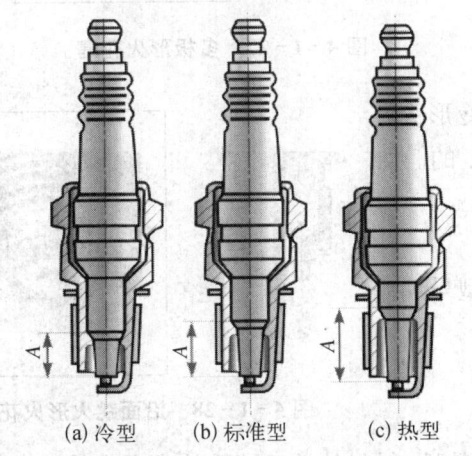

图 4-1-22 火花塞类型

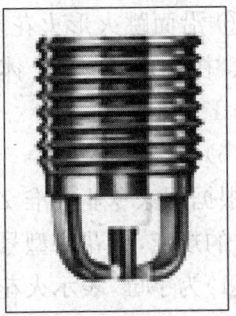

图 4-1-23 标准形火花塞

(5) 火花塞的结构类型

① 标准形火花塞：其绝缘体裙部略缩入壳体端面，侧电极在壳体端面以外，是使用最广泛的一种。如图 4-1-23 所示。

② 突出形火花塞：绝缘体裙部较长，突出于壳体端面以外。如图 4-1-24 所示。

③ 锥座形火花塞：其壳体和旋入螺纹制成锥形，因此不用垫圈即可保证良好密封。如图 4-1-25 所示。

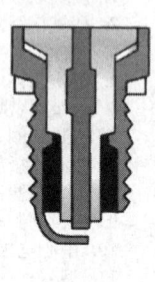 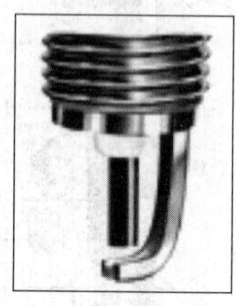  

图 4-1-24 突出形火花塞　　　　　　图 4-1-25 锥座形火花塞

④ 细电极形火花塞：其电极很细，特点是火花强烈，点火能力好，在严寒季节也能保证发动机迅速可靠地起动。如图 4-1-26 所示。

⑤ 多极形火花塞：侧电极一般为两个或两个以上。优点是点火可靠，间隙不需经常调整。如图 4-1-27 所示。

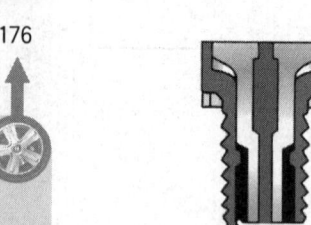  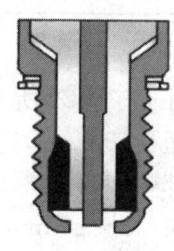

图 4-1-26 细电极形火花塞　　　　　　图 4-1-27 多极形火花塞

⑥ 沿面跳火形火花塞：沿面间隙形，是一种最冷形火花塞，其中心电极与壳体端面之间的间隙是同心的。如图 4-1-28 所示。

(6) 火花塞的型号

根据国家专业标准 ZBT37003-89 火花塞产品型号编制方法》的规定，火花塞型号由三部分组成：

(1) 为字母，表示火花塞结构类型及型式尺寸；

(2) 为阿拉伯数字，表示火花塞热值；

(3) 为汉语拼音字母，表示火花塞派生产品、结构特性、材料特性及特殊技术要求等。

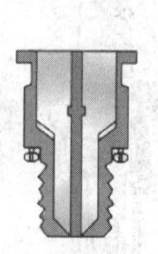 

图 4-1-28 沿面跳火形火花塞

例如：F5RTC型火花塞，F表示螺纹规格为M14×1.25、长度为19 mm、壳体六角对边为20.8 mm，5表示热值为5，R表示带电阻，TC表示镍铜复合电极、绝缘体突出型平座火花塞。

火花塞的安装扭紧力矩见表4－1－2。

(1)　　(2)　　(3)

图4－1－29　火花塞的型号

表4－1－2　火花塞的安装扭紧力矩

旋入长度	18 mm		14 mm		12 mm	10 mm
形　式	平座形(用垫圈)	锥形	平座形(用垫圈)	锥形	平座形(用垫圈)	平座形(用垫圈)
铸铁缸盖(N·m)	35～45	20～30	25～35	15～25	15～25	10～15
铝缸盖(N·m)	35～40	20～30	25～30	10～20	15～22	10～22

火花塞的选用

火花塞的选用都是由汽车制造厂在汽车发动机定型时，结合发动机综合试验而相应确定，所以各种车型都有规定的火花塞类型，使用中不得随意改变。

一般选用火花塞的基本原则是，发动机的功率大，压缩比高，转速高，应选用冷型火花塞，反之则选用热型火花塞。

通常压缩比为3～4的发动机，宜使用热值为1～3的热型火花塞；压缩比为5.5～7的发动机，可选用4～6的中热值火花塞；压缩比为7以上的发动机，则多用7以上高热值的火花塞。

火花塞的选用是否合适，还可在实践中根据在发动机上的使用情况鉴定。如果火花塞经常产生积炭，证明选用的火花塞过"冷"，应改用低热值。若在发动机熄火后仍能工作一段时间，并伴有敲击声时，则为火花塞过"热"，应改用高热值。

3. 点火控制器

如图4－1－30所示，点火控制器的作用是将霍尔元件发来的信号电压通过晶体三极管放大，并且利用晶体三极管的开关作用接通或断开点火线圈的初级电路，使点火线圈次级绕组感应出高压电。图4－1－31所示为桑塔纳轿车的点火控制器。

图4－1－30　点火控制器

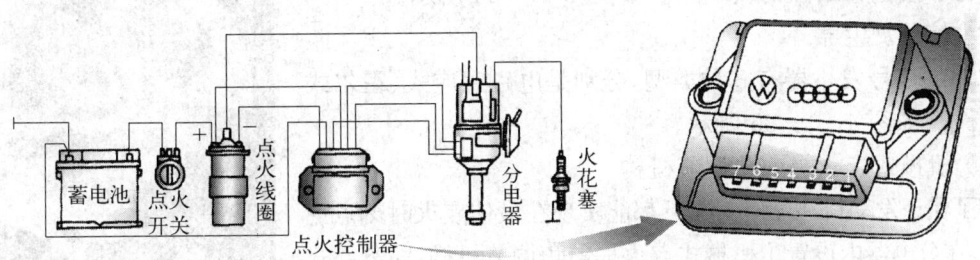

图4－1－31　桑塔纳轿车的点火控制器

> 点火控制器有6根引线：
> 1#：接点火线圈"—"（绿色）；
> 2#：接电源负极（棕色）；
> 3#：接霍尔发生器"—"（棕/白色）；
> 4#：接点火线圈"+"（黑色）；
> 5#：接霍尔发生器"+"（红/黑色）；
> 6#：接霍尔发生器信号输出（绿/白色）；
> 7#：空位（定位）。

4. 分电器

分电器由配电器、信号发生器和机械式点火提前角调节机构等组成，图4-1-32为不同式样的分电器。

（1）配电器

组成：配电器由分电器盖和分火头组成。

作用：按发动机点火顺序，将高压电分配到各缸火花塞上。

分火头插装在分电器轴的顶端，和信号发生器转子一起旋转，其上有金属导电片。分电器盖的中间有高压线插孔，其内装有带弹簧的炭柱，炭柱压在分火头的导电片上。分电器盖的外围有与发动机气缸数相等的旁电极插孔，以安装分高压线。如图4-1-33所示。

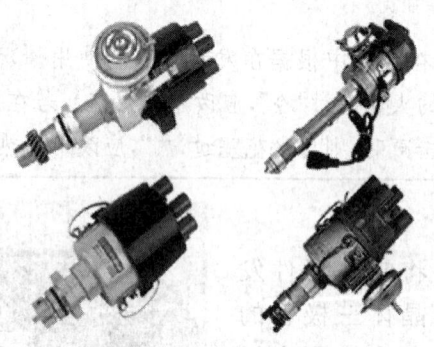

图4-1-32 分电器

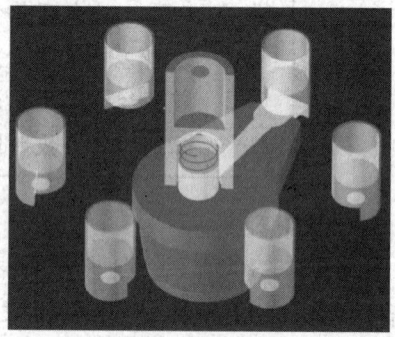

图4-1-33 配电器

（2）断电器

组成：由触点和凸轮组成。

作用：接通和断开初级电路。如图4-1-34所示。

（3）信号发生器

常用的信号发生器有3种类型，分别是电磁感应式、霍尔式及光电式。如图4-1-35所示。

（4）机械式点火提前角调节机构

为了保证发动机在任何工况下都能实现在最佳点火时刻点燃混合气，在分电器内设置了机械式点火提前角调节机构，即离心式调节器和真空式调节器，分别如图4-1-36和图4-1-37所示。

图4-1-34 断电器

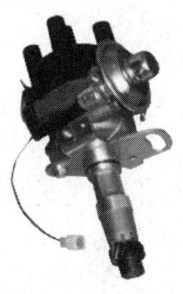  

(a) 电磁感应式　　　　(b) 霍尔式　　　　(c) 光电式

图 4-1-35　3 种信号发生器

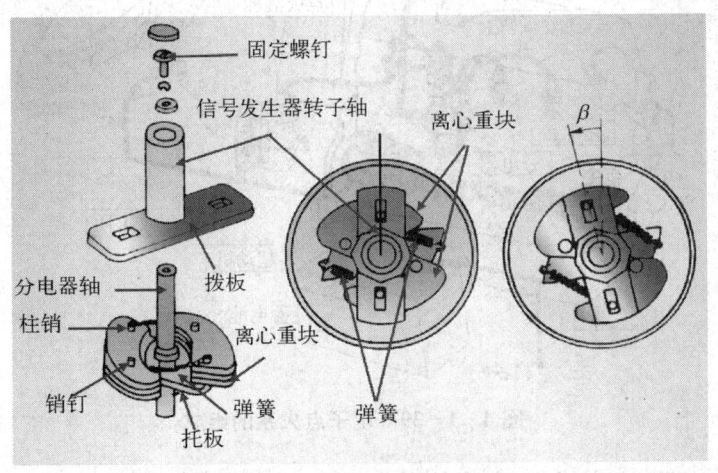

图 4-1-36　离心式调节器

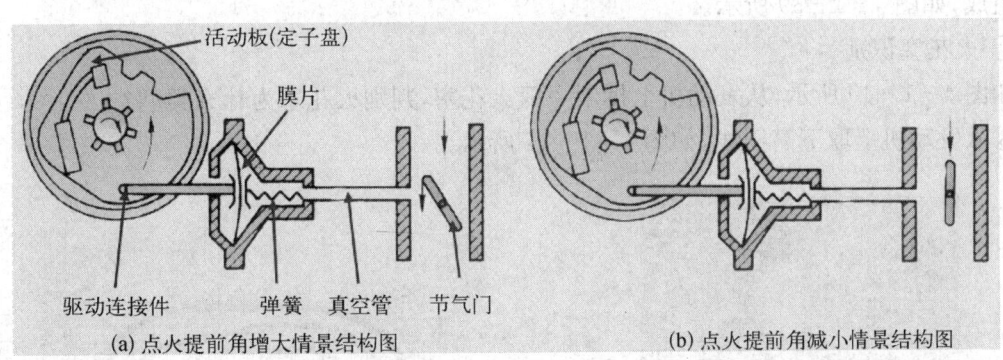

(a) 点火提前角增大情景结构图　　　　(b) 点火提前角减小情景结构图

图 4-1-37　真空式调节器

(5) 电容器

与断电器触点并联,用来减小触点间的火花,延长触点的使用寿命,提高次级电压。如图 4-1-38 所示。

1. 操作名称:汽车电子点火系组成的识别。
2. 需用器材:发动机一台、配套工具一套。

图 4-1-38　电容器

3. 学习目标：

学会识别汽车电子点火系的组成；

学会正确使用工具，规范操作；

学会在操作中，注意环境保护和人身安全。

4. 操作步骤：

① 如图 4-1-39 所示，电子点火系的组成是什么样的？

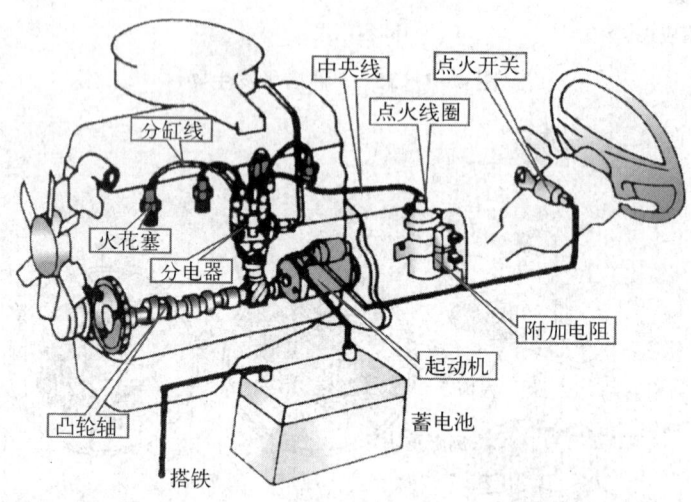

图 4-1-39　电子点火系的组成

电子点火系由电源、点火线圈、点火信号发生器、点火控制器、分电器、火花塞、高压线、点火开关组成，如图 4-1-39 所示。

② 火花塞识别。

如图 4-1-40 所示，从发动机上拆下一只火花塞，判别火花塞为什么类型？

③ 从发动机上取下高压线，如图 4-1-41 所示。

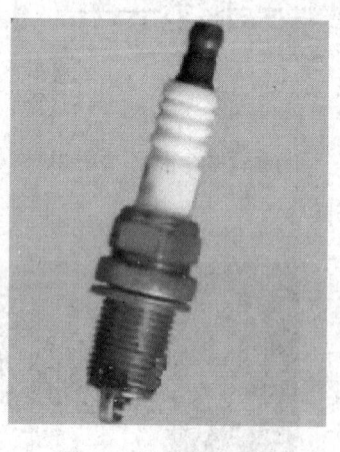

图 4-1-40　火花塞

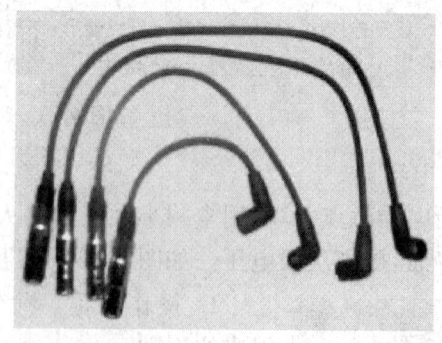

图 4-1-41　高压线

看看高压线与一般导线有什么区别及特点。

说说高压线的作用。

④ 点火线圈如图 4-1-42 所示。

在车上找到点火线圈。

说说点火线圈有何作用？

将 12 V 的低压电转变成 30 kV 的高压电，其结构与自耦变压器相似，所以也称变压器。

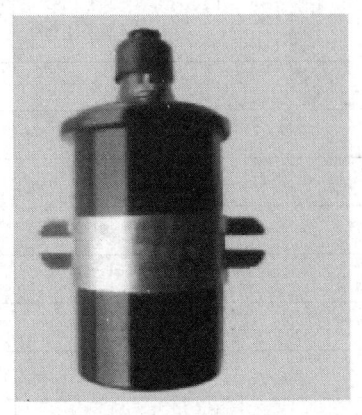

图 4-1-42　点火线圈

图 4-1-43　点火开关

⑤ 点火开关如图 4-1-43 所示。

在车上找到点火开关。

说说点火开关有何作用？

点火开关是用来控制点火系的初级电路，同时也控制充电系的励磁电路，起动电路及由点火开关控制所有用电设备。

⑥ 分电器如图 4-1-44 所示。

在车上找到分电器。

说说分电器的组成是什么样的？

分电器由配电器、信号发生器和点火提前角调节机构等组成。

图 4-1-44　分电器

图 4-1-45　点火模块

⑦ 点火模块如图 4-1-45 所示。

在车上找到点火模块。

说说点火模块的组成是什么样的？

集成电路点火模块主要由整形电路、放大电路和开关电路组成。

评一评

学生姓名		日期		自评	互评	师评
一、学习评价目标						
1. 能讲清汽车电子点火系的组成。						
2. 能正确讲述汽车点火系的作用。						
3. 能正确讲述火花塞的类型、作用与组成。						
4. 能正确讲述点火线圈的类型、作用和组成。						
5. 能正确讲述分电器的类型、作用和组成。						
6. 能正确讲述点火模块的作用。						
7. 正确讲述高压线的作用。						
8. 能在车上正确找出点火系的主要部件。						
9. 操作过程中,无返工现象。						
10. 活动中环保意识及安全工作做得如何。						
二、学习体会 1. 活动中感觉哪项技能最有兴趣?为什么? 2. 活动中哪项技能最有用?为什么? 3. 活动中哪项技能操作可以改进,以使操作更方便实用?请写出操作过程。(请同学们大胆创新,共同研讨,不断提高操作能力。) 4. 你还有哪些要求与设想?						
总体评价				教师签名		

活动二 分电器的分解

案例导入

一辆丰田汽车,每天运行1 h后,经常出现发动机功率下降、加速无力,甚至发动机自动熄火的故障现象。如果你想自己修理,就必须学会电子点火系的工作原理等知识。

关联知识

电子点火系的工作原理

1. 磁感应式电子点火系

磁感应式电子点火系统又称磁脉冲式电子点火系统,其点火信号发生器采用电磁感应原理制成,故此而得名。

丰田20R型发动机采用磁感应式电子点火系统,该点火系统组成如图4-2-1所示。它主要由磁感应式分电器、电子点火组件(点火控制器或点火器)、点火线圈、火花塞等组成。磁感应式分电器主要由磁感应式点火信号发生器、配电器、点火调节装置等组成。

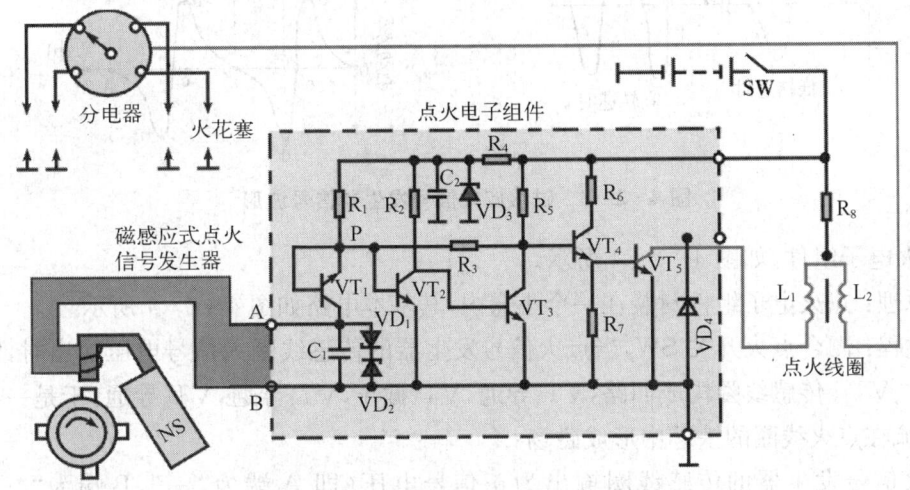

图4-2-1 电磁感应式电子点火系统

① 电磁感应式信号发生器,如图4-2-2所示。

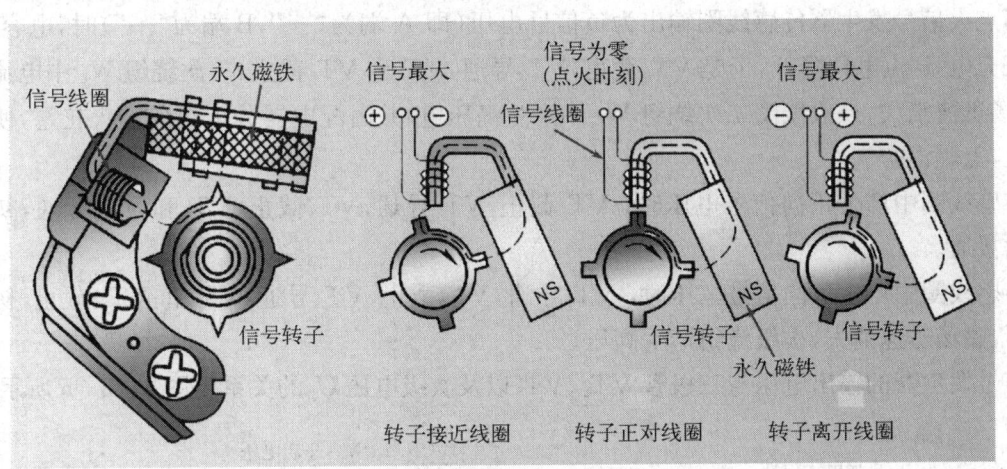

图4-2-2 电磁感应式信号发生器

作用:产生点火信号,控制电子点火器和点火系统的工作。

组成:由(安装在分电器内)分电器轴带动的信号转子、永久磁铁、铁芯、绕在支架上的传感线圈组成。

工作原理:利用电磁感应原理,信号转子转动时,信号转子的凸齿与铁芯的空气隙发生变化,使通过传感线圈的磁通发生变化,在传感线圈中产生感应的交变电动势,该交变电动势输入到点火器,以控制点火系统工作。其工作过程(假设信号转子顺时针转动)如图4-2-2所示。

工作过程:当信号转子顺时针转动,信号转子的凸齿逐渐接近铁芯,凸齿与铁芯间的空气隙越来越小,通过传感线圈的磁通逐渐增大,当信号转子凸齿的齿角与铁芯边缘相对时,磁通急剧增加,磁通变化率最大。其信号波形如图4-2-3所示。

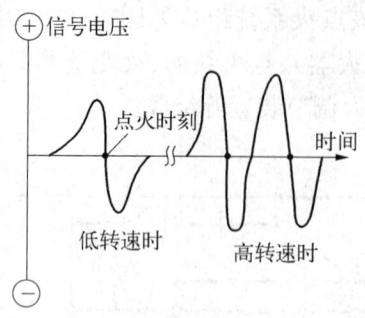 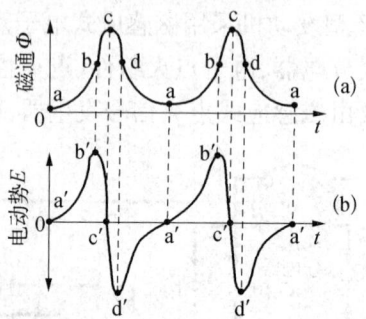

图 4-2-3 磁感应式信号发生器信号波形

② 点火电子组件,如图 4-2-4 所示。

工作原理:点火电子组件封装在一个小盒内,其基本电路如图 4-2-4 所示。

工作过程:闭合点火开关 SW,当点火信号发生器的传感线圈无信号电压输出时,蓄电池电流经 R_4、R_1、VT_1,传感线圈构成回路,VT_2 导通,VT_3 截止,VT_4 导通,VT_5 导通,于是一次电路接通,一次电流在点火线圈的铁芯中形成磁场。

当点火信号发生器的传感线圈输出为正信号电压(即 A 端为"+",B 端为"-")时,电容 C_1 充电使 P 点电位升高,VT_2 仍导通,VT_3 截止,VT_4 和 VT_5 导通,一次绕组 W_1 中仍有电流流过。

当点火信号发生器传感线圈输出为负信号电压(即 A 端为"-",B 端为"+")时,电容 C_1 放电并反充电,P 点电位降低,于是 VT_2 截止,VT_3 导通,VT_4 和 VT_5 截止,一次绕组 W_1 中电流被切断,磁场迅速消失,点火线圈二次绕组 W_2 中产生高压电,并由配电器分配至各缸火花塞,使火花塞跳火,点燃混合气。

传感线圈中产生正向信号电压时,VT_1 截止,VT_2 导通,VT_3 截止,VT_4 和 VT_5 导通,初级电路仍然接通。

传感线圈中产生负向信号电压时,VT_1 导通,VT_2 截止,VT_3 导通,VT_4 和 VT_5 截止,初级电路切断,磁场迅速消失,次级绕组产生高压。

信号发生器的输出电压与三极管 VT_2、VT_5 以及次级电压 U_2 的关系见图 4-2-5 所示。

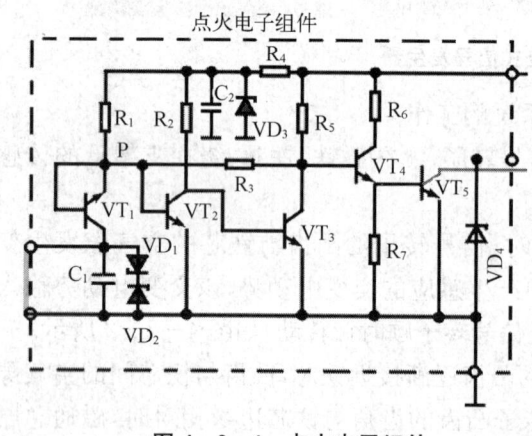

图 4-2-4 点火电子组件

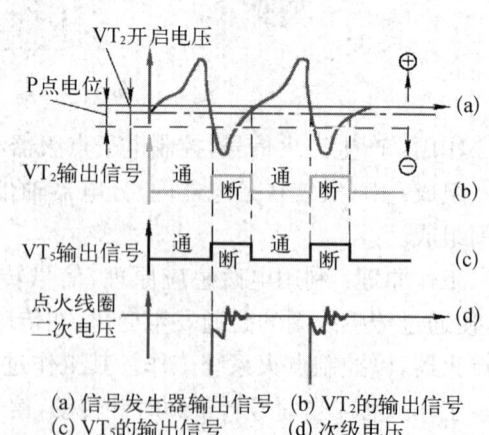

图 4-2-5 点火系工作时各部分的电压波形

> **其他元件的作用**
> - VD_1、VD_2——反向串联后与点火信号发生器的传感线圈并联,在高转速时,使传感线圈输出的正向和负向电压稳定在某一数值,保护 VT_2 不受损害;
> - VD_3——与 R_4 组成稳压电路,保证 VT_1 和 VT_2 在稳定电压下工作;
> - VD_4——当 VT_5 管截止时,将初级绕组的自感电动势限制在某一值内,保护 VT_5 管;
> - C_1——消除点火信号发生器传感线圈输出电压波形上的毛刺,防止误点火;
> - C_2 与 R_4 组成吸收电路,吸收瞬时过电压,防止误点火;
> - R_3——加速 VT_2 及 VT_5 的翻转。

2. 霍尔式电子点火系

霍尔式电子点火系由内装霍尔信号发生器的分电器、点火器、火花塞、点火线圈等组成。

(1) 霍尔效应

霍尔效应是由美国物理学家霍尔发现的电流,霍尔效应的原理如图 4-2-6 所示。当电流通过放在磁场中的半导体基片(即霍尔元件),且电流方向与磁场方向垂直时,在同时垂直于电流与磁场的方向上,半导体基片内产生一个与电流大小和磁感应强度成正比的电压,这个电压就称为霍尔电压 U_H。

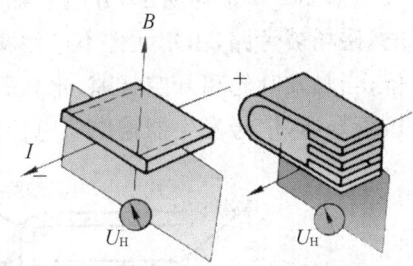

图 4-2-6 霍尔效应

(2) 霍尔信号发生器

① 图 4-2-7 中图(a)所示为带有霍尔式点火信号发生器的分电器,霍尔信号发生器位于分电器内,霍尔信号发生器的结构如图(b)所示。

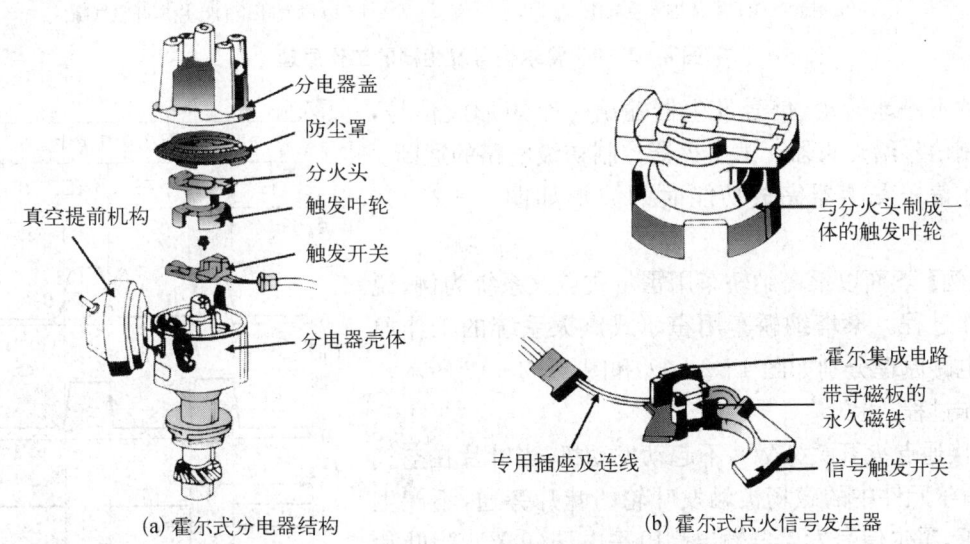

(a) 霍尔式分电器结构　　(b) 霍尔式点火信号发生器

图 4-2-7 霍尔信号发生器

② 霍尔元件实际上是一个霍尔集成块电路,内部结构如图 4-2-8 所示。因为在霍尔元件上得到的霍尔电压一般为 20 mV,因此必须将其放大整形后再输出给点火控制器。

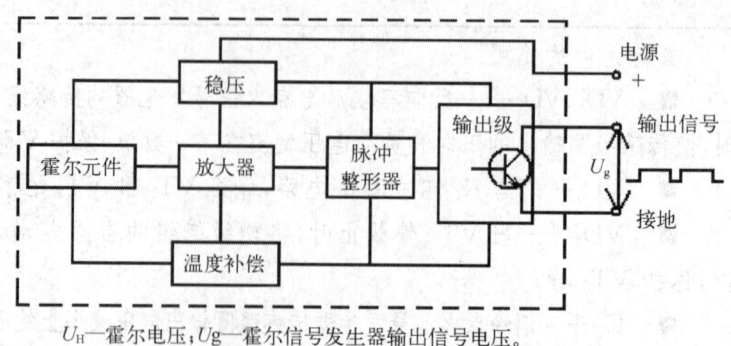

U_H—霍尔电压；U_g—霍尔信号发生器输出信号电压。

图 4-2-8 霍尔元件内部结构

③ 霍尔信号发生器的工作原理

如图 4-2-9 所示，分电器轴带动触发叶轮转动，当叶片进入磁铁与霍尔元件之间的空气隙时，磁场被旁路，霍尔元件不产生霍尔电压，霍尔集成电路末级三极管截止，信号发生器输出高电位；当触发叶轮离开空气隙，永久磁铁的磁力线通过霍尔元件而产生霍尔电压，集成电路末级三极管导通，信号发生器输出低电位。

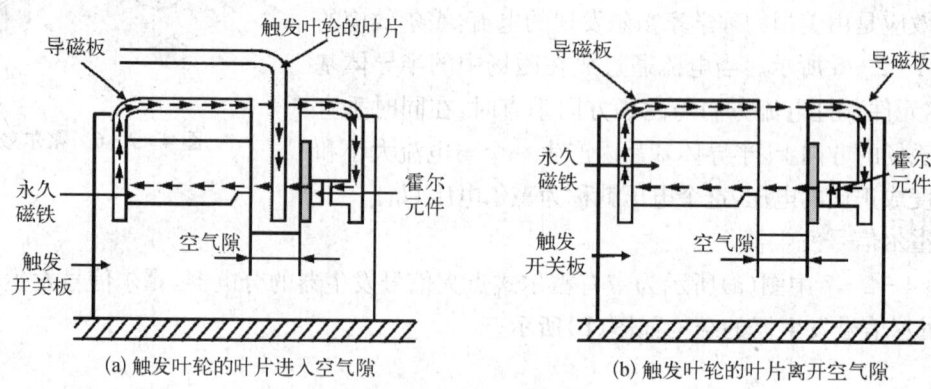

(a) 触发叶轮的叶片进入空气隙　　(b) 触发叶轮的叶片离开空气隙

图 4-2-9 霍尔信号发生器的工作原理

叶片不停地转动，信号发生器输出一个矩形波信号，作为控制信号给点火器。由点火器控制初级电路的通断。

霍尔信号发生器完成功能时的波形如图 4-2-10 所示。

【案例】下面以桑塔纳轿车用霍尔式点火系统为例，说明其工作过程。桑塔纳轿车用霍尔式点火系统的工作原理及其电路原理分别如图 4-2-11 和图 4-2-12 所示。

工作过程：

① 接通点火开关（SW），不起动发动机，当叶片在空气隙时：霍尔元件中的磁场被触发叶轮的叶片旁通，不产生霍尔电压，霍尔信号发生器输出高电平电压（9 V）；当叶片不在空气隙时：霍尔元件中有磁场，产生霍尔电压，霍尔信号发生器输出低电平电压（0.07 V）；而点火控制器具有停车慢断电保护电路，它能使大功率三极管 V 在一定时间内

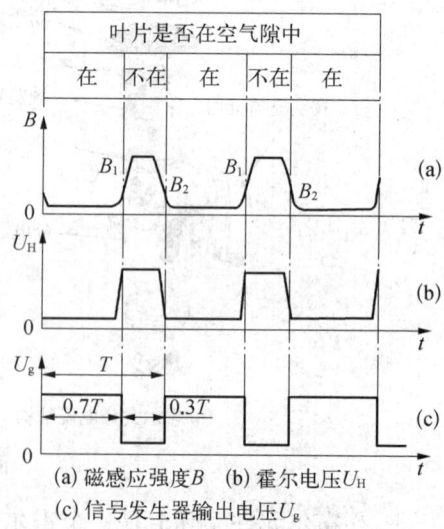

(a) 磁感应强度 B　(b) 霍尔电压 U_H
(c) 信号发生器输出电压 U_g

图 4-2-10 霍尔信号发生器功能波形

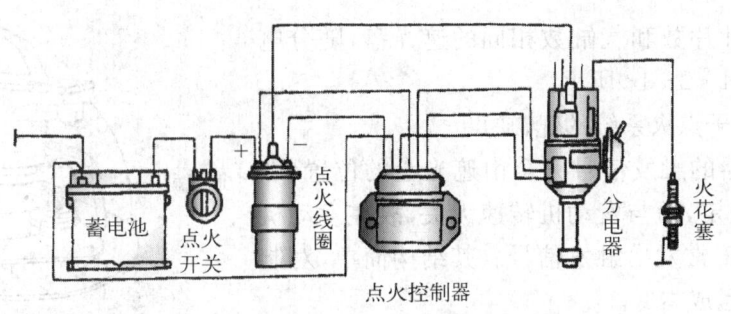

图 4-2-11 桑塔纳轿车用霍尔式点火系统的工作原理

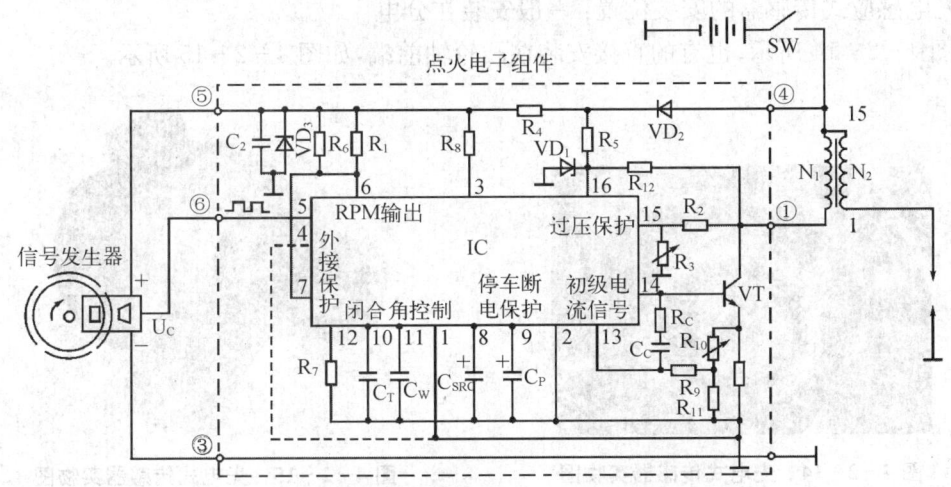

图 4-2-12 桑塔纳轿车用霍尔式点火系统的电路原理

变为截止状态,切断点火线圈初级电路的电流。

② 接通点火开关(SW),起动发动机,当叶片进入永久磁铁与霍尔元件之间的空气隙时:霍尔元件中的磁场被触发叶轮的叶片旁通,不产生霍尔电压,信号发生器输出高电平电压(9 V),使大功率三极管导通,有初级电流。

③ 当叶片离开永久磁铁与霍尔元件之间的空气隙时:霍尔元件中有磁场,产生霍尔电压,信号发生器输出低电平电压(0.4 V),使大功率三极管截止、初级电流断路,点火线圈次级绕组感应出高压电。

> 霍尔发生器与分电器装于一体,引出的3根导线分别为:
> "+"接线柱:接点火器"5",红/黑色;
> "信号"接线柱:接点火器"6",绿/白色;
> "-"接线柱:接点火器"3",棕/白色。

3. 光电式电子点火系

(1) 光电式传感器

① 组成:信号转子、光源、光接收器。

光源:砷化镓发光二极管,发出接近红外频率的不可见光,二极管耐振动使用寿命长。

光接收器:光敏晶体管。

信号转子：叶片数和气缸数相同的遮光盘，随分电器轴转动。如图4-2-13所示。

② 光电式电子点火系统的优、缺点。

优点：触发器的触发信号完全由遮光盘的位置（即曲轴的位置）所决定，而与发动机转速无关，故在发动机转速很低时也能正常发出触发信号。其结构简单，对制造精度要求不高且成本低。

缺点：脏污后灵敏度将会降低。

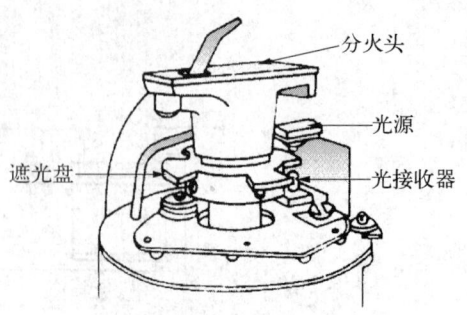

图4-2-13 光电式传感器

③ 光电感应式传感器的安装位置：一般安装在分电盘上，如图4-2-14所示；也有的直接安装在凸轮轴前端，如图4-2-15所示。

图4-2-14 光电式传感器实物图

图4-2-15 光电式传感器实物图

（2）光电式信号发生器的工作原理

其工作原理和电路原理分别如图4-2-16和图4-2-17所示，发光二极管通电产生不可见光，经聚集照射光敏晶体管，光敏晶体管导通，输出低电平；当信号转子转动到某叶片遮挡住光源时，光敏晶体管截止，输出高电平。光敏晶体管输出的脉冲信号经电子控制器处理后，相应地控制点火线圈初级电路的通断。

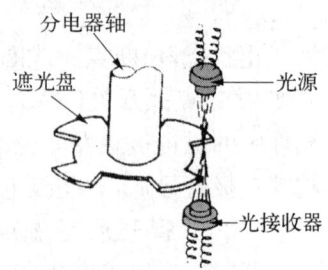

图4-2-16 光电式信号发生器的工作原理

（3）光电式电子点火系的工作过程

① 当发动机工作时，遮光盘随分电器转动，当遮光盘的缺

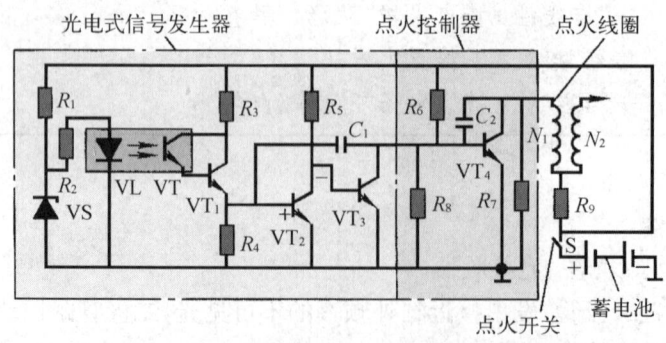

图4-2-17 光电式信号发生器的电路原理

口通过 VL 与 VT 时,则红外线通过缺口照射到 VT,使其导通,则 VT_1 导通,VT_2 导通,VT_3 截止,由于 R_6 和 R_8 的分压为 VT_4 提供偏置电压,VT_4 导通。于是点火系的初级电路导通。

② 当遮光盘的叶片部分遮住发光二极管发出的红外线光束时,VT 截止,则 VT_1 和 VT_2 截止,VT_3 经 R_5 获得偏流而导通,VT_4 截止,使点火系的初级电路截止,点火线圈的次级绕组产生高压电。

③ 高压电通过分电器分配给各缸火花塞,点燃混合气(VL 为发光二极管,VT 为光敏晶体管)。

点拨

电路中其他元件的作用:
① 稳压管 VS 使 VL 的工作电压维持在 3 V 左右;
② 电阻 R_7 的作用是当 VT_4 截止时,短路初级电路中的自感电动势,保护 VT_4;
③ 电容器 C_1 对 VT_2 正反馈,使 VT_2 和 VT_3 加速翻转。

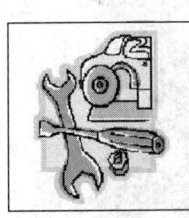

操作活动

1. 操作名称:本田雅阁汽车分电器的分解。
2. 需用器材:本田雅阁汽车分电器一只,常用工具一套。
3. 学习目标:
学会本田雅阁汽车分电器的拆装;
学会正确使用工具,规范操作;
学会在操作中,注意环境保护和人身安全。
4. 操作步骤:
① 拧下分电器盖和配电器之间的紧固螺钉,如图 4-2-18 所示。
② 将分电器盖和配电器分离,如图 4-2-19 所示。

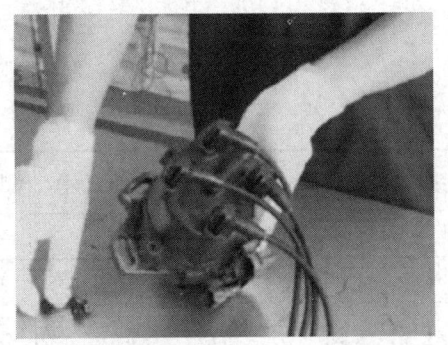

图 4-2-18 拧下分电器盖和配电器之间的紧固螺钉

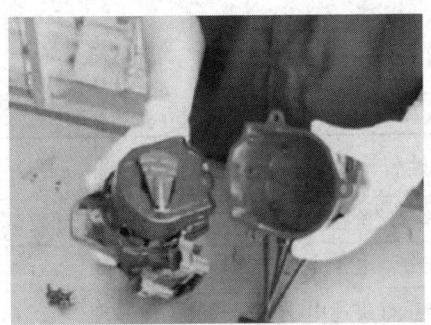

图 4-2-19 分电器盖和配电器分离

③ 取下分火头的固定螺丝,取出分火头,如图 4-2-20 所示。
④ 取下分电器点火线圈的紧固螺丝,取出点火线圈,如图 4-2-21 所示。

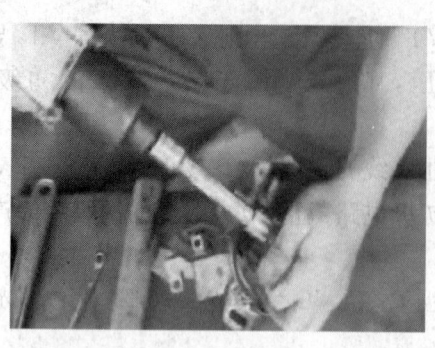
图4-2-20 取下分火头

图4-2-21 取出点火线圈

⑤ 取下转速传感器与分电器轴支承板的紧固螺丝，拧下分电器点火模块的螺丝，并取出点火模块，如图4-2-22所示。

⑥ 取出分电器轴及信号发生器、分电器轴支承板。拆下凸轮轴和1缸上止点信号传感器，如图4-2-23所示。

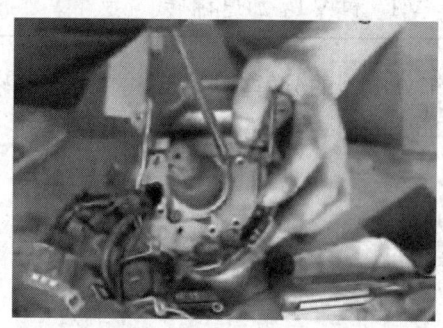
图4-2-22 取下转速传感器

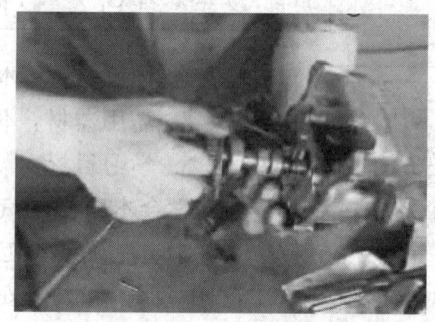
图4-2-23 取出分电器轴

⑦ 安装顺序与拆卸步骤相反。

学生姓名		日期		自评	互评	师评
一、学习评价目标						
1. 能分清电子点火系的种类。						
2. 能正确讲述电磁感应式的工作原理。						
3. 能正确讲述霍尔式的工作原理。						
4. 能正确讲述光电式的工作原理。						
5. 能分清电磁感应信号、霍尔式及光电式信号发生器。						
6. 能讲述霍尔式信号发生器原理。						
7. 会进行分电器的拆卸和组装。						
8. 能认出分电器的类型。						

（续 表）

学生姓名		日期		自评	互评	师评
9. 操作过程中，无返工现象。						
10. 活动中环保意识及安全工作做得如何。						
二、学习体会 1. 活动中感觉哪项技能最有兴趣？为什么？ 2. 活动中哪项技能最有用？为什么？ 3. 活动中哪项技能操作可以改进，以使操作更方便实用？请写出操作过程。（请同学们大胆创新，共同研讨，不断提高操作能力。） 4. 你还有哪些要求与设想？						
总体评价				教师签名		

活动三　微机控制点火系统的识别

案例导入　一辆广州本田雅阁 3.0 L 轿车的车主反映：该车突然出现动力下降、加速无力的现象。起初认为是燃油箱里燃油不合格所致（曾在私人加油站加过油），但把燃油全部换掉后，故障依旧。为排除故障，我们来学习微机控制点火系统的相关知识。

关联知识

一、微机控制点火系统的组成

微机控制的点火系统，是现代轿车广泛应用的一种新型点火系统。微机控制点火系统主要由监测发动机运行状况的传感器、处理信号和发出点火指令的电控单元、对点火指令作出响应的点火器和点火线圈等组成。

1. 组成

由传感器、控制单元、电子点火控制器（点火器）、点火线圈等组成，如图 4-3-1 所示。

（1）传感器

传感器用来检测与点火有关的发动机工作的状况信息，并将检测结果输入 ECU，作为计算和控制点火时刻的依据。这些传感器大多与燃油喷射系统、怠速控制系统等电子控制系统共用。

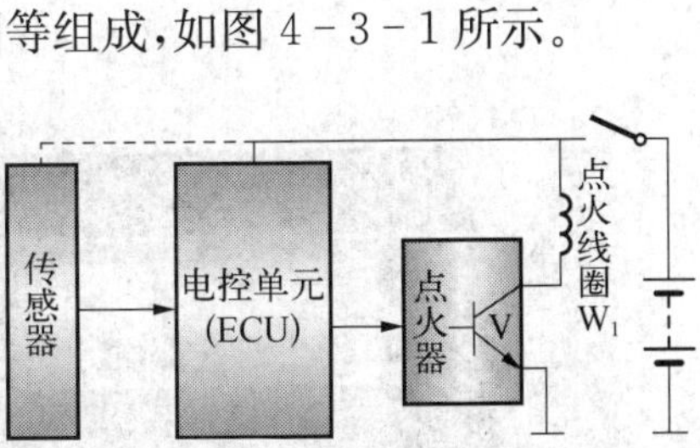

图 4-3-1　微机控制点火系统的组成

如图 4-3-2 所示，传感器包含有：
① 凸轮轴传感器；
② 曲轴位置、转速传感器；
③ 空气流量传感器；
④ 进气温度传感器；
⑤ 爆燃传感器；
⑥ 节气门位置传感器；

⑦ 冷却液温度传感器；
⑧ 进气管压力传感器；
⑨ 空调开关冷却液温度传感器；
⑩ 起动开关空挡开关。

以上各种传感器大都与电控汽油喷射系统、怠速控制系统等共同使用。

（2）控制单元（ECU）

如图 4-3-3 所示，电子控制器（ECU）既是燃油喷射控制系统的控制核心，也是点火控制系统的控制核心。在 ECU 的只读存储器（ROM）中，除存储有监控和自检等程序之外，还存储有由台架试验测定的该型发动机在各种工况下的最佳点火提前角。随机存储器（RAM）用来存储微机工作时暂时需要存储的数据，如

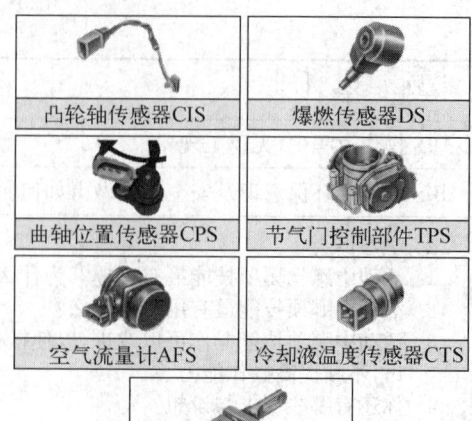

图 4-3-2 传感器举例

输入/输出数据、单片机运算得出的结果、故障代码、点火提前角修正数据等，这些数据根据需要可随时被调用或被新的数据改写。CPU 不断接收上述各种传感器发送的信号，按预先编制程序进行计算和判断后，向点火控制器发出最佳点火提前角和点火线圈初级电路导通时间的控制信号。

（3）点火执行器

① 点火器：是电控点火系统的执行元件，它可将电子控制系统输出的点火信号进行功率放大，驱动点火线圈工作。

② 点火线圈：可将火花塞跳火所需的能量存储在线圈的磁场中，并将电源提供的低压电转变为足以在电极间产生击穿点火的 15～20 kV 高压电。在有分电器的电控点火系统中，只有一个点火线圈，而无分电器点火系统中则有多个点火线圈。

③ 分电器：在有分电器的电控点火系统中，分电器根据发动机的点火顺序，将点火线圈产生的高压电依次输送给各缸火花塞。

④ 火花塞：主要利用点火线圈产生的高电压产生电火花，点燃气缸内的混合气。

图 4-3-3 控制单元

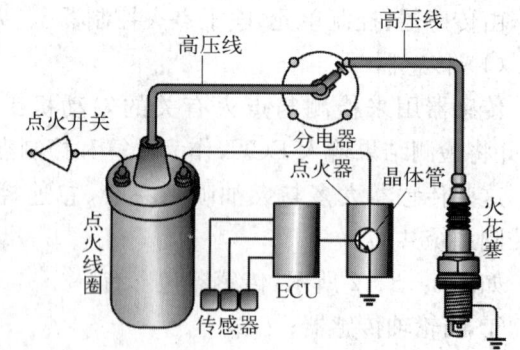

图 4-3-4 有分电器式点火系统

二、电控制点火系统类型

1. 有分电器式

如图 4-3-4 所示为有分电器式点火系统。在本田汽车电控点火系中，曲轴位置传感器

（TDC/CKP/CYP）、点火线圈、点火控制器都在分电器下，与分电器合为一体。本田雅阁汽车F22B1型发动机点火系电路图如图4-3-5所示。

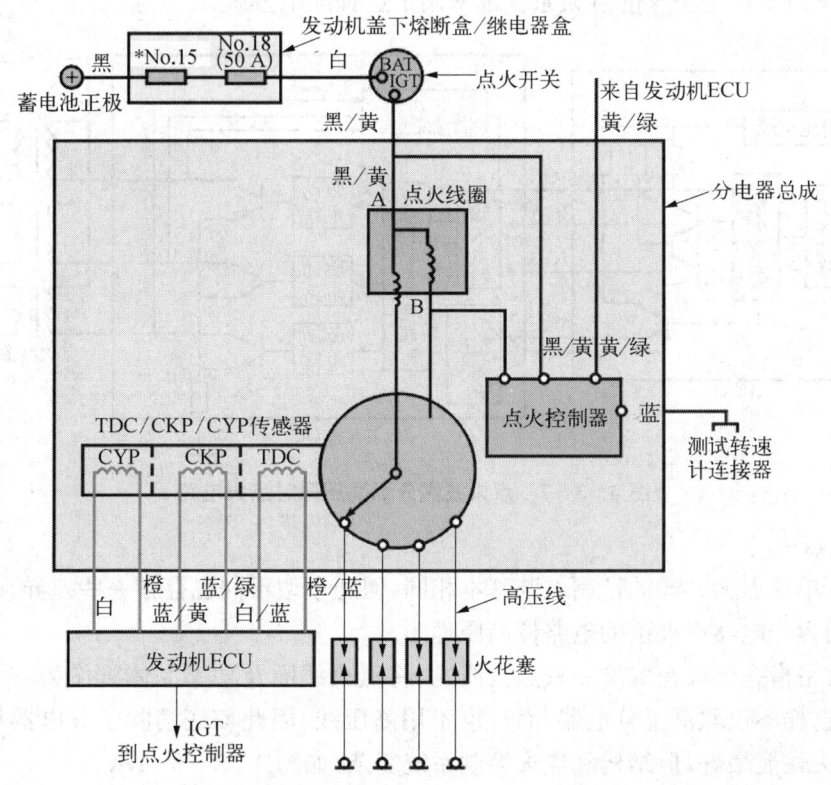

图4-3-5　本田雅阁汽车F22B1型发动机点火系电路图

2．无分电器式

（1）同时点火

① 二极管分配式：

二极管分配高压电的双缸同时点火电路原理如图4-3-6所示。

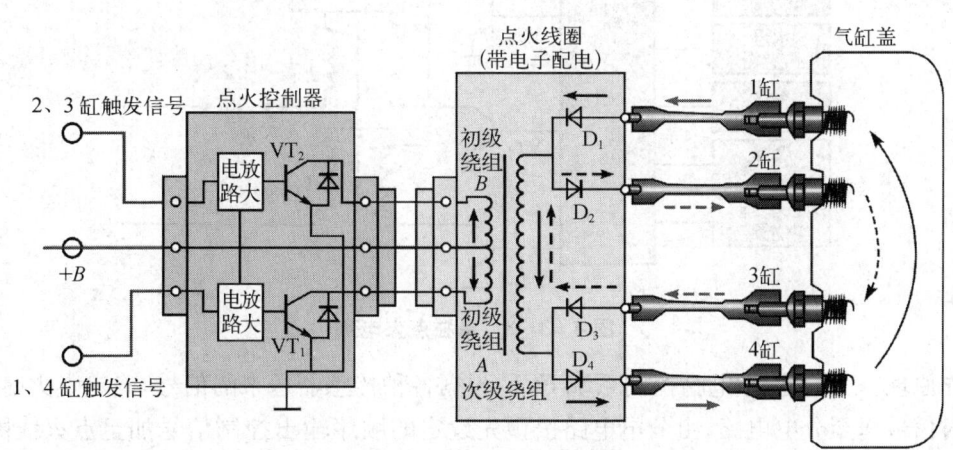

图4-3-6　二极管分配同时点火电路

② 线圈分配式：

点火线圈直接分配高压的双缸同时点火电路原理如图4-3-7所示。桑塔纳2000GSI、捷达AT、GTX和奥迪200型轿车的点火系统都采用了这种配电方式。

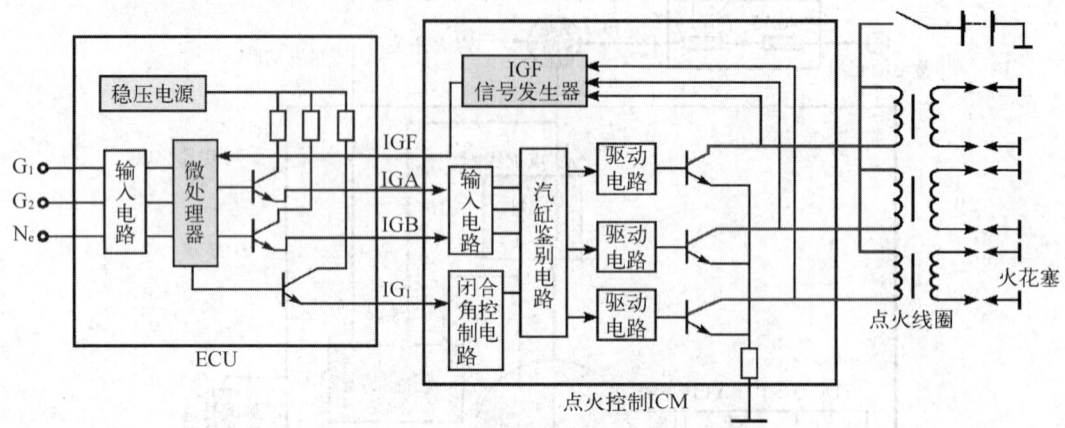

图4-3-7 点火线圈分配高压同时点火电路

(2) 单独点火

无分电器单独点火方式的控制电路基本相同，但随车型不同也存在一些差异，图4-3-8所示为日产公司无分电器点火系的电路控制原理图。

单独点火是指一个火花塞配一只点火线圈，将点火线圈及功率晶体管作为一体直接安装在火花塞顶上，这样不仅取消了分电器，而且也不用高压线，因此彻底消除了分电器和高压线所带来的缺陷，点火性能最好，但结构和点火控制系统复杂，如图4-3-8所示。

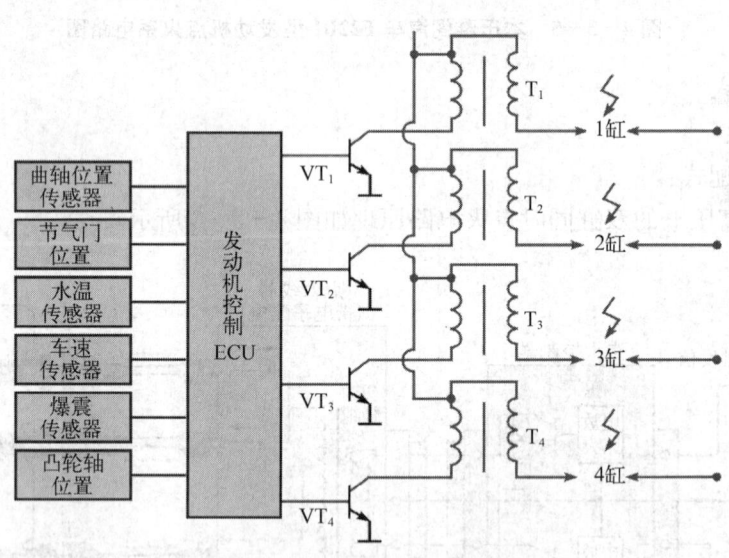

图4-3-8 单独点火电路

工作原理：工作时，微电脑控制系统ECU根据各种传感器送来的信号，确定点火时间，并将点火正时信号送至分电电路，由分电电路按预先设定的顺序输出控制信号加至点火线圈初级电流驱动电路，由该电路切断相应点火线圈初级的电流。次级线圈中感应出的高压电，加至相应缸的火花塞上使其放电产生电火花。

> **两种微机控制点火系的比较：**
>
> 无分电器点火系统的工作原理与前述点火系统的工作原理基本相同，都是利用各种传感器产生各类信号，通过微机的运算对点火线圈的初级绕组进行控制，使点火线圈的次级绕组产生高压电动势，所不同的是前述的电子点火系用一个点火线圈，而无分电器点火系统则采用多个点火线圈，因此无分电器点火系统就要对需要进行点火的气缸进行识别，控制需要点火气缸的点火线圈通断，产生高压电。为此，无分电器的点火系统除了需要前述点火系统所需的发动机转速、负荷、水温、进气温度、起动、怠速等信号外，还需要有气缸的识别信号。
>
> 气缸识别信号可采用曲轴位置传感器或凸轮轴位置传感器信号，通过微机运算后得出，再将气缸识别信号送到点火器，点火器中的气缸判断电路收到气缸识别信号后，确定哪一个气缸的点火线圈需要点火。

三、电脑控制点火系统的基本工作原理

发动机工作时，各种传感器不断地检测出各缸活塞位置、曲轴转角、发动机转速、负荷、冷却液温度等信号，并输入微机 ECU。

微机按存储器中存放的程序，根据有关的数据，计算出该工况下的基本点火提前角和一次电路导通时间，并根据冷却液温度、进气温度等信号加以修正，确定发动机的最佳点火提前角和一次电路导通时间。然后将计算结果转换为控制信号，经微机输出回路向电子点火控制器发出指令，接通点火线圈一次电路，经过最佳导通时间后，微机再发出控制指令，使电子点火控制器切断点火线圈一次电路，以实现发动机点火。

发动机运转中，计算机控制系统不断地通过各种传感器采集与发动机点火有关的信息，控制点火系统使发动机始终能获得最佳点火提前角。电脑控制点火系统及其原理分别如图 4-3-9 和图 4-3-10 所示。

图 4-3-9 电脑控制点火系统

1. 有分电器点火系统的工作原理

点火开关接通 IG_2，点火器、点火线圈和 ECU 通电，ECU 根据各种传感器输入的信号，确定出发动机最佳点火时刻，向点火器发出触发点火信号"IGT"，切断初级电路，使次级绕组感应出高压电经分电器送到各缸火花塞。发动机每点 1 次火，点火器向 ECU 反馈 1 个点火确认信号"IGF"，作为自诊断系统监控信号。若 ECU 连续 4 次未收到"IGF"信号，即判定点火系出现故障。如图 4-3-11 所示。

2. 无分电器点火系统的工作原理

（1）点火线圈分配式电路

单独点火方式，如图 4-3-12 所示，同时点火方式，如图 4-3-13 所示。

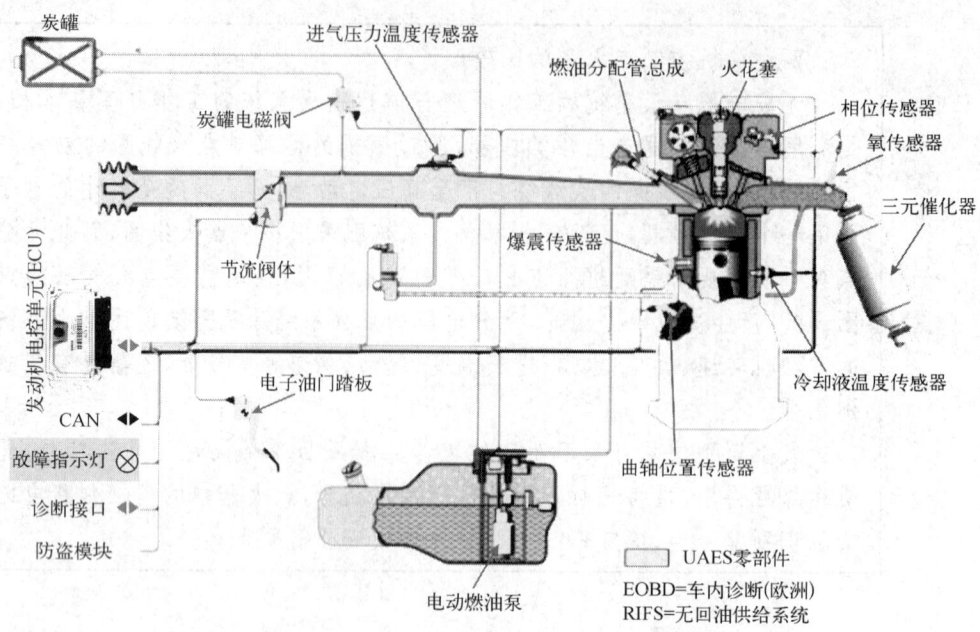

图 4-3-10 电脑控制点火系统原理图

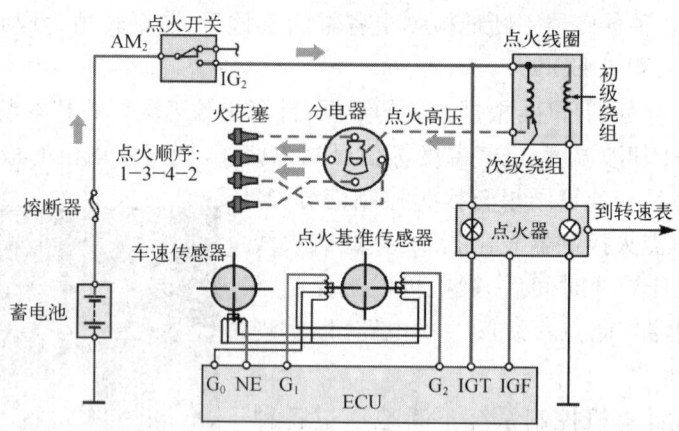

图 4-3-11 2TZ—FE 发动机电控制点火系统

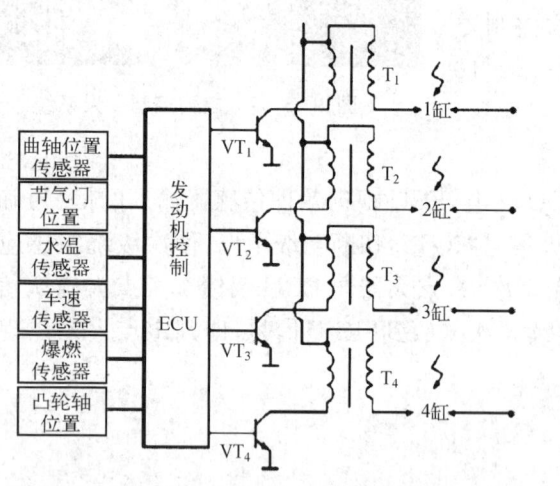

图 4-3-12 点火线圈分配式电路(单独点火)

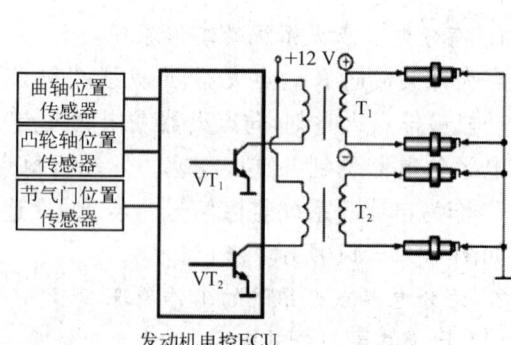

图 4-3-13 点火线圈分配式电路(同时点火)

（2）二极管分配式电路

如图4-3-14为二极管分配式电路。

① 二极管分配式同时点火无分电器点火系统：

如图4-3-15所示，该系统的曲轴转角、转速及点火基准传感器为光电效应式，它安装在排气凸轮轴上；电子点火控制器（点火器）主要为两只大功率三极管；点火线圈为四缸机点火专用电子配电式点火线圈；火花塞则采用铂电极材料以延长其使用寿命。

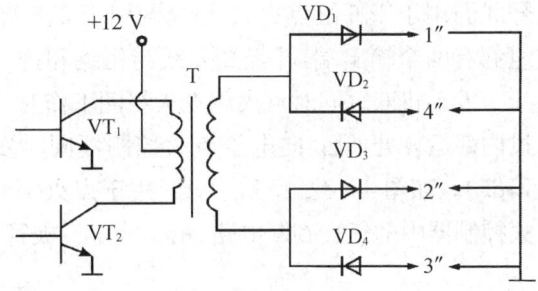

图4-3-14 二极管分配式电路（同时点火）

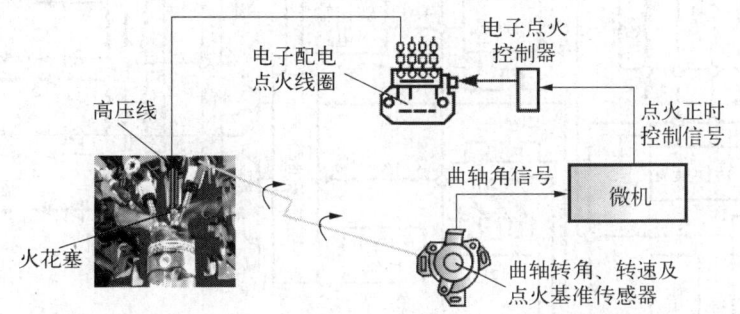

图4-3-15 二极管分配式同时点火无分电器点火系统

② 二极管分配式同时点火无分电器点火系统的工作原理：

如图4-3-16所示，发动机运转时，当传感器遮光转盘上最宽（或次宽）的缺口与光源和光接收器相对时，微机便向电子点火控制器中的1、4缸触发控制电路发出点火触发点火信号，VT_1截止，一次绕组2中电流被切断，在二次绕组中便感应出上"-"下"+"的高压电（约6 kV），同时击穿4、1缸火花塞。一次绕组5中电流切断，二次绕组中产生上"+"下"-"的高压电，此时3缸点火，2缸点空火。依此类推，发动机曲轴每转两周，排气凸轮轴，即遮光转盘转一周，发动机则按1—3—4—2的点火次序给各缸轮流点火一次。

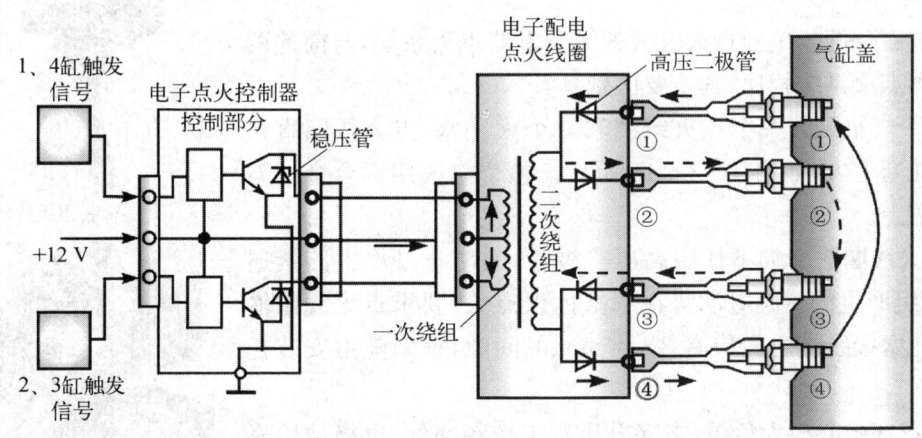

图4-3-16 蓝鸟DOCH发动机点火系统工作原理

3. 点火线圈分配式同时点火的无分电器点火系统

一般6缸发动机的点火线圈，共有3个互相独立的点火线圈共同装于一个托架上构成。1

号线圈用于1、6缸点火;2号线圈用于2、5缸点火;3号线圈用于3、4缸点火。每个线圈二次绕组都有两个输出端,并经高压线与压缩和排气上止点的两个气缸的火花塞相连。

发动机双缸同时点火用点火线圈工作时,微机不断接收各种传感器输入的发动机工况信息,经过内部运算处理后,向电子点火控制器同时发出点火控制信号(Igt)和点火气缸判别信号(IGdA、IGdB)。如图4-3-17所示,Igt用于点火提前角及一次电路闭合角控制;IGdA、IGdB输给电子点火控制器中的气缸判断电路,用于确定三极管VT_1、VT_2、VT_3的通断次序,即点火次序。

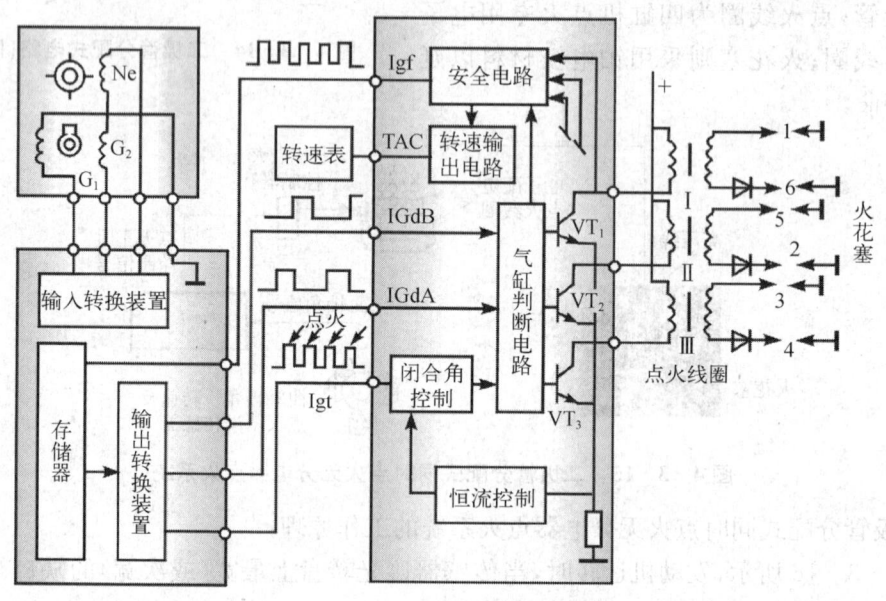

图4-3-17 丰田 IG-GZEU 型发动机点火系统

4. 点火线圈分配单独点火方式

单独点火方式是指用一个火花塞配一个点火线圈,单独地直接对每个缸进行点火,其点火线圈数目应等于发动机气缸数,且每个点火线圈均由单独的点火器控制。

点火线圈分配式单独点火方式的无分电器点火系统,与前述两种无分电器点火系统相比,其主要区别是:

① 每个气缸配装一个点火线圈和一个火花塞,点火线圈直接安装在火花塞上方,如图4-3-18所示。整个总成用铝合金托架装于气缸盖上。

② 点火线圈输出端不使用高压二极管,为防止一次电路接通时,二次绕组产生的感应电动势在气缸内误点火,要求点火线圈输出端与火花塞接线端之间应有3~4 mm的间隙,该间隙由安装托架来保证。

③ 火花塞中心极为负极,击穿电压及工作频率低,电极使用寿命长。

④ 因点火线圈直接向火花塞供电,故能量损失少、效率高、电磁干扰小。

一体式点火线圈

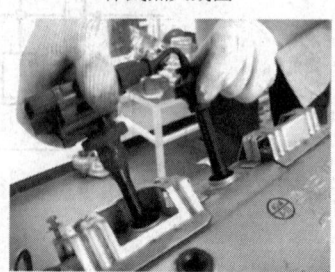

图4-3-18 间隙由安装托架来保证

四、电子点火系统的使用注意事项

① 接线必须正确、牢固,插接器要插接良好。电子器件应安放在易散热、通风好的位置。

② 清洗发动机时,应断开点火开关,且不得直接清洗电子器件和电子装置。

③ 拆卸、连接点火系统导线(包括高压线)及用仪器检测时,应先断开点火开关。同时应谨慎使用"试火法"、"短路法"检查点火系统故障,以防发生意外。

④ 电子点火系统的分电器、电子点火控制器、高能点火线圈等一般不得随意替代。

⑤ 电子点火系统应有可靠的搭铁,减少搭铁处的接触电阻,以确保电路稳定可靠地工作。

⑥ 点火信号线应远离高压线,以免干扰电子点火控制器的正常工作。

⑦ 当需摇转发动机而又不起动发动机时,应从分电器盖上拔下点火线圈高压线并将其搭铁,决不允许点火线圈在开路状态下工作,否则极易损坏点火线圈和电子器件。

⑧ 检测信号发生器转子与定子之间的气隙,必须用塑料塞尺,禁止使用一般的钢质塞尺。

⑨ 电子点火系统中电子元器件较多,精度要求高,一般不得随意拆卸焊接。确需更换损坏的晶体管或集成块时,应选用型号相同或性能参数均较原件优良的代用件。装配时注意管脚极柱。

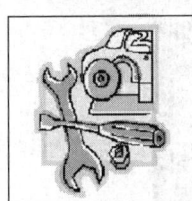

操作活动

1. 操作名称:微机控制点火系统的识别。
2. 需用器材:汽车一辆、常用工具一套。
3. 学习目标:

学会识别微机控制的点火系统;

学会正确使用工具,规范操作;

学会在操作中,注意环境保护和人身安全。

4. 操作步骤:

① 如图 4-3-19 所示,在车上找出点火线圈,并指出高压线分布情况。

② 如图 4-3-20 所示,找一找有无分电器,并指出在什么位置?

图 4-3-19 点火线圈

图 4-3-20 分电器

③ 如图 4-3-21 所示,找一找冷却温度传感器在什么部位?

④ 如图 4-3-22 所示,找出进气温度传感器。

图 4-3-21 冷却温度传感器

图 4-3-22 进气温度传感器

⑤ 如图4-3-23所示，分别再找出下列各部件：
曲轴位置传感器；爆燃传感器；空气质量计；节气门位置传感器。
⑥ 如图4-3-24所示，看一看火花塞的分布及安装位置。
⑦ 如图4-3-25所示，试找一下发动机电控单元(ECU)，找不到再请师傅指点。

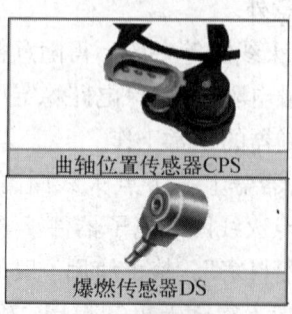

曲轴位置传感器CPS

爆燃传感器DS

空气流量计AFS

节气门控制部件TPS

图4-3-23　各信号器件

图4-3-24　火花塞

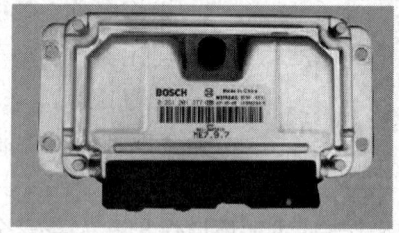

图4-3-25　发动机电控单元(ECU)

影响点火提前角的主要因素有如下7个：
发动机转速；
进气歧管绝对压力（负荷）；
燃烧值；
燃烧室内温度；
空燃比；
燃油品种；
发动机燃烧室形状等。

 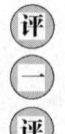 

学生姓名		日期		自评	互评	师评
一、学习评价目标						
1. 能正确分清微机控制点火系的种类。						
2. 能正确找到发动机电控单元(ECU)。						

(续 表)

学生姓名		日期		自评	互评	师评
3. 能正确找到空气质量计。						
4. 能正确找到节气门控制器。						
5. 能正确找到曲轴位置传感器。						
6. 能正确找到进气温度传感器。						
7. 会正确找到点火线圈,并能分清种类。						
8. 能认出分电器的类型。						
9. 操作过程中,无返工现象。						
10. 活动中环保意识及安全工作做得如何。						
二、学习体会 1. 活动中感觉哪项技能最有兴趣?为什么? 2. 活动中哪项技能最有用?为什么? 3. 活动中哪项技能操作可以改进,以使操作更方便实用?请写出操作过程。(请同学们大胆创新,共同研讨,不断提高操作能力。) 4. 你还有哪些要求与设想?						
总体评价				教师签名		

活动四　点火系主要元件的检修

 案例导入

小王每次都能检查到点火系的故障,但对故障点检测却无从下手,不知道如何来检修主要元件。我们和小王一起来学习点火系主要构件的检修。

 关联知识

一、点火系主要构件的检修

1. 分火头性能的检查

方法:

将高压电按图 4-4-1(a)所示的方法进行绝缘检查,如有跳火,说明分火头绝缘不良,应予以更换;

按图 4-4-1(b)所示的方法测量分火头导电的电阻(分火头中央导电片与尖端电极之间设有一个电阻,阻值为 (1 ± 0.41) kΩ),如不符合要求,应更换分火头。

2. 真空调节器的检查

方法:如图 4-4-2 所示,用嘴吸吮真空调节器上真空管的插头时,调节器的拉杆应能移动,否则说明调节器已失效,应予以更换。

3. 离心调节器的检查

方法:如图 4-4-3 所示,一手握住分电器轴,另一手先按分火头的正常转向向前转动分火头然后放松,此时分火头应能迅速复位。如果分火头不能迅速复位,说明离心调节器失效,应予以更换。

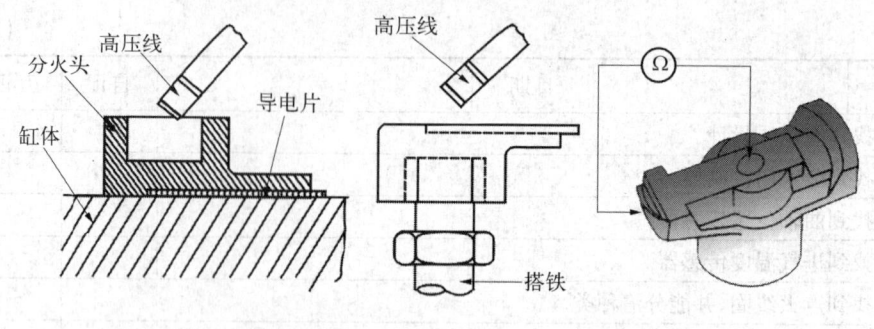

(a) 分火头绝缘性能的检查　　(b) 分火头电阻的检测

图 4-4-1　分火头绝缘性能的检查

图 4-4-2　真空调节器的检查

图 4-4-3　离心调节器的检查

4. 信号发生的检查

(1) 磁感应式信号转子凸齿与线圈铁芯之间的间隙检测

方法：检查、调整信号转子凸齿与线圈铁芯之间的间隙时，可用塞尺规进行测量，如图 4-4-4(a) 所示。间隙的标准值一般为 0.2～0.4 mm。如不符合，按照图 4-4-4(b) 所示进行调整。

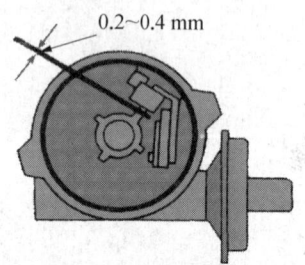

(a) 测量信号转子凸齿与传感线圈
铁芯之间的间隙示意图

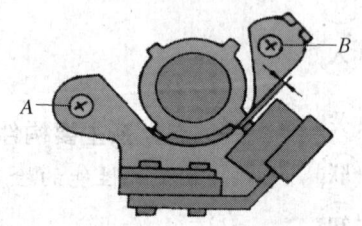

(b) 信号转子凸齿与传感线圈
铁芯间的间隙示意图

图 4-4-4　磁感应式信号转子凸齿与线圈铁芯之间的检查与调整

(2) 霍尔发生器的检测

霍尔发生器与分电器装于一体，引出的 3 根导线分别为：

① "+"接线柱：接点火器"5"，红/黑色。

② "信号"接线柱：接点火器"6"，绿/白色。

③ "-"接线柱：接点火器"3"，棕/白色。

正常"信号"电压在 0.1～9.8 V 之间。

检测接线电路如图 4-4-5 所示。

(3) 光电式信号检测

方法：

先检查电源是否正常。在输入电源正常的情况下，检查信号的输出电压。

如图4-4-6所示，如果信号输出电压能在0～1 V之间摆动（不同类型的信号发生器，输出的电压的幅度可能有所不同），说明信号发生器良好，否则信号发生器损坏。

光电式信号发生器对灰尘比较敏感，所以在检查时要看清发光光源和受光器上是否受到灰尘的污染。如果有灰尘等污物，应使用酒精擦洗干净后再进行上述检查。

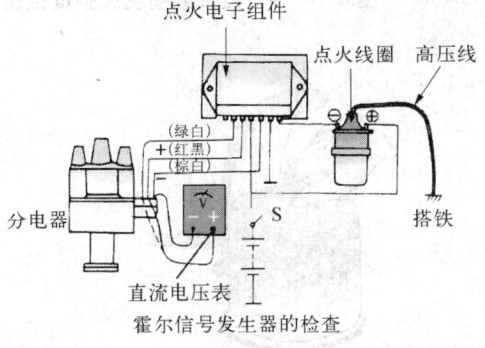
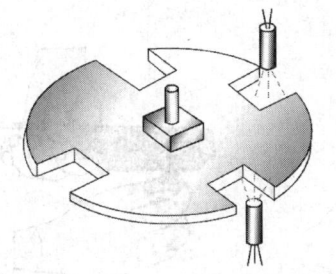
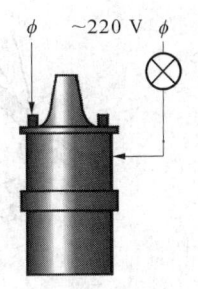

图4-4-5　霍尔发生器的检测　　图4-4-6　光电式信号检测　　图4-4-7　点火线圈的检查

5. 点火线圈的检查

① 检查点火线圈外壳，若绝缘盖或外壳破裂，应予以更换。

② 点火线圈绝缘情况试验，可用试验台上点火线圈输出的高压电进行跳火试验。绝缘不合格的，应予以更换，也可按图4-4-7检测线圈绝缘是否良好。

③ 用万用表测量点火线圈初级绕组和次级绕组以及附加电阻的阻值，如图4-4-8所示。

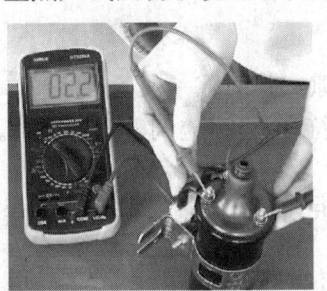
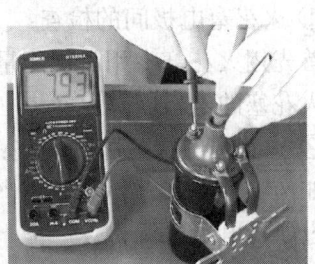

(a) 初级绕组电阻值的测量　　(b) 次级绕组电阻值的测量

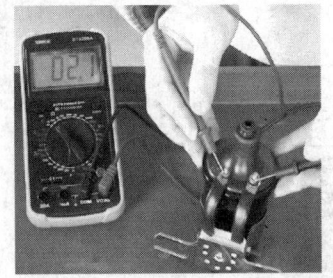

(c) 附加电阻值的测量

图4-4-8　测量点火线圈的电阻值

④ 点火线圈发火强度试验

一般使用汽车电气试验台上的三针放电器测试,如图4-4-9所示。试验方法可参考试验说明书,通常要求分电器转速为:

1 000 r/min 时,火花能跳过 9 mm 的间隙,1 500 r/min 时,火花能跳过 7 mm 的间隙,同时要求火花连续不间断。

6. 火花塞的检查与维修

(1) 火花塞的清洗

从发动机上拆下的火花塞先用铜丝刷清洗或用专用清洁仪清洗,如图 4-4-10 所示。

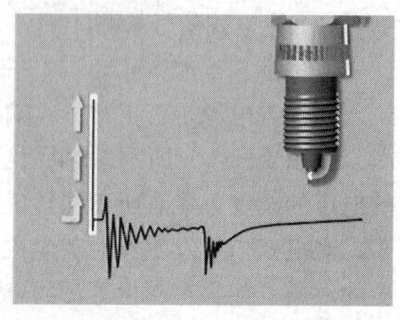

图 4-4-9 点火线圈发火强度试验

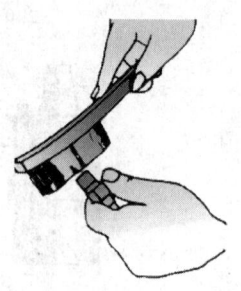 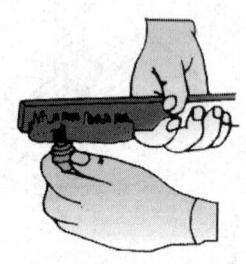 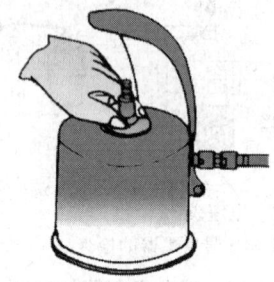

图 4-4-10 火花塞的清洗

(2) 检查火花塞外观

① 检查绝缘体是否有裂纹、破损,中心电极、侧电极是否烧损,如有损耗应立即更换;

② 检查螺纹部分损坏是否超过 2 牙,如损坏应立即更换。

如图 4-4-11 所示。

(3) 火花塞电极间的检查与调整

① 火花塞电极间的检查:

首先用火花塞专用量规测量火花塞的电极间隙。其间隙一般为 0.6~0.8 mm,采用电子点火的火花塞的电极间隔可达 1~1.2 mm。如果不符合要求,应调整到标准值。

② 火花塞电极间隙的调整:

如图 4-4-12 所示,用钢丝式专用火花塞塞尺,小心地弯曲一侧电极来调整间隙。注意不可通过敲击电极来调整。

图 4-4-11 检查火花塞外观　　图 4-4-12 火花塞电极间的检查

（4）测量火花塞绝缘电阻

用兆欧表测量火花塞电极间的绝缘电阻值，正常应为 10 MΩ 以上，如图 4-4-13 所示。

7. 高压线的检查

为了减少对外界的无线电干扰，现代汽车的高压线一般都有一定的阻尼电阻。检查时应用万用表检查其电阻，并与标准值比较，若符合要求，则说明高压线正常；若阻值不在正常范围之内，应更换高压线，如图 4-4-14 所示。

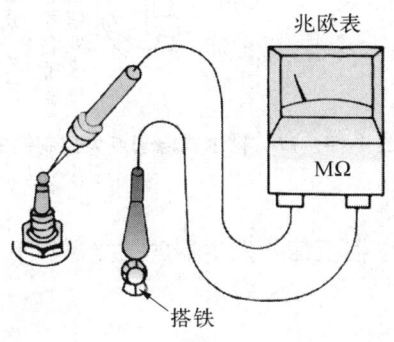

图 4-4-13 测量火花塞绝缘电阻

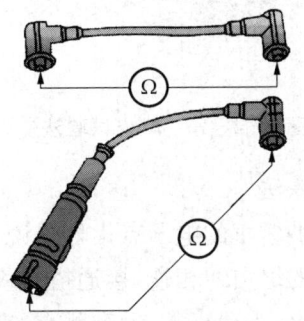

图 4-4-14 高压线的检查

8. 点火控制器的检测

（1）电磁感应式点火控制器的检测

① 干电检查法：

用一节 1.5 V 的干电池代替信号发生器，接到点火控制器信号输入端子上。

正接时，点火线圈的初级绕组导通，用万用表测量点火线圈的"—"接线柱与搭铁之间的电压，应为 1～2 V，如图 4-4-15(a) 所示。

将电池的极性颠倒后，再进行测量，其值应为 12 V，如图 4-4-15(b) 所示。

若与上述不符，则说明点火控制器有故障，应予以更换。

② 跳火试验法：

将分电器盖上的中央高压线拔下，使其端部的距离距缸体 5～10 mm。

打开点火开关后，对于磁感应式的信号发生器，按图 4-4-16 所示的方法，用螺丝刀快速碰刮信号发生器的定子极爪，改变信号发生器线圈的磁通，使其产生信号脉冲，控制点火器的通断，产生点火电压。如果每次碰刮都能产生高压火花，说明点火器完好，否则应予以更换。

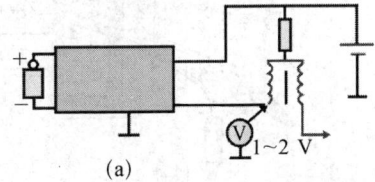
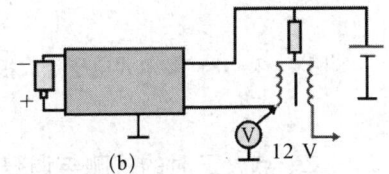

图 4-4-15 电磁感应式点火控制器的检测

（2）霍尔式电子点火控制器的检测

接通点火开关，用万用表测量 1 与 4 端子之间的电阻为 0.52～0.76 Ω；

测 2 与 4 端子之间的电压应为 12 V；

测 3 与 5 端子之间的电压应为 11～12 V；

测 3 与 6 端子之间的电压时，应慢慢转动分电器轴，其电压应在 0.3～0.4 V 与 11～12 V 之间变化，如图 4-4-17 所示。

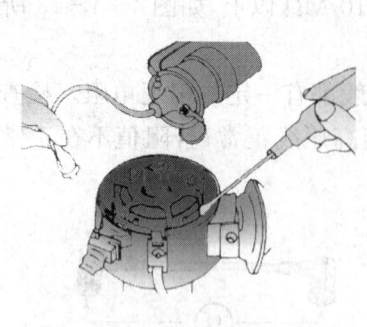 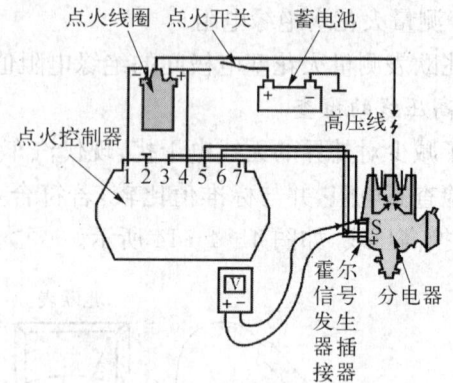

图 4-4-16 跳火试验法　　　　图 4-4-17 霍尔式电子点火控制器的检测

信号搭铁法：

对桑塔纳轿车的电子点火器来说，也可以将分电器上信号发生器的插接器拔下，用一根电线与插接器中的绿白线相连，接通搭铁跳火试验，如图 4-4-18 所示。

有高跳火，表示正常；无高跳火，表示有故障。

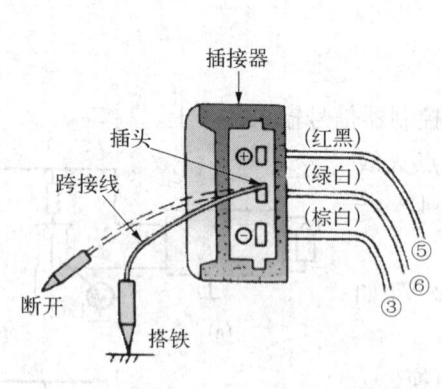 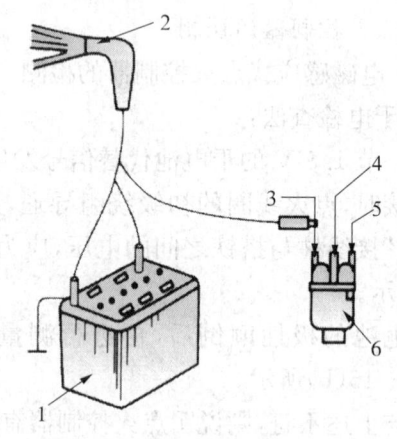

图 4-4-18 霍尔式电子点火控制器检测　　　　图 4-4-19 正时灯检查点火正时的接线

二、点火正时的检测与调整

使用正时灯检查点火正时的步骤：

① 起动发动机，预热至正常工作温度。

② 预热后，检查怠速是否在规定的范围内。

③ 将正时灯的红色线和黑色线分别连接在蓄电池正极和负极上，信号线连接在第一缸分高压线上，如图 4-4-19 所示。

④ 使发动机以规定的转速运转，将正时灯对准规定的正时记号（如桑塔纳、奥迪等轿车对准飞轮）。若指针出现在正时记号的前方，表明点火过早；若出现在正时记号之后，则表明点火过迟。

⑤ 点火正时不正确时，应转动分电器的外壳进行调整。

三、用示波器检测点火系的故障

在进行测试时,先按图4-4-20所示将示波器的信号线和电源线接好,打开示波器电源,调整示波器上的上下、左右旋钮,使屏幕上的光点位于屏幕的中央;然后起动发动机,使发动机的转速保持在500 r/min,调整各旋钮,使各气缸直列波形显示在坐标刻度内。

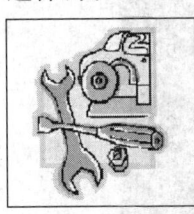
操作活动

1. 操作名称:火花塞的检查与保养。
2. 需用器材:一台发动机、配套工具一套。
3. 学习目标:

学会火花塞的拆卸工艺和检测保养;

学会正确使用工具,规范操作;

学会在操作中,注意环境保护和人身安全。

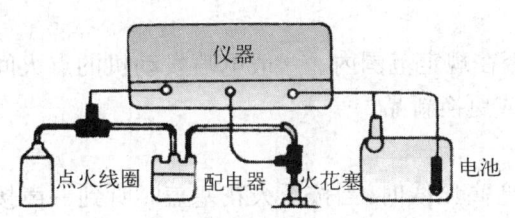

图4-4-20 用示波器检测点火系的故障

图4-4-21 选用压缩空气枪清除污物

4. 操作步骤:

① 清除发动机脏物。

如图4-4-21所示,选用压缩空气枪将发动机气盖上或火花塞周围的污物清除,以免拆火花塞后污物进入气缸内。

② 分离高压线。

如图4-4-22所示,拔出火花塞上的高压线时,注意只能用力拉火花塞盖,否则会拉断高压线。

③ 取出火花塞。

如图4-4-23所示,使用火花塞专用工具,拧出火花塞。

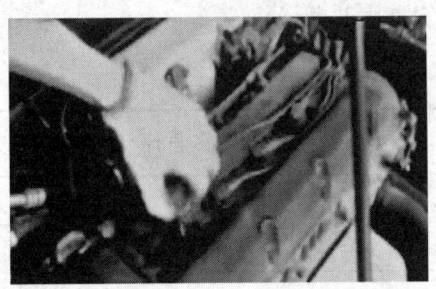

图4-4-22 分离高压线

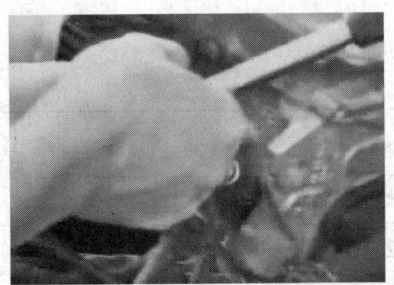

图4-4-23 取出火花塞

④ 观察火花塞积炭。

如图4-4-24所示,当火花塞工作一段周期性后,其点火部分必然会积蓄一些不能完全燃烧的积炭。

⑤ 清除火花塞积炭。

如图4-4-25所示,如果积炭过多,将会影响其正常点火性能,所以必须定期将其积炭清除干净。

图4-4-24 观察火花塞积炭

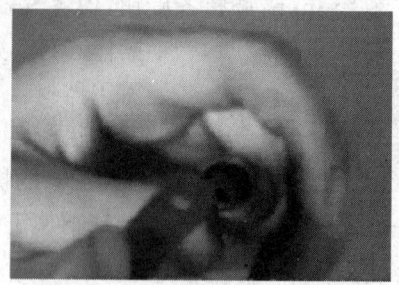

图4-4-25 清除火花塞积炭

⑥ 调整火花塞间隙。

如图4-4-26所示,测量火花塞跳火间隙是否在规定范围内。一般电喷发动机的点火间隙为1~1.2 mm,如果间隙大于规定值,应调整间隙或更换新品。

⑦ 装复火花塞及高压线。

如图4-4-27所示,装复火花塞。装上火花塞高压线时,当按压火花塞盖时听到一声接合声,即表示已经安装到位。

图4-4-26 调整火花塞间隙

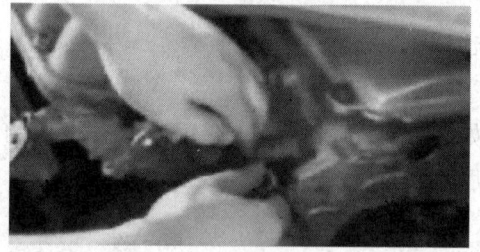

图4-4-27 装复火花塞及高压线

  评一评

学生姓名		日期		自评	互评	师评
一、学习评价目标						
1. 能进行分火头的检测和故障维修。						
2. 能正确讲述磁感应式信号发生器的检修。						
3. 掌握霍尔式信号发生器的检修。						
4. 能正确掌握光电式信号发生器的检修。						
5. 掌握火花塞的检查与保养。						

(续 表)

学生姓名		日期		自评	互评	师评
6. 会检测点火线圈。						
7. 掌握诊断点火模块的好坏。						
8. 会诊断出点火系主要元件的常见故障。						
9. 操作过程中,无返工现象。						
10. 活动中环保意识及安全工作做得如何。						
二、学习体会 1. 活动中感觉哪项技能最有兴趣?为什么? 2. 活动中哪项技能最有用?为什么? 3. 活动中哪项技能操作可以改进,以使操作更方便实用?请写出操作过程。(请同学们大胆创新,共同研讨,不断提高操作能力。) 4. 你还有哪些要求与设想?						
总体评价				教师签名		

活动五　点火系统常见故障诊断

案例导入　一辆丰田大霸王汽车,装有 2TZ-FE 型电喷发动机,每天开始运行 1 h 后,经常出现发动机功率下降、加速无力,甚至发动机自动熄火的故障现象。熄火后检查无高压电,但停车 20 min 左右又能起动运行。行驶一段时间,故障重新出现。我们学习一下点火系统的故障诊断与排除方法。

关联知识　目前在发动机电子控制系统中,微机控制的点火系统占有量不断增加,车载的电控故障自诊断系统,为我们进行故障诊断与排除带来了许多方便。因此,在进行微机控制点火系统的故障诊断与排除时,要充分利用电控单元的自诊断功能,快速地查找故障原因,及时排除故障。

需要指出的是,微机控制的点火系统主要是利用信号来控制执行元件的,这些信号在传输过程中的衰减和失真,对控制结果造成较大的偏差。针对这样的故障,有时还需要用到一些特殊的方法来加以检测与诊断。

一、微机控制点火系统故障诊断的一般程序与方法

1. 调取故障码

调取故障码的方法较多,可以就车调码,也可以借助一些检测设备(如解码器等)来获取存储在电控单元中的故障码。

故障码为我们排除故障指明了方向,特别是对信号断路或上下限超标等具有明显征兆的故障,简直就是"手到病除"。

但也有部分故障是不具有故障码的,这就需要我们借助其他手段做进一步的诊断。

2. 元器件性能检测

根据故障码的提示,针对有故障的元器件,需要进一步明确到底是元器件损坏还是线路(接触不良)所造成的故障,因此需要对元器件做进一步的检测。元器件的检测与普通电子点火系统的元器件检测方法基本相同,线路故障可以用万用表测量、观察插接器松脱情况等手段明确。

3. 故障模拟再现

对于某些间歇性故障,因受某种特殊环境因素的影响才会出现,当在失去这种环境因素时检测,肯定什么故障也检测不到。因此,我们应采用各种各样的办法,来模拟故障出现的环境因素,让故障再现。一般常用的模拟方法有振动法、加热法、水淋法、电器全部接通法、道路试验法等。

4. 波形分析

对于某些复杂的故障,我们往往要借助于高科技手段来记录、存储各元器件的工作波形,并与标准波形进行比对,最后综合各种因素来诊断故障的所在。

微机控制的点火系统因其在精确控制点火时刻所涉及的因素较多,控制过程复杂,给我们的故障诊断带来了一定的难度,但只要用科学的态度和手段认真分析故障原因,综合考虑各种因素,再难的故障也就迎刃而解。

二、电子点火系统故障诊断的一般程序

电子点火系统故障诊断的一般程序,如图 4-5-1 所示。表 4-5-1 为点火系统的故障诊断表。

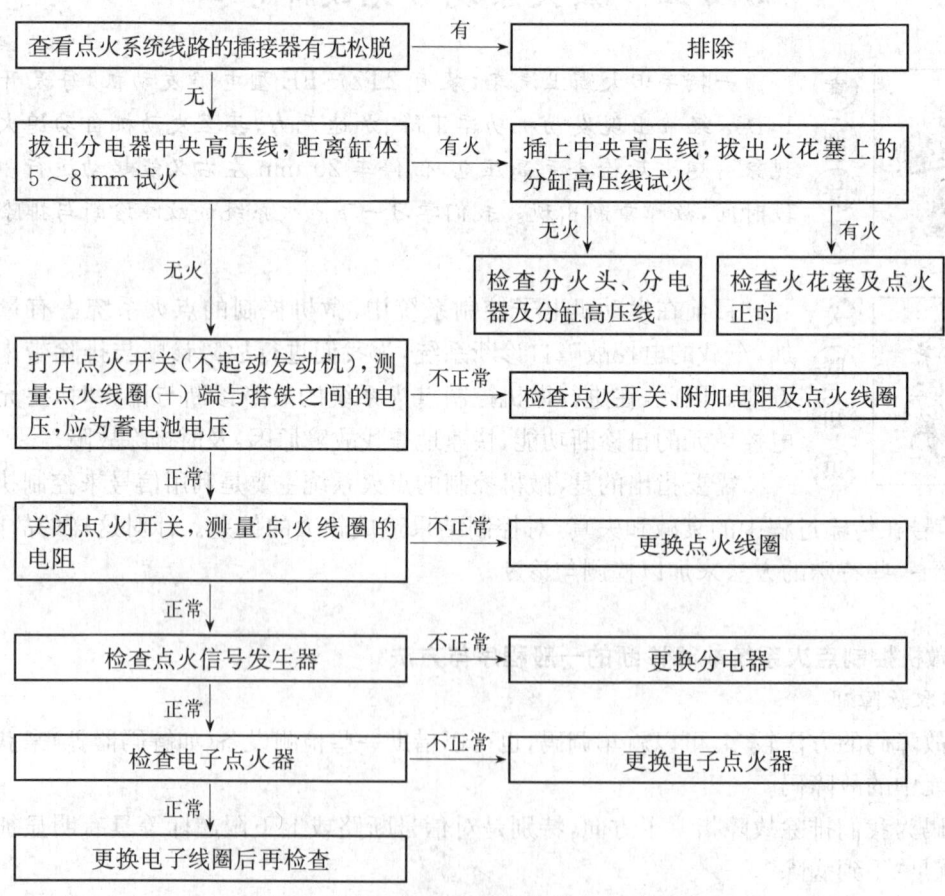

图 4-5-1 电子点火系统故障诊断的一般程序

表 4-5-1 点火系统的故障诊断表

常见故障	故障分析		排除方法
	故障部位	故障原因	
起动时发动机运行，起动后熄火	点火控制器	点火正时调整不当，点火提前角过大或过小	调整点火正时
		点火提前调节机构失效	修理或更换
	继电器	触点间隙过大	调整
	附加电阻	点火线圈附加电阻或附加电阻线损坏	更换
发动机不能起动	点火控制器	点火提前调节机构故障	修理或更换分电器
		分电器轴松旷，凸轮磨损不均匀	更换
	高压导线	损坏或脱落	更换或调整
	火花塞	个别缸火花塞绝缘损坏或积炭严重而漏电	更换
	初级电路 传感器	传感器线圈短路、断路或搭铁	修理或更换
		转子凸齿与铁芯间隙不当	调整
	初级电路 点火控制器	控制器损坏，使初级电路断路或短路	更换
	次级电路 分电器盖或分火头	有裂纹或漏电	更换
	次级电路 高压导线	损坏	更换
	次级电路 火花塞	积炭严重或绝缘损坏	清除
	次级电路 分电器	分电器安装角度不正确	调整
	次级电路 配线	火花塞的高压线配线错乱	

三、微机控制点火系统故障诊断的流程

1. 利用自诊断系统进行故障检查程序

利用自诊断系统进行故障诊断的步骤如下：

① 接通点火开关，起动发动机，使发动机预热到冷却液温度达到 50℃ 以上，发动机转速达到 3 000 r/min 以上，增压值达到 0.1 MPa 以上。

② 用手将节气门全负荷开关接通约 3 s。

③ 当转速表指示 7 000 r/min 时,开始调出故障码(故障灯处于接通状态)。

④ 按诊断结果排除故障,经路试证明故障全部排除后,关断点火开关清除故障码,自诊断结束。

2. 利用自诊断系统进行故障检修流程

如图 4-5-2 所示为自诊断系统进行故障检修的流程。

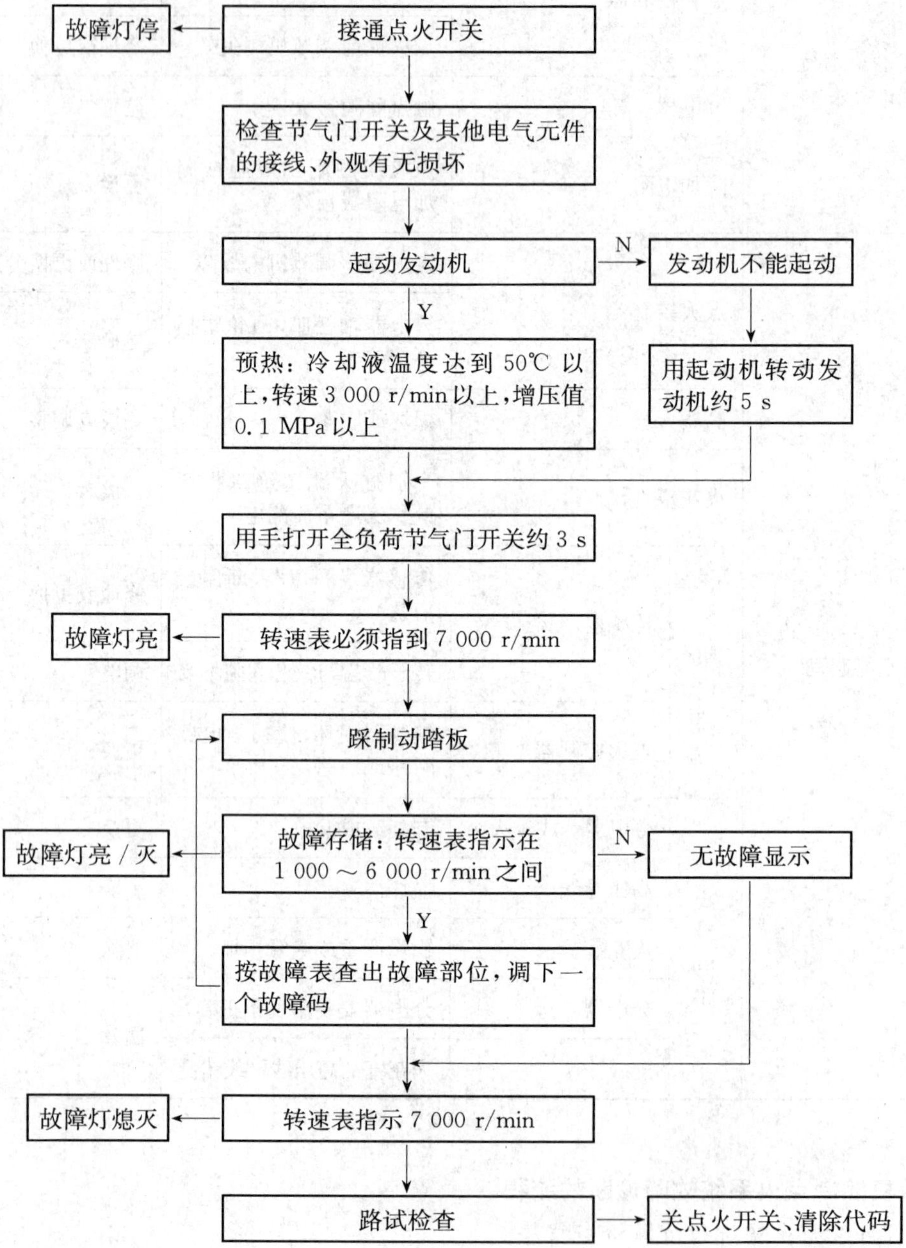

```
故障灯停 ← 接通点火开关
              ↓
         检查节气门开关及其他电气元件
         的接线、外观有无损坏
              ↓
         起动发动机 ──N──→ 发动机不能起动
              ↓Y                ↓
         预热:冷却液温度达到 50℃ 以    用起动机转动发
         上,转速 3 000 r/min 以上,增压值  动机约 5 s
         0.1 MPa 以上
              ↓
         用手打开全负荷节气门开关约 3 s
              ↓
故障灯亮 ← 转速表必须指到 7 000 r/min
              ↓
         踩制动踏板
              ↓
故障灯亮/灭 ← 故障存储:转速表指示在 ──N──→ 无故障显示
         1 000～6 000 r/min 之间
              ↓Y
         按故障表查出故障部位,调下一
         个故障码
              ↓
故障灯熄灭 ← 转速表指示 7 000 r/min
              ↓
         路试检查 ──→ 关点火开关、清除代码
```

图 4-5-2 自诊断系统进行故障检修流程

3. 微机控制点火系统的故障诊断

如图 4-5-3 所示为微机控制点火系统的故障诊断。

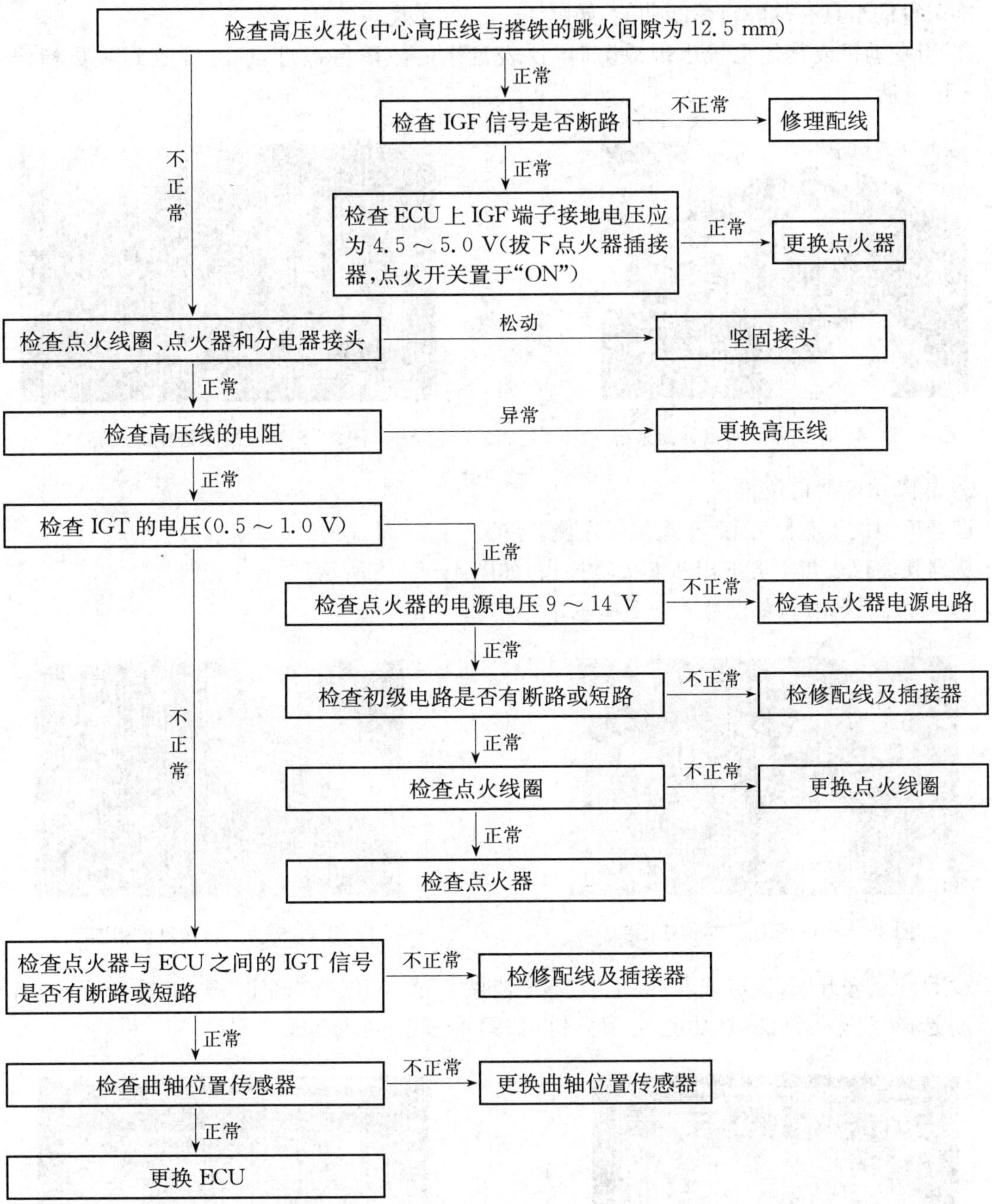

```
检查高压火花(中心高压线与搭铁的跳火间隙为12.5 mm)
    │正常
    ▼
  检查 IGF 信号是否断路 ──不正常──▶ 修理配线
    │正常
    ▼
  检查 ECU 上 IGF 端子接地电压应
  为 4.5～5.0 V(拔下点火器插接   ──正常──▶ 更换点火器
  器,点火开关置于"ON")
```

不正常↓（左侧主线）

检查点火线圈、点火器和分电器接头 ──松动──▶ 坚固接头

↓正常

检查高压线的电阻 ──异常──▶ 更换高压线

↓正常

检查 IGT 的电压(0.5～1.0 V)

↓正常

检查点火器的电源电压 9～14 V ──不正常──▶ 检查点火器电源电路

↓正常

检查初级电路是否有断路或短路 ──不正常──▶ 检修配线及插接器

↓正常

检查点火线圈 ──不正常──▶ 更换点火线圈

↓正常

检查点火器

（不正常↓）

检查点火器与ECU 之间的 IGT 信号是否有断路或短路 ──不正常──▶ 检修配线及插接器

↓正常

检查曲轴位置传感器 ──不正常──▶ 更换曲轴位置传感器

↓正常

更换 ECU

图 4-5-3 微机控制点火系统的故障诊断树

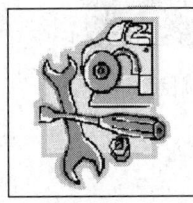

操作活动

1. 操作名称：点火系的检测。
2. 需用器材：汽车一辆、汽车示波器一台。
3. 学习目标：

学会用汽车示波器检测点火系统；

学会正确使用工具，规范操作；

学会在操作中，注意环境保护和人身安全。

4. 操作步骤(以本田雅阁电控系统的检测为例)：

本田雅阁车具有故障自诊断功能,如图4-5-4所示。

① 当发动机或其他系统出现故障时,仪表盘中的故障警报灯点亮,提醒驾驶员检修。如图4-5-5所示。

图4-5-4 本田雅阁有自诊断系统

图4-5-5 故障警报灯点亮

② 故障诊断接口位置:

进口车型位于右侧,国产车型位于左侧。

从驾驶员仪表盘下方取出三芯传输插头,如图4-5-6所示。

③ 与检测仪相连,如图4-5-7所示。

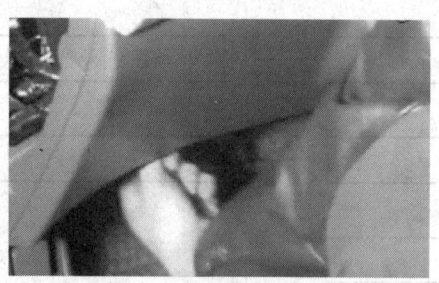

图4-5-6 取出三芯传输插头

图4-5-7 与检测仪相连

④ 打开点火开关,仪器进入"欢迎"菜单。选择"广州本田"按"确定"键,如图4-5-8所示。

⑤ 选择"汽车诊断测试"功能,按确定键,如图4-5-9所示。

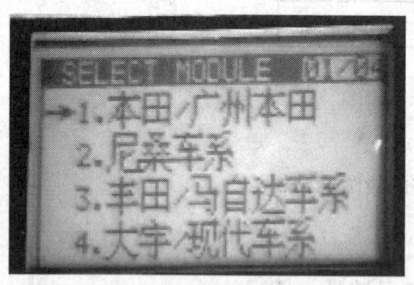

图4-5-8 选择"广州本田"

图4-5-9 选择"汽车诊断测试"功能

选择"广州本田",按确定键,如图4-5-10所示。

选择待检测的车型。例如"广本雅阁2.0",按确定键,如图4-5-11所示。

选择"2002年",按确定键,如图4-5-12所示。

⑥ 进入汽车诊断测试系统,选择"发动机系统",如图4-5-13所示。

图4-5-10 选择"广州本田"

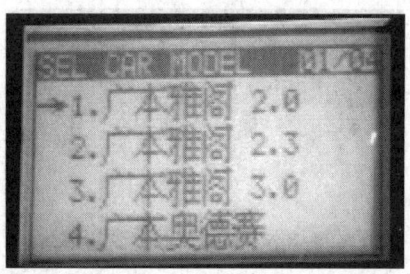

图4-5-11 选择"广本雅阁2.0"

图4-5-12 选择"2002年"

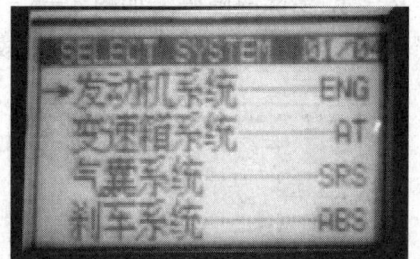

图4-5-13 选择"发动机系统"

选择"读取故障码",按确定键,如图4-5-14所示。

选择故障码,选择"014",按"确定"键,如图4-5-15所示。

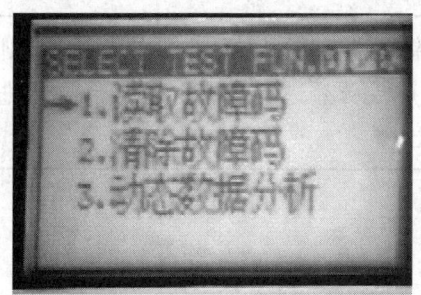

图4-5-14 选择"读取故障码"

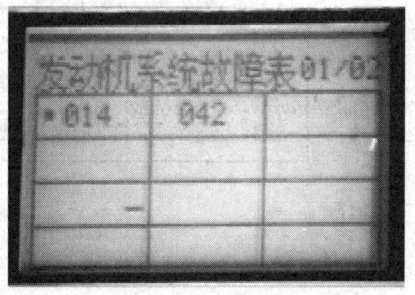

图4-5-15 选择故障码

出现故障码的内容,"进气歧管压力传感器电压高",如图4-5-16所示。

选择下一个故障"042",按"确定"键,如图4-5-17所示。

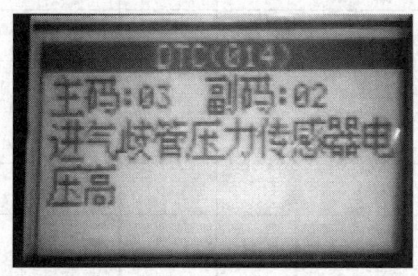

图4-5-16 故障码的内容

图4-5-17 选择下一个故障

出现故障码的内容"进气温度传感器电压高",如图4-5-18所示。

⑦ 故障码显示完成后,回到功能选择屏幕,选择"清除故障码",按"确定"键,如图4-5-19所示。

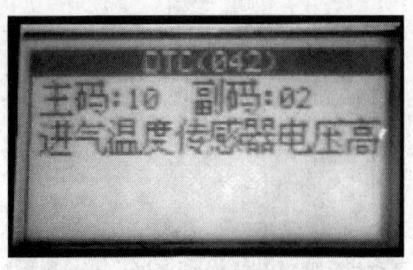
图4-5-18 故障码的内容

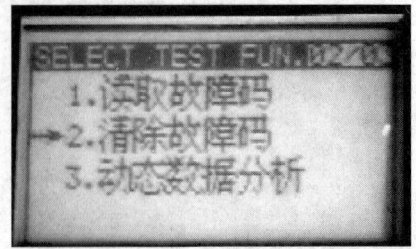
图4-5-19 回到功能选择屏

屏幕显示"清除故障码",如图4-5-20所示。

屏幕显示"清除故障码",问"重读系统故障吗?"要按"确定",不要按"退出",如图4-5-21所示。

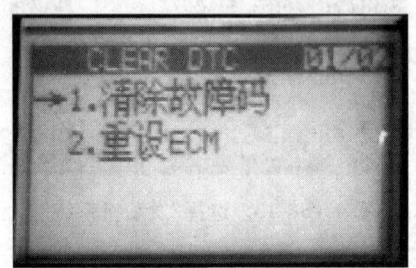
图4-5-20 显示"清除故障码"

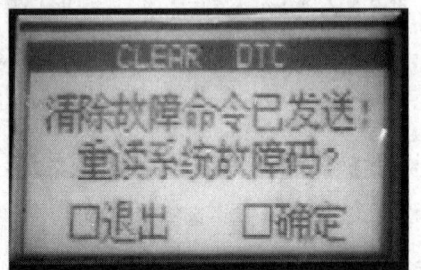
图4-5-21 问重读系统故障吗

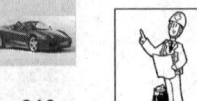 注意:如果"查询故障码"和"清除故障码"之间关闭了点火开关,则故障码不能被清除。查询故障和清除故障码后必须进行试车。试车后再次进行故障码的查询,待屏幕出现系统正常为止。

学生姓名		日期		自评	互评	师评
一、学习评价目标						
1. 会进行点火系统故障的一般诊断。						
2. 能正确进行读取故障码。						
3. 掌握点火系主要元器件的检测。						
4. 能正确掌握一般点火系故障检测的操作过程。						
5. 能规范使用诊断仪。						
6. 能识别诊断仪上的英文。						
7. 掌握诊断仪的使用过程。						
8. 操作诊断仪器过程中是否有错误。						

(续 表)

学生姓名		日期		自评	互评	师评
9. 操作过程中,无返工现象。						
10. 活动中环保意识及安全工作做得如何。						

二、学习体会
1. 活动中感觉哪项技能最有兴趣?为什么?
2. 活动中哪项技能最有用?为什么?
3. 活动中哪项技能操作可以改进,以使操作更方便实用?请写出操作过程。(请同学们大胆创新,共同研讨,不断提高操作能力。)
4. 你还有哪些要求与设想?

总体评价		教师签名	

项目四 点火系

项目小结

1. 点火系由火花塞、分缸线、中央线、点火线圈、点火控制器(分电器)、蓄电池、点火开关等组成。

2. 点火系的作用是将电源的低压电转变为高压电,并按照发动机的工况要求,准确地将高压电送至各缸的火花塞,使火花塞跳火,点燃气缸内的混合气。

3. 点火系的分类:
(1) 按点火系储存能量的方式分:
① 电感储能式(点火能量以磁场能形式储存在点火线圈中);
② 电容储能式(点火能量以电场能的形式储存在储能电容中)。
(2) 按点火信号发生器的原理分:
① 磁脉冲式(如日本丰田车系);
② 霍尔效应式(如德国大众车系);
③ 光电式(如日本日产车系)。
(3) 按初级电路控制方式分:
① 传统点火系(蓄电池点火系);
② 电子点火系(用于一般发动机);
③ 计算机控制点火系(广泛应用于电控发动机的点火系)。
(4) 按高压电的配电方式分:
① 机械配电点火系(有分电器);
② 计算机配电点火系(无分电器)。

4. 火花塞的结构类型
(1) 标准形:其绝缘体裙部略缩入壳体端面,侧电极在壳体端面以外,是使用最广泛的一种。
(2) 突出形:绝缘体裙部较长,突出于壳体端面以外。
(3) 锥座形:其壳体和旋入螺纹制成锥形,因此不用垫圈即可保证良好密封。
(4) 细电极形:电极很细,特点是火花强烈,点火能力好。
(5) 多极形:侧电极一般为两个或两个以上。优点是点火可靠,间隙不需经常调整。
(6) 沿面跳火形:是一种最冷形火花塞,其中心电极与壳体端面之间的间隙是同心的。

5. 火花塞的型号：根据国家专业标准 ZBT37003－89 火花塞产品型号编制方法》的规定，型号由 3 部分组成。

(1) 为字母，表示火花塞结构类型及型式尺寸。

(2) 为阿拉伯数字，表示火花塞热值。

(3) 为汉语拼音字母，表示结构特性、材料特性及特殊技术要求等。

6. 点火控制器的作用是将霍尔元件发来的信号电压通过晶体三极管放大，并且利用晶体三极管的开关作用接通或断开点火线圈的初级电路，使点火线圈次级绕组感应出高压电。

7. 霍尔信号发生器的工作原理。

分电器轴带动触发叶轮转动，当叶片进入磁铁与霍尔元件之间的空气隙时，磁场被旁路，霍尔元件不产生霍尔电压，霍尔集成电路末级三极管截止，信号发生器输出高电位；当触发叶轮离开空气隙，永久磁铁的磁力线通过霍尔元件而产生霍尔电压，集成电路末级三极管导通，信号发生器输出低电位。

8. 光电式信号发生器的工作原理：

发光二极管通电产生不可见光，经聚集照射光敏晶体管，光敏晶体管导通，输出低电平；当信号转子转动到某叶片遮挡住光源时，光敏晶体管截止，输出高电平。光敏晶体管输出的脉冲信号经电子控制器处理后，相应地控制点火线圈初级电路的通断。

9. 微机控制点火系统的组成：

微机控制点火系统主要由监测发动机运行状况的传感器、处理信号和发出点火指令的电控单元、对点火指令作出响应的点火器和点火线圈等组成。

10. 微机控制点火系统故障诊断的一般程序与方法：

(1) 调取故障码；(2) 元器件性能检测；(3) 故障模拟再现；(4) 波形分析。

一、填空题

1. 电控点火系统一般由_____、_____、_____、_____、点火线圈、分电器、火花塞等组成。

2. 电源一般是由蓄电池和_____共同组成。

3. 在现代电控点火系统中，用灵敏可靠的_____和_____取代了传统点火系中的断电器和分电器凸轮。

4. 发动机工作时，ECU 根据_____信号判断发动机负荷大小。

5. 火花塞的作用是_____。

6. 发动机正常工作必须满足_____、_____、_____3方面条件。

7. 点火系一般是由_____、_____、_____3部分组成。

8. 初级电路包括_____、_____、_____及所有相关的电线和接头。

9. 在点火系统中必须对_____、_____、_____3方面进行控制。

10. 汽油机电控点火系统的功能主要包括_____、_____、_____3个方面。

11. 按点火能量的储存方式，汽油机点火系统可分为_____和_____两大类。

12. 点火线圈初级电路接通时取决于_____和_____。

13. 汽油机点火系统有_____和_____两大类。

14. 电控点火系统一般由电源_____、_____、_____、_____、_____和火花塞组成。

15. 无分电器电控点火系统分为_____、_____、_____ 3种类型。
16. 点火器内部主要由_____、_____、_____、_____等电路组成。
17. 在使用中,拆开点火线圈上的线束,用_____检查点火线圈电阻。
18. 无分电器独立点火方式的特点是每缸有_____个点火线圈。
19. 同时点火方式的点火线圈数量是气缸的_____。
20. 分电器的作用是按发动机的_____,将点火线圈产生的_____输送给各缸火花塞。
21. 最佳点火提前角与_____、_____、_____、_____等因素有关。
22. 发动机正常运转时,主ECU根据发动机_____和_____信号确定基本点火提前角。
23. 为了稳定发动机转速,点火提前角需根据_____的变化进行修正。
24. EI系统即为_____。
25. 分电器式电子点火系统具有_____和_____两种形式。

二、判断题(对的画"√",错的画"×"。)

1. 磁电机点火系统在低速时的点火性能较好。（　　）
2. 霍尔式点火发生器触发叶轮叶片与气缸数相等。（　　）
3. 雷克萨斯LS400为V8发动机,有一个点火控制模块。（　　）
4. 无分电器点火系统采用小型闭磁路的点火线圈是自感式线圈。（　　）
5. 点火提前角对发动机性能的影响非常大。（　　）
6. 在发动机控制系统中,点火系统也可以采用闭环控制方法。（　　）
7. 电子控制点火系统一般无点火提前装置。（　　）
8. 在无分电器点火系统(一个点火线圈驱动两个火花塞)中,如果其中一个气缸的火花塞无间隙短路,那么相应的另一缸火花塞也将无法跳火。（　　）
9. 最大点火提前角一般在35°~45°之间。（　　）
10. 在暖机过程中,随着冷却水温度的提高,点火提前角应适当地减小。（　　）
11. 在电控点火系统中,Ne信号主要用来计量点火提前角的通电时间。（　　）
12. ECU根据凸轮轴位置传感器的信号来确定发动机转速。（　　）
13. 进气温度信号和发动机转速信号是ECU确定基本点火提前角的主要依据。（　　）
14. 电子点火控制系统属于点火正时闭环控制。（　　）
15. 雷克萨斯LS400有两个点火控制模块。（　　）
16. 无分电器单独点火系统每个气缸的火花塞配用两个点火线圈。（　　）
17. 无分电器单独点火系统的点火方式非常适合在五气门发动机上使用。（　　）
18. 发动机起动时,不管发动机运转情况如何,点火都发生在某一固定的曲轴转角。（　　）
19. 不同发动机初始点火提前角都是相同的。（　　）
20. 如果发动机实际点火提前角不合适,发动机很难正常运转。（　　）
21. 最佳点火提前角可以大大提高发动机的动力性、燃油经济性和排放性。（　　）
22. 双缸同时点火系统不使用传统的分电器和点火线圈。（　　）
23. 在双缸同时点火系统当中,点火线圈的个数是该发动机气缸数的一半。（　　）
24. 双缸同时点火系统中,其中一个为有效点火,另一个为无效点火。（　　）

25. 在桑塔纳时代超人车无分电器点火系统中，1、4缸共用一个点火线圈。（　　）

三、选择题
1. 传统点火系与电子点火系统最大的区别是(　　)。
   A. 点火能量的提高　　　　　　　　　　B. 断电器触点被点火控制器取代
   C. 曲轴位置传感器的应用　　　　　　　D. 点火线圈的改进
2. 电子控制点火系统由(　　)直接驱动点火线圈进行点火。
   A. ECU　　　　　B. 点火控制器　　　C. 分电器　　　　D. 转速信号
3. 一般来说，缺少了(　　)信号，电子点火系将不能点火。
   A. 进气量　　　　B. 水温　　　　　　C. 转速　　　　　D. 上止点
4. 日本丰田 TCCS 系统中，实际点火提前角是(　　)。
   A. 实际点火提前角＝初始点火提前角＋基本点火提前角＋修正点火提前角
   B. 实际点火提前角＝基本点火提前角×点火提前角修正系数
   C. 实际点火提前角＝基本点火提前角×点火提前角修正系数＋修正点火提前角
   D. 实际点火提前角＝初始点火提前角＋基本点火提前角×点火提前角修正系数
5. 关于点火控制电路维修，下列说法正确的一项为(　　)。
   A. 发动机怠速时，检查点火器"IGT"端子与搭铁之间应无脉冲信号
   B. 发动机怠速时，检查点火器"IGT"端子与搭铁之间应有脉冲信号
   C. 怠速时检查 ECU 的"IGF"端子与搭铁之间应无脉冲信号
   D. 点火开关接通后，用万用表检查点火线圈的"＋"与搭铁之间的电压应为 5 V
6. ECU 根据(　　)信号对点火提前角实行反馈控制。
   A. 水温传感器　　B. 曲轴位置传感器　C. 爆燃传感器　　D. 车速传感器
7. 凸轮轴位置传感器产生两个 G 信号，G1 信号和 G2 信号相隔(　　)曲轴转角。
   A. 180°　　　　　B. 90°　　　　　　C. 270°　　　　　D. 360°
8. Ne 信号指发动机(　　)信号。
   A. 凸轮轴转角　　B. 车速传感器　　　C. 曲轴转角　　　D. 空调开关
9. 采用电控点火系统时，发动机实际点火提前角与理想点火提前角关系为(　　)。
   A. 大于　　　　　B. 等于　　　　　　C. 小于　　　　　D. 接近于
10. 点火线圈初级电路的接通时间取决于(　　)。
    A. 断电器触电的闭合角　　　　　　　　B. 发动机转速
    C. A、B 都正确　　　　　　　　　　　D. A、B 都不正确

四、简答题
1. 点火器主要有哪几部分组成？它的主要功能是什么？
2. 电控点火系统的主要优点有哪些？
3. 电脑控制直接点火系统由哪些部件组成？
4. 电子点火器的工作原理是什么？
5. 分电器的作用是什么？试述有分电器电控点火系统的工作原理。

测 验 试 卷

(项目四 点火系)

班级：_____ 学号：_____ 姓名：_____ 考试时间：60分钟

题号	一	二	三	四	总 分
得分					

得分 □

一、填空题（每空1分，共35分）

1. 现代电控点火系统中，用灵敏可靠的_____和_____取代了传统点火系中的断电器和分电器凸轮。
2. 电源一般是由蓄电池和_____共同组成。
3. 电控点火系统一般由_____、_____、_____、_____、点火线圈、分电器、火花塞等组成。
4. 发动机工作时，ECU根据_____信号判断发动机负荷大小。
5. 火花塞的作用是_____。
6. 按点火能量的储存方式，汽油机点火系统可分为_____和_____两大类。
7. 发动机正常工作必须满足_____、_____、_____3方面条件。
8. 点火系一般是由_____、_____、_____3部分组成。
9. 初级电路包括_____、_____、_____及所有相关的电线和接头。
10. 在点火系统中必须对_____、_____、_____3方面进行控制。
11. 汽油机电控点火系统的功能主要包括_____、_____、_____3个方面。
12. 点火线圈初级电路接通时取决于_____、_____。
13. 汽油机点火系统有_____、_____两大类。
14. 电控点火系统一般由电源_____、_____、_____、_____组成。
15. 无分电器电控点火系统分为_____、_____、_____3种类型。

得分 □

二、判断题（对的画"√"，错的画"×"）。（每题1分，共15分）

1. 雷克萨斯LS400为V8发动机，有一个点火控制模块。（ ）
2. 无分电器点火系统采用小型闭磁路的点火线圈是自感式线圈。（ ）
3. 霍尔式点火发生器触发叶轮叶片与气缸数相等。（ ）
4. 点火提前角对发动机性能的影响非常大。（ ）
5. 在发动机控制系统中，点火系统也可以采用闭环控制方法。（ ）
6. 磁电机点火系统在低速时的点火性能较好。（ ）
7. 电子控制点火系统一般无点火提前装置。（ ）
8. 最大点火提前角一般在35°~45°之间。（ ）

9. 在暖机过程中,随着冷却水温度的提高,点火提前角应适当地减小。 ( )
10. 在无分电器点火系统（一个点火线圈驱动两个火花塞）中,如果其中一个气缸的火花塞无间隙短路,那么相应的另一缸火花塞也将无法跳火。 ( )
11. 在电控点火系统中,Ne 信号主要用来计量点火提前角的通电时间。 ( )
12. ECU 根据凸轮轴位置传感器的信号,来确定发动机转速。 ( )
13. 进气温度信号和发动机转速信号是 ECU 确定基本点火提前角的主要依据。 ( )
14. 电子点火控制系统属于点火正时闭环控制。 ( )
15. 在桑塔纳时代超人车无分电器点火系统中,1、4 缸共用一个点火线圈。 ( )

得分

三、选择题(多选或少选均不得分,每题 2 分,共 14 分)

1. 电子控制点火系统由( )直接驱动点火线圈进行点火。
   A. ECU　　　　B. 点火控制器　　　　C. 分电器　　　　D. 转速信号
2. 一般来说,缺少了( )信号,电子点火系将不能点火。
   A. 进气量　　　B. 水温　　　　　　C. 转速　　　　　D. 上止点
3. 日本丰田 TCCS 系统中,实际点火提前角是( )。
   A. 实际点火提前角＝初始点火提前角＋基本点火提前角＋修正点火提前角
   B. 实际点火提前角＝基本点火提前角×点火提前角修正系数
   C. 实际点火提前角＝基本点火提前角×点火提前角修正系数＋修正点火提前角
   D. 实际点火提前角＝初始点火提前角＋基本点火提前角×点火提前角修正系数
4. 关于点火控制电路维修,下列说法正确的一项为( )。
   A. 发动机怠速时,检查点火器"IGT"端子与搭铁之间应无脉冲信号
   B. 发动机怠速时,检查点火器"IGT"端子与搭铁之间应有脉冲信号
   C. 怠速时,检查 ECU 的"IGF"端子与搭铁之间应无脉冲信号
   D. 点火开关接通后,用万用表检查点火线圈的"＋"与搭铁之间的电压应为 5 V
5. ECU 根据( )信号对点火提前角实行反馈控制。
   A. 水温传感器　　B. 曲轴位置传感器　　C. 爆燃传感器　　D. 车速传感器
6. 凸轮轴位置传感器产生两个 G 信号,G1 信号和 G2 信号相隔( )曲轴转角。
   A. 180°　　　　B. 90°　　　　　　C. 270°　　　　　D. 360°
7. 传统点火系与电子点火系统最大的区别是( )。
   A. 点火能量的提高　　　　　　　　B. 断电器触点被点火控制器取代
   C. 曲轴位置传感器的应用　　　　　D. 点火线圈的改进

得分

四、问答题(共 36 分)

1. 电脑控制直接点火系统由哪些部件组成？(8 分)
2. 电控点火系统的主要优点有哪些？(10 分)
3. 电子点火器的工作原理是什么？(10 分)
4. 点火器主要有哪几部分组成？它的主要功能是什么？(8 分)

项目五
灯光与仪表

活动一　汽车灯系的识别

活动二　前照灯的检测与调整

活动三　照明灯系线路图的识读

活动四　灯系故障检测与排除

活动五　汽车仪表系统

项目五 灯光与仪表

情景描述

为了保证汽车行驶的安全,减少交通事故和机械事故的发生,汽车上都装有照明系统、信号系统、仪表及警告系统。我国交通法规规定,在车辆的使用过程中要求各装置齐全、完好、功能有效。如图5-1-1所示。

学习目标

1. 能正确识别汽车灯系;
2. 能表述汽车前照灯的组成和基本工作原理;
3. 会进行前照灯的安装及调整;
4. 掌握汽车电子闪光器的知识;
5. 能进行灯系故障检测与排除;
6. 掌握汽车仪表知识。

图5-1-1 汽车夜间行驶的照明

活动一 汽车灯系的识别

案例导入

小明的爸爸是汽车教练员,有一次小明问他的爸爸,汽车上有多少个灯,它们各有什么用处?小明的爸爸耐心地告诉小明。下面我们来一起学习一下汽车灯系。

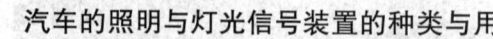

关联知识

汽车的照明与灯光信号装置的种类与用途

1. 灯系的分类

汽车上有多种照明设备和灯光信号装置,俗称灯系。如图5-1-2所示。

汽车灯系按其安装位置和用途的不同,可分为外部照明装置、内部照明装置和汽车灯光信号装置。

多将汽车后部的尾灯、后转向信号灯、制动灯、倒

图5-1-2 汽车灯具

车灯等组合起来称为组合后灯。

将前照灯、雾灯或前转向信号灯等组合在一起称为组合前灯。

(1) 外部照明

外部照明又称为外照灯,如图5-1-3和图5-1-4所示,主要有前照灯、后照灯、前侧灯、雾灯、牌照灯、组合式前照灯、小灯等。

(2) 内部照明

内部照明装置包括顶灯、仪表灯、工作灯、指示灯、车厢灯、车门灯等,如图5-1-5所示,其位置分布如图5-1-6所示。

图5-1-3 车身后的外部照明灯

前照灯

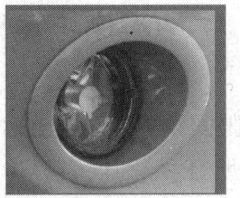
雾灯

后照灯(尾灯)

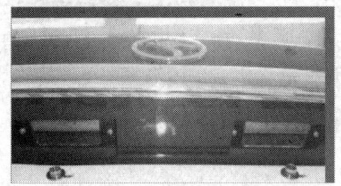
牌照灯

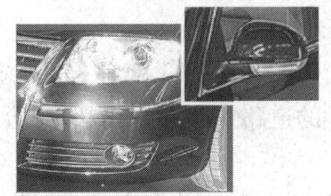
驻车灯、示廓灯

图5-1-4 外部照明灯

顶灯

仪表灯

门灯

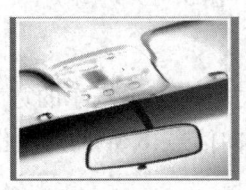
阅读灯

行李箱灯

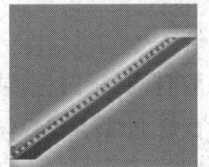
踏步灯

图5-1-5 内部照明灯

(3) 灯光信号装置

汽车灯光信号装置包括前、后转向灯、倒车灯、制动灯、后尾灯、组合式前信号灯、组合式后信号灯等,如图5-1-7所示。

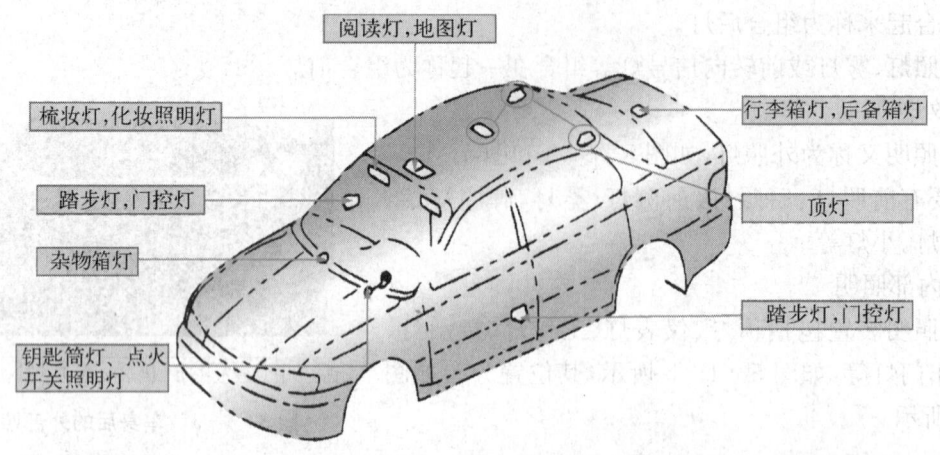

图 5-1-6　内部照明灯的位置分布

2. 汽车的照明灯与信号灯

为了保证发动机的正常工作和行驶安全,提高运输效率,降低运输成本,在汽车上安装了各种照明、信号和仪表。

(1) 大灯

大灯也叫前照灯,其作用是夜间运行时照明道路,如图 5-1-8 所示。

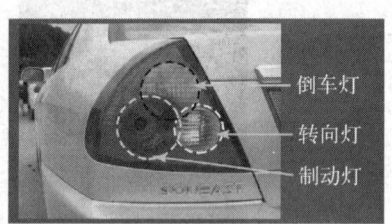

图 5-1-7　信号灯

大灯有两灯式和四灯式两种,分别装在车头两侧,用于低能见度行车时的道路照明和发出超车、会车信号,功率一般为 40～60 W。

(2) 小灯

小灯装于大灯两侧,其作用是表示汽车的宽度,与大灯交替使用。如图 5-1-9 所示。

图 5-1-8　大灯　　　　　　　　图 5-1-9　小灯

(3) 示宽灯

示宽灯一般有两只,白色,装在车头两侧的翼子板上,夜间行车时标示汽车的宽度和方向位置。前转向灯和示宽灯通常制成双丝灯泡。其中,20 W 的灯丝作转向信号,8 W 的灯丝作示宽信号。

(4) 转向灯

转向灯一般有四只或六只,装在汽车前后或侧面翼子板上,黄色,如图 5-1-10 所示。主转向灯功率一般为 21 W,侧转向灯一般为 5 W。当汽车转向时,驾驶员通过转向开关点亮左侧或右侧的转向灯,向外界提供转向信号。

(5) 雾灯

雾灯用于雾天照明,安装在前大灯附近,灯光为黄色。如图 5-1-11 所示。

图 5-1-10 转向灯

图 5-1-11 雾灯

分为前雾灯和后雾灯两种。前雾灯用于雨天和雾天道路照明。为保证雾天行驶的汽车向前、后方车辆或行人提供本车位置信息,交通管理部门规定,运行车辆应在车辆前、后部位装功率较大的雾灯,以降低交通事故的发生率。雾灯为黄色、橙色或红色。灯泡功率一般为 35 W。

(6) 制动灯

在车辆后部左右各一只制动灯,一般与尾灯共用灯泡(双灯丝)。制动灯功率较大,20 W 左右,在汽车制动踏板被踏下时,能够发出强烈的红光,以示制动。如图 5-1-12 所示。

(7) 后灯

后灯的作用是夜间为后来车辆显示信号,有的兼作牌照灯。如图 5-1-13 所示。

图 5-1-12 制动灯

图 5-1-13 后灯

(8) 仪表灯

仪表灯装在汽车仪表板和操作面板上,数量较多,且结构形式多样。用于夜间照亮汽车仪表和工作面板,便于驾驶员获取行车信息和进行正确操作,如图 5-1-14 所示。

(9) 顶灯

顶灯装于驾驶室或车厢顶部,用于内部照明。夜间为保证行车安全,不得点亮顶灯。但有特殊要求的客运车辆为防止乘客财物被窃,要求点亮顶灯。功率较小,一般为 5~15 W。如图 5-1-15 所示。

图 5-1-14 仪表灯

图 5-1-15 顶灯

(10) 牌照灯

牌照灯装于汽车尾部的车牌上方或左右两侧，用于夜间照亮车牌，如图 5-1-16 所示。

(11) 尾灯

尾灯装在汽车尾部，左右各一只，红色。夜间行车时点亮，向后方车辆提供本车位置信息。如图 5-1-17 所示。

图 5-1-16　牌照灯

图 5-1-17　尾灯

(12) 危险灯

危险灯与转向灯共用。当车辆出现故障停在路面上时，按下危险开关，全部转向灯同时闪亮，提醒后方车辆避让。如图 5-1-18 所示。

(13) 仪表上的转向指示灯

转向指示灯装在仪表板上，绿色，两个绿色箭头分别表示左右转向，与转向灯同时闪亮，向驾驶员提供左转或右转的工作信息。如图 5-1-19 所示。

图 5-1-18　危险灯

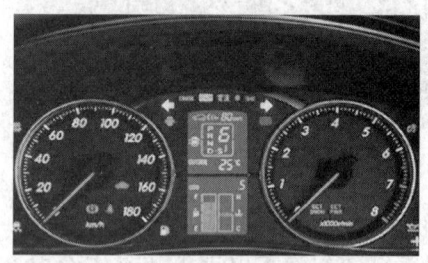

图 5-1-19　仪表上的转向指示灯

(14) 示高灯

示高灯一般用在大型客车或牵引车车厢上，可以标示车高信息。如图 5-1-20 所示。

(15) 倒车灯

倒车灯装在汽车尾部，左右各一只，白色。当驾驶员将变速杆挂入倒档时，倒车灯亮，提醒后方车辆或行人注意行车安全，并在夜间倒车时起照明作用。如图 5-1-21 所示。

图 5-1-20　示高灯

图 5-1-21　倒车灯

(16) 报警指示灯

这种类型的灯较多，均装置在仪表板上，多为黄色或红色。常见的有低气压报警灯、制动液位报警灯、灯丝断路报警灯、手刹指示灯、档位指示灯及各种电控系统故障指示灯。如图 5-1-22 所示。

此外，汽车常见的照明灯还有门灯、梳妆灯、行李箱灯、阅读灯、踏步灯等。

图 5-1-22 报或警指示灯

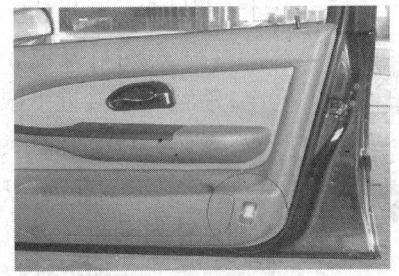

图 5-1-23 其他常见灯

 桑塔纳轿车组合灯，把制动灯、倒车灯、后转向灯、尾灯等组合在一起。如图 5-1-24 所示。

图 5-1-24 桑塔纳轿车组合灯

3. 警告灯图形符号

汽车在正常行驶时，警告灯或是蜂鸣器鸣叫，就是在警告你这部分将要发生故障，需要及时补充或修理，但短时间内汽车仍能行驶。一般情况下，汽车起动时，打开点火开关，各指示警告灯亮，此时电脑控制系统先进行自检。如果各系统正常，警告灯就熄灭；如果某一个警告灯继续亮着，则表示此系统有故障。

警告灯通常安装在仪表上，灯泡功率一般为 1~4 W，在灯泡前设有滤光片，使报警灯发红光或黄光，滤光片上通常有标准图形符号，常见的报警灯图形符号如下所示。

(1) 发动机故障警告灯

 打开点火开关时警告灯点亮，起动发动机后应即熄灭，此时表示发动机各项功能正常。否则就表示发动机控制系统中有故障，需要及时送修理厂检修。

(2) 机油压力警告灯

机油压力过低,会使需要润滑的各部件严重磨损,因此此警告灯亮时就要及时检查机油压力降低的原因。如果是油量不足,就要补充机油,并检查供油系统有无泄漏;如果机油足够,警告灯仍亮着,那就可能是机油滤清器或油路堵塞,送汽修厂清理。

(3) 燃油量警告灯

油箱储量接近下限时,警告灯亮,应及时添加燃油。切忌把油箱内的燃油用尽,因为电动输油泵就安置在油箱底部,并且靠燃油冷却。一旦燃油用尽,就会把空气吸入,在油路中形成气阻,以后即使灌满了燃油,也会因气阻而不能把燃油送往发动机。而且电动输油泵没有燃油在周边冷却,也容易因温度过高而发生危险。一般燃油灯闪亮后,油箱里的储备至少还能让你再跑 40 km 左右。

(4) 冷却液液面警告灯

冷却液液面过低,发动机就会过热,甚至"开锅",必须立即添加冷却液。但一定要使用同一牌号规格。如果在途中,也可以添加常用的食用蒸馏水。

注意:一定要等散热器冷却以后再打开盖子,以免烫伤。

(5) 充电警告灯

充电警告灯亮,应及时检查电气线路,查明和消除故障。如果在发动机运行时突然闪亮,应立即停车并关闭发动机,检查发动机的皮带是否松脱或断裂。如果皮带已有破损就要小心驾驶,并立即到修理厂更换皮带。

(6) ABS 警告灯

当警告灯在发动机起动后不熄灭,或是在行驶中突然闪亮,就表示 ABS 系统出了故障。这时 ABS 不工作,但常用的刹车系统仍能发挥作用,要按不带 ABS 的汽车刹车方式操作,并去特约维修站检修。

(7) 安全气囊警告灯

当点火开关打开时,警告灯应点亮,数秒钟后应立即关闭。如果不关闭或行驶时灯还在闪,则表示安全气囊有故障。此时并不影响汽车的运行,但是安全气囊将有可能不工作,应去特约维修点检查。

(8) 刹车液警告灯

一般为手刹车和刹车液液面指示共用。正常时打开点火开关,拉紧手刹车杆,警告灯亮;松手后警告灯应熄灭。如果警告灯常亮着,就表示手刹车杆没有放松到底,或者是刹车液不足,必须添加刹车液。这时,汽车刹车时就要加倍用力。

(9) 安全带报警灯

在点火开关打开时,如果司机安全带没有系,则该警告灯亮,提示司机系好安全带。

(10) 车门未关报警灯

位于仪表中央时钟显示屏的中央。点火开关打开时,如果车门或行李厢未正确关闭,此时灯将显示四门和行李厢门的状态。

(11) 刹车盘指示灯

显示刹车盘片磨损情况的指示灯。正常情况下此灯熄灭,点亮时提示车主应及时更换故障或磨损过渡的刹车片,修复后熄灭。

(12) 清洗液指示灯

显示风挡清洗液存量的指示灯,如果清洗液即将耗尽,该灯点亮,提示车主及时添加清洗液。添加清洁液后,指示灯熄灭。

(13) TCS 指示灯

该指示灯是用来显示车辆 TCS(牵引力控制系统)的工作状态,多出现在日系车上。当该指示灯点亮时,说明 TCS 系统已被关闭。

(14) 电子油门指示灯

本灯多见于大众公司的车型中,车辆开始自检时,EPC 灯会点亮数秒,随后熄灭,出现故障,本灯亮起,应及时进行检修。

(15) 转向指示灯

转向灯亮时,相应的转向灯按一定频率闪烁。按下双闪警示灯按键时,两灯同时亮起,转向灯熄灭后,指示灯自动熄灭。

(16) VSC 指示灯

该指示灯是用来显示车辆 VSC(电子车身稳定系统)的工作状态,多出现在日系车上。当该指示灯点亮时,说明 VSC 系统已被关闭。

(17) 内循环指示灯

该指示灯是用来显示车辆空调系统的工作状态,平时为熄灭状态。当打开内循环按钮,车辆关闭外循环时,该指示灯自动点亮。

(18) O/D 档指示灯

O/D 档指示灯用来显示自动档的 O/D 档 Over-Drive,超速档的工作状态。当 O/D 档指示灯闪亮,说明 O/D 档已锁止。

(19) 前后雾灯指示灯

该指示灯用来显示前后雾灯的工作状况,前后雾灯接通时,两灯点亮。图中左侧的是前雾灯显示,右侧为后雾灯显示。

(20) 示宽指示灯

示宽指示灯是用来显示车辆示宽灯的工作状态,平时为熄灭状态,当示宽灯打开时,该指示灯随即点亮。

(21) 远光指示灯

显示大灯是否处于远光状态,通常的情况下该指示灯为熄灭状态。在远光灯接通和使用远光灯瞬间点亮功能时亮起。

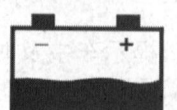
(22) 蓄电池液面过低报警灯

蓄电池的液面比规定量低时灯亮。

并不是每一种汽车都有上述各种警告灯,而在一些高档轿车上会有更多的警告灯,这完全视汽车的配置而定。

操作活动

1. 操作名称:汽车灯系的识别。
2. 需用器材:汽车一辆及相关图样。
3. 学习目标:

学会认识汽车灯系;

学会识别汽车主要灯泡;

学会在操作中,注意环境保护和人身安全。

4. 操作步骤:

看图写出汽车灯系的名称。

① 在图 5-1-25 中写出前照灯(左、右)、右前雾灯、左前小灯各灯的名称。

图 5-1-25 写出各灯的名称

② 在图 5-1-26 中写出倒车灯、左后雾灯、高位刹车灯、右后小灯、刹车组合灯各灯的名称。

③ 写出图 5-1-27、图 5-1-28 和图 5-1-29 中各数字所指外部照灯的名称。

图 5-1-26 写出各灯的名称

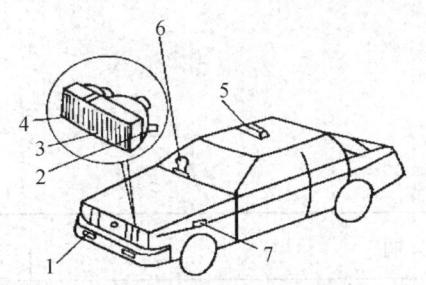

图 5-1-27 写出图中各数字所指灯的名称

图 5-1-28 写出图中各数字所指灯的名称

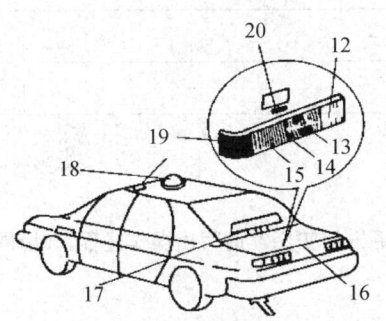

图 5-1-29 写出图中各数字所指灯的名称

1. _____
2. _____
3. _____
4. _____
5. _____
6. _____
7. _____

8. _____
9. _____
10. _____
11. _____

12. _____
13. _____
14. _____
15. _____
16. _____
17. _____
18. _____
19. _____
20. _____

④ 写出图5-1-30中各数字所指内部照灯的名称。

图 5-1-30 写出图中各数字所指灯的名称

1. _____
2. _____
3. _____
4. _____
5. _____
6. _____
7. _____
8. _____

①—发动机罩下灯；②—工作灯；③—仪表照明灯报警指示灯；④—顶灯；⑤—门灯；⑥—阅读灯；⑦—行李箱灯；⑧—开关照明灯。

学生姓名		日期		自评	互评	师评
一、学习评价目标						
1. 能正确讲清汽车灯系的组成。						
2. 能正确讲述汽车外部照明的名称。						
3. 能正确讲述汽车内部照明的名称。						
4. 能正确讲述汽车信号系统的图示意义。						
5. 能看出报警灯的工作状态情况。						
6. 能指出车辆前的主要灯系名称。						
7. 能分出大灯、转向灯、危急灯等。						
8. 能看出刹车液警告灯、充电警告灯等的指示意义。						
9. 操作过程中，无返工现象。						
10. 活动中环保意识及安全工作做得如何。						
二、学习体会 1. 活动中感觉哪项技能最有兴趣？为什么？ 2. 活动中哪项技能最有用？为什么？ 3. 活动中哪项技能操作可以改进，以使操作更方便实用？请写出操作过程。（请同学们大胆创新，共同研讨，不断提高操作能力。） 4. 你还有哪些要求与设想？						
总体评价				教师签名		

活动二 前照灯的检测与调整

案例导入

一辆红旗 CA7200E3 轿车,由于前照灯不亮进厂检修。车主说,"可能是前照灯的故障,以前坏过一次,经过修理后能正常使用。"那么我们一起来学习一下汽车前照灯的相关知识。

关联知识

前照灯

1. 前照灯的照明要求

前照灯俗称大灯,如图 5-2-1 所示。应保证车前有明亮而均匀的照明,使驾驶员能看清车前 100 m 以内路面上的任何障碍物。随着高速公路的建成,汽车行驶速度的提高,要求汽车前照灯的照明距离也相应地增长,现代有些汽车的前照灯照明距离已达到 200~250 m。

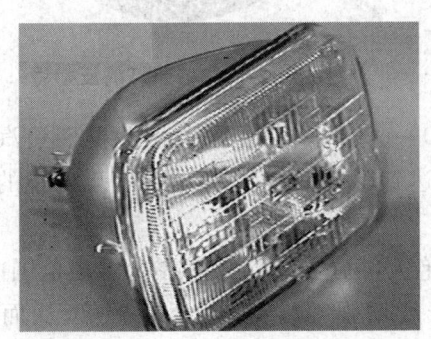 

图 5-2-1 汽车前照灯

前照灯还应具有防止眩目的装置,确保夜间两车迎面相遇时,不使对方驾驶员因产生眩目而造成事故。

2. 前照灯的组成

前照灯由光源(灯泡)、反光镜、配光镜 3 部分组成,如图 5-2-2 所示。

前照灯按形状的不同,可分为圆形、矩形与异形前照灯;

前照灯按发射光束类型的不同,可分为远光灯、近光灯与远、近光灯;

前照灯按安装方式的不同,分为内装式和外装式。

(1)灯泡

前照灯的灯泡有两种:

① 充气灯泡:采用钨丝作灯丝,灯泡内充满氩和

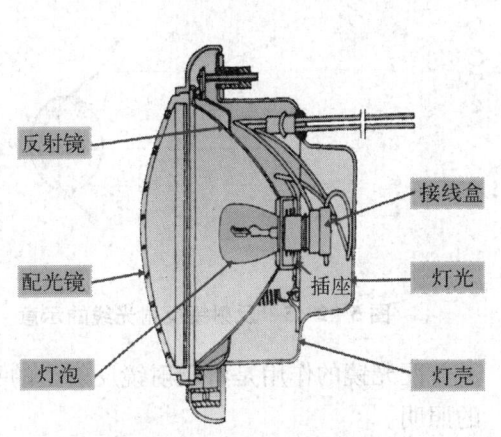

图 5-2-2 前照灯的组成

氮的混合惰性气体。

②卤钨灯泡：卤钨灯泡就是在充入灯泡的气体中掺入某一卤族元素，如氟、氯、溴、碘等。

前照灯灯泡的额定电压有 6 V、12 V 和 24 V 3 种。

灯泡的灯丝由功率大(50～60 W)的远光灯丝和功率较小(35～40 W)的近光灯丝组成，将钨丝制作成螺旋状，以缩小灯丝的尺寸，有利于光束的聚合。其结构如图 5-2-3 所示。

(2) 反射镜

反射镜一般用 0.6～0.8 mm 的薄钢板冲压而成，反射镜的表面形状呈旋转抛物面，如图 5-2-4 所示。其内表面镀银、铝或镀铝，然后抛光。由于镀铝的反射系数可以达到 94% 以上，机械强度也较好，所以现在一般采用真空镀铝。

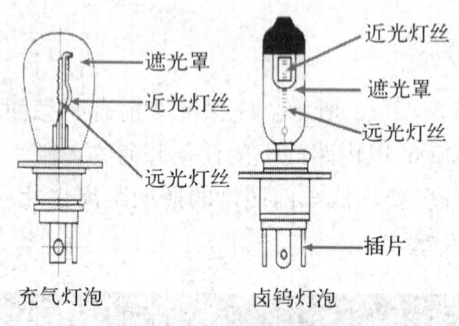

图 5-2-3 前照灯的灯泡

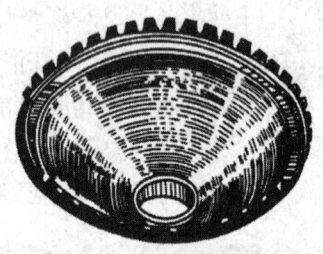

图 5-2-4 前照灯的反射镜

由于前照灯灯泡灯丝发出的光度有限，功率仅 40～60 W。如无反射镜，只能照清汽车灯前 6 m 左右的路面。而有了反射镜之后，前照灯照距可达到 150 m 或更远。因此，反射镜的作用就是将灯泡的光线聚合并导向前方。

如图 5-2-5 所示，灯丝位于焦点 F 上，灯丝的绝大部分光线向后射在立体角范围内，经反射镜反射后将平行于主光轴的光束射向远方，使光度增强几百倍，甚至上千倍，从而使车前 150 m 甚至 400 m 内的路面照得足够清楚。

(3) 配光镜

配光镜又称散光玻璃，用透光玻璃压制而成，是很多块特殊的棱镜和透镜的组合。其几何形状比较复杂，外形一般为圆形和矩形。如图 5-2-6 所示。

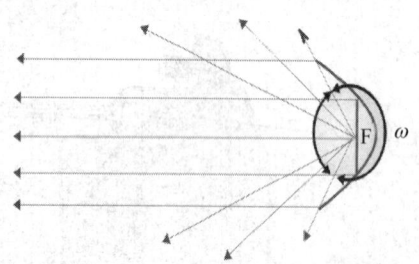

图 5-2-5 反射镜反射光线的示意

图 5-2-6 前照灯的配光镜

配光镜的作用是将反射镜反射出的平行光束进行折射，使车前路面和路线都有良好而均匀的照明。

如图 5-2-7 所示，配光镜具有水平方向的散射和垂直方向的折射作用。

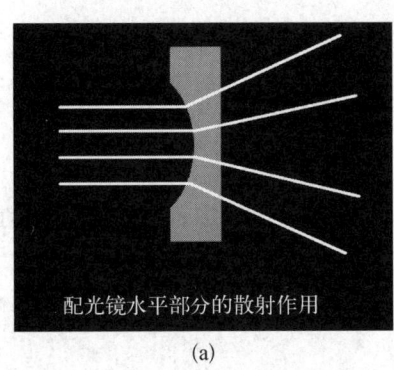
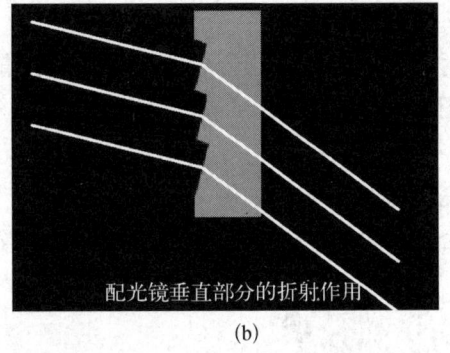

配光镜水平部分的散射作用 （a）　　　配光镜垂直部分的折射作用 （b）

图 5-2-7　配光镜的作用

3. 前照灯的分类

按照灯光组的结构不同，前照灯可分为可拆式前照灯、半封闭式前照灯、封闭式前照灯、投射式前照灯和高亮度弧光灯。

（1）可拆式前照灯

由于可拆式前照灯是由反射镜和配光镜等安装而成的组件，因此气密性差，反射镜易受湿气和尘埃污染而降低反射能力。目前已很少采用。

（2）半封闭式前照灯

它采用半封闭式灯光组。其配光镜与反射镜用黏结剂等方法黏合，灯泡可以从反射镜后端装入，结构如图 5-2-8 所示。

半封闭式前照灯的优点是灯丝烧断只需更换灯泡，缺点是密封性不良。

（3）封闭式前照灯

它采用封闭式灯光组。其反射镜和配光镜熔焊为一个整体，形成灯泡，灯丝焊在反射镜底座上，结构见图 5-2-9 所示。

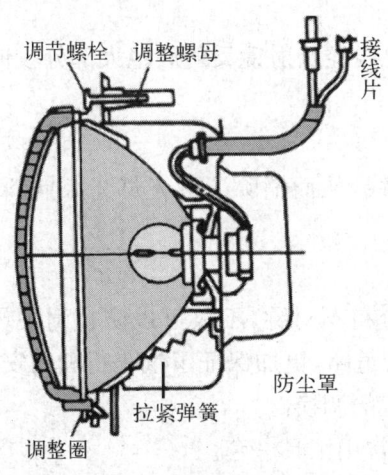
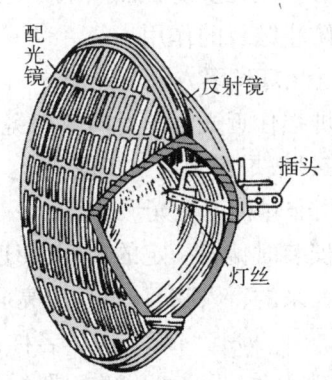

图 5-2-8　半封闭式前照灯的构造　　　图 5-2-9　封闭式前照灯的构造

这种结构的优点是密封性能好，反射镜不会受到大气的污染，反射效率高，使用寿命长。但灯丝烧坏后，需更换整个灯光组，成本较高。

(4) 投射式前照灯

投射式前照灯采用很厚的无刻纹的凸形散光镜,由于反射镜是近似圆形的,所以外径很小,结构如图 5-2-10 所示。

(5) 高亮度弧光灯

高亮度弧光灯结构如图 5-2-11 所示。这种灯没有传统的灯丝,取而代之的是装在石英管内的两个电极,管内充有氙气及微量金属(或金属卤化物)。

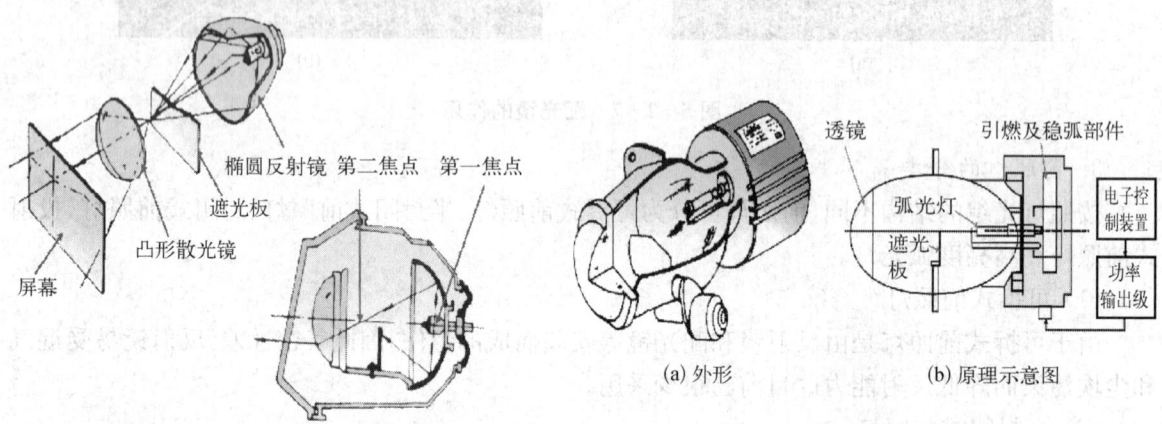

图 5-2-10 投射式前照灯的构造　　图 5-2-11 高亮度弧光灯结构图

弧光灯由弧光灯组件、电子控制器和升压器 3 部件组成。

4. 前照灯的防眩目措施

夜间行驶的汽车在交会时,由于前照灯的亮度较强,会引起对方驾驶员眩目,看不清车前路面情况而引起交通事故。为减少眩目作用对驾驶员夜间行车带来的不利影响,各国对前照灯的配光光形提出了不同的要求。

(1) 近光灯丝装在焦点上方

将近光灯丝装在反射镜焦点上方,使近光灯的光线经反射镜反射后绝大部分投向路面,从而具有一定的防止眩目的作用。

(2) 在近光灯丝下方设配光屏

用配光屏挡住近光灯丝射向反射镜下半部的光线,从而消除了近光灯光束向斜上方照射的部分,使防眩目效果得到进一步改善。

(3) 采用非对称近光光形

配光屏安装时偏转一定的角度,使近光的光形分布不对称,不仅可以防止驾驶员眩目,还可以防止迎面而来的行人眩目,并且照亮同方向的人行道路,更加保证了汽车行驶的安全。

 操作活动

1. 操作名称:汽车前照灯的调换。
2. 需用器材:车辆一部,常用工具一套。
3. 学习目标:

学会汽车前照灯的拆卸、装复、检测、调整;

学会正确使用工具,规范操作;

学会在操作中,注意环境保护和人身安全。

4. 操作步骤：

（1）前大灯的拆卸与装复

前大灯的拆卸

如图 5-2-12 所示。

① 先拆卸保险杠总成，如图 5-2-13 所示。

图 5-2-12　前大灯的拆卸

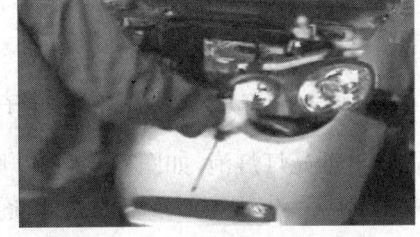

图 5-2-13　拆卸保险杠总成

② 取出大灯总成，如图 5-2-14 所示。

用 10 号套筒松开大灯在前仓横梁上的两个固定螺栓。力矩为 (3.5±0.5) N·m。拆下大灯下面的固定螺栓，力矩为 (1.8±0.2) N·m。拔下大灯插头，取出大灯总成。

（2）分解前照灯

① 用手拧开大灯远光灯灯座护盖，如图 5-2-15 所示。

图 5-2-14　取出大灯总成

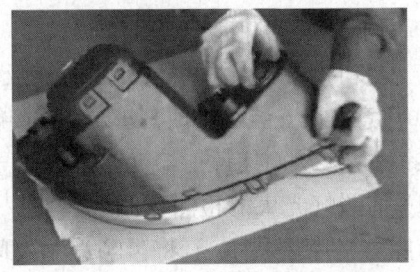

图 5-2-15　分解前照灯

② 用手拔下两根线束插头，如图 5-2-16 所示。

③ 取出远光灯灯泡，如图 5-2-17 所示。

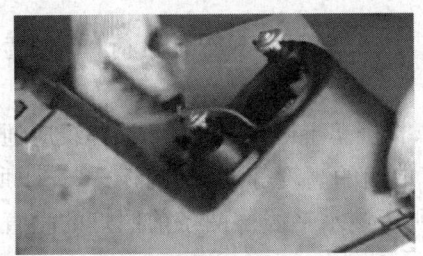

图 5-2-16　用手拔下线束插头

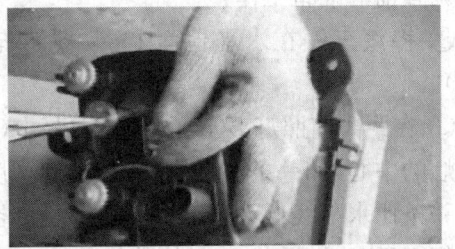

图 5-2-17　取出远光灯灯泡

④ 拆开大灯近光灯灯座卡子，如图 5-2-18 所示。

⑤ 拔下两根线束插头,如图5-2-19所示。

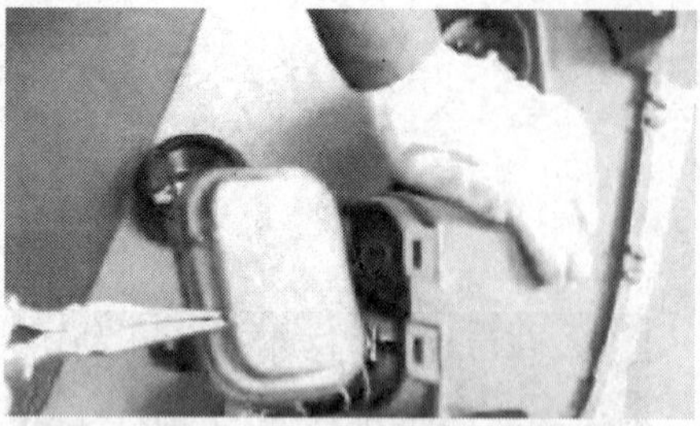

图5-2-18 拆开大灯近光灯灯座卡子

图5-2-19 拔下两根线束插头

⑥ 取出近光灯灯泡,如图5-2-20所示。

取下灯泡后,先观察一下灯泡是否烧毁,灯丝是否断开,如看不清楚,可用万用表电阻档检测灯丝,以确定灯泡的好坏。然后,换上新灯泡,进行装复。

(3) 前照灯的装复

① 装上大灯近光灯灯泡。
② 连接两根线束插头。
③ 盖上大灯近光灯灯座卡子。
④ 装上大灯远光灯灯泡。
⑤ 接上两根线束插头。
⑥ 用手拧紧大灯远光灯灯座护盖。

图5-2-20 取出近光灯灯泡

⑦ 安装时,各安装顺序与拆卸时相反。
⑧ 注意:在安装灯泡时,切勿用手接触灯泡。否则留在上面的手印会在灯点亮后受热挥发,沉积在镜面上,从而使反射器变暗。

(4) 前照灯光束的检测与调整

前照灯光束调整不当,将影响汽车夜间行车的安全,降低运输效率,增加驾驶员的疲劳强度。因此,各国均重视前照灯的检验与调整,将其作为汽车安全检验项目之一。

前照灯的检验可以采用屏幕检验法或仪器检验法,前者操作不便,精确度低,所以汽车检测站多采用仪器检验法。

方法一 屏幕检验法

调整前的准备工作:

① 将汽车停在水平地面上,按规定充足轮胎气压,从汽车上卸下所有负荷(一名驾驶员除外)。

② 在距离前照灯 $S(m)$ 处挂一白幕巾(或利用白墙),在屏幕上画两条垂直线(各线应通过各前照灯的中心)和一条水平线,水平线的高度与前照灯离地面的高度等高,如图5-2-21所示。再画一条比水平线低 $D(mm)$ 的水平线,如图5-2-21所示该水平线与两条前照灯的垂直中心分别相交于a、b两点。(具体数值参见表5-2-1)。

③ 起动发动机。并使之以 2 000 r/min(约为发动机最高转速的 60%)的转速旋转,即在蓄电池不放电的情况下点亮前照灯远光(有些车则用近光调整)。

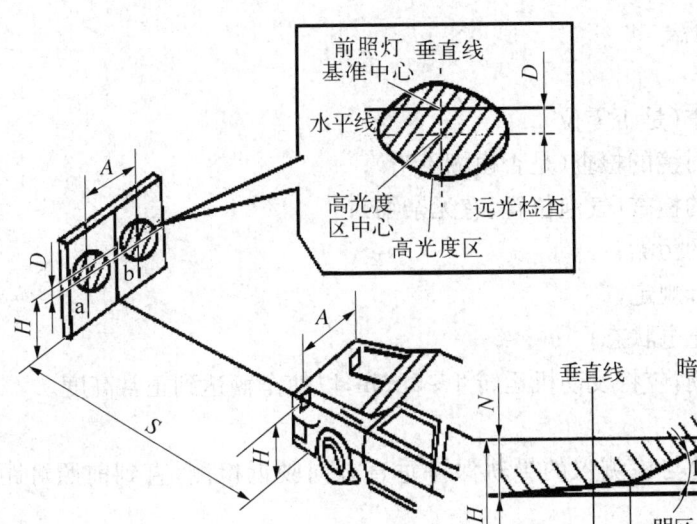

图 5-2-21 调整前的准备工作

表 5-2-1 常见车型前照灯光束调整数据

车 型	S(m)	A(m)	H(mm)	D(mm)	按何种光束调整
东风 EQ1090	10	1 030	1 086	262	远 光
解放 CA1091	10	1 320	1 035	250	远 光
北京 BJ2022	7.5	680	837	75	远 光
三菱 L-047	3	—	—	22	远 光
五十铃 ST90	3	—	—	26	远 光
桑塔纳	10	—	—	100	远 光

调整过程：

① 应先将一只灯遮住，然后检查另一只前照灯的光束中心是否对准 a 点（同一侧的光照中心）。

② 若不符合要求，则可拆下前照灯罩圈，如图 5-2-22 所示，用螺丝刀旋入或旋出侧面的调整螺丝钉，可作水平方向上的调整；用螺丝刀旋入或旋出上面的调整螺丝钉，可作高低方向上的调整。

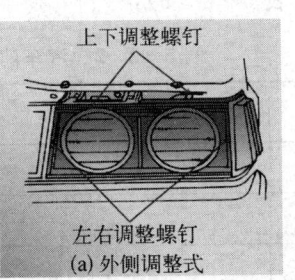
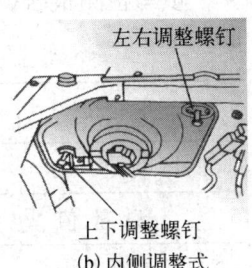

图 5-2-22 调整螺丝钉的位置

③ 待一只前照灯调整好后，再按同样方法调整另一只前照灯，使其光束中心对准 b 点。

调整后的检查：

当远光调好后，应打开近光灯，检查屏幕上是否有明显的明、暗截止线，其高度是否符合规定。一般规定动作是：前照灯上边缘距地面不大于 1 350 mm 的汽车，在距灯 10 m 远处屏幕上的明、暗截止线水平部分，应比前照灯基准中心低 $H/3$ 左右，如图 5-2-21 所示。

对于按近光调整（仅有远光）的四灯式前照灯，使其光形的最高点落在近光切断面的上方。

方法二　仪器检验法

检测前的准备工作：

① 指示仪表的检查(是否零位)；

② 聚光透镜和反射镜的检查(是否模糊不清)；

③ 水准器和导轨的检查(气泡位置、有无杂物)；

④ 擦掉前照灯上的污垢；

⑤ 轮胎气压应符合规定；

⑥ 蓄电池应处于充电状态；

⑦ 装有空载的车辆，应将发动机运转 4~5 min，以使车辆达到正常高度。

检测步骤：

① 将汽车尽可能地与检测仪的导轨保持垂直方向驶近检测，直到前照灯距检测仪受光器 3 m 为止。

② 打开前照灯，用布遮住一侧前照灯；接通仪器电源，操作控制盒上的位置开关，调整受光器的上下与左右位置，使被测前照灯光线照射到受光器上。

③ 按下控制盒上的检测开关，受光器即自动追踪前照灯光轴，即可测得光轴的上下与左右偏移量和发光强度值。

调整过程：

如图 5-2-23 所示，前照灯由反射镜、配光镜和灯泡等组成。根据其结构不同，可分为可拆式、半封闭式和封闭式 3 种类型。封闭式的前照灯一般只能更换总成不需要检测，半封闭式的前照灯则一般可调整其周围的调整螺钉来调整其上下左右偏差，用更换灯泡和反射镜的方法来调整其发光强度。

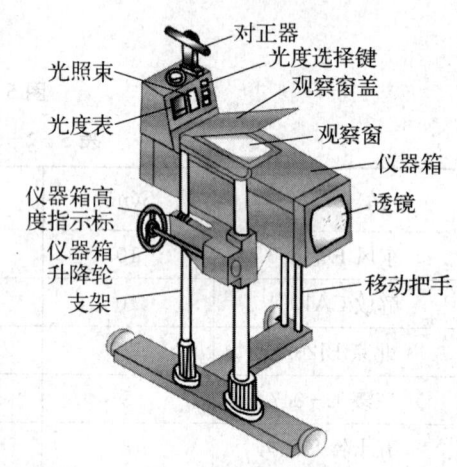

图 5-2-23　前照灯检测仪

填写检测报告(见表 5-2-2)：

表 5-2-2　汽车前照灯检测的技术要求表

	左 大 灯			右 大 灯		
标　准						
测量值						
结果分析						
	上下偏移量		左右偏移量	上下偏移量		左右偏移量
允许偏差	上偏： 下偏：		上偏： 下偏：	上偏： 下偏：		上偏： 下偏：
测量值						
结果分析						
处理意见						

评一评

学生姓名		日期		自评	互评	师评
一、学习评价目标						
1. 会正确进行前照灯的拆卸与装复。						
2. 能正确进行前照灯的检测。						
3. 会按要求进行前照灯的调整。						
4. 能正确判别灯泡的好坏。						
5. 会用屏幕检验法调节好光束。						
6. 会用仪器检验法调节好光束。						
7. 会运用前照灯检测仪。						
8. 正确填写检测报告。						
9. 操作过程中,无返工现象。						
10. 活动中环保意识及安全工作做得如何。						
二、学习体会 1. 活动中感觉哪项技能最有兴趣?为什么? 2. 活动中哪项技能最有用?为什么? 3. 活动中哪项技能操作可以改进,以使操作更方便实用?请写出操作过程。(请同学们大胆创新,共同研讨,不断提高操作能力。) 4. 你还有哪些要求与设想?						
总体评价				教师签名		

活动三 照明灯系线路图的识读

案例导入

小明跟着师傅有一段时间了,始终在汽车线路方面碰到问题,但他不灰心,继续学习,相信会有成功的一天。我们与小明共同学习吧!

关联知识

一、汽车电路图及电路分析

汽车电气系统的构成越来越复杂,这也提高了汽车维修与使用的难度。因此,应掌握汽车电路图的识读和分析方法。

1. 电路图的识读

识读电路图可从以下10个方面着手。

(1) 读图注说明

认真读几遍图注说明,初步了解该汽车都装配了哪些电气设备。然后通过电气设备的数码代号在电路图中找出该电气设备,再找出相互连线、控制关系。

(2) 记电路图形符号

汽车电路图是利用电气图形符号来表示其构成和工作原理的。因此,必须牢记电路图形符号的含义,才能看懂电路原理图。

(3) 牢记汽车电路特点

汽车电路分为3种:① 单线制;② 负极搭铁;③ 用电设备并联。

(4) 牢记回路原则

任何一个完整的电路都是由电源、熔断器、开关、控制装置、用电设备、导线等组成。电流流向必须从电源正极出发,经过熔断器、开关、控制装置、导线等到达用电设备,再经过导线(或搭铁)回到电源负极,才能构成回路。因此读图时,有两种思路:

思路一:沿着电路电流的流向,由电源正极出发,顺藤摸瓜查到用电设备、开关、控制装置等,回到电源负极。

思路二:从用电设备开始,依次查找其控制开关、连线、控制单元,到达电源正极和搭铁(或电源负极)。

实际应用时,可视具体电路选择不同思路。

(5) 浏览全图,分割各个单元系统

要读懂汽车电路图,首先必须掌握组成电路的各个电器元件的基本功能和电器特性。在大概掌握全图基本原理的基础上,再把一个个单元系统电路分割开来,这样就容易抓住每一部分的主要功能及特性。

(6) 熟记各局部电路之间的内在联系和相互关系

从整体电路来讲,各局部电路除电源电路公用外,其他单元电路都是相对独立的,但它们之间也存在着内在联系(如信号共享)。因此,识图时不但要熟悉各局部电路的组成、特点、工作过程和电流流经的路径,还要了解各局部电路之间的联系和相互影响。这是迅速找出故障部位、排除故障的必要条件。

(7) 掌握各种开关在电路中的作用

当开关接线柱较多时,首先抓住从电源来的一两个接线柱,再逐个分析与其他各接线柱相连的用电设备处于何种档位,从而找出控制关系。

对于组合开关,实际线路是在一起的,而在电路图中又按其功能画在各自的局部电路中,遇到这种情况必须仔细研究识读。

(8) 全面分析开关、继电器的初始状态和工作状态

在电路图中,各种开关、继电器都是按初始状态画出的。即按钮未按下,开关未接通,继电器线圈未通电,其触点未闭合(指常开触点),这种状态称为原始状态。在识图时,不能完全按原始状态分析,否则很难理解电路的工作原理,因为大多数用电设备都是通过开关、按钮、继电器触点的变化而改变回路的,进而实现不同的电路功能。所以,必须进行工作状态的分析。

(9) 掌握电器装置在电路图中的位置

大量电器装置是机电合一的,在电路图上表示时,厂家为了使画法既简单(便于画图)又便于

识图,又多根据实际情况采用集中或分开表示法。

集中表示法:是把一个电器装置的各组成部分,在图上集中绘制的一种表示方法。此法仅适用于较简单的电路。

分开表示法:如把继电器的线圈、触点分别画在不同的电路中,用同一文字符号或数字符号将分开部分联系起来。

(10) 先易后难,逐步积累经验

看图时应先看能看懂的,一时难以看懂的可以暂时将其放一放,待其他局部电路都看懂后,结合看懂图中与该电路有联系的有关信息,再来进一步识读这部分电路。

对于看不懂的电路要善于请教有关人员,同时还要善于查找收集相关资料,逐步积累经验,深入研究典型汽车电路,做到触类旁通。

2. 看懂元件图形、符号及含义

汽车正常用的电器符号如图5-3-1所示。只有熟悉了这些元件的图形符号,才能正确分析汽车线路。

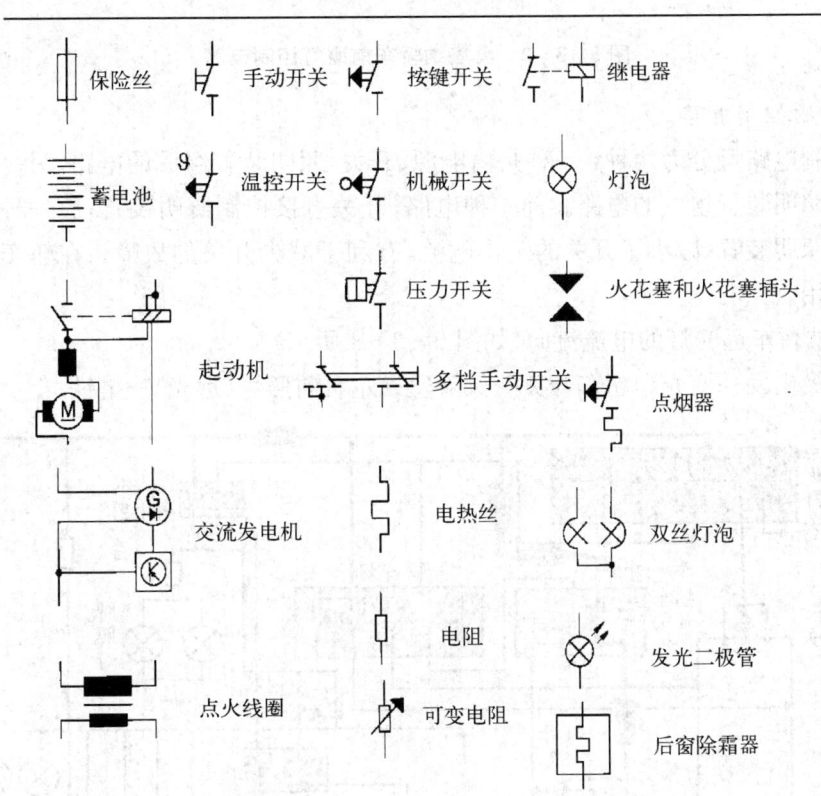

图5-3-1 汽车上常用的电器符号

除了要熟悉元件图形符号之外,还要熟悉线路图其他各种符号和数字表示的含义。

二、汽车照明系线路图识读

以桑塔纳轿车前照灯控制电路为例,如图5-3-2所示。

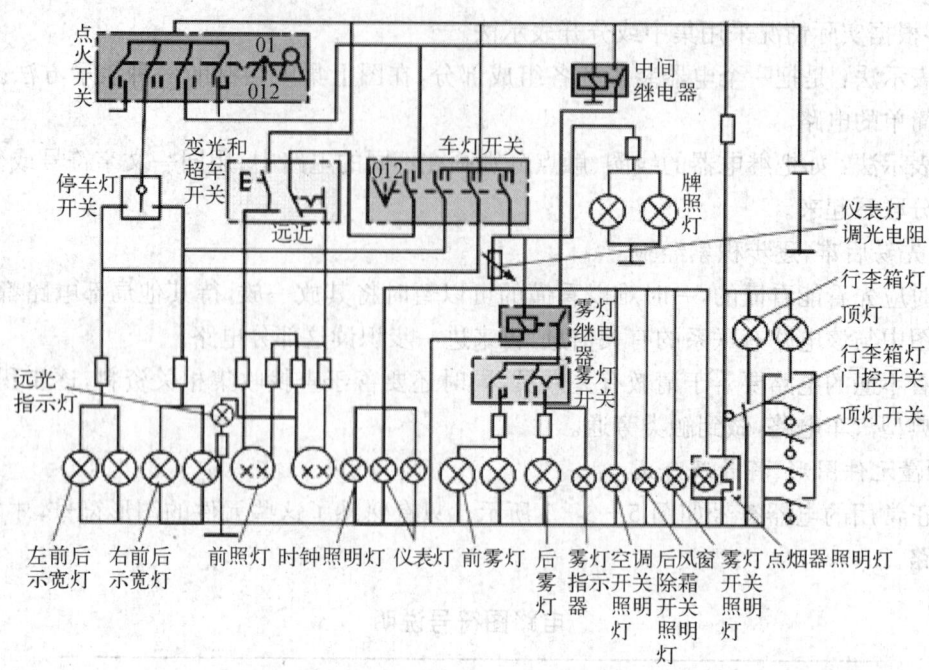

图 5-3-2 桑塔纳轿车前照灯控制电路

1. 前照灯的控制电路

前照灯控制电路可分为两种：一种是由电源、开关、照明装置组成的电路，另一种是由电源、开关、继电器、照明装置组成的电路。前一种电路，开关直接控制照明装置；后一种电路，开关经过继电器控制照明装置，减小了开关的工作电流，有利于减少开关的故障。在轿车上，这两种电路往往混合使用。

（1）桑塔纳轿车远光灯的电流流向（如图 5-3-3 所示）

蓄电池正极出发→变光和超车开关→保险丝→左右前照灯（远光）→搭铁。

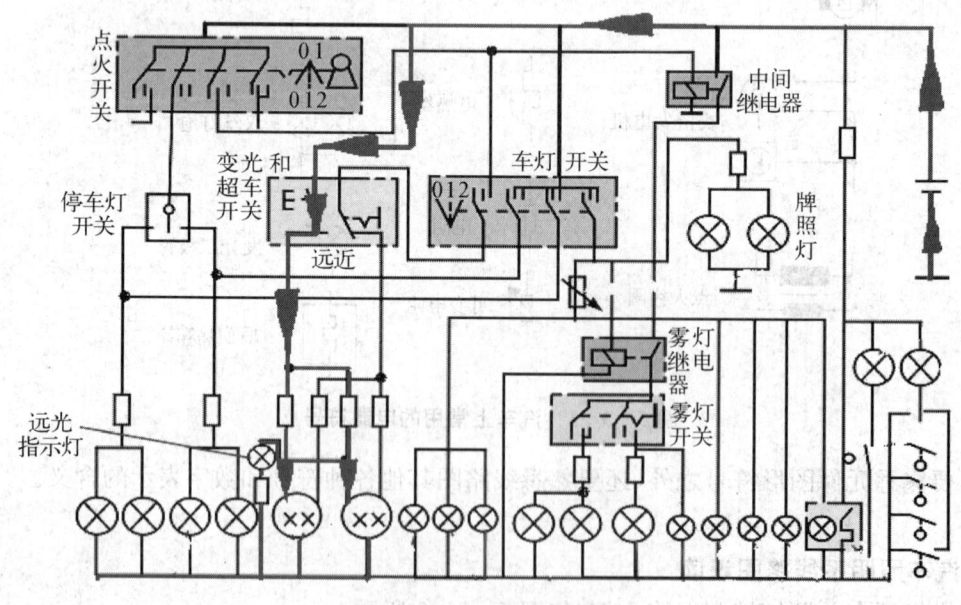

图 5-3-3 远光电流流向

注意：旁边是一只仪表盘上的指示灯。

(2) 桑塔纳轿车近光灯的电流流向（如图 5-3-4 所示）

蓄电池正极出发→点火开关掷 1 档→车灯开关掷 2 档→变光和超车开关→保险丝→左右前照灯（近光）→搭铁。

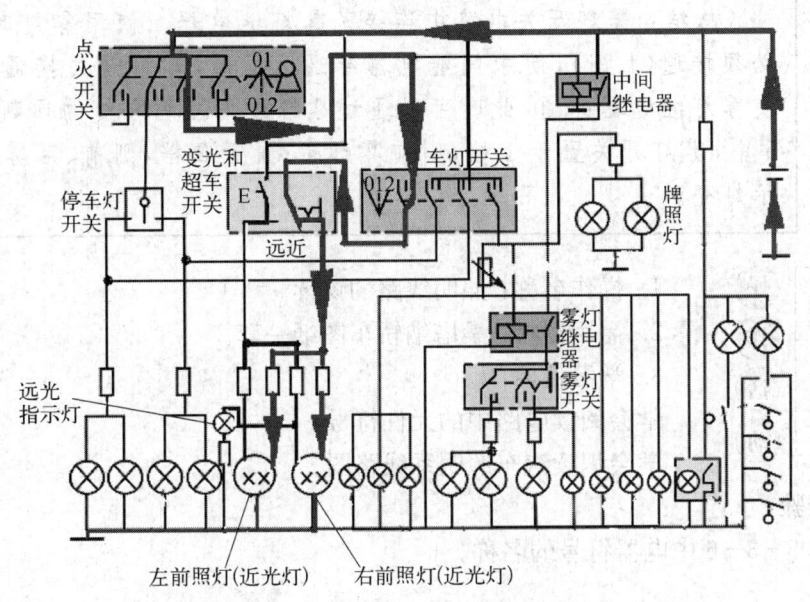

图 5-3-4　近光灯的电流流向

总结：前照灯由点火开关和车灯开关共同控制。通过变光开关进行远光、近光的变换。此外，远光灯还可以由超车开关控制，夜间行车时作超车信号用。

(3) 桑塔纳轿车的雾灯

从图 5-3-5 中可看出：桑塔纳雾灯的电流流向：

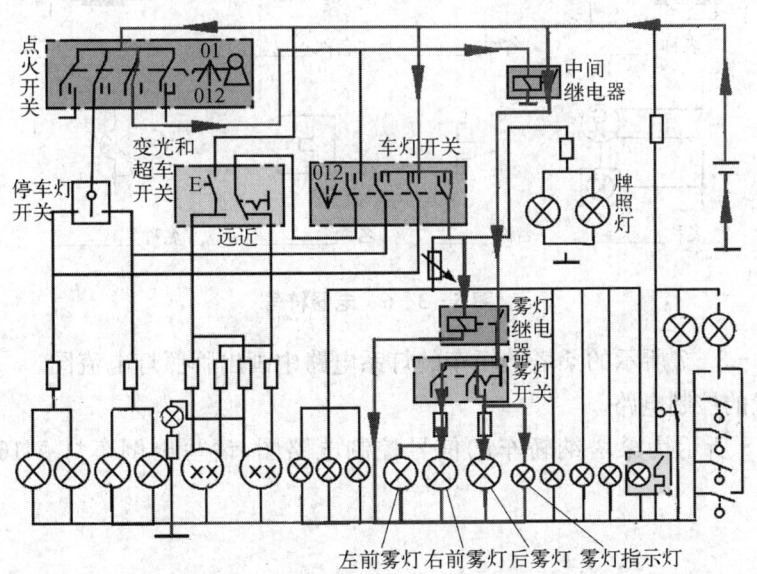

图 5-3-5　桑塔纳轿车的雾灯电路

蓄电池正极 { 点火开关搦1档→中间继电器线圈得电→中间继电器触点闭合 }
　　　　　 { 车灯开关搦2档→雾灯继电器线圈得电→雾灯继电器触点闭合 }

雾灯开关 { 保险丝→前雾灯亮。
　　　　 { 保险丝→后雾灯、雾灯指示灯亮。

 **点拨** 总结：雾灯开关电路中连接了雾灯继电器。使用雾灯时，点火开关必须接通（1档），使中间继电器导通。同时，车灯开关接通（1或2档）使雾灯继电器导通，此时可以通过雾灯开关控制雾灯的通断。图5-3-5中，雾灯开关置于1档，则前雾灯亮；置于2档，则前、后雾灯和雾灯指示灯亮。

 **操作活动**

1. 操作名称：照明线路的识读。
2. 需用器材：桑塔纳轿车图纸一套。
3. 学习目标：
学会阅读电路中的元件符号；
学会识读汽车照明系线路图。

4. 操作步骤：
① 写出图5-3-6中电器符号的名称。

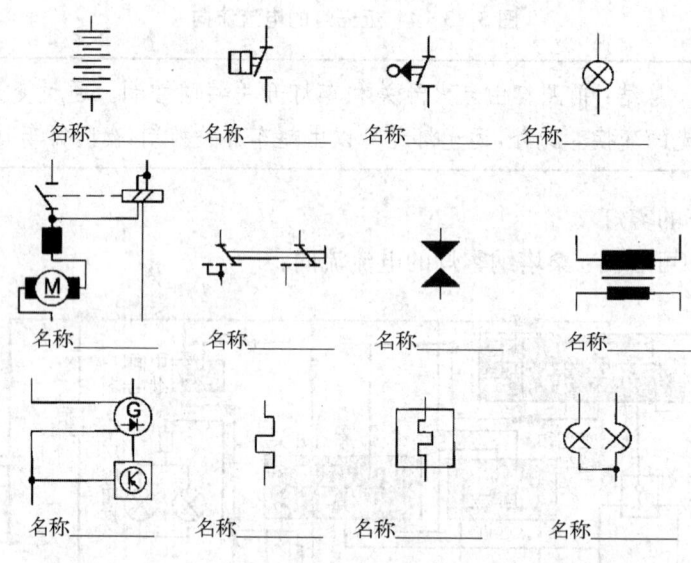

图5-3-6　电器符号

② 请在图5-3-7所示的桑塔纳轿车的灯系电路中画出牌照灯电流图。
③ 信号装置的控制电路。
如图5-3-8所示为桑塔纳轿车的信号控制电路图，请写出倒车灯M16和M17的工作过程。

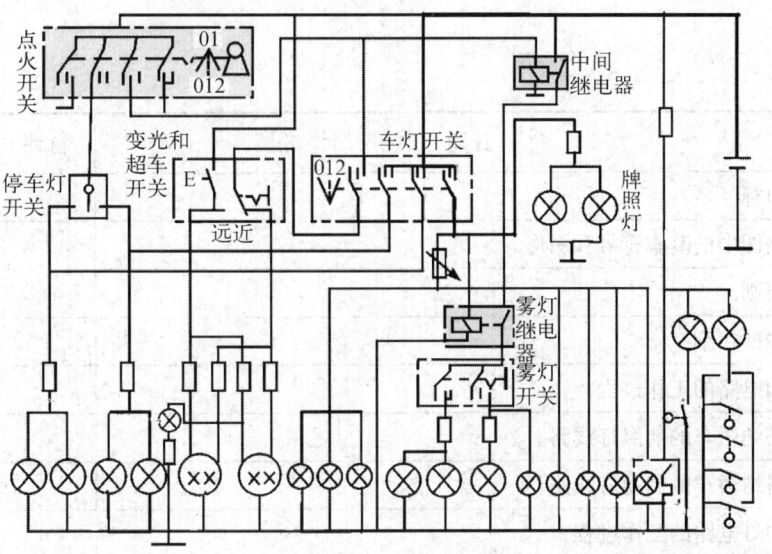

图 5-3-7 桑塔纳轿车的灯系电路

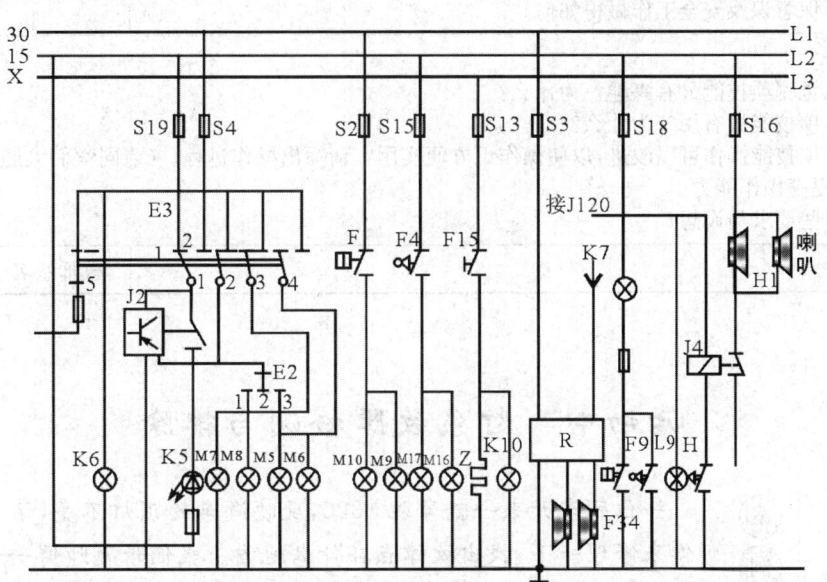

K5 转向指示灯； K6 报警指示灯； K7 制动液面、驻车指示灯； K10 除霜器指示灯；
M5 左转向灯； M6 左后转向灯； M7 右转向灯； M9 左制动灯；
M10 右制动灯； M16 左倒车灯； M17 右倒车灯； J4 喇叭继电器； E3 危险报警灯；
F 制动灯开关； F4 倒车灯开关； E2 转向灯开关； F9 驻车制动开关； J2 闪光继电器；
H 喇叭按钮； H1 喇叭； S18 喇叭继电器及驻车制动灯开关； S4 危险报警灯熔断器；
S2 制动灯熔断器； S19 转向灯熔断器； S15 倒车灯熔断器； S16 喇叭熔断器。

图 5-3-8 桑塔纳轿车信号控制电路

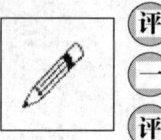 评一评

学生姓名		日期		自评	互评	师评
一、学习评价目标						
1. 能看懂电路图中的基本符号和图形。						
2. 牢记回路原则。						
3. 能区分导线的粗细。						
4. 能看懂照明电路的工作过程。						
5. 会分析桑塔纳轿车的前照灯线路。						
6. 会分析桑塔纳轿车的制动灯线路。						
7. 能分析转向灯电路的工作过程。						
8. 掌握读电路图的一般方法。						
9. 操作过程中,无返工现象。						
10. 活动中环保意识及安全工作做得如何。						
二、学习体会 1. 活动中感觉哪项技能最有兴趣?为什么? 2. 活动中哪项技能最有用?为什么? 3. 活动中哪项技能操作可以改进,以使操作更方便实用?请写出操作过程。(请同学们大胆创新,共同研讨,不断提高操作能力。) 4. 你还有哪些要求与设想?						
总体评价				教师签名		

活动四 灯系故障检测与排除

 案例导入

一位顾客开来一辆奔驰S320,反映汽车的顶灯不亮,请维修站的电工师傅来修理一下,找出故障点在什么地方。我们跟随师傅一起来完成故障的修理。

 关联知识

照明系统常见故障诊断及检修

1. 常见故障及原因

照明系统常见的故障及主要原因见表5-4-1。

照明灯系统的故障原因具有类似性,对故障的检测方法基本相同,因此,读者在遇到照明灯系故障时,可参考此表进行故障诊断。

表 5-4-1 照明灯系统的故障原因及排除

故障现象	故障原因	诊断排除
所有灯都不亮	蓄电池至总开关之间火线断路；灯总开关损坏；电源总熔丝断	诊断时，应根据不同的故障现象采取不同的诊断方法。下面举两个例子说明一下。 (1) 前照灯光都不亮　如果远光灯和近光灯都不亮，应首先检查仪表灯是否正常。如果仪表灯工作正常，说明车灯开关的电源线正常。将点火开关接通，车灯开关置于2档(前照灯接通)位置，检查变光开关上的火线接线柱电压是否正常。若电压为零，说明车灯开关至变光开关之间的线路断路或车灯开关有故障；若电压正常，可以短接变光开关试验。灯亮，说明变光开关损坏，应更换；否则检查变光开关后的线路和灯丝，必要时给予修理和更换。 (2) 前照灯都比较暗淡　如果前照灯都比较暗淡，应首先检查电源电压是否正常。如果偏低，检查充电系统；否则检查前照灯及其线路接触情况，视情形修理。
远光灯或近光灯不亮	变光开关损坏；导线断路；远光灯或近光灯熔丝断；灯光继电器损坏；前照灯失效，传感器损坏；灯总开关损坏	
前照灯灯光暗淡	熔丝松动；导线接头松动；前照灯开关或继电器触点接触不良；发电机输出电压低，用电设备漏电，负荷增大；接触不良	
一侧前照灯亮，另一侧前照灯暗	前照灯暗的一处搭铁不良或变光开关处接触不良	
前照灯大灯亮，仅小灯不亮	前照灯总开关损坏；熔丝断；小灯泡坏；小灯线路断路；继电器损坏	
接通小灯一侧小灯亮，另一侧小灯亮度变弱，且左转向指示灯也亮，但不闪光	亮度暗淡的小灯搭铁不良(指灯壳接地的灯)	
灯泡经常烧坏	发电机输出电压过高	

具体分析方法如图 5-4-1 所示。

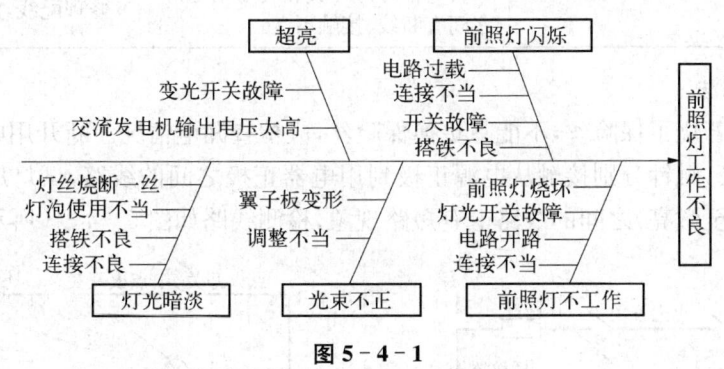

图 5-4-1

2．转向灯故障检修

转向灯常见的故障及其主要原因、排除方法见表 5-4-2。

3．灯光线路检测方法

(1) 断路检测法

自制一试灯(车用灯泡 2～5 W)，一端焊铁夹，另一端为触针。铁夹搭铁，触针从点火开关到用电器之间的开关、保险丝、插接器等。试灯应点亮，否则表明在亮与不亮之间的线路上存在断路故障，如图 5-4-2 所示。

表 5-4-2 转向灯故障原因及排除

序号	故障现象	原因	检修方法
1	左右灯都不亮	转向灯灯丝断线	更换灯泡
		转向信号灯电路保险丝熔断	更换保险丝
		蓄电池和开关之间有断线,接触不良	更换或修理配线,修理接触部分
		转向信号灯开关不良	更换开关
		闪光器不良	更换
2	左右灯一侧不亮	闪光器不良	更换
3	亮灭次数少	使用了比规定值大的灯泡	更换成标准功率灯泡
		电源电压过低	给蓄电池充电
		闪光灯装置不良	更换闪光灯装置
4	亮灭次数多	使用了比规定值大的灯泡	更换成标准功率灯泡
		信号灯接地不良	修理灯座的接地处
		闪光灯装置不良	更换闪光灯装置
		某信号灯灯丝断线	更换灯泡
5	左、右转弯信号灯的亮灭次数不一样,其中有一个不工作(非闪光器的故障)	指示灯或信号灯断线	更换灯泡
		其中一个使用了非标准瓦数的灯泡	更换成标准功率灯泡
		灯泡接地不良好	维修与更换
		转弯信号灯开关和转弯信号灯之间有断线、接触不良	修理配线,修理接触部位

(2) 短路检测法

当闭合开关,若烧了保险丝,不能只更换保险丝,应检查漏电情况。断开用电器的搭铁,试灯铁夹夹到电源正极,触针分别接触从电源正极到用电器正极之间的线路,试灯应不亮,否则表明在不亮和现亮(甚至微亮)之间的线路上有短路现象,检测线路如图 5-4-3 所示。

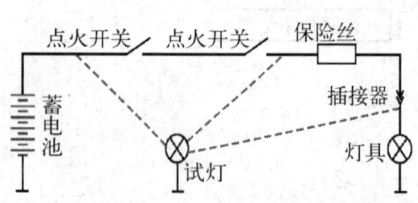

图 5-4-2 灯光线路断路检测法

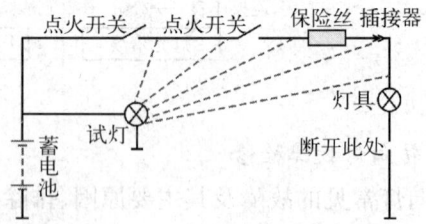

图 5-4-3 灯光线路短路检测法

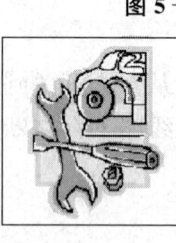

1. 操作名称:汽车灯系故障的排除。
2. 需用器材:汽车一辆,常用工具一套。
3. 学习目标:

学会灯系故障的排除;

学会电工工具的规范使用；

学会在操作中，注意环境保护和人身安全。

4. 操作步骤：

（1）汽车顶灯不亮故障的排除

① 故障现象：车内前顶灯不能正常打开。

② 原因分析：车内前顶灯不亮，问题可能会出现在两个方面：

★ 顶灯灯泡烧坏；

★ 顶灯的保险丝烧坏。

于是就可以从这两个方面进行检查。

③ 查看保险丝：

打开闪仓盖，拆开前仓电器盒的上护盖。拔下F3♯、10 A的保险丝，查看保险丝发现完好无损。对照电路图，看出车内后顶灯在门开后能正常发光。因此认为故障的原因属于第1种情况——顶灯灯泡烧坏。如图5-4-4所示。

④ 查看灯泡：

迅速拆下顶灯，拿出灯泡观察，发现灯泡也是完好无损。如图5-4-5所示。

图5-4-4 查看保险丝

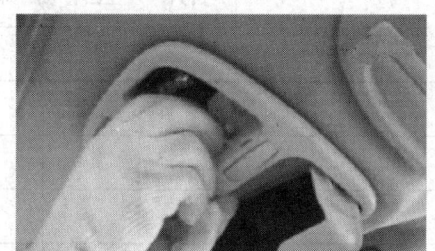

图5-4-5 查看灯泡

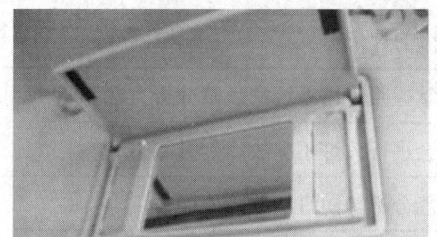

图5-4-6 遮阳板灯也不能打开

⑤ 再进一步对照电路图检查发现遮阳板灯也不能打开，因此断定故障的原因应该不在上述两种之列。如图5-4-6所示。

⑥ 究竟是什么问题？

此时车主才说："该车曾经出过事故，车辆在进车库时由于车库门开启高度不够，车顶撞到门上，造成车顶前方变形，后到修理厂进行钣金喷漆处理，以后这顶灯就没有亮过。"听了车主的话，师傅拆下整个顶灯，发现顶灯线束上的搭铁线和紧固螺钉上都是油漆，如图5-4-7所示。

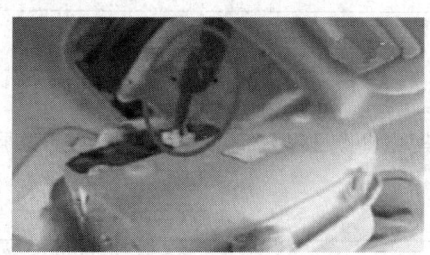

图5-4-7 搭铁线、紧固螺钉上都是油漆

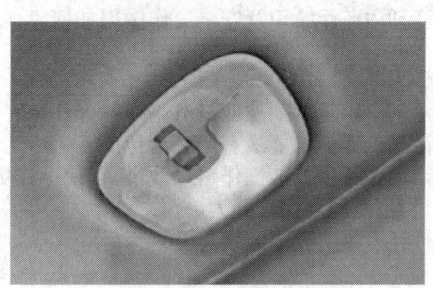

图5-4-8 故障排除

⑦ 故障排除：

师傅将油漆处理完后，重新装上，顶灯恢复正常。如图5-4-8所示。

此顶灯不亮的故障排除过程给我们的启示：

许多故障并不是电器损坏引起的，而是电器线路的导电能力下降引起的。因导电电阻增大，出现故障是常有的事，如本例中搭铁线，因油漆引起导电不良故障，汽车大灯搭铁不良，同样会引起大灯不良故障。这些应引起我们的注意。

一辆桑塔纳车的大灯被烧了，车主自己换了二次灯泡，可没几天又烧了。车主没办法，只能请修理工修理。现在请你修理，相信你一定能修复。试一试吧！

学生姓名		日期		自评	互评	师评
一、学习评价目标						
1. 掌握照明灯系统的故障分析方法。						
2. 会进行大灯不亮故障的排除。						
3. 能分析转向灯的故障原因。						
4. 会进行转向灯不亮故障的排除。						
5. 能排除大灯过亮的故障。						
6. 能正确识读照明线路图。						
7. 能排除顶灯不亮的故障。						
8. 能排除小灯不亮的故障。						
9. 操作过程中，无返工现象。						
10. 活动中环保意识及安全工作做得如何。						
二、学习体会 1. 活动中感觉哪项技能最有兴趣？为什么？ 2. 活动中哪项技能最有用？为什么？ 3. 活动中哪项技能操作可以改进，以使操作更方便实用？请写出操作过程。（请同学们大胆创新，共同研讨，不断提高操作能力。） 4. 你还有哪些要求与设想？						
总体评价				教师签名		

活动五　汽车仪表系统

案例导入　一辆车在点火开关关闭后,仪表上的各种指示灯便开始以间隔大约1s的时间不停地快速闪烁,各种表的指针也开始上下不停地跳动,怎样排除这个故障呢?让我们来学习汽车仪表的相关知识。

关联知识

一、汽车仪表

汽车仪表板总成安装有各种仪表,驾驶员可以及时掌握有关信息。这些装置结构简单、观察方便,而且耐振动、抗冲击,在任何情况下都能指示平稳,数值清晰准确,不受电源波动和温度变化的影响。如图5-5-1所示为桑塔纳2000GSi型轿车仪表板。

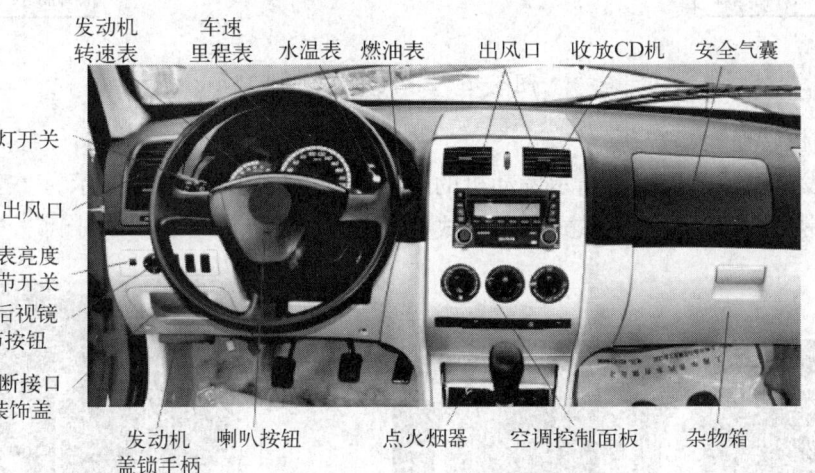

图5-5-1　桑塔纳2000GSi型轿车仪表板

1. 汽车仪表的分类

(1) 按原理分

① 电热式:利用双金属片的电热效应原理,当双金属片的加热线圈中有电流流过时,双金属片受热变形,带动仪表指针偏转而指示出读数。

② 电磁式:利用电磁感应原理,当电流通过电磁线圈时,产生电磁力使仪表指针偏转而指示出相应的读数。如图5-5-2所示。

(2) 按安装方式分

① 组合式仪表:就是将各仪表组合安装在一起。

② 分装式仪表:就是将各仪表单独安装。

图5-5-2　电磁感应汽车仪表

2. 汽车仪表的组成

主要由转速表、燃油表、冷却液温度表、机油压力指示灯、车速里程表等组成,如图5-5-3所示。

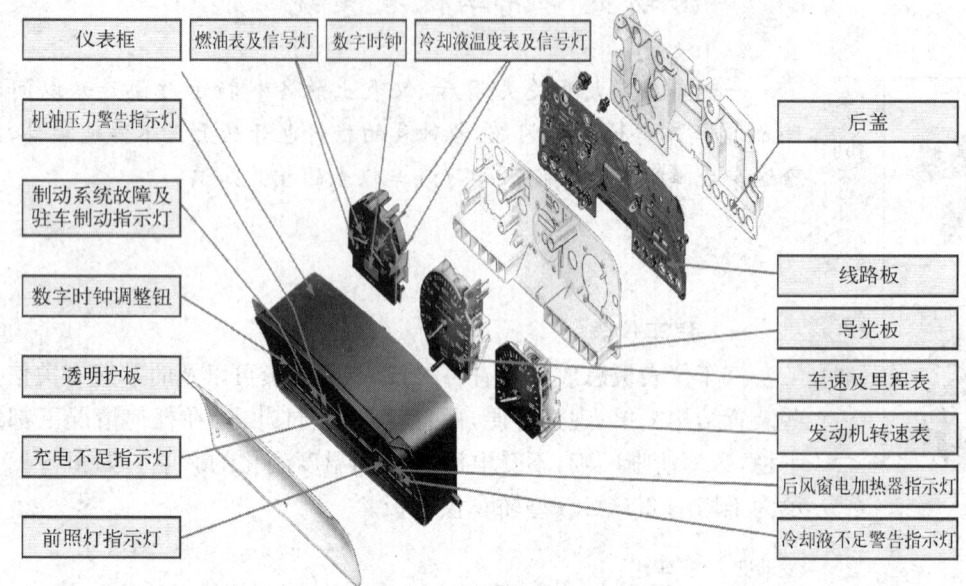

图5-5-3 汽车仪表的组成

① 发动机转速表:

作用:发动机转速表用于指示发动机的运转速度。如图5-5-4所示。

分类:常用的转速表有机械式和电子式两种。

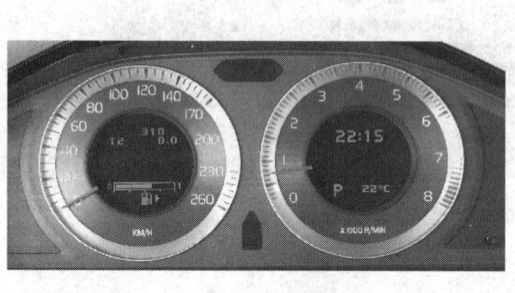

图5-5-4 里程表和转速表

图5-5-5 燃油表

② 燃油表:

燃油表用来指示汽车油箱内储油量的多少,它由装在油箱中的油量传感器和装在仪表板上的燃油指示表两部分组成,如图5-5-5所示。传感器大多为可变电阻式,燃油指示表有电磁式和电热式两种。

③ 车速里程表:

作用:车速里程表用来指示汽车行驶速度和累计行驶里程数。如图5-5-6所示。

分类:常用的车速里程表有磁感应式和电子式两种。

④ 水温表:

水温表是用来指示发动机水套中冷却液工作温度的仪表。各种不同类型的发动机,其冷却液温度各不相同,发动机正常工作时的水温一般在70℃左右。水温表由水温指示表和温度传感器两部分组成,温度传感器又称感温塞。它由装在气缸盖上的温度传感器和装在仪表板上的水温表组成。

作用:水温表用来检测和显示发动机水套中冷却液的工作温度,以防因冷却液温度过高而使发动机过热。如图5-5-7所示。

图5-5-6　车速里程表　　　　图5-5-7　水温表　　　　图5-5-8　电磁式水温表

分类:水温表可分为电热式、电磁式和动磁式3种,冷却液温度传感器可分为双金属片式和热敏电阻式两种。常用的是电热式冷却液温度指示表配双金属片式传感器、电热式冷却液温度指示表配热敏电阻式传感器和电磁式冷却液温度指示表配热敏电阻式传感器3种。如图5-5-8所示为电磁式水温表。

3. 电子式与数字式仪表

现代汽车对工况信息显示的项目越来越多,但驾驶员的有效视野及驾驶室的可用容积是有限的,因而传统的机电型仪表及指示装置逐渐被电子化仪表及显示装置所代替。这些新型的信息显示装置具有体积小、精度高、便于装配和维护等特点,已成为现代汽车信息系统的主要显示装置。

如图5-5-9所示为各种电子式与数字式仪表。广州本田雅阁轿车的仪表板如图5-5-10所示。

图5-5-9　电子式与数字式仪表

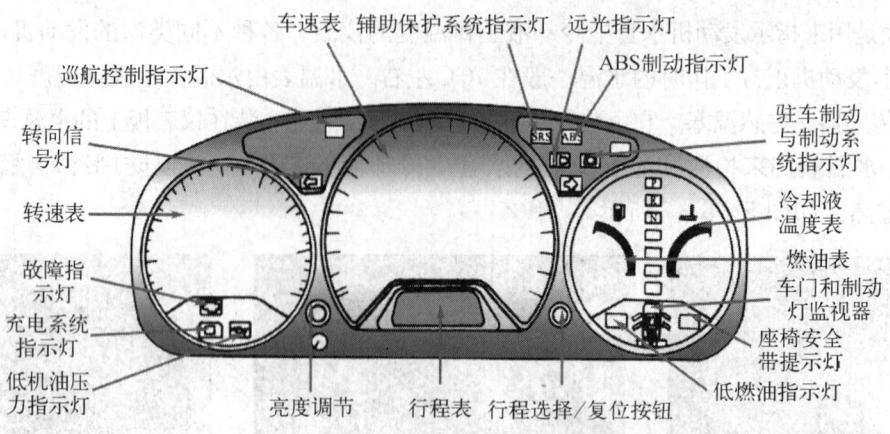

图 5-5-10 广州本田雅阁轿车仪表板

4. 声光或图形辅助显示

汽车电子组合仪表设置了很多辅助显示功能,如:燃油液位过低、发动机冷却液温度过高等报警信号,汽车左右转向、倒车及制动信号,远光灯、近光灯及雾灯等灯光信号。如图 5-5-11 所示,这些信号装置是否正常工作,在组合仪表盘上借助于声光或图形均可显示出来,使驾驶员能随时全面地监视汽车运行的状态。

图 5-5-11 声光或图形辅助显示

二、常见仪表故障及排除(以奇瑞轿车为例)

1. 车速表不工作或误差大

故障现象:车辆行驶时,车速里程表不工作或车速表指示与实际车速存在较大误差。

故障原因:

① 车速里程表霍尔车速传感器故障;

② 车速里程表指针卡住;

③ 变速器输出轴驱动齿轮磨损严重或齿轮啮合间隙过大;

④ 车速里程表损坏;

⑤ 发动机损坏;

⑥ 连接线路故障。

故障诊断与排除:

① 如果出现车速里程表不工作的故障,先应检查霍尔车速传感器及驱动齿轮的啮合有无故障。如果正常,再拆检车速里程表。

② 如果只出现车速表指示不准的故障,一般是仪表内部损坏。

③ 检查车速信号到发动机的电脑连线,以及发动机至仪表的信号线。

2. 温度表不工作

故障现象:发动机运转后,冷却液温度表指针不指示。

故障原因:

① 温度表损坏;

② 冷却液温度传感器失效；

③ 温度表线路断路；

④ 稳压器损坏；

⑤ 发动机电脑损坏。

故障诊断与排除：

① 打开发动机舱盖，拔下冷却液温度传感器插头。检查冷却液温度传感器电阻是否正常。如正常，检查传感器信号至发动机电脑信号，以及发动机电脑至仪表信号。

② 如果上述线路正常，接上组合仪表插头，打开点火开关，检查冷却液温度传感器插头的黄/红线是否有电。如果有电，则说明冷却液温度传感器损坏；如果无电，则为冷却液温度表本身或稳压器故障。

③ 拆下仪表板，线束保持正常连接，将万用表连接在稳压器正极输出端和搭铁端之间测量电压。如果电压值高于 10.5 V 或低于 9.5 V，则表明稳压器有故障；否则为冷却液温度表本身故障。

3. 燃油表不工作

故障现象：接通点火开关，但燃油表指针不动。

故障原因：

① 燃油表损坏；

② 燃油表传感器失效；

③ 燃油表线路断路；

④ 稳压器损坏；

⑤ 燃油箱内无汽油。

故障诊断与排除：

① 检查油箱内是否有汽油。

② 接通点火开关，观察燃油表是否工作。如果燃油表工作，则说明组合仪表上的稳压器工作正常。

③ 拔下燃油表传感器插头，用万用表测量紫/黑色线是否有电，再检查棕色线与车身搭铁情况。如果紫/黑色线有电、棕色线正常，则说明燃油表传感器有故障，应更换。

④ 如果紫/黑色线无电，则检查燃油表传感器插头紫/黑色线至组合仪表插头的插孔 21 之间线路是否断路，线路传递为：燃油表传感器插头紫/黑色线→继电器盘插头 M 的插孔 3→继电器盘插头 U1 的插孔 12→棕色线→组合仪表插头的插孔 21。

⑤ 如果线路导通、棕色线正常，则为燃油表有故障。

4. 机油警报灯常亮

故障现象：汽车在行驶过程中，发动机机油压力警报灯常亮。

故障原因：

① 低压开关(30 kPa 开关)故障；

② 低压开关线路短路；

③ 高压开关(180 kPa 开关)故障；

④ 高压开关线路断路；

⑤ 润滑油路压力达不到规定要求。

5. 冷却液警报灯常亮

故障现象：汽车在行驶过程中，无论是冷态还是热态，冷却液警报灯常亮。

故障原因：

① 储液罐中冷却液液面过低；

② 冷却液液位开关故障；

③ 冷却液温度警报开关故障；

④ 警报灯线路有搭铁处。

故障诊断与排除：

① 检查发动机冷却液温度是否真的过高以及储液罐液面是否过低。

② 上述检查都正常，拔下储液罐液位开关插头。如警报灯熄灭，说明液位开关有故障。

③ 如果警报灯仍然亮，接好液位开关插头，拔下冷却液温度报警开关插头。如果警报灯熄灭，说明冷却液温度报警开关有故障；如果警报灯仍然亮，说明线路有搭铁处。

6. 制动警报灯常亮

故障现象：在放开驻车制动杆的情况下，制动警报灯仍亮。

故障原因：

① 制动液液面过低；

② 制动液液位开关有故障；

③ 驻车制动开关有故障；

④ 警报灯线路有故障。

故障诊断与排除：

① 检查制动液液面是否过低。

② 如液面正常，拔下制动液位开关插头。警报灯熄灭，说明制动液液位开关有故障。

③ 如果警报灯仍然亮，拔下驻车制动开关插头。如果警报灯熄灭，说明驻车制动开关有故障；如果警报灯仍然亮，说明线路有搭铁处。

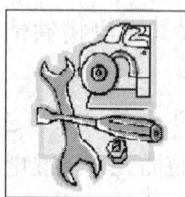

操作活动

1. 操作名称：汽车仪表盘的拆装。

2. 需用器材：车辆一部，常用工具一套。

3. 学习目标：

学会汽车仪表的拆装；

学会正确使用工具，规范操作；

学会在操作中，注意环境保护和安全操作。

4. 操作步骤：

① 如图5-5-12所示的汽车仪表盘，拧出仪表框与仪表台板的固定螺钉，如图5-5-13所示。

图5-5-12 汽车仪表盘

图5-5-13 拧出仪表框的固定螺钉

② 取下仪表框,如图 5-5-14 所示。
③ 拧出仪表总成与仪表台板连接的固定螺钉,并拉出仪表总成,如图 5-5-15 所示。

图 5-5-14 取下仪表框

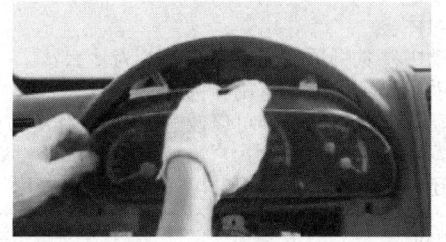

图 5-5-15 拉出仪表总成

④ 断开仪表总成的线束插头,最后取出仪表总成,如图 5-5-16 所示。
⑤ 安装时,安装顺序与拆卸时相反,如图 5-5-17 所示。

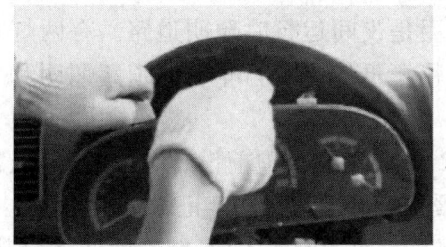

图 5-5-16 断开仪表总成的线束

图 5-5-17 安装顺序与拆卸时相反

学生姓名		日期		自评	互评	师评
一、学习评价目标						
1. 能正确讲述 3 种以上的仪表,如水温表、燃油表、电源指示灯等。						
2. 能正确讲述转向灯的功率。						
3. 能正确讲述转速表的作用和读数。						
4. 能正确讲述里程表的作用和读数。						
5. 能看出燃油表的油量。						
6. 会进行仪表盘的拆卸。						
7. 能进行仪表盘的装配。						
8. 能进行常见仪表故障的排除。						
9. 操作过程中,无返工现象。						
10. 活动中环保意识及安全工作做得如何。						

(续 表)

学生姓名		日期		自评	互评	师评
二、学习体会 1. 活动中感觉哪项技能最有兴趣？为什么？ 2. 活动中哪项技能最有用？为什么？ 3. 活动中哪项技能操作可以改进,以使操作更方便实用？请写出操作过程。（请同学们大胆创新,共同研讨,不断提高操作能力。） 4. 你还有哪些要求与设想？						
总体评价				教师签名		

项目小结

1. 汽车灯光信号装置的种类与用途。
2. 汽车灯光信号装置包括前、后转向灯、倒车灯、制动灯、后尾灯、组合式前信号灯、组合式后信号灯等。
3. 大灯也叫前照灯,其作用是夜间运行时照明道路。有两灯式和四灯式两种,分别装在车头两侧,用于低能见度行车时的道路照明和发出超车、会车信号,功率一般为 40～60 W。
4. 警告灯通常安装在仪表上,灯泡功率一般为 1～4 W,在灯泡前设有滤光片,使报警灯发红光或黄光,滤光片上通常有标准图形符号,常见的报警灯图形符号要牢记。
5. 前照灯的检验可以采用屏幕检验法或仪器检验法,前者操作不便,精确度低,汽车检测站多用仪器检验法。
6. 汽车仪表板总成安装有各种仪表,驾驶员可以及时掌握有关信息。这些装置结构简单、观察方便,而且耐振动、抗冲击,在任何情况下都能指示平稳,数值清晰准确,不受电源波动和温度变化的影响。

练习题

一、填空题

1. 汽车前照灯由_____、_____、_____3 部分组成。
2. 前照灯可分为_____式前照灯、_____式前照灯、_____式前照灯、_____式前照灯及氙灯。
3. 前照灯检测仪按测量方法分为_____式、_____式、_____式、自动追踪光轴式及全自动式等。
4. 变光开关可根据需要切换_____光和_____光。
5. _____灯安装在车辆尾部,通知后面车辆车正在制动,以避免后面车辆在其后部相撞。
6. 实际车速为 40 km/h 时,汽车车速表应指示在_____km/h。
7. 前照灯采用_____灯泡,夜间行驶时用_____照明道路,_____灯丝用于夜间交会车。
8. 每辆汽车至少应备有_____个前照灯,_____个标宽灯,_____个后灯,_____套转向信号灯和制动信号灯。
9. 前照灯反射镜的表面形状多是_____体。位于反射镜_____上的灯泡所发出的光线,经反射镜反射后成为一_____光束。

10. 前照灯的防眩目措施是采用了_____灯泡。灯泡的_____灯丝位于反射镜的_____上,发出的光射向远方,能照亮较远的距离。_____灯丝位于反射镜_____的前方,其下部装有_____罩,此罩遮住射向反射镜下半部分的光线,从而消除了向上方反射引起眩目的光线。
11. _____表用来显示油箱中的剩余燃油量。
12. 水温表用来显示发动机冷却水套中_____的温度。
13. 车速里程表用来指示汽车行驶速度和累计行驶里程的仪表,由_____表和_____表两部分组成。

二、判断题(对的画"√",错的画"×")
1. 配光屏在接通远光灯丝时,仍然起作用。( )
2. 前照灯由反射镜、配光屏和灯泡3部分组成。( )
3. 汽车信号系统的主要信号设备有位灯、转向信号灯、后灯、制动灯和倒车灯。( )
4. 前照灯检验的技术指标为光束照射位置、发光强度和配光特性。( )
5. 在调整光束位置时,对具有双丝灯泡的前照灯,应该以调整近光光束为主。( )
6. 氙灯由石英灯泡、变压器和电子控制器组成,没有传统的钨丝。( )
7. 电热式闪光器安装在转向开关和灯泡之间,用以控制灯泡的闪光频率。( )
8. 更换卤素灯泡时,可以用手触摸灯泡部位。( )
9. 反射镜的作用是最大限度地将灯泡发出的光线聚合成强光束,以增加照射距离。( )
10. 封闭式前照灯没有分开的灯泡,其整个总成本身就是一个灯泡。( )
11. 半封闭式前照灯内部灯泡可以单独更换。( )
12. 高亮度弧光灯的灯泡里没有灯丝。( )
13. 昏暗自动发光控制系统的功用是在行驶中(非夜间行驶),当车前自然光的强度减低到一定程度时,自动将前照灯的电路接通,以确保行车安全。( )
14. 前照灯关闭自动延时控制装置的主要功能是当汽车夜间停入车库后,为驾驶员下车离开车库提供一段时间的照明,以免驾驶员摸黑走出车库时造成事故。( )
15. 危险警告灯由示宽灯兼任,在特殊情况下或发生故障时使用。( )
16. 电热式水温表传感器在短路后,水温表将指向高温。( )
17. 电子仪表中的车速信号一般来自点火脉冲信号。( )
18. 电子仪表中燃油传感器的参考电压为12 V。( )
19. 当发动机冷却液的温度高于80 ℃时,水温警告灯亮。( )
20. 当放电警告灯亮时,说明蓄电池正在被充电。( )

三、选择题
1. 能将反射光束扩展分配,使光形分布更适宜汽车照明的器件是( )。
   A. 反射镜　　　　　B. 配光屏　　　　　C. 配光镜
2. 控制转向灯闪光频率的是( )。
   A. 转向开关　　　　B. 点火开关　　　　C. 闪光器

3. 功率低、发光强度最高、寿命长且无灯丝的汽车前照灯是(　　)。
   A. 投射式前照灯　　　B. 封闭式前照灯　　　C. 氙灯
4. 四灯制前照灯的内侧两灯一般使用(　　)。
   A. 双丝灯泡　　　　　B. 单丝灯泡　　　　　C. 两者皆可
5. 更换卤素灯泡时,甲认为可以用手指接触灯泡的玻璃部位,乙认为不能。你认为(　　)。
   A. 甲对　　　　　　　B. 乙对　　　　　　　C. 甲乙都对
6. 前照灯灯泡中的近光灯丝应安装在(　　)。
   A. 反光镜的焦点处　　B. 反光镜的焦点上方　C. 反光镜的焦点下方
7. 下列哪个关于报警灯和指示灯的陈述是正确的,(　　)。
   A. 当前照灯的变光开关被增减一档时,远光指示灯亮
   B. 氙气灯泡由钨丝和氙元素组成
   C. 氙气前照灯由于发光强度较高,所以比较费电
   D. 灯泡频繁烧坏大多是由于发电机的电压过高导致
8. 设置有遮光罩的双丝灯泡,遮光罩应位于近光灯丝的(　　)。
   A. 上方或前方　　　　B. 下方　　　　　　　C. 任意位置
9. 前照灯的变光开关应(　　)在灯光开关与前照灯之间。
   A. 串联　　　　　　　B. 并联　　　　　　　C. 任意
10. 在调整光束位置时,对具有双丝灯泡的前照灯,甲认为以调整近光光束为主,乙认为以调整远光光束为主。你认为(　　)。
    A. 甲对　　　　B. 乙对　　　　C. 甲、乙都对　　　　D. 甲乙都不对
11. 采用双丝灯泡的前照灯,其远光灯丝功率较大,位于反射镜的(　　)。
    A. 焦点上　　　　　　B. 圆心上　　　　　　C. 镜面上
12. 投射式前照灯的反射镜具有(　　)焦点。
    A. 两个　　　　　　　B. 一个　　　　　　　C. 三个
13. 用屏幕检验法检测前照灯的光束位置时,应将汽车停在距屏幕处(　　)的水平地面上,并且按规定充足轮胎气压,从车上卸下所有负载(只允许一名驾驶员乘坐)。
    A. 10 m　　　　B. 15 m　　　　C. 5 m　　　　D. 20 m
14. 前照灯的反射镜应制成(　　)。
    A. 旋转抛物面状　　B. 椭圆状　　　C. 双曲线状　　　D. 圆状
15. 下面各种闪光器中,(　　)闪光器具有性能稳定、可靠性高、寿命长的特点,现被广泛应用。
    A. 电热式　　　　　　B. 电容式　　　　　　C. 电子式
16. 对于电热式机油压力表,传感器的平均电流大,其表指示(　　)。
    A. 压力大　　　　　　B. 压力小　　　　　　C. 压力可能大也可能小
17. 若稳压器工作不良,则(　　)。
    A. 只是电热式水温表和双金属式机油压力表示值不准
    B. 只是电热式燃油表和双金属式机油压力表示值不准
    C. 只是电热式水温表和电热式燃油表示值不准
18. 若将负温度系数热敏电阻的水温传感器电源线直接搭铁,则水温表(　　)。

A. 指示值最大　　　B. 指示值最小　　　C. 没有指示

19. 如果通向燃油传感器的线路短路,则燃油表的指示值(　　)。

A. 为零　　　　　B. 为1　　　　　　C. 跳动

20. 低燃油油位警告灯所使用的电阻是(　　)。

A. 正热敏电阻　　B. 普通电阻　　　　C. 负热敏电阻

四、简答题

1. 车速表检验时,应符合哪些要求?
2. 前照灯安全检验时,其发光强度及光轴方向有哪些要求?
3. 前照灯亮度不够的原因有哪些?
4. 前照灯的防眩目措施有哪些?
5. 前照灯由哪几部分组成?前照灯的电路由哪几部分组成?前照灯继电器的作用是什么?
6. 前照灯电子控制装置有哪些?各有什么作用?
7. 根据灯系电路,简述灯光不亮的原因和排除方法。

测验试卷
（项目五 灯光与仪表）

班级：_____ 学号：_____ 姓名：_____ 考试时间：90分钟

题号	一	二	三	四	五	总 分
得分						

得分 □

一、填空题（每空1分，共28分）

1. 发动机转速表可以直观地指示出_____，是发动机工况信息重要的指示装置，便于驾驶员选择发动机最佳速度范围，把握好车速和换档时机，以获得发动机_____。常用的转速表有_____和_____两种。

2. 燃油表用来指示_____内储油量的多少，它由装在油箱中的_____和装在仪表板上的燃油指示表两部分组成。传感器大多为可变电阻式，燃油指示表有_____和电热式两种。

3. 车速里程表是用来指示汽车_____和累计行驶_____的仪表。分为磁感应式、_____。

4. _____灯安装在车辆尾部，通知后面车辆该车正在制动，以避免后面车辆在其后部相撞。

5. 汽车前照灯由_____、_____、_____3部分组成。

6. 实际车速为40 km/h时，汽车车速表应指示在_____km/h。

7. 前照灯采用_____灯泡，夜间行驶时用_____照明道路，_____灯用于夜间交会车。

8. 每辆汽车至少应备有_____个前照灯，_____个标宽灯，_____个后灯，_____套转向信号灯和制动信号灯。

9. 变光开关可根据需要切换_____光和_____光。

10. 汽车前照灯可分为_____式前照灯、_____式前照灯、_____式前照灯、_____式前照灯及氙灯。

得分 □

二、判断题（对的画"√"，错的画"×"。每题1分，共15分）

1. 配光屏在接通远光灯丝时，仍然起作用。（   ）
2. 反射镜的作用是最大限度地将灯泡发出的光线聚合成强光束，以增加照射距离。（   ）
3. 前照灯检验的技术指标为光束照射位置、发光强度和配光特性。（   ）
4. 前照灯由反射镜、配光屏和灯泡3部分组成。（   ）
5. 在调整光束位置时，对具有双丝灯泡的前照灯，应该以调整近光光束为主。（   ）
6. 氙灯由石英灯泡、变压器和电子控制器组成，没有传统的钨丝。（   ）
7. 汽车信号系统的主要信号设备有位灯、转向信号灯、后灯、制动灯和倒车灯。（   ）

8. 更换卤素灯泡时,可以用手摸出灯泡部位。( )
9. 电热式闪光器安装在转向开关和灯泡之间,用以控制灯泡的闪光频率。( )
10. 封闭式前照灯没有分开的灯泡,其整个总成本身就是一个灯泡。( )
11. 半封闭式前照灯内部灯泡可以单独更换。( )
12. 高亮度弧光灯的灯泡里没有灯丝。( )
13. 昏暗自动发光控制系统的功用是在行驶中(非夜间行驶),当车前自然光的强度减低到一定程度时,自动将前照灯的电路接通,以确保行车安全。( )
14. 前照灯关闭自动延时控制装置的主要功能是当汽车夜间停入车库后,为驾驶员下车离开车库提供一段时间的照明,以免驾驶员摸黑走出车库时造成事故。( )
15. 危险警告灯由示宽灯兼任,在特殊情况下或发生故障时使用。( )

得分	

三、看图说明(每题 2 分,共 12 分)

1.
2.
3.
4.
5. EPC
6.

得分	

四、选择题(每题 1 分,共 15 分)

1. 前照灯灯泡中的近光灯丝应安装在( )。
   A. 反光镜的焦点处　　　B. 反光镜的焦点上方　　C. 反光镜的焦点下方
2. 设置有遮光罩的双丝灯泡,遮光罩应位于近光灯丝的( )。
   A. 上方或前方　　　B. 下方　　　C. 任意位置
3. 下列哪个关于报警灯和指示灯的陈述是正确的,( )。
   A. 当前照灯的变光开关被增减一档时,远光指示灯亮
   B. 氙气灯泡由钨丝和氙元素组成
   C. 氙气前照灯由于发光强度较高,所以比较费电
   D. 灯泡频繁烧坏大多是由于发电机的电压过高导致
4. 四灯制前照灯的内侧两灯一般使用( )。
   A. 双丝灯泡　　　B. 单丝灯泡　　　C. 两者皆可
5. 更换卤素灯泡时,甲认为可以用手指接触灯泡的玻璃部位,乙认为不能。你认为( )。

A. 甲对　　　　　B. 乙对　　　　　C. 甲乙都对

6. 能将反射光束扩展分配,使光形分布更适宜汽车照明的器件是(　　)。
   A. 反射镜　　　　B. 配光屏　　　　C. 配光镜
7. 功率低、发光强度最高、寿命长且无灯丝的汽车前照灯是(　　)。
   A. 投射式前照灯　B. 封闭式前照灯　C. 氙灯
8. 控制转向灯闪光频率的是(　　)。
   A. 转向开关　　　B. 点火开关　　　C. 闪光器
9. 前照灯的变光开关应(　　)在灯光开关与前照灯之间。
   A. 串联　　　　　B. 并联　　　　　C. 任意
10. 在调整光束位置时,对具有双丝灯泡的前照灯,甲认为以调整近光光束为主,乙认为以调整远光光束为主。你认为(　　)。
    A. 甲对　　　B. 乙对　　　C. 甲乙都对　　　D. 甲乙都不对
11. 采用双丝灯泡的前照灯,其远光灯丝功率较大,位于反射镜的(　　)。
    A. 焦点上　　　　B. 圆心上　　　　C. 镜面上
12. 投射式前照灯的反射镜具有(　　)焦点。
    A. 两个　　　　　B. 一个　　　　　C. 三个
13. 用屏幕检验法检测前照灯的光束位置时,应将汽车停在距屏幕处(　　)的水平地面上,并且按规定充足轮胎气压,从车上卸下所有负载(只允许一名驾驶员乘坐)。
    A. 10 m　　　B. 15 m　　　C. 5 m　　　D. 20 m
14. 前照灯的反射镜应制成(　　)。
    A. 旋转抛物面状　B. 椭圆状　　　　C. 双曲线状　　　D. 圆状
15. 下面各种闪光器中,(　　)闪光器具有性能稳定、可靠性高、寿命长的特点,现被广泛应用。
    A. 电热式　　　　B. 电容式　　　　C. 电子式

五、问答题(每题6分,共30分)

1. 前照灯安全检验时,其发光强度及光轴方向有哪些要求?
2. 前照灯亮度不够的原因有哪些?
3. 前照灯的防眩目措施有哪些?
4. 前照灯由哪几部分组成?前照灯的电路由哪几部分组成?前照灯继电器的作用是什么?
5. 前照灯电子控制装置有哪些?各有什么作用?

项目六
辅助电器

活动一　电动座椅的使用

活动二　电动后视镜的调整

活动三　电动门窗的调整

活动四　中央控制门锁的使用

活动五　汽车GPS导航仪的使用

项目六 辅助电器

情景描述 为了减轻驾驶员和乘客的劳动强度,提高车辆的舒适性和操作方便性,汽车上应用的电动辅助装置越来越多,目前广泛应用的有:电动车窗、电动座椅、电动后视镜、电动天线等。如图6-1-1所示。本项目主要介绍电动座椅、电动后视镜、电动门窗、中央控制门锁、GPS导航仪等。

图6-1-1 汽车辅助电器

学习目标
1. 学会电动座椅的组成、分类和拆卸、安装;
2. 学会电动后视镜的拆卸与安装;
3. 学会电动门窗的组成及工作原理;
4. 学会汽车门锁、中控门锁控制系统的知识;
5. 学会汽车GPS导航仪的使用方法。

活动一 电动座椅的使用

案例导入 一位顾客有一辆奥迪A6轿车,但他不知道驾驶员座椅如何调节,想问一下维修站的王师傅,我们跟他一起来学习一下电动座椅的知识。

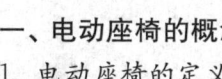

一、电动座椅的概念

1. 电动座椅的定义

电动座椅是指以电动机为动力,通过传动装置和执行机构来调节座椅的各种位置,使驾驶员或乘员乘坐舒适。

2. 电动座椅的功能

汽车电动座椅的主要功能是为驾驶员及乘员提供便于操作、舒适又安全、不易疲劳的驾乘位置。

3. 电动座椅的要求

如图6-1-2所示,汽车座椅应满足以下要求:

① 位置合适;
② 舒适性好、美观;
③ 经济性好、质量轻;
④ 安全可靠、有强度、刚度、耐久性、锁止性;
⑤ 吸振性好;
⑥ 可调性好。

图6-1-2 电动座椅的要求

二、电动座椅的组成与分类

1. 电动座椅的分类

按照调节方式不同,座椅调节装置可以分为手动调节式和动力调节式两种。如图6-1-3所示。

图6-1-3 电动座椅的分类

其中动力调节式按照动力源的不同又可分为真空式、液压式和电动式3种。

按照座椅电机的数目和调节方向数目的不同,电动座椅有四方向、六方向、八方向3种,如图6-1-4所示。

电动座椅的调节量:
前后方向一般为100～160 mm;
座位上下的调节量约为30～50 mm;
全程移动所需时间约为8～10 s。

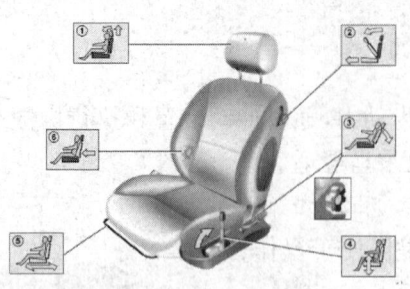
图 6-1-4 电动座椅调节方向数目的不同

图 6-1-5 电动座椅双向电动机

2. 普通电动座椅的组成

电动座椅由双向电动机、传动装置和控制电路等组成。

(1) 双向电动机

作用：为电动座椅的调节机构提供动力。

此类电动机多采用双向电动机。即电枢的旋转方向随电流的方向改变而改变，使电动机按不同的电流方向进行正转或反转，以达到座椅调节的目的。如图 6-1-5 所示。

电动座椅多采用永磁式双向直流电动机，为防止电机过载，电机内一般都装有断路器。

电动机的数量取决于电动座椅的类型，通常六向调节的电动座椅装有 3 个电动机。如图 6-1-6 所示，由于座椅的类型不同，一般一个座椅可装 2 个、3 个、4 个或 6 个电动机。

一个双向直流电动机通过改变其电流方向，可以完成两个对立方向的调整，通常两向移动的座椅装有 2 个直流电动机，四向移动的座椅装有 4 个直流电动机。直流电动机内装有双金属片断路器，防止过载烧坏直流电动机。

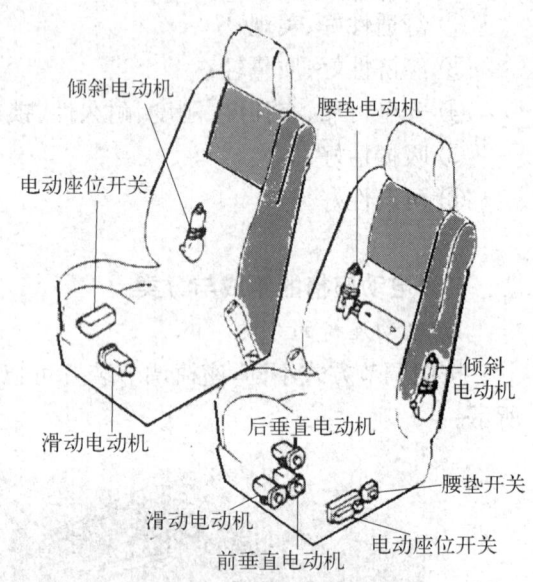
图 6-1-6 电动机的位置分布

(2) 传动装置

包括变速器、联轴节、软轴及齿轮传动机构等。电动机分别与不同的软轴相连，软轴再与变速器的输入轴相连，动力经过变速器降速增扭后，从变速器的输出轴输出，变速器的输出轴与蜗杆轴或齿轮轴相连，最终蜗轮蜗杆或齿轮、齿条带动座椅支架产生位移。

(3) 控制电路

电动座椅包括滑动电机、前垂直电动机、倾斜电动机、后垂直电动机和腰椎电动机，可以实现座椅的前后移动、前部高度调节、靠背倾斜程度调节、后部高度调节及腰椎前后调节。

3. 自动座椅的组成

自动座椅由座椅位置传感器、电子控制器 ECU 和执行机构的驱动电机 3 大部分组成。

 日本丰田(Toyota)汽车公司的雷克萨斯 LS400 型轿车自动座椅的控制装置有：电子控制器 EGU、座椅(调整)开关、存储和复位开关、腰垫开关、位置传感器及驱动电机等。

三、电动座椅的工作原理

1. 控制开关

电动座椅的电动机采用永磁式结构,利用调整开关可控制电流流经电动机的方向。典型的调整开关由一个四位置扳钮开关和一对两位置开关组成。四位置扳钮开关用来调整前、后和上、下的位置,两只两位置开关分别调整座椅的前俯和后仰,如图6-1-7所示。

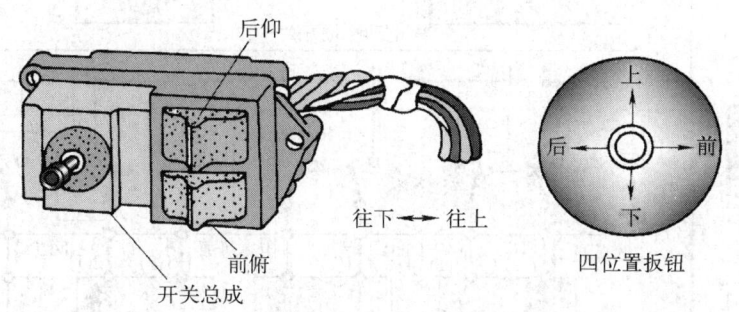

图6-1-7 电动座椅的调整开关

2. 工作原理

以雷克萨斯LS400轿车电动座椅为例,简介电动座椅的工作原理,如图6-1-8所示。

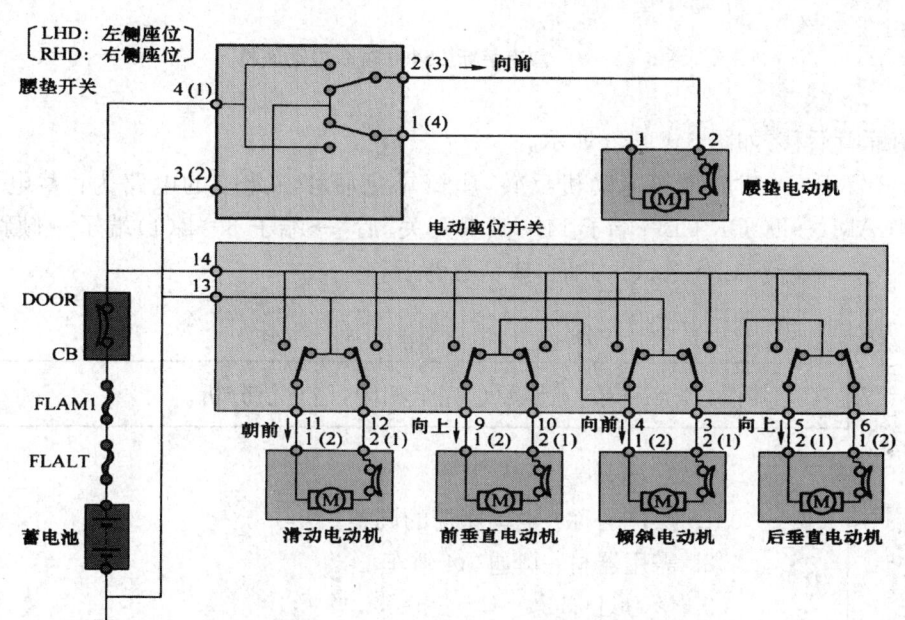

图6-1-8 雷克萨斯LS400轿车电动座椅

（1）电动座椅的电路工作原理

① 座椅靠背前移,如图6-1-9所示。

当电动座椅的开关处于倾斜位置时,如果要调整靠背向前倾斜,则闭合倾斜电机的前进方向开关,即端子4置于左位时,电路为:蓄电池正极→FLALT→FLAM1→DOOR CB→端子14→倾斜开关"前"→端子4→1(2)端子→倾斜电机→2(1)端子→端子3→端子13→搭铁。此时,座椅靠背前移。

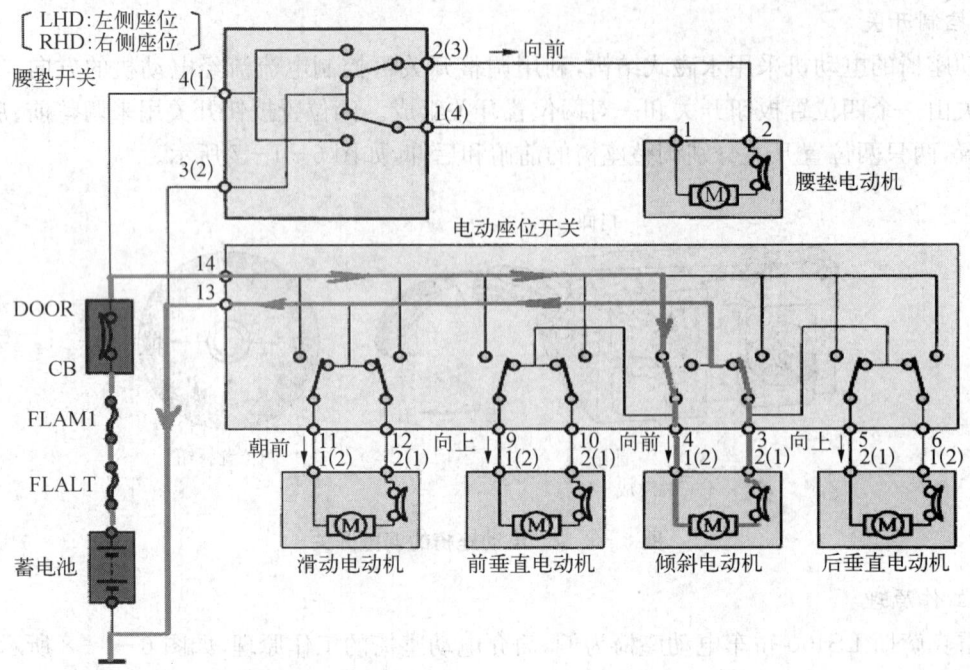

图 6-1-9 雷克萨斯 LS400 轿车电动座椅

② 座椅靠背后移,如图 6-1-9 所示。

当端子 3 置于右位时,倾斜电动机反转,座椅靠背后移。此时的电路为:蓄电池正极→FLALT→FLAM1→DOOR CB→端子 14→倾斜开关"后"→端子 3→2(1)端子→倾斜电机→1(2)端子→端子 4→端子 13→搭铁。此时,座椅靠背后移。

   其他方向调整的工作原理完全相同,请自行分析。

操作活动

1. 操作名称:电动座椅的调整。
2. 需用器材:奥迪 A4 轿车。
3. 学习目标:

学会电动座椅的调整;

学会识别电动座椅的控制按钮;

学会在操作中,注意环境保护和人身安全。

4. 操作步骤:

(1) 电动座椅的调整

① 打开车门。如图 6-1-10 所示。

② 坐在座位上,发现位置不太合适时进行操作,如图 6-1-11 所示。

图 6-1-10　打开车门

图 6-1-11　调整座椅

③ 调整电动座椅往前的按钮，使电动座位往前运动，调整到合适的位置。如图 6-1-12 所示。

 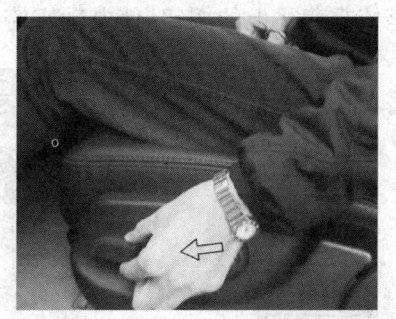

图 6-1-12　调整座椅往前

④ 调整电动座椅往后的按钮，使电动座位往后运动，调整到合适的位置。如图 6-1-13 所示。

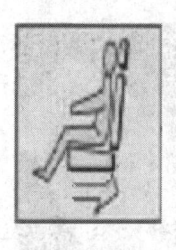 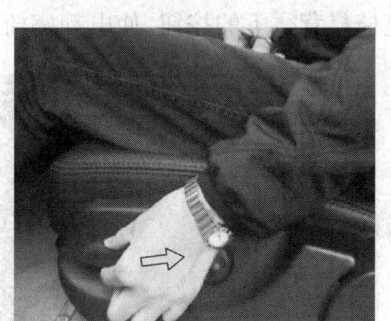

图 6-1-13　调整座椅往后

⑤ 调整电动座椅往下的按钮，使电动座位往下运动，调整到合适的位置。如图 6-1-14 所示。

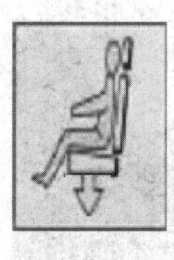 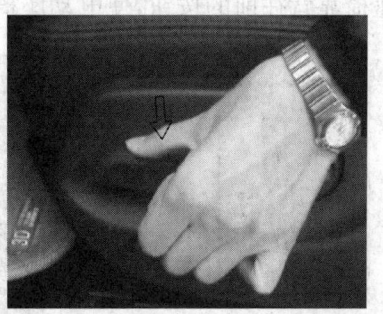

图 6-1-14　调整座椅往下

⑥ 调整电动座椅往上的按钮,使电动座位往上运动,调整到合适的位置。如图 6-1-15 所示。

 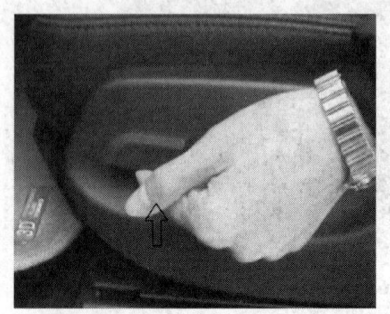

图 6-1-15 调整座椅往上

⑦ 调整电动座椅靠背往上的按钮,使电动座椅靠背往上运动,调整到合适的位置。如图 6-1-16 所示。

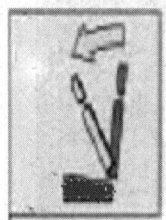 

图 6-1-16 调整座椅靠背往上

⑧ 调整电动座椅靠背往下的按钮,使电动座椅靠背往下运动,调整到合适的位置。如图 6-1-17 所示。

 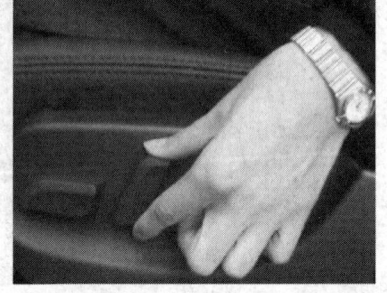

图 6-1-17 调整座椅靠背往下

⑨ 调整电动座椅靠背往前的按钮,使电动座椅靠背往前运动,调整到合适的位置。如图 6-1-18 所示。

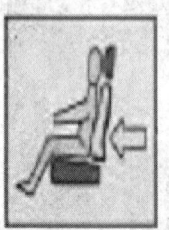 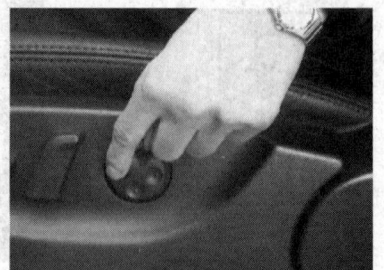

图 6-1-18 调整座椅靠背往前

⑩ 调整电动座椅靠背往后的按钮,使电动座椅靠背往下运动,调整到合适的位置。如图6-1-19所示。

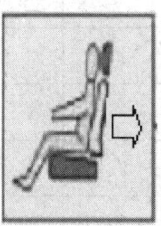 

图6-1-19 调整座椅靠背往后

⑪ 调整电动座椅头枕往上的按钮,使电动座椅靠背往上运动,调整到合适的位置。如图6-1-20所示。

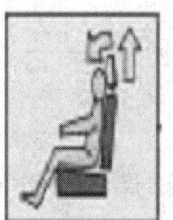 

图6-1-20 调整座椅头枕往上

⑫ 调整电动座椅头枕往下的按钮,使其电动座椅靠背往下运动,调整到合适的位置。如图6-1-21所示。

图6-1-21 调整座椅头枕往下

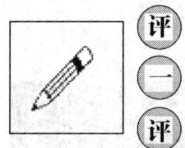

学生姓名		日期		自评	互评	师评
一、学习评价目标						
1. 能讲清汽车电动座椅的定义、分类。						
2. 能指出电动座椅控制开关的位置。						

（续　表）

学生姓名		日期		自评	互评	师评
3. 能正确讲述雷克萨斯 LS400 轿车电动座椅的工作原理。							
4. 能进行电动座椅的调整。							
5. 能讲清汽车电动座椅的组成。							
6. 掌握座椅靠背前移的工作原理。							
7. 掌握座椅靠背后移的工作原理。							
8. 能操作驾驶员手动电动座椅的调整。							
9. 操作过程中，无返工现象。							
10. 活动中环保意识及安全工作做得如何。							
二、学习体会 1. 活动中感觉哪项技能最有兴趣？为什么？ 2. 活动中哪项技能最有用？为什么？ 3. 活动中哪项技能操作可以改进，以使操作更方便实用？请写出操作过程。（请同学们大胆创新，共同研讨，不断提高操作能力。） 4. 你还有哪些要求与设想？							
总体评价				教师签名		

活动二　电动后视镜的调整

一辆奥迪 A4 轿车，驾驶员不清楚电动后视镜的组成和作用，他就问一位学汽车的职校生，但这位职校生也讲不清。我们一起来学习一下电动后视镜的知识。

一、电动后视镜的组成

1. 作用

为了便于驾驶员调整后视镜的角度，很多轿车安装了电动后视镜，驾驶员在行车时便可方便地对左右后视镜的角度进行随时调节。如图 6-2-1 所示。

2. 组成

电动后视镜主要由镜片、直流电机、车镜支架、连接机构、控制电路及操纵开关等构成。如图 6-2-2

图 6-2-1　电动后视镜的作用

所示。

(1) 镜片

汽车后视镜材料采用进口特白玻璃,镜面效果清晰明亮,现代汽车用蓝牙玻璃镜片较多,在镜片表面进行特殊真空镀膜,使玻璃表面更加亮泽,颜色可按要求生产,外形尺寸正负 0.03 mm。如图 6-2-3 所示。

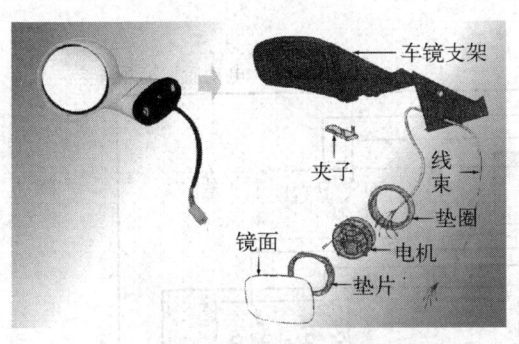

图 6-2-2 电动后视镜的组成

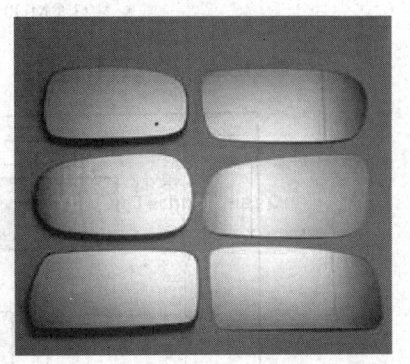

图 6-2-3 电动后视镜的镜片

(2) 直流电机

在每个后视镜镜片的背后都有两个可逆电动机,可操纵其上下及左右运动。通常垂直方向的倾斜运动由一个永磁电动机控制,水平方向的倾斜运动由另一个永磁电动机控制。如图 6-2-4 所示。

(3) 控制开关

控制开关的作用是控制镜片的上、下、前、后调节,使之达到合适位置。如图 6-2-5 所示。

图 6-2-4 电动后视镜的直流电机

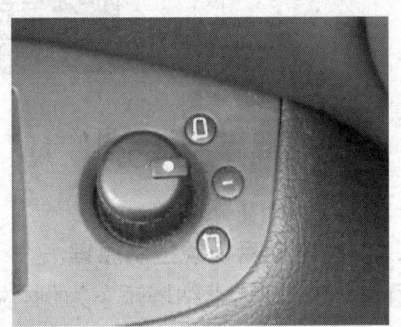

图 6-2-5 电动后视镜的控制开关

(4) 控制电路

如图 6-2-6 所示为北京现代索纳塔的控制电路。

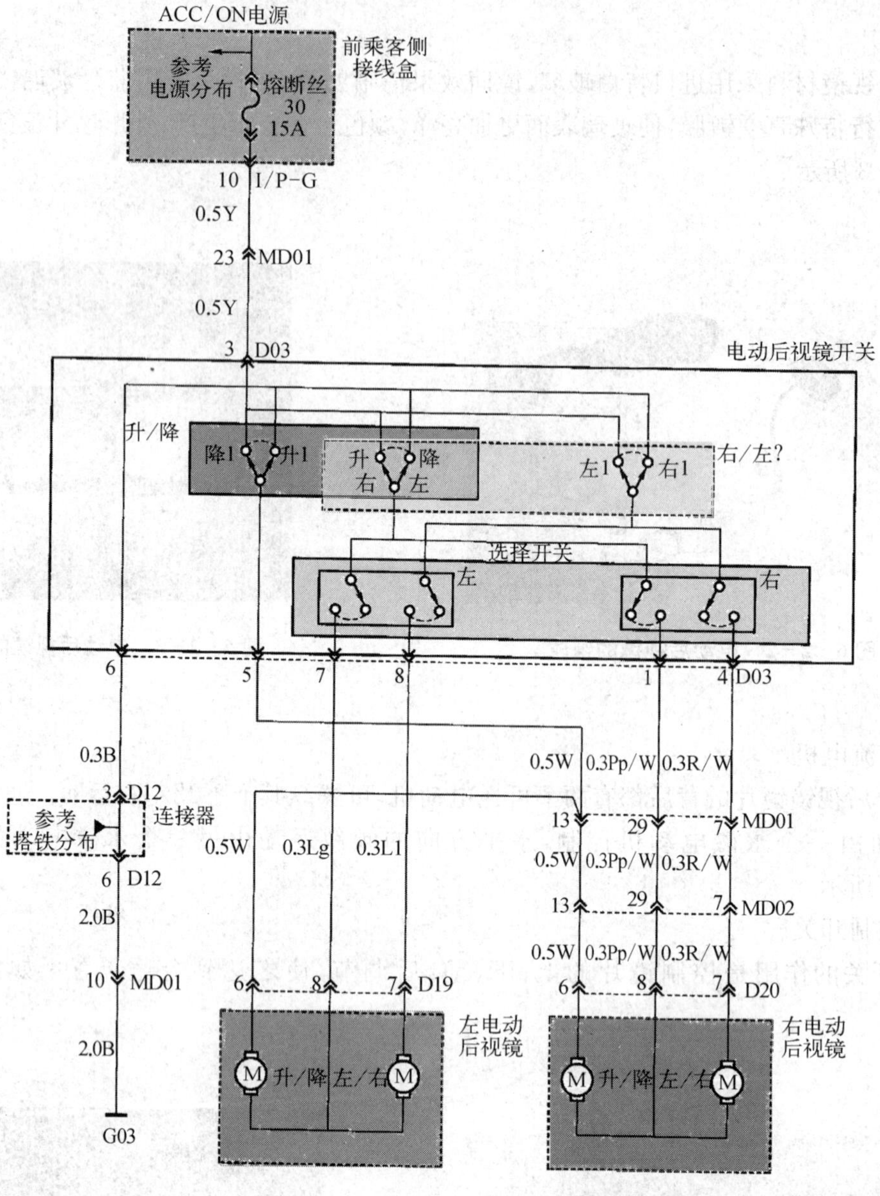

图 6-2-6 北京现代索纳塔的控制电路

二、典型电动后视镜控制原理

下面以北京现代索纳塔轿车为例，说明电动后视镜的控制电路的工作原理。

1. 北京现代索纳塔轿车电动后视镜电路

如图 6-2-7 所示为北京现代索纳塔轿车的双后视镜控制电路。电动后视镜的开关及其连接器的端子，每个后视镜都用一个独立的开关控制。操纵开关能使一个电动机单独工作，也可使两个电动机同时工作。

电路分析：

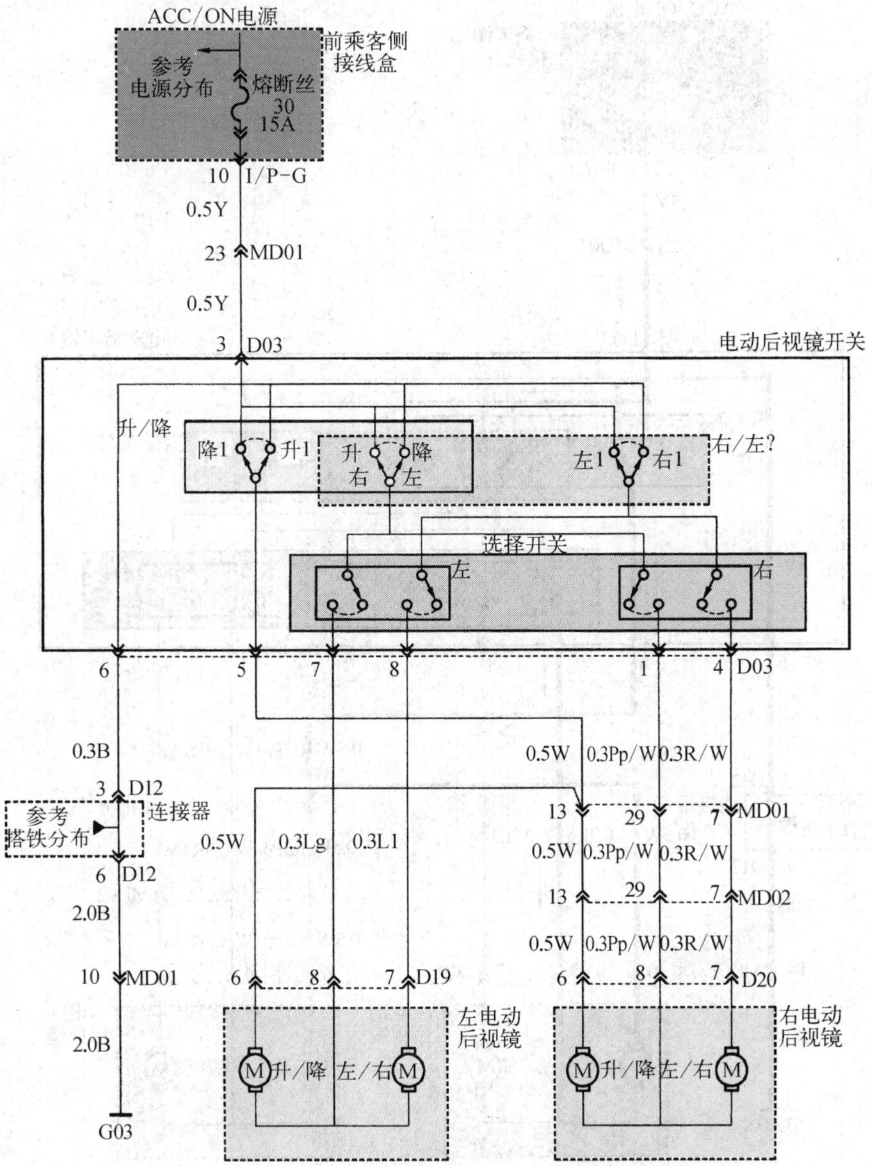

图 6-2-7 北京现代索纳塔轿车电动后视镜电路

首先说明电动后视镜开关中用实线框和虚线框分别表示操作时总开关内部的联动情况。在这里只讨论一侧后视镜中一个电动机的工作情况。

若要调节左后视镜垂直方向的倾斜程度,按下"升/降"按钮。

(1)"升"的过程

实线框"升/降"开关中的箭头开关均和"升"接通。

此时电流的方向为:电源→熔丝30→开关端子3→"升右"端子→选择开关中的"左"→端子7→左电动后视镜连接端子8→"升/降"电动机→端子6→开关端子5→升1→开关端子6→搭铁,形成回路。这时左后视镜向上旋转运动,如图6-2-8所示。

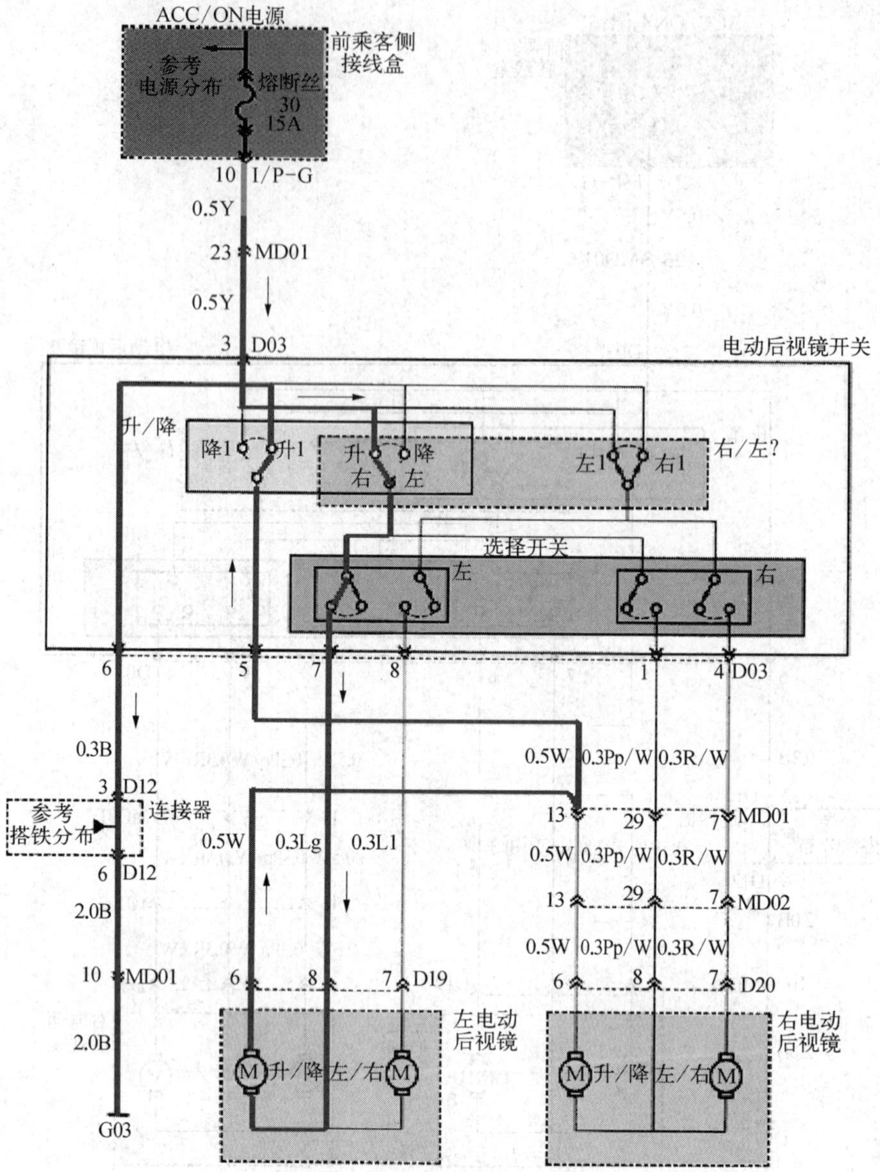

图6-2-8 左后视镜垂直方向的倾斜程度电路"开"的过程

(2)"降"的过程

实线框"升/降"开关中的箭头开关均和"降"接通。

此时的电流方向为:电源→熔丝30→开关端子3→降1→开关端子5→左电动后视镜连接端子6→"升/降"电动机→左电动后视镜连接端子8→开关端子7→选择开关中的"左"→"降左"端子→开关端子6→搭铁,形成回路。此时后视镜向相反的方向旋转,如图6-2-9所示。

电动后视镜左右运动的电路分析与此相类似,此处不再赘述。

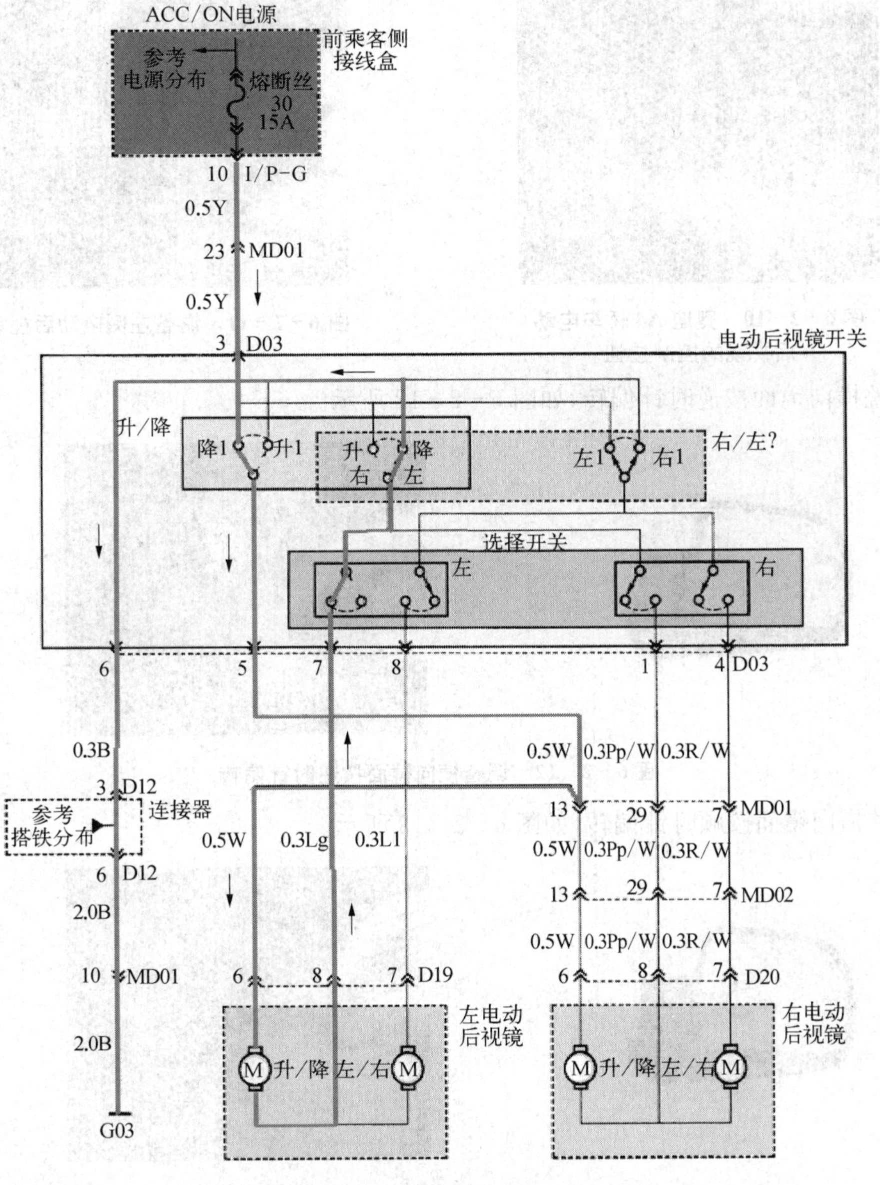

图6-2-9 左后视镜垂直方向的倾斜程度电路"降"的过程

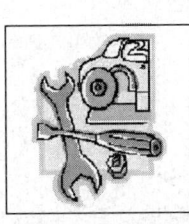

操作活动

1. 操作名称：电动后视镜的调整。
2. 需用器材：奥迪A4轿车。
3. 学习目标：

学会电动后视镜的调整；

学会识别电动后视镜的控制按钮；

学会在操作中，注意环境保护和人身安全。

4. 操作步骤：

① 打开车门，坐好座位，但电动后视镜位置没有调整好，如图6-2-10所示。

② 调整左侧电动后视镜，先调整旋钮调到左侧位置上，如图6-2-11所示。

图 6-2-10 奥迪 A4 轿车电动后视镜的控制按钮

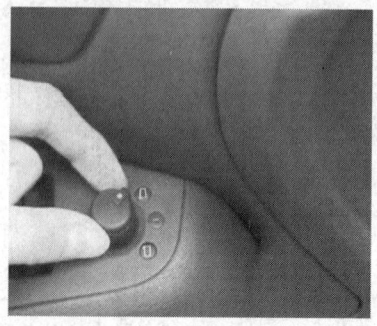

图 6-2-11 调整左侧电动后视镜

③ 调整横向镜面按逆时针偏转,如图 6-2-12 所示。

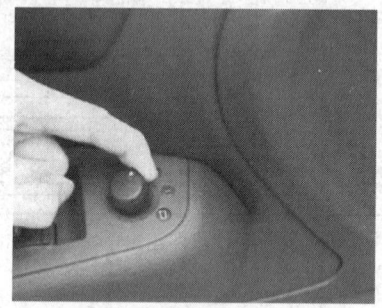

图 6-2-12 调整横向镜面按逆时针偏转

④ 调整横向镜面按顺时针偏转,如图 6-2-13 所示。

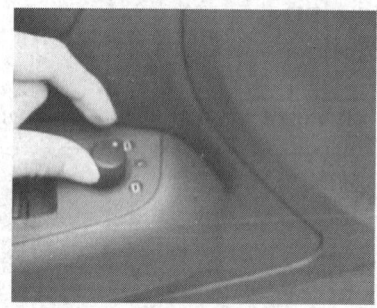

图 6-2-13 调整横向镜面按顺时针偏转

⑤ 调整纵向镜面按逆时针偏转,如图 6-2-14 所示。

图 6-2-14 调整纵向镜面按逆时针偏转

⑥ 调整纵向镜面按顺时针偏转，如图 6-2-15 所示。

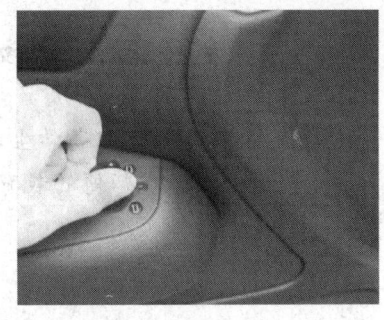

图 6-2-15　调整纵向镜面按顺时针偏转

学生姓名		日期		自评	互评	师评
一、学习评价目标						
1. 能讲清汽车电动后视镜的组成。						
2. 知道电动后视镜镜片的材料。						
3. 知道电动后视镜电动机的作用。						
4. 知道电动后视镜开关的方法。						
5. 能讲清汽车电动后视镜的作用。						
6. 能讲清汽车电动后视镜的控制电路。						
7. 能操作左后视镜的横向操作。						
8. 能操作左后视镜的纵向操作。						
9. 操作过程中，无返工现象。						
10. 活动中环保意识及安全工作做得如何。						
二、学习体会 1. 活动中感觉哪项技能最有兴趣？为什么？ 2. 活动中哪项技能最有用？为什么？ 3. 活动中哪项技能操作可以改进，以使操作更方便实用？请写出操作过程。（请同学们大胆创新，共同研讨，不断提高操作能力。） 4. 你还有哪些要求与设想？						
总体评价				教师签名		

活动三 电动门窗的调整

小王是一位职高学生,在学习期间没有重视学习电动门窗知识,他感到后悔莫及,在师傅的教育下,小王认真重新学习电动门窗的知识。

一、电动门窗的组成

电动车窗是一种典型的电控车窗玻璃升降系统。

1. 电动门窗的定义

电动门窗是以电为动力使车窗玻璃自动升降的车窗。

由驾驶员或乘员操纵开关接通车窗升降电动机的电路,电动机产生动力通过一系列的机械传动,使车窗玻璃按要求进行升降。其优点是操作简便,有利于行车安全,如图6-3-1所示。

2. 电动门窗的功能

电动门窗有4种功能,如图6-3-2所示。

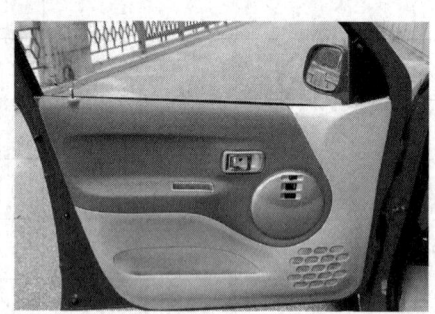

图6-3-1 电动门窗的定义

图6-3-2 电动门窗的功能

（1）手动控制升降功能

按动手动控制按钮,车窗可以上升或下降,若中途松开按钮,车窗上升或下降动作即停止。

（2）自动控制升降功能

按下自动按钮,松手后车窗会一直上升到最高或下降至最低。

（3）延时关闭功能

关闭点火开关后,车窗能维持一段时间的工作。

（4）安全保护功能

当驾驶员按下保护开关时,除驾驶员侧车门能进行动作外,其他三车门均不能升降。

3. 控制开关位置分布

电动门窗控制开关及电机的位置分布,如图6-3-3所示。

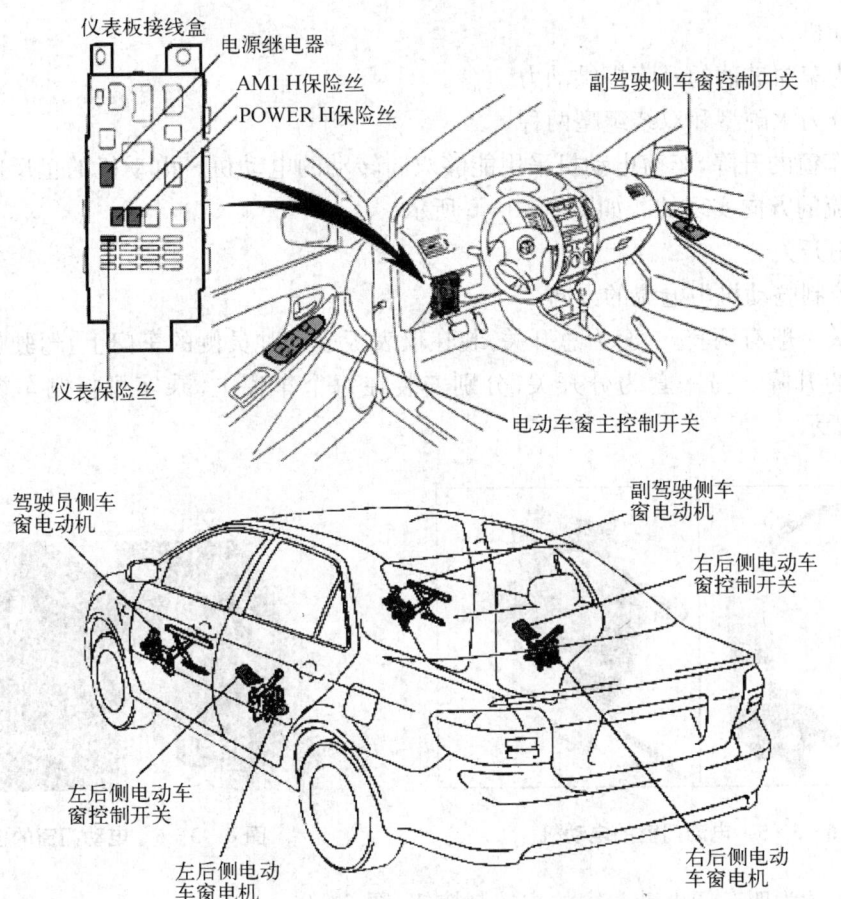

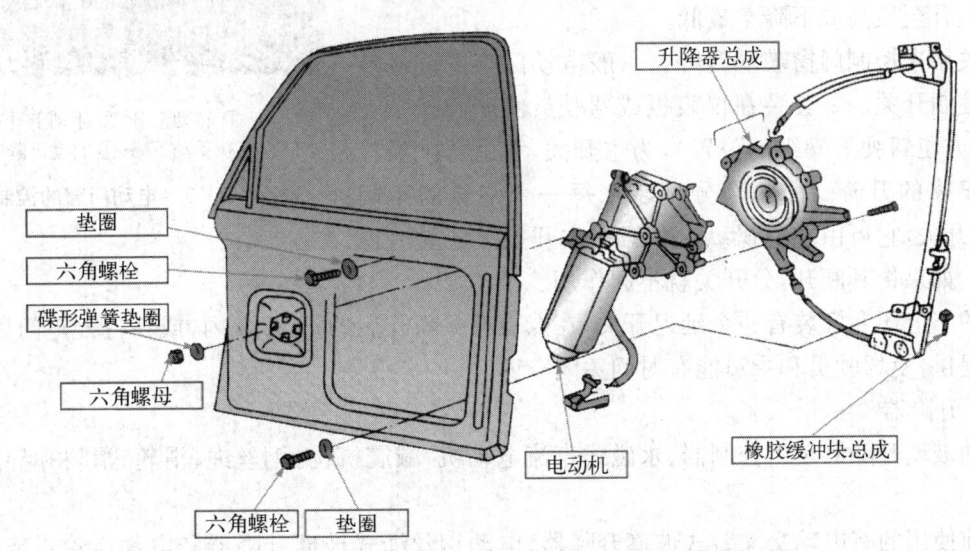

图6-3-3 电动门窗控制开关和电机的位置

4. 电动门窗的结构

电动门窗由控制开关(主控开关、分控开关)、电动车窗升降器、电动车窗升降开关、电动车窗继电器、电动车窗熔丝和连接导线、车窗玻璃等构成。如图6-3-4所示。

图6-3-4 电动门窗的结构

(1) 电动机

作用：为车窗玻璃的升降提供动力。

类型：分为永磁型和双绕组型两种。

为保证车窗的升降，车窗电动机采用能够双向转动的电动机。电动机的正反向转动是靠控制绕组中电流的方向实现的。如图6-3-5所示。

(2) 控制开关

作用：控制电动机中电流的方向。

控制开关一般有两套，一套为总开关，装在仪表板或驾驶员侧的车门上，驾驶员可以控制每个车窗玻璃的升降。另一套为分开关，分别安装在每个车窗上，乘客可控制车窗的升降。如图6-3-6所示。

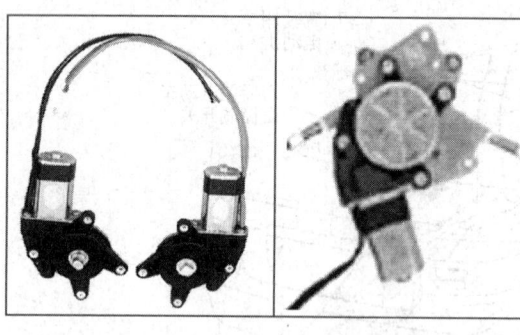

图6-3-5 电动门窗的电动机

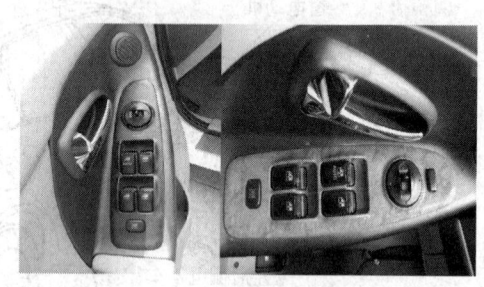

图6-3-6 电动门窗的控制开关

图6-3-7为四车门电动车窗的主控制按钮，图6-3-8所示为该电动车窗的控制电路。该控制电路可以实现手动控制和自动控制。所谓的手动控制是指按着相应的手动按钮，车窗可以上升或下降，若中途松开按钮，上升或下降的动作即停止。自动控制是指按下自动按钮，松手后车窗会一直上升至最高或下降至最低。

开关用来控制门窗玻璃升降。一般电动门窗系统都装有两套控制开关。一套装在仪表板或驾驶员侧车门扶手上（即位于方便驾驶员操纵的位置），为主开关，它由驾驶员控制每个车窗的升降。另一套分别装在每一个乘员的车门上，为分开关，它可由乘员操纵。一般在主开关上还装有窗锁开关。如果将其断开，分开关就不起作用。

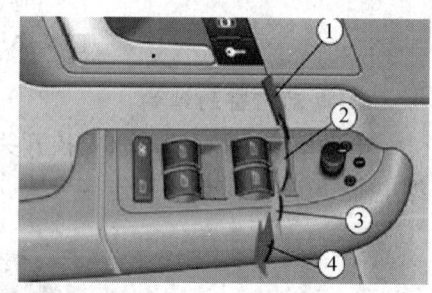

① 自动上升；② 手动上升；
③ 手动下降；④ 自动下降。

图6-3-7 电动门窗的控制面板

有的车上还专门装有一个延迟开关，在点火开关断开后约10 min内，或在打开车门以前，仍有电源提供，使驾驶员和乘员能有时间关闭车窗。

(3) 升降器

电动玻璃升降器是由控制器、永磁式直流电动机、减震机构、钢丝绳、滑轮、滑块和导轨等部件组成。

目前使用的有电动交叉臂式玻璃升降器、电动钢丝绳式玻璃升降器和电动齿轮式玻璃升降

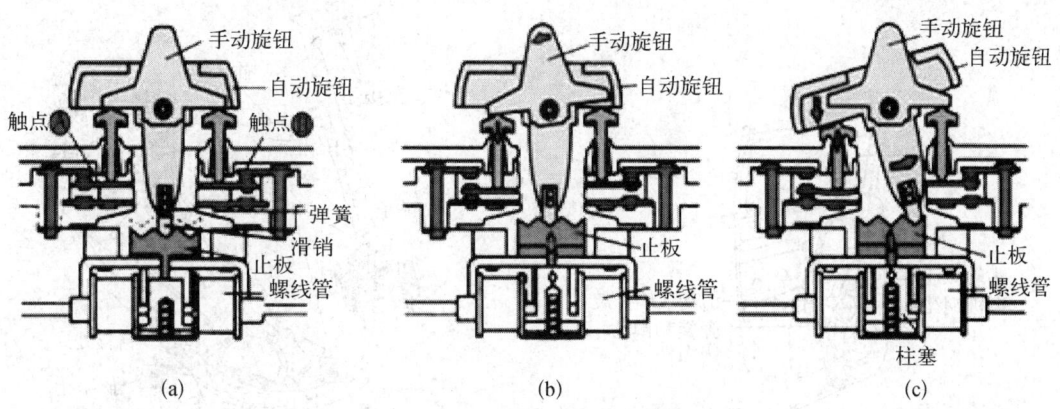

图 6-3-8 电动门窗的控制按钮

器等几种。

① 电动交叉臂式玻璃升降器：

德国大众型轿车常用电动交叉臂式玻璃升降器，如图 6-3-9 所示。

② 电动钢丝绳式玻璃升降器：

钢丝滚筒式玻璃升降器双向直流电动机前端安装有减速机构，其上安装一个绕有钢丝的滚筒，玻璃卡座固定在钢丝上且可在滑动支架上移动。

日本型轿车常用电动钢丝绳式玻璃升降器，如图 6-3-10 所示。

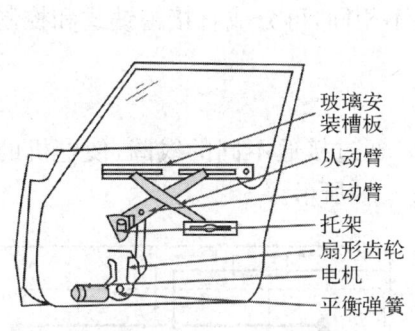

图 6-3-9 电动交叉臂式玻璃
升降器示意图

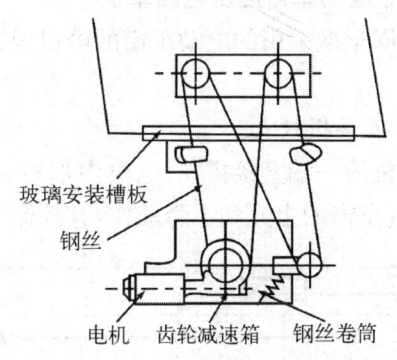

图 6-3-10 电动钢丝绳式
玻璃升降器示意图

③ 电动齿轮式玻璃升降器：

★ 齿扇式

齿扇式玻璃升降器双向直流电机带动蜗轮蜗杆减速改变方向后，驱动齿扇，从而使玻璃上下移动，齿扇上安有螺旋弹簧。当门窗下降时，螺旋弹簧收缩；当门窗上升时，螺旋弹簧伸展，达到直流电机双向负荷平衡的目的。如图 6-3-11 所示为电动齿扇式玻璃升降器。

★ 齿条式

使用柔性齿条和小齿轮，车窗连在齿条的一端，电机带动轴端小齿轮转动，使齿条移动，以带动车窗升降的升降器结构。如图 6-3-12 所示为电动齿条式玻璃升降器。

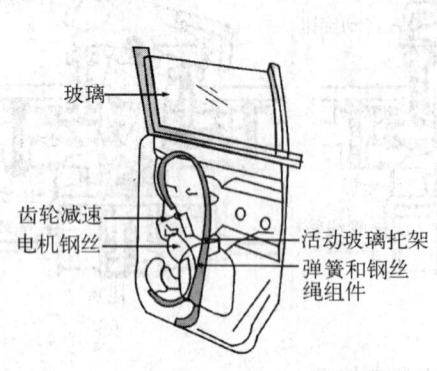
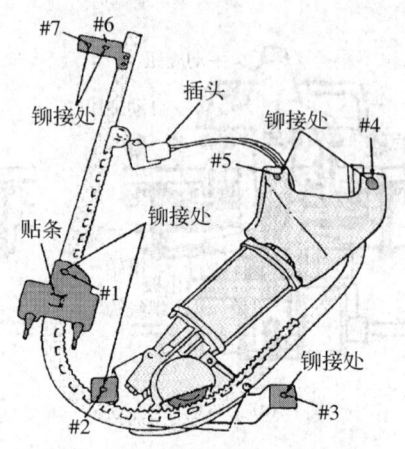

图 6-3-11 电动齿扇式玻璃
升降器示意图

图 6-3-12 电动齿条式玻璃
升降器示意图

(4) 指示灯

指示灯用来指示门窗电路的工作状态。主要有电源指示灯、乘员门窗电路指示灯和驾驶员侧门窗升降状态指示灯几种。电源指示灯的点亮或熄灭,表示电源电路的通断,即:门窗电路导通时,电源指示灯点亮;电源断开时,指示灯熄灭。当接通窗锁开关时,乘员门窗电路指示灯点亮,断开时熄灭。

二、电动车窗控制电路举例

不同车型采用的电动车窗的电机及其控制电路各不相同,可分成直接搭铁式和控制搭铁式两种。

1. 直接搭铁式

电机的一端直接搭铁,电机内部有两组磁场线圈。通过接通不同的线圈,使电机的转向不同,实现车窗的上升和下降动作,其控制电路如图 6-3-13 所示。

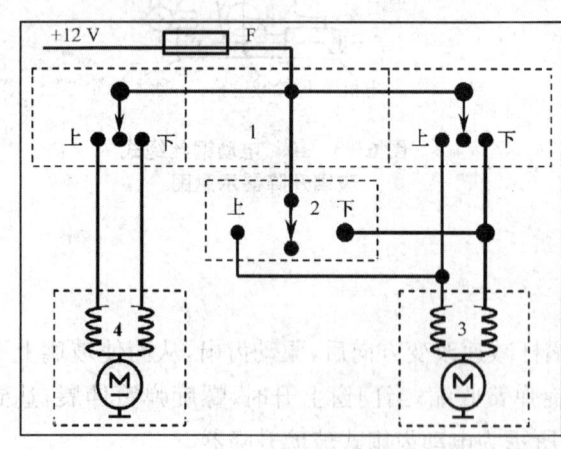
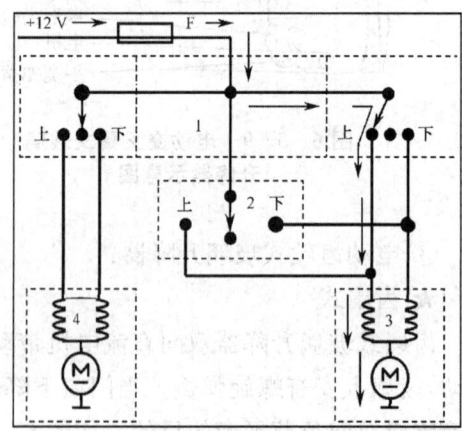

1 驾驶员主控开关组件;2 右前车窗开关;
3 右前车窗电机;4 左前车窗电机。

图 6-3-13 直接搭铁式车窗的控制电路

图 6-3-14 主控开关控制
右前车窗上升时的电流方向

① 驾驶员主控开关控制右前车窗上升时的电流方向，如图 6-3-14 所示。

其路径为：蓄电池正极→熔断器→驾驶员主控开关（右前车窗开关）上升按钮→右前车窗电机→搭铁。

② 独立操作开关控制右前车窗下降时的电流方向，如图 6-3-15 所示。

其路径为：蓄电池正极→熔断器→右前车窗开关下降按钮→右前车窗电机→搭铁。

2. 控制搭铁式

电动车窗的电机结构简单，开关和控制线路复杂一些，实际中应用较为广泛。其基本控制电路如图 6-3-16 所示。

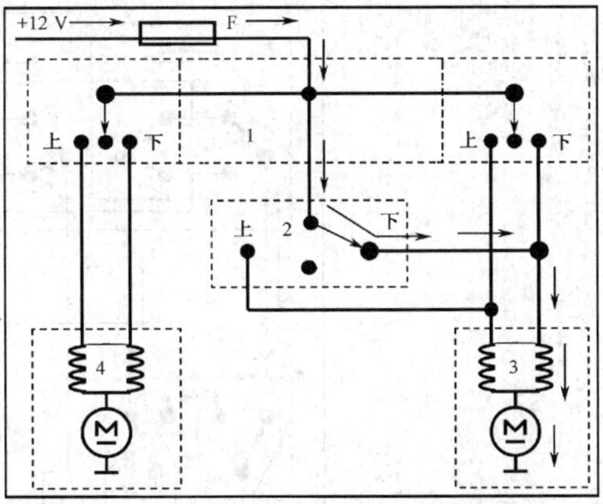

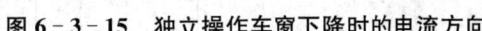

图 6-3-15 独立操作车窗下降时的电流方向

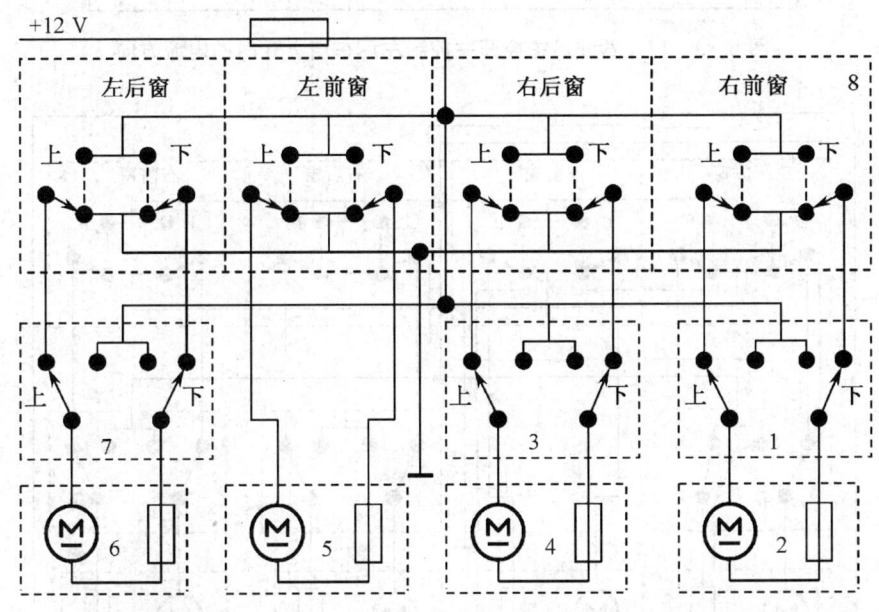

1 右前车窗开关； 2 右前车窗电机； 3 右后车窗开关； 4 右后车窗电机；
5 左前车窗电机； 6 左后车窗电机； 7 左后车窗开关； 8 驾驶员主控开关组件。

图 6-3-16 控制搭铁式车窗的控制电路

① 驾驶员主控开关控制左后车窗上升时的电流方向，如图 6-3-17 所示。

其路径为：蓄电池正极→熔断器→驾驶员主控开关（左后车窗开关）上升按钮→左后车窗开关上升按钮→左后车窗电机→熔断器→左后车窗开关下降按钮→驾驶员主控开关（左后车窗开关）下降按钮→搭铁。

② 独立操作开关控制左后车窗下降时的电流方向，如图 6-3-18 所示。

其路径为：蓄电池正极→熔断器→左后车窗开关下降按钮→熔断器→左后车窗电机→左后车窗开关上升按钮→驾驶员主控开关→搭铁。

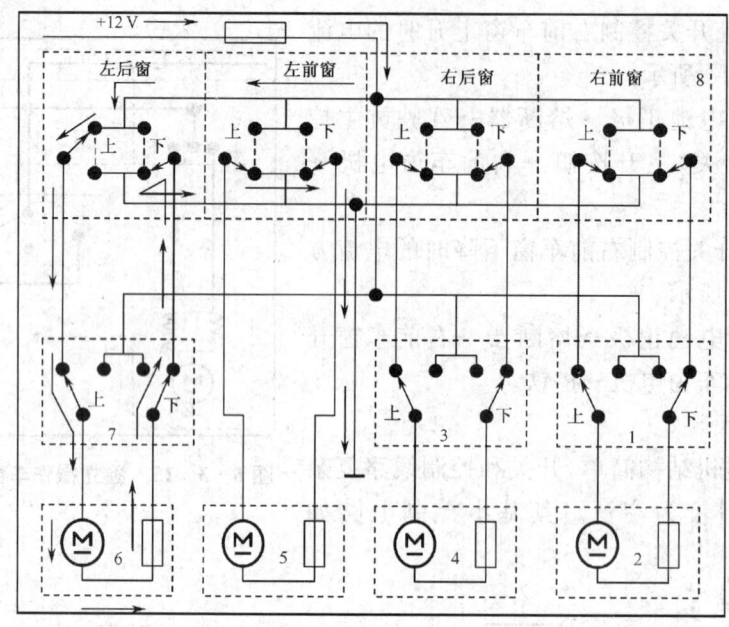

图 6-3-17 驾驶员主控开关控制左后车窗上升时的电流方向

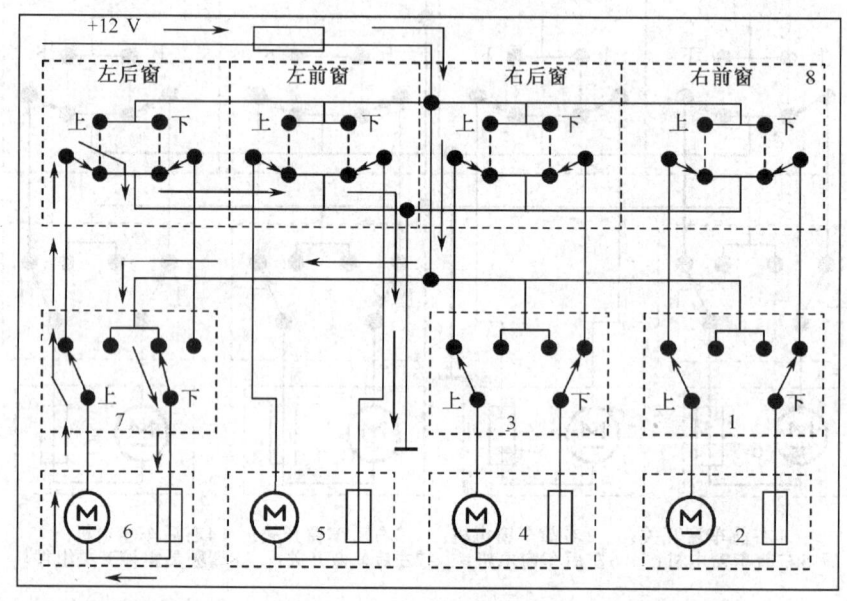

图 6-3-18 独立操作开关控制左后车窗下降时的电流方向

 操作活动

1. 操作名称：电动门窗的调整。
2. 需用器材：奥迪 A4 轿车。
3. 学习目标：

学会电动门窗的调整；

学会识别电动门窗的控制按钮；

学会在操作中，注意环境保护和人身安全。

4. 操作步骤：

① 打开车门,坐好座椅,想打开左前电动门窗,如图6-3-19所示。
② 驾驶员主控开关,分别如图6-3-20所示。

图6-3-19 电动门窗的调整

1 左前车窗开关；2 右前车窗开关；3 左前车窗开关；
4 右前车窗开关；5 汽车车窗全部锁定。

图6-3-20 驾驶员主控开关

③ 轻按下驾驶员主控开关左前车窗开关,玻璃下降,放手时玻璃停止。如图6-3-21所示。
④ 轻提驾驶员主控开关左前车窗开关,玻璃上升,放手时玻璃停止。如图6-3-22所示。

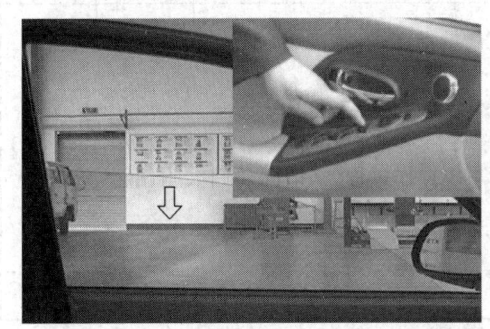

图6-3-21 轻按下主控左前车窗开关

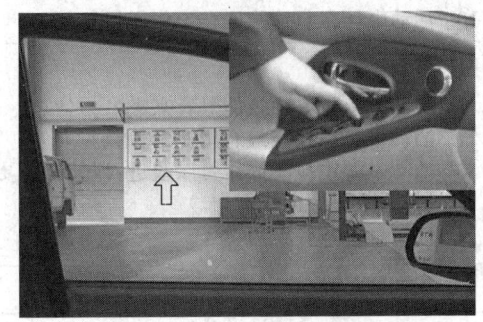

图6-3-22 轻提左前车窗开关

⑤ 重按下驾驶员主控开关左前车窗开关,玻璃下降,放手时玻璃自动降到底(自动下降)。如图6-3-23所示。
⑥ 重提下驾驶员主控开关左前车窗开关,玻璃下降,放手时玻璃自动升到顶(自动上升)。如图6-3-24所示。

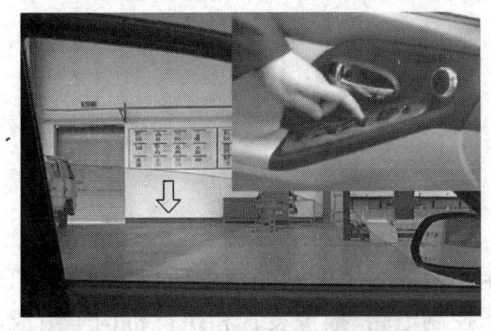

图6-3-23 重按下左前车窗开关

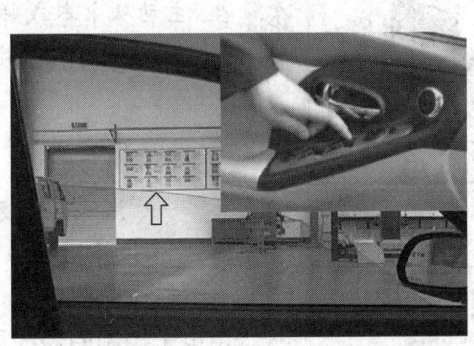

图6-3-24 重提下左前车窗开关

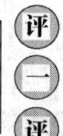

学生姓名		日期		自评	互评	师评
一、学习评价目标						
1. 能讲清汽车电动门窗的定义。						
2. 能正确表述电动门窗的结构。						
3. 能正确讲述驾驶员主控开关控制右前车窗上升时的电流方向。						
4. 能正确讲述独立操作开关控制右前车窗下降时的电流方向。						
5. 能正确理解驾驶员主控开关控制左后车窗上升时的电流方向。						
6. 能理解独立操作开关控制左后车窗下降时的电流方向。						
7. 能操作驾驶员电动门窗的调整。						
8. 能操作驾驶员手动电动门窗的调整。						
9. 操作过程中,无返工现象。						
10. 活动中环保意识及安全工作做得如何。						
二、学习体会 1. 活动中感觉哪项技能最有兴趣?为什么? 2. 活动中哪项技能最有用?为什么? 3. 活动中哪项技能操作可以改进,以使操作更方便实用?请写出操作过程。(请同学们大胆创新,共同研讨,不断提高操作能力。) 4. 你还有哪些要求与设想?						
总体评价				教师签名		

活动四 中央控制门锁的使用

【案例导入】 小王在读书时,还没学习到中央控制门锁的知识,他是一个好学的学生,主动从书本或师傅那里学习,我们一起来回忆一下相关知识吧!

【关联知识】

一、汽车防盗系统

1. 汽车防盗系统的概述

汽车防盗系统,是指防止汽车本身或车上的物品被盗所设的系统。它由电子控制的遥控器或钥匙、电子控制电路、报警装置和执行机构等组成,如图6-4-1所示。

图 6-4-1 汽车防盗系统

图 6-4-2 机械式汽车防盗系统

2. 汽车防盗器的分类

汽车防盗器可分为机械式和电子式两种,分别如图 6-4-2 和图 6-4-3 所示。

机械式防盗器是用机械的方法对油路、变速杆、转向盘、制动器等进行控制。如:变速杆锁是锁住变速杆使其不能移动,转向盘锁也叫拐杖锁,挂在转向盘和离合器踏板之间等等。这些方法费用低,但使用不便,安全性差,已逐渐被淘汰。

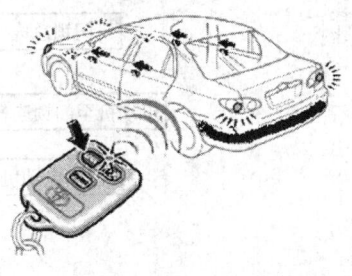

图 6-4-3 电子式汽车防盗系统

电子防盗系统可分为普通电子防盗系统和微机控制防盗系统。目前,中低档汽车采用的防盗系统为振动触发普通电子防盗系统,中高档汽车采用的防盗系统多为微机控制的电子钥匙式发动机防盗。

当防盗系统起动后,如有非法移动车辆、划破玻璃、破坏点火开关锁芯,拆卸轮胎和音响、打开车门、打开燃油箱加注盖、打开行李箱门等,防盗器立刻报警。

目前流行的是电子防盗器,主要由脉冲转发器、识读线圈、防盗器控制单元和发动机控制单元等组成,如图 6-4-4 所示。

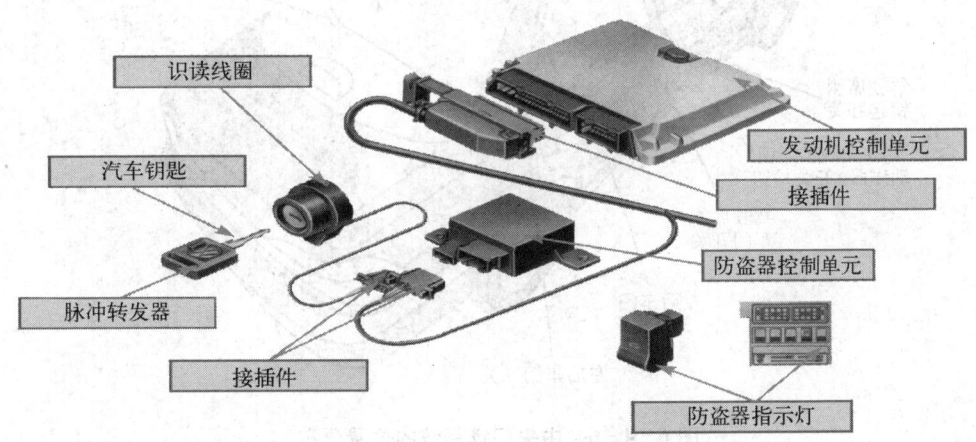

图 6-4-4 电子式汽车防盗系统的组成

二、中央门锁系统的组成

中央集控门锁可使驾驶员更加方便、安全地使用汽车。当驾驶员用锁扣或钥匙锁定左前门时，其他3个车门及行李舱门也同时被锁好，打开时可单独开左前车门，也可同时打开所有车门及行李舱门。中控门锁系统一般包括门锁控制开关、钥匙操纵开关、门锁总成、行李箱开启器及门锁控制器等，其组成及位置分布如图6-4-5和图6-4-6所示。

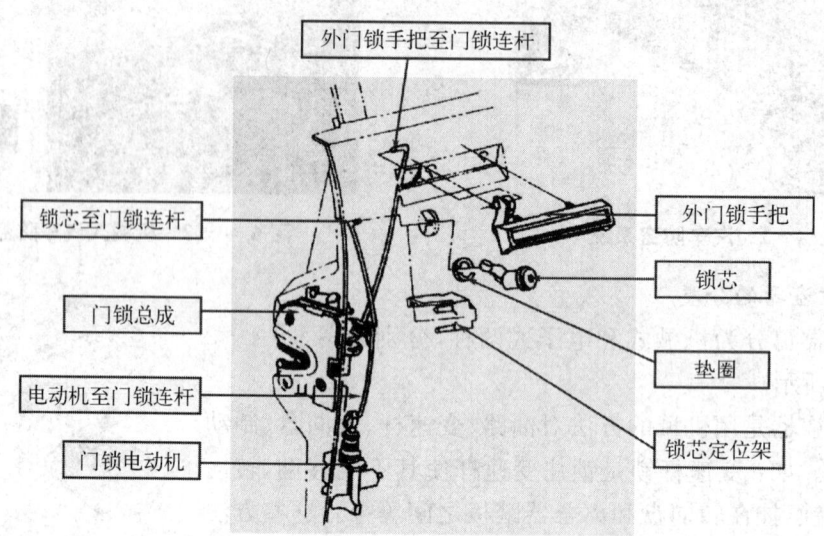

图6-4-5　中央门锁系统的组成

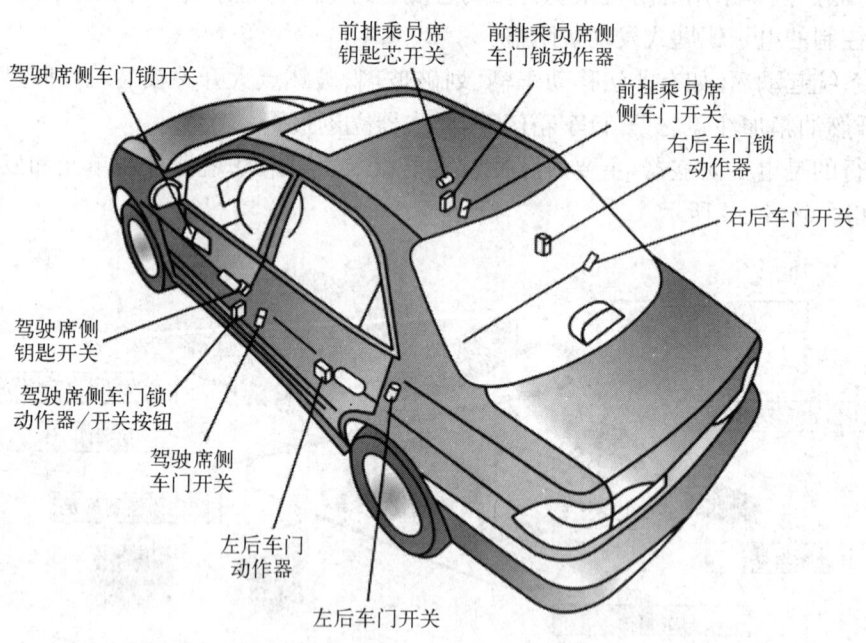

图6-4-6　中央门锁系统的位置分布

1. 门锁控制开关

门锁控制开关安装在前左门和右门的扶手上，如图6-4-7所示。将开关推向前门是锁门，推向后门是开门。

2. 门锁总成

门锁总成主要由门锁传动机构、门锁位置开关、外壳等组成,结构示意图如图 6-4-8 所示。

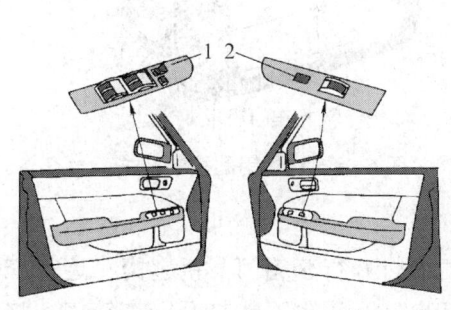

1 左门锁控制开关；2 右门锁控制开关。

图 6-4-7　门锁控制开关

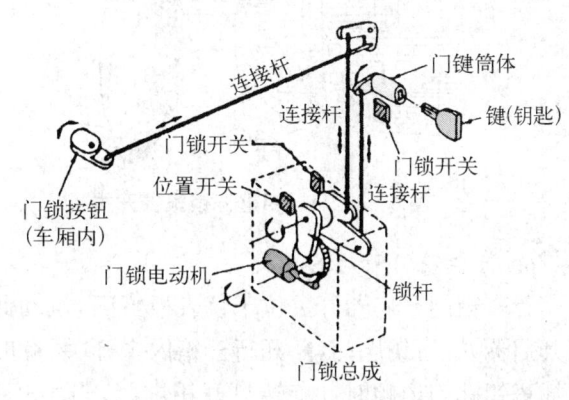

图 6-4-8　门锁总成

门锁传动机构主要由门锁电动机、蜗轮齿轮组等组成,如图 6-4-9 所示。门锁电动机是门锁的执行器,当门锁电机转动时,蜗杆带动蜗轮转动,蜗轮推动锁杆,车门被锁上或打开,然后蜗轮在回位弹簧的作用下返回原位置,防止操纵门锁钮时电动机工作。

门锁位置开关位于门锁总成内,用来检测车门的锁紧状态,由一个触点片和一个开关底座组成。当锁杆推向锁门位置时,位置开关断开,推向开门位置时接通,即:当车门关闭时,此开关断开;当车门打开时,此开关接通。如图 6-4-10 所示为门锁位置开关在车门锁紧和打开时的状态。

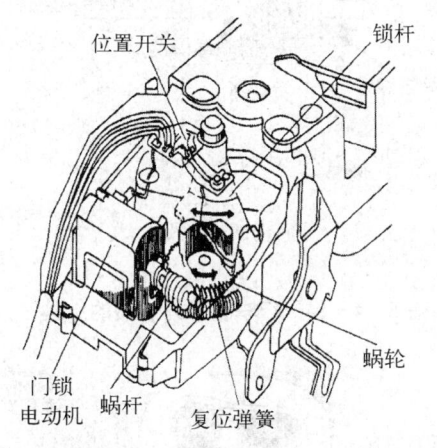

图 6-4-9　门锁的传动机构

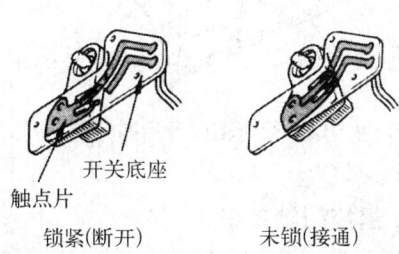

图 6-4-10　门锁位置开关的工作情况

3. 钥匙开锁报警开关

钥匙开锁报警开关用于探测点火钥匙是否插进钥匙门内,当钥匙在钥匙门内,钥匙开锁报警开关接通电路报警;当钥匙离开钥匙门时取消报警。如图 6-4-11 所示。

4. 钥匙控制开关

钥匙控制开关安装在每个前门的钥匙门上。当从外面用钥匙开门和关门时,钥匙控制开关便发出开门或锁门的信号给门锁 ECU。如图 6-4-12 所示。

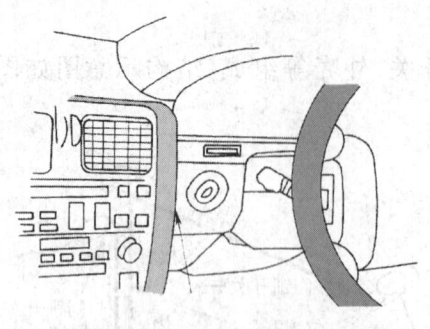
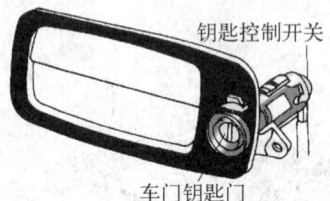

图 6-4-11 钥匙开锁报警开关　　　　图 6-4-12 钥匙控制开关

5. 行李箱门开启器开关

行李箱门开启器开关位于仪表板下面,拉动此开关便能打开行李箱门。钥匙门靠近行李箱门开启器,推压钥匙门,断开行李箱内主开关,此时再拉开启器开关也不能打开行李箱门。将钥匙插进钥匙门内顺时针旋转打开钥匙门,当主开关再次接通,便可用行李箱门开启器打开行李箱。如图 6-4-13 所示。

6. 行李箱门开启器

行李箱门开启器装在行李箱门上,一般用电磁线圈代替电动机,由轭铁、插棒式铁芯、电磁线圈和支架组成,如图 6-4-14 所示。当电磁线圈通电时,插棒式铁芯将轴拉入并打开行李箱门。线路断路器用以防止电磁线圈因电流过大而过热。

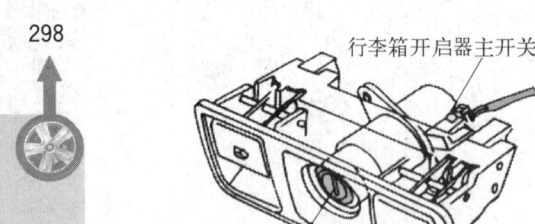
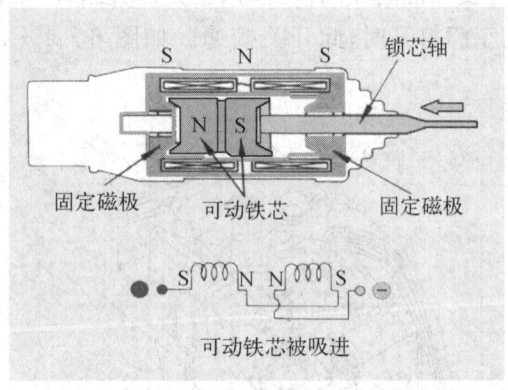

图 6-4-13 行李箱门开启器开关　　　图 6-4-14 行李箱门开启器的结构

三、遥控门锁系统

为了便于操作,现在很多汽车的中控门锁系统均配备遥控发射器来实现锁门和开门等功能。图 6-4-15 为发射钥匙的外观图。

遥控门锁的基本原理是通过遥控门锁的发射器发出微弱电波,此电波由汽车天线接收后送至中控门锁系统中的 ECU 进行识别对比,若识别对比后的代码一致,ECU 将把信号送至执行器来完成相应的动作。工作过程如图 6-4-16 所示。

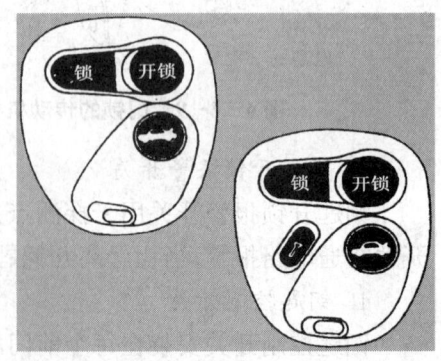

图 6-4-15 遥控发射器外观图

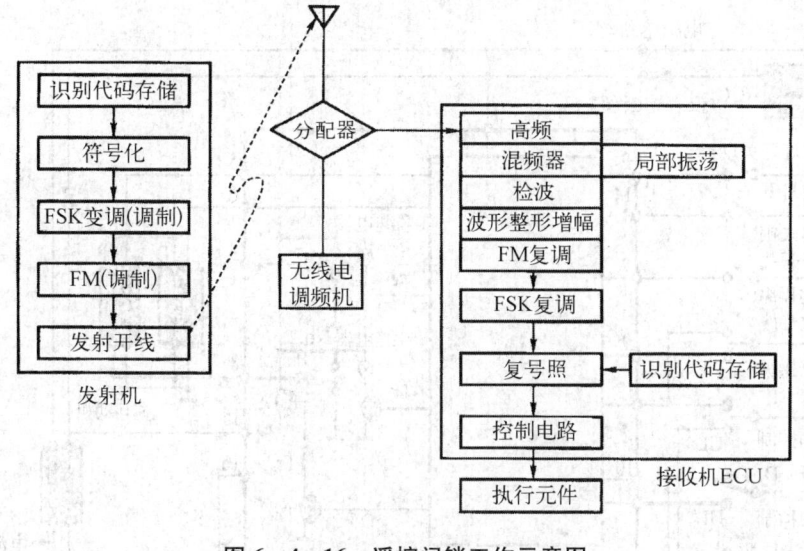

图 6-4-16 遥控门锁工作示意图

四、门锁控制器及中控门锁的工作原理

门锁控制器的形式比较多,常见的有继电器式、集成电路(IC)-继电器式、电脑(ECU)控制式等。

1. 继电器控制的中控门锁系统

图 6-4-17 为使用门锁继电器的中控门锁电路。

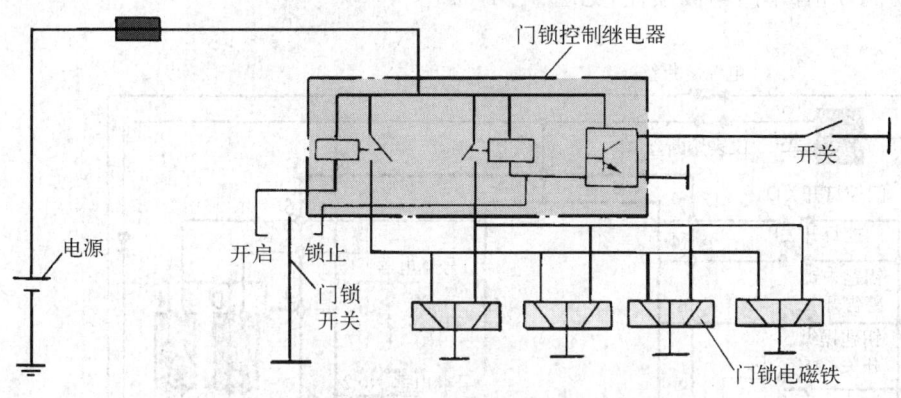

图 6-4-17 门锁继电器控制的中控门锁电路

当用钥匙转动锁芯,门锁开关 5 中的"开启"触点闭合时,这样电流便经过蓄电池的正极、熔断丝、开锁继电器线圈后经门锁开关搭铁,开锁继电器开关闭合,电流经过门锁电动机或门锁电磁线圈搭铁,4 个车门同时打开。当用钥匙转动锁芯,门锁开关 5 中的"锁止"触点闭合时,锁止继电器通电使其开关闭合,4 个车门同时锁住。开关 3 受车速的控制,可以实现自动闭锁。

2. 集成电路(IC)-继电器控制的中控门锁系统

图 6-4-18 为集成电路(IC)-继电器控制的中控门锁系统电路。门锁控制器由一块集成电路(IC)和两个继电器组成,IC 电路可以根据各种开关发出的信号来控制两个继电器的工作情况。此电路中的 D 和 P 分别代表驾驶员侧和副驾驶员侧。

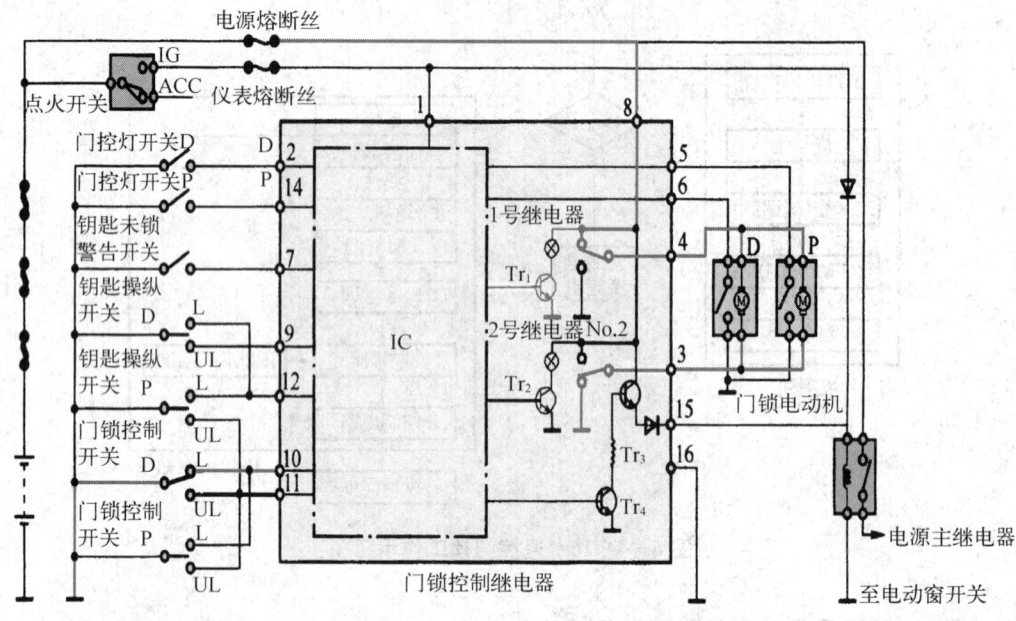

图 6-4-18 集成电路(IC)-继电器控制的中控门锁电路

(1) 用门锁控制开关锁门和开锁

① 锁门：将门锁控制开关推向"锁门"(LOCK)一侧时，门锁继电器的端子 10 通过门锁控制开关接地，将 Tr_1 导通。当 Tr_1 导通时，电流流至 1 号继电器线圈，1 号继电器开关闭合，电流流至门锁电动机，所有车门均被锁住，见图 6-4-19。

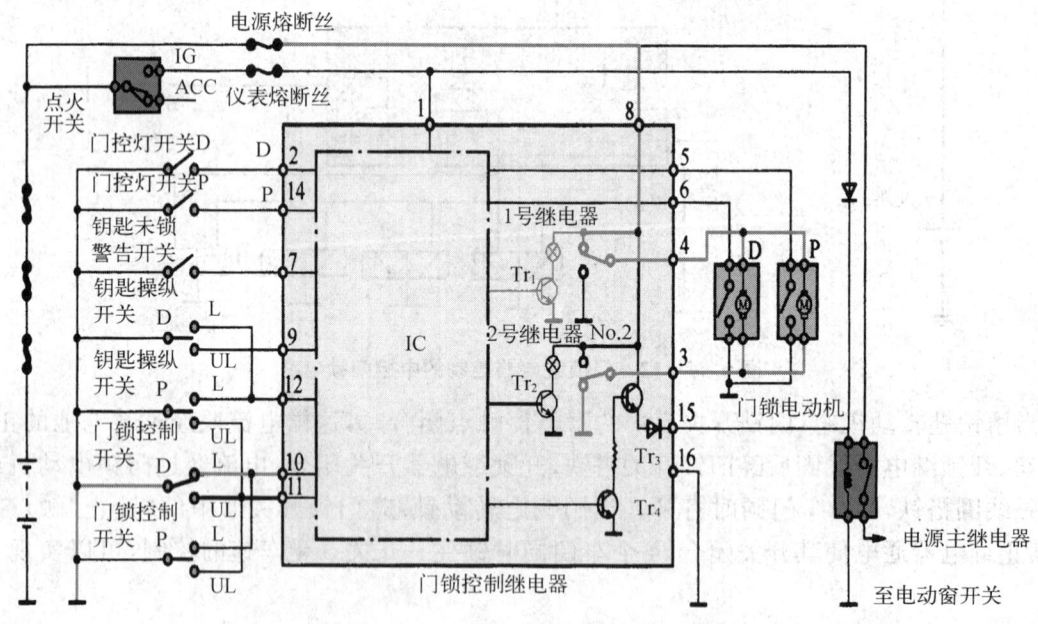

图 6-4-19 用门锁控制开关锁门电路

② 开锁：将门锁控制开关推向"开锁"(UNLOCK)一侧时，门锁继电器的端子 11 通过门锁控制开关接地，将 Tr_2 导通。当 Tr_2 导通时，电流流至 2 号继电器线圈，2 号继电器开关闭合，如

图 6-4-20 所示,电流反向通过门锁电动机,所有的车门打开。

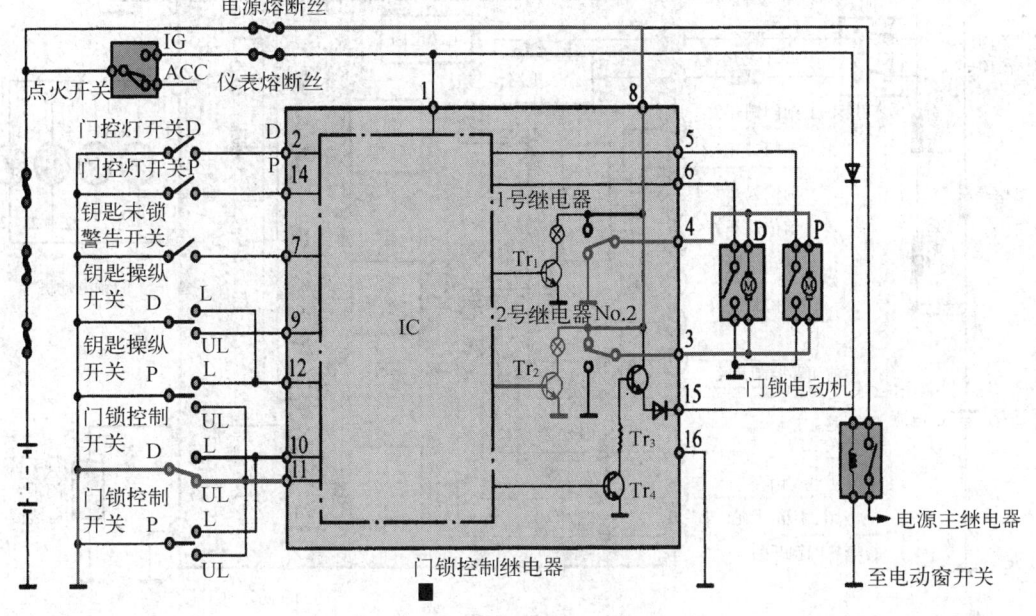

图 6-4-20　用门锁控制开关开锁电路

(2) 用钥匙操纵开关锁门和开锁

① 锁门：将钥匙操纵开关转向"锁门"(LOCK)一侧时,门锁继电器的端子 12 通过门锁控制开关接地,将 Tr_1 导通。当 Tr_1 导通时,电流流至 1 号继电器线圈,1 号继电器开关闭合,电流流至门锁电动机,所有车门均被锁住。

② 开锁：将钥匙操纵开关推向"开锁"(UNLOCK)一侧时,门锁继电器的端子 9 通过门锁控制开关接地,将 Tr_2 导通。当 Tr_2 导通时,电流流至 2 号继电器线圈,2 号继电器开关闭合,电流反向通过门锁电动机,所有的车门打开。

3. 电脑(ECU)控制的中控门锁系统

图 6-4-21 所示为使用防盗和中控门锁 ECU 的控制电路,下面分析其工作过程。

(1) 用钥匙锁门和开锁

① 锁门。

当把钥匙插入驾驶员侧或副驾驶员侧门锁的锁芯内并向锁门方向转动时,钥匙控制开关 6 将锁门侧(L)接通,这样 ECU 端子 13 和接地端接通,相当于开关 16 向 ECU 输入锁门信号。此信号经过反相器 C、门 A、锁门定时器,使晶体管 VT_1（起开关作用）导通,从而使继电器 No.1 通电。电流通过继电器线圈的电路为：蓄电池 1→易熔线 3→熔断器 6→ECU 的 24 号端子→继电器 No.1 的电磁线圈→晶体管 VT_1→接地。

继电器 No.1 号通电使其触点闭合,接通了门锁电动机电路。电路为：蓄电池 1→易熔线 2、4→断路器 5→ECU 的 8 号端子→继电器 No.1 接通的触点→ECU 的 4 号端子→门锁电动机 21、22、23 和 24→ECU 的 3 号端子→继电器 No.2 接地触点→接地→蓄电池负极。门锁电动机转动,将 4 个门锁全部锁上。

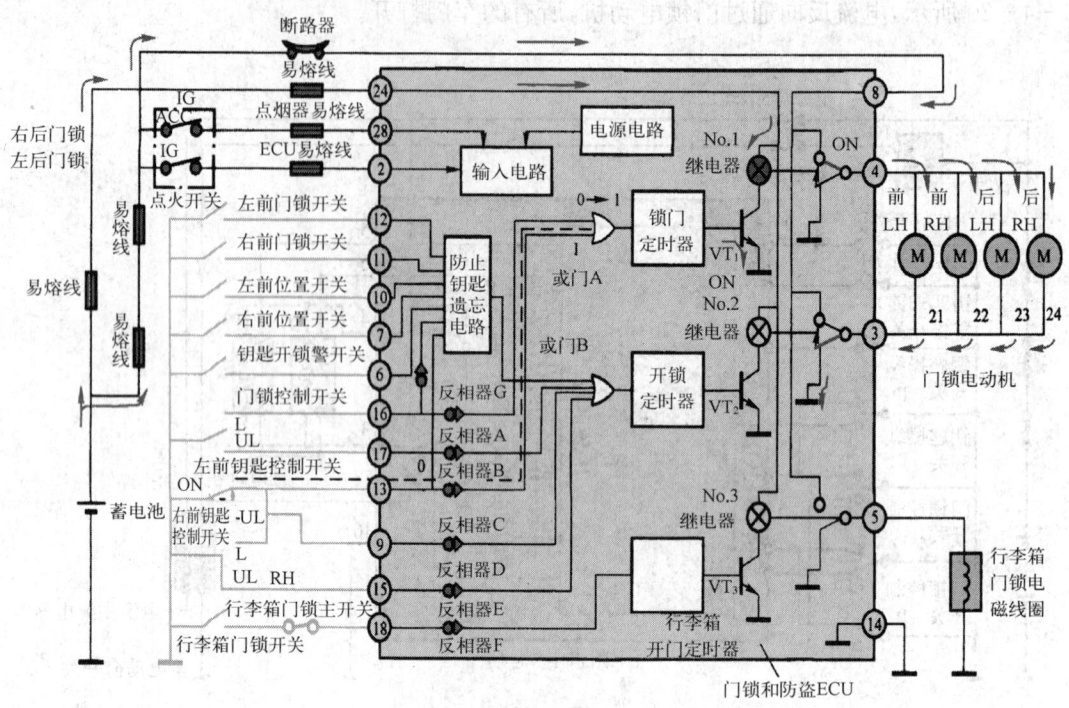

图 6-4-21 电脑(ECU)控制的中控门锁电路

② 开锁。

当将钥匙插入驾驶员侧或乘员侧门锁锁芯内并向开锁方向转动时,钥匙控制开关 16 向开门(UNLOCK)侧接通,防盗和门锁 ECU20 的 9 号端子与接地之间接通,即开关 16 向 ECU 输入一个开锁请求信号。此信号经过反相器 D、或门 B、开锁定时器,使晶体管 VT_2 接地。

继电器 No.2 通电使其触点闭合,接通了门锁电动机电路。电路为:蓄电池 1→易熔线 2、4→断路器 5→ECU 的 8 号端子→继电器 No.2 接通的触点→ECU 的 3 号端子→门锁电动机 21、22、23 和 24→ECU 的 4 号端子→继电器 No.1 接地触点→接地→蓄电池负极。门锁电动机反向转动全部开锁。

 操作活动

1. 操作名称:奥迪 A4 轿车的开锁。
2. 需用器材:奥迪 A4 轿车。
3. 学习目标:

学会轿车的开锁过程;

知道中央门锁的组成;

学会在操作中,注意环境保护和人身安全。

4. 操作步骤:

① 奥迪 A4 轿车遥控发射器外观如图 6-4-22 所示。

② 按一下开锁按钮,轿车指示灯闪烁,汽车车门开锁,如图 6-4-23 所示。

③ 打开外车门开关,驾驶员进入驾驶室,如图 6-4-24 所示。

④ 打开内车门开关,驾驶员离开汽车,如图 6-4-25 所示。

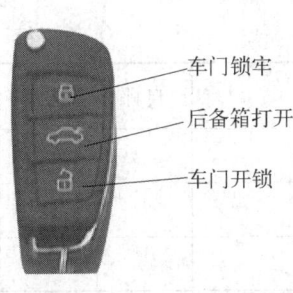
车门锁牢
后备箱打开
车门开锁

图 6-4-22 奥迪 A4 轿车遥控发射器外观

图 6-4-23 按一下开锁按钮

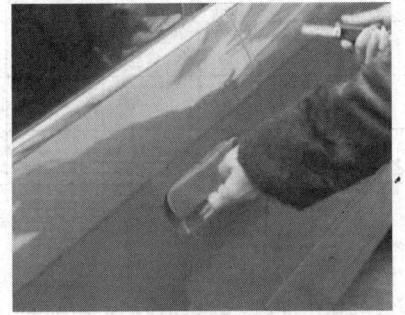

图 6-4-24 打开外车门开关

图 6-4-25 打开内车门开关

⑤ 按一下锁住按钮，轿车指示灯闪烁，锁牢车门，如图 6-4-26 所示。

⑥ 还可以通过钥匙，打开和关闭车门，如图 6-4-27 所示。

图 6-4-26 按一下锁住按钮

图 6-4-27 通过钥匙可以打开和关闭车门

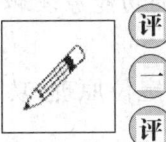

学生姓名		日期		自评	互评	师评
一、学习评价目标						
1. 能讲清汽车防盗系统的结构。						
2. 能正确讲述汽车防盗器的分类。						

(续 表)

学生姓名		日期		自评	互评	师评
3. 能指出中央门锁系统的组成。						
4. 能学会门锁控制开关的知识。						
5. 能知道门锁总成。						
6. 能知道行李箱门开启器开关。						
7. 能知道遥控门锁系统。						
8. 能操作奥迪 A4 轿车的开锁。						
9. 操作过程中,无返工现象。						
10. 活动中环保意识及安全工作做得如何。						

二、学习体会
1. 活动中感觉哪项技能最有兴趣?为什么?
2. 活动中哪项技能最有用?为什么?
3. 活动中哪项技能操作可以改进,以使操作更方便实用?请写出操作过程。(请同学们大胆创新,共同研讨,不断提高操作能力。)
4. 你还有哪些要求与设想?

总体评价		教师签名	

活动五 汽车 GPS 导航仪的使用

【案例导入】 汽车给我们的出行带来极大的方便,但有时也会带来烦恼。很多时候我们对要去的地方并不熟悉,怎么办?无论是通过查阅纸质地图还是问询熟悉该路径的人,都费时又费劲,弄了半天可能还要走冤枉路。现在我们只要有一台汽车 GPS 导航仪,就可解决这个问题。在导航仪中设置好要去的目的地,然后选择开始导航,导航仪将会通过语音和图示引导你到达目的地。汽车导航仪是什么?有何功能?怎样使用?本活动主要介绍汽车导航仪的功能原理和基本使用方法。

【关联知识】 要更好地使用汽车 GPS 导航仪,我们必须知道 GPS 的定位原理、功能作用及使用要点。

一、什么叫导航

导航是引导飞机、船舶、车辆(总称作运载体)以及个人安全、准确地沿着选定的路线,准时到达目的地的一种手段。

导航系统要解决以下几个问题:我现在在哪里?我要去哪里?如何去?

二、什么是GPS

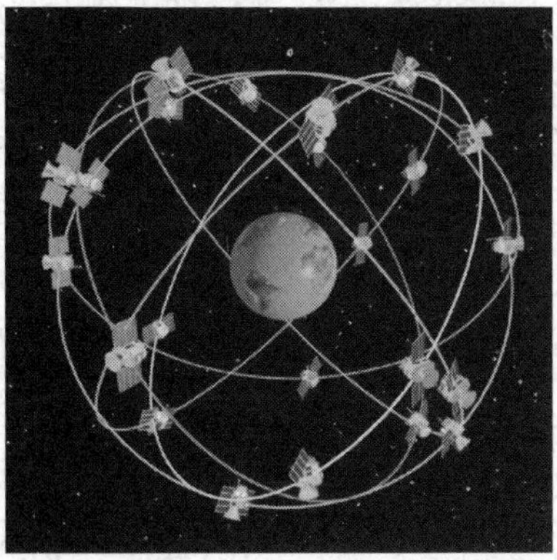

GPS是全球定位系统(Global Positioning System)的简称,这个系统由美国首先创建,是一种卫星定位系统,目前处于免费开放状态。太空中有27颗卫星,24颗运行,3颗备用,距离地面20 200 km,如图6-5-1所示。我们的车载导航仪就是GPS终端设备(地面接收机)的一种类型。

GPS按定位精度可分为普通导航(10 m以内精度)、精密导航(米级精度)和高精度导航(厘米级精度)。

图6-5-1 GPS卫星

三、GPS导航系统有哪些常用专业术语

1. 坐标(Coordinate)

坐标有二维、三维两种,当GPS收到3颗卫星的信号,它只能计算出二维坐标:经度和纬度。若能收到4颗及以上卫星的信号时,它能计算出本地的三维坐标:经度、纬度和高度。

2. 路标(Landmark or Waypoint)

路标也称航点,是GPS内存中保存的一个点的坐标值。

3. 路线(Route)

路线也称航线,是GPS内存中存储的一组数据,包括一个起点和一个终点的坐标,还可以包括若干中间点的坐标。

4. 前进方向(Heading)

GPS没有指北针的功能,静止不动时它是不知道方向的。但是一旦动了起来,它就能知道自己的运动方向。GPS每隔一秒更新一次当前地点信息,每一点的坐标和上一点的坐标一比较,就可以知道接收机前进的方向。

四、常用的车载GPS导航仪有哪些实用功能

车载GPS导航仪里装载着导航软件和数字地图,地图上的道路和地点储存了经度和纬度坐标数据,设备将接收到的GPS坐标信号与地图上的数据相对应,实现地图定位和行驶引导。

1. 精确定位

采用高灵敏度接收天线,全天候实时接收信号,快速精确定位导航。

2. 地图查看

提供详尽的电子地图,可以轻松地进行地图查询、路径规划、卫星导航,让您畅行无阻。

3. 路径规划

提供出发地和目的地之间的路径规划,以及在出发地与目的地之间设置经由地和回避地等功能。

4. 语音提示

亲切的真人语音提示,在行驶中自动播报道路名称和行驶方式,快速准确到达目的地。

5. 自动纠错

系统可以帮你自动设计行驶路线,如果你不小心走错了路线,它会提示你走错而且重新规划路线,保证您快速准确地到达目的地。

6. 兴趣点查询

系统按照所设置的搜索半径由近至远显示出符合条件的兴趣点(如购物、医疗、旅游等),为您轻松找到附近的兴趣点。如图 6-5-2 所示。

7. 快速查找

采用快拼、真彩触控屏手写等多种目的地输入方式。

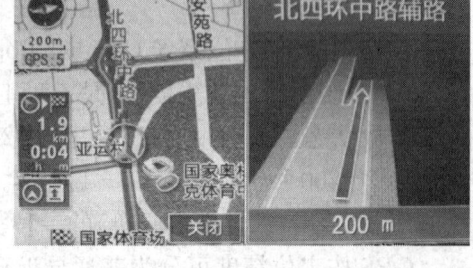

图 6-5-2 兴趣点及导航过程界面

8. 显示设定

有白天与夜间两种地图画面显示风格。行驶中、转弯处都有放大、特写等多种显示模式,能够全方位了解自己所在的位置以及具体行驶方法。

9. 其他功能

目前的 GPS 汽车导航仪除了导航功能以外,还可进行音频播放、视频播放、图片浏览和电子文档阅读。安装方便,便于携带。

五、车载 GPS 导航仪日常使用和充电的注意事项

购买了车载导航仪,我们还应该要正确使用,使它更好地为我们服务。

① 为保证行车安全,利用车载支架将之固定在不影响视线的地方,不要在驾驶中操作导航系统,以免发生危险。为了更好地接收到卫星信号,应尽量将天线面向天空。下车时,不要将机器留在挡风玻璃下暴晒,防止引起故障或发生危险。

② GPS 导航仪既可用碱性电池或可充电池供电,也可直接插在汽车电源上使用。使用车用充电器时应在发动车子之后,以免因瞬间电流过大而烧毁机器。充电应在电池完全用尽时才进行,当电力严重不足时,系统会自动提示并进入保护模式,此时应充电 5~10 min 后再开机。

图 6-5-3 车载导航仪的安装固定

③ 当我们开机系统出现导航主界面后,便可以开始使用导航系统。有时当系统程序故障,会出现画面延迟无法切换、按键没有作用或触控笔点选系统没有反应等异常状况,可以按重置(RESET)孔位键重置软件系统。

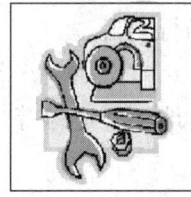

1. 操作名称:利用导航仪进行一个导航过程。
2. 需用器材:某品牌汽车导航仪一台。
3. 学习目标:学会利用汽车导航仪进行一个导航过程。

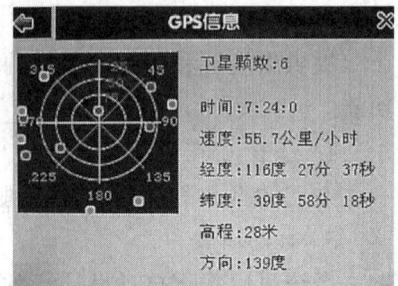

图 6-5-4 GPS 信息

4. 方法与步骤:

每次导航只要遵循以下 3 个步骤,便可轻松上路。

(1) GPS 定位

当开启设备电源,进入导航系统后,系统就会自动开始定位,首次定位请固定停留于同一空旷地点几十秒到几分钟不等,当自动定位完成后,主画面上的卫星状态将由无变成有接收卫星颗数状态。如图6-5-4所示。

(2)设定目的地

选择导航主界面上的查找目的地选项,系统提供关键字输入、分类检索、地址检索和历史目的地检索等多种地点检索方法供目的地的查找,推荐使用关键字检索。

(3)开始导航

经过GPS定位,车辆所在位置即为出发地,设定好目的地后即切换至路径规划界面,自动完成路径规划。选择导航键,您可以开始上路了,系统将会指引您正确的行驶路径。

我们以上海市徐汇区港汇广场为目的地,进行一个导航过程操作。

① 开机进入操作界面,点击查找目的地。

② 进入查找目的地界面,根据自己的需要选择查找方式。如图6-5-5所示。

名称搜索:直接通过全拼或手写关键字来确定目的地;

收藏夹:以前收藏的地点;

历史目的地:最近搜索过的地点;

分类搜索:根据地点的类别分类来搜索,如购物、医疗、旅游等;

回家:直接将预设的家地址作为目的地,在系统里最常用的目的地可以设置为家。

③ 这里我们选择最常用的名称搜索,手写输入"港汇广场"后确定。如图6-5-6所示。

④ 出现以"港汇广场"为关键字的若干地点,我们点击"港汇广场"。如图6-5-7所示。

图6-5-5 查找目的地界面

图6-5-6 手写输入关键字

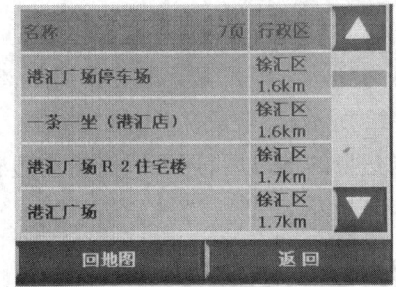

图6-5-7 选择目的地

⑤ 点击后出现"港汇广场"的详细信息及距离,如图6-5-8所示,可以将它设为起点,为了方便以后搜索,可以把它加入收藏夹。点击导航按钮,接下来系统询问是最快路线还是最短路线,选择最快路线后,导航仪开始计算路线。搜索到的地点可以将它设为起点/家/公司,也可加入收藏夹。

⑥ 计算路线有两种:一种是最短,一种是最快,一般选择最快。路线计算时间因路线复杂程

度而增加,计算完成后,展示分步路线规划预览,如图6-5-9所示,可以在出发前对行进路线有个总体的了解。

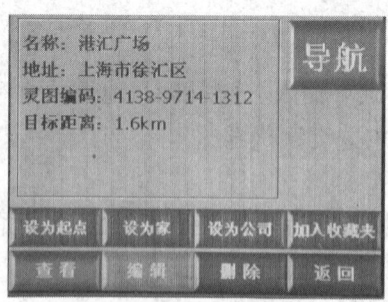

图6-5-8 目的地信息

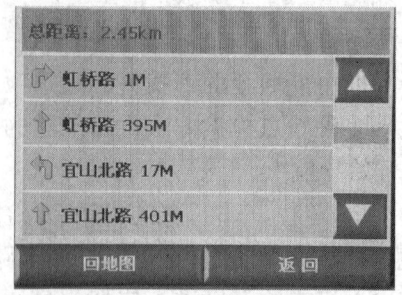

图6-5-9 路线规划预览

⑦ 点击回地图,可以直观地看到地图上的路径,如图6-5-10所示。可以了解导航仪规划的路线是否合理,如果不满意还可以进菜单选择"最短"导航方式,让系统来重新设计路线。

⑧ 随着汽车的移动,导航开始了。除语音提示外,屏幕上还显示当前道路名、目标距离、剩余时间、当前速度、下一个转弯方向等交通信息,同时地图画面随着车头行进方向移动,车辆所在道路名称及周边设施在地图上显示,如图6-5-11所示。在某复杂路口路段,还会以特写的方式展示路况及行驶方法。

图6-5-10 总路径展示

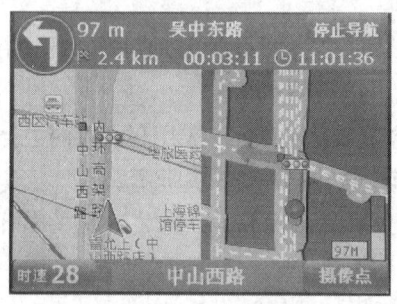

图6-5-11 导航过程

⑨ 即将到达港汇广场,可以看到距离目标处(黑白旗)只有164 m,19 m后左转即到,如图6-5-12所示,导航成功!

⑩ 到达目的地以后,还可以点击周边感兴趣的地点设施,如加油站、停车场、汽车维护等,如图6-5-13所示。

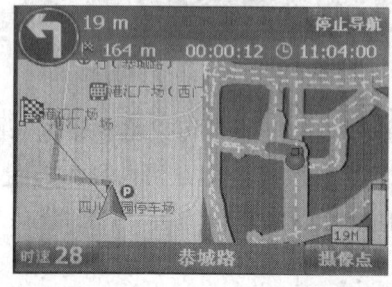

图6-5-12 即将到达目标

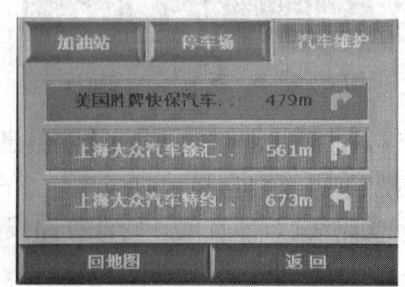

图6-5-13 周边设施选择

 **拓展**

为了更好地使用导航仪,我们还可以对它进行一些设置,以符合用户本人的不同需求。

1. 设置地图的外观显示

如地图二维、三维显示模式的切换、地图颜色更改等,如图 6-5-14 所示。

2. 修改导航的不同配置

如是否开启交通安全提示、男声/女声语音选择、白天/黑夜模式以及是否设置超速提醒等,如图 6-5-15 所示。

图 6-5-14 设置地图的外观显示

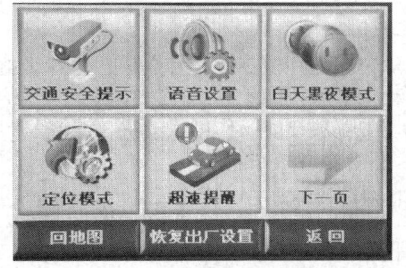

图 6-5-15 修改导航的不同配置

3. 路线管理

可以将现有的路线进行保存,以便方便下次导航,还可以将一些不合适的路段(如正在维修)设置回避,以路线更符合实际。如图 6-5-16 所示。

图 6-5-16 路线管理

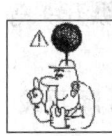 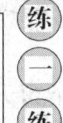 **练一练**

用 GPS 导航仪定位,以本人当前所在地点为起点,以上海人民广场为目的地,设置一个导航过程。

 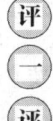 **评一评**

学生姓名		日期		自评	互评	师评
一、学习评价目标						
1. 能讲清什么叫导航。						
2. 能讲述什么是 GPS。						
3. 能简述 GPS 的基本原理。						
4. 掌握 GPS 导航系统常用专业术语。						
5. 能讲述车载导航仪的功能特点。						
6. 会运用 GPS 导航仪的实用功能。						

(续 表)

学生姓名		日期		自评	互评	师评
7. 掌握一个两地间的导航操作方法。						
8. 操作过程中安全操作是否到位。						
9. 操作过程中无返工现象。						
10. 活动中环保意识及安全工作做得如何。						
二、学习体会 1. 活动中感觉哪项技能最有兴趣？为什么？ 2. 活动中哪项技能最有用？为什么？ 3. 活动中哪项技能操作可以改进，以使操作更方便实用？请写出操作过程。（请同学们大胆创新，共同研讨，不断提高操作能力。） 4. 你还有哪些要求与设想？						
总体评价				教师签名		

项目小结

1. 电动座椅的组成由双向电动机、传动装置和控制电路等组成。分类按照调节方式不同，座椅调节装置可以分为手动调节式和动力调节式。其中动力调节按照动力源的不同，又分为真空式、液压式和电动式 3 种。按照座椅电机的数目和调节方向数目的不同，电动座椅有四方向、六方向、八方向。

2. 电动后视镜的组成主要由镜片、直流电机、车镜支架、连接机构、控制电路及操纵开关等构成。

3. 电动门窗的组成控制开关（主控开关、分控开关）、电动车窗升降器、电动车窗升降开关、电动车窗继电器、电动车窗熔丝和连接导线、车窗玻璃等。

4. 汽车防盗系统是指防止汽车本身或车上的物品被盗所设的系统。它由电子控制的遥控器或钥匙、电子控制电路、报警装置和执行机构等组成。

5. 汽车防盗器可分为机械式和电子式两种。目前流行的是电子防盗器，主要由脉冲转发器、识读线圈、防盗器控制单元和发动机控制单元等组成。

6. 学习 GPS 的基本原理和功能、车载导航仪的日常使用方法，最主要是学会利用导航仪规划并引导我们到达某个目的地。充分体验导航仪对驾驶的辅助作用。

练习题

一、填空题

1. 电动座椅是指以电动机为＿＿＿，通过＿＿＿和＿＿＿来调节座椅的各种位置，使驾驶员或乘员乘坐舒适的座椅。

2. 按照座椅电机的数目和调节方向数目的不同，电动座椅有＿＿＿、＿＿＿、＿＿＿。

3. 按照调节方式不同，座椅调节装置可以分为＿＿＿和＿＿＿。

4. 其中动力调节按照动力源的不同，又分为＿＿＿、＿＿＿和＿＿＿3 种。

5. 电动座椅由＿＿＿、＿＿＿和＿＿＿等组成。

6. 日本丰田（Toyota）汽车公司的雷克萨斯 LS400 型轿车自动座椅的控制装置有：＿＿＿、

_____、座椅(调整)开关、_____和复位开关、腰垫开关、_____及_____等。
7. 电动后视镜主要由_____、_____、_____、_____、_____及操纵开关等构成。
8. 电动门窗的组成有_____(主控开关、分控开关)、_____、_____、_____、和_____、_____等。
9. 电动门窗的电动机类型有_____和_____。
10. 汽车防盗器可分为_____和_____两种。

二、选择题

1. 电动车窗中的电动机一般为(   )。
   A. 单向直流电动机   B. 双向交流电动机   C. 永磁双向直流电动机
2. 在电动座椅中,一般一个电机可完成座椅(   )。
   A. 1个方向的调整   B. 2个方向的调整   C. 3个方向的调整
3. 讨论电动雨刮故障:雨刮开关在"off"位置,雨刮电机马上停止,甲认为雨刮开关动作正常,乙认为雨刮复位开关或线路或雨刮开关有故障。你认为(   )。
   A. 甲对   B. 乙对   C. 甲乙都对   D. 甲乙都不对
4. 讨论电雨刮电机时,甲认为电机转速由电刷在换向器上的位置决定,乙认为该电机有两级线圈,你认为(   )。
   A. 甲对   B. 乙对   C. 甲乙都对   D. 甲乙都不对
5. 讨论电雨刮电机的转速:甲认为两电刷接入的电枢绕组小,电机转速高,乙认为两电刷接入电枢绕组小,电机转速低,你认为(   )。
   A. 甲对   B. 乙对   C. 甲乙都对   D. 甲乙都不对
6. 电动车窗的控制,甲认为主控开关对系统集中控制,乙认为锁止开关对司机窗控制,你认为(   )。
   A. 甲对   B. 乙对   C. 甲乙都对   D. 甲乙都不对
7. 电动车窗故障问题:主控开关能控制乘员窗升降,乘员窗开关不能控制升降,甲认为锁止开关失效,乙认为主控开关到乘员开关电源线开路,你认为(   )。
   A. 甲对   B. 乙对   C. 甲乙都对   D. 甲乙都不对
8. 电动车窗中的电动机一般为(   )。
   A. 单向直流电动机   B. 双向交流电动机   C. 永磁双向直流电动机
9. 检查电动车窗左后电动机时,用蓄电池的正负极分别接电动机连接器端子,电动机转动,互换正负极和端子的连接后,电动机反转,说明(   )。
   A. 电动机状况良好   B. 不能判断电动机的好坏
   C. 电动机损坏
10. 在电动座椅中,一般一个电机可完成座椅(   )。
    A. 1个方向的调整   B. 2个方向的调整   C. 3个方向的调整
11. 每个电动后视镜的后面都有(   )电动机驱动。
    A. 1个   B. 2个   C. 3个

12. 中控门锁系统中的门锁控制开关用于控制所有门锁的开关,安装在(　　)。
    A. 驾驶员侧门的内侧扶手上　　　　　　B. 每个门上
    C. 门锁总成中
13. 门锁位置开关位于(　　)。
    A. 驾驶员侧门的内侧扶手上　　　　　　B. 每个门上
    C. 门锁总成中
14. 门锁控制开关的作用是(　　)。
    A. 在任意一车门内侧实现开锁和锁门动作　　B. 在乘客车门内侧实现开锁和锁门动作
    C. 在驾驶员侧车门内侧实现开锁和锁门动作

三、判断题(对的画"√",错的画"×")

1. 座椅加热系统中可通过调整可变电阻来调整座椅的加热速度。　　　　　　　　(　　)
2. 每个电动后视镜的镜片后面都有4个电动机来实现后视镜的调整。　　　　　　(　　)
3. 永磁式刮水电动机通过改变正、负电刷之间串联线圈的个数实现变速。　　　　(　　)
4. 永磁式风窗刮水电动机用两只电刷。　　　　　　　　　　　　　　　　　　　(　　)
5. 检查刮水器的自动复位功能,可让电动机停在停止时的位置,再进行相关的检查。(　　)
6. 电动座椅系统六方向电动调整座椅用一台可逆永磁式三电枢的电动机。　　　　(　　)
7. 门锁开关用于检测车门的开闭情况,当车门关闭时,门锁开关接通。　　　　　(　　)
8. 永磁刮水电动机利用改变电路中电阻的大小来变速。　　　　　　　　　　　　(　　)
9. 风窗洗涤器用来清洗风窗玻璃上的尘土和脏物,所用洗涤液中有去垢剂、防冻剂
   等物质。　　　　　　　　　　　　　　　　　　　　　　　　　　　　　　　(　　)
10. 检查刮水器自动复位功能时,可让电动机停在停止时的位置,然后进行相关的检查。(　　)
11. 电动车窗装有两套开关,分别为总开关和分开关,这两个开关之间互相独立。　(　　)
12. 电动车窗中自动控制依靠检测电阻测量车窗的位置,当检测电阻的电压减小时,
    表示车窗已经升到位或降到位。　　　　　　　　　　　　　　　　　　　　　(　　)

四、简答题

1. 电动车窗主要由哪些部件组成?其中升降机构有哪几种?
2. 何谓电动车窗手动升降?何谓自动升降?
3. 结合电动车窗、电动座椅、电动后视镜和中控门锁的相关知识,分析双向电动机的检查思路。

测 验 试 卷

（项目六　辅助电器）

班级：_____　学号：_____　姓名：_____　考试时间：90 分钟

题号	一	二	三	四	五	总　分
得分						

一、填空题（每空 1 分，共 35 分）

1. 汽车防盗器可分为_____和_____两种。
2. 按照座椅电机的数目和调节方向数目的不同，电动座椅有_____、_____、_____。
3. 电动后视镜主要由_____、_____、_____、_____及操纵开关等构成。
4. 其中动力调节按照动力源的不同，又分为_____、_____和_____3 种。
5. 电动座椅由_____、_____和_____等组成。
6. 电动座椅是指以电动机为_____，通过_____和_____来调节座椅的各种位置，使驾驶员或乘员乘坐舒适的座椅。
7. 按照调节方式不同，座椅调节装置可以分为_____和_____。
8. 电动门窗的组成有_____（主控开关、分控开关）、_____、_____、_____、_____和_____等。
9. 电动门窗的电动机类型有_____和_____。
10. 日本丰田（Toyota）汽车公司的雷克萨斯 LS400 型轿车自动座椅的控制装置有_____、_____、座椅（调整）开关、_____和复位开关、腰垫开关、_____及_____等。

二、选择题（多选或少选均不得分。每题 2 分，共 18 分）

1. 车窗继电器如图所示，1、3 端子间是线圈，如果用蓄电池将两端子连接，则 2、4 端子之间应（　　）。
   A. 通路　　　　　B. 断路
   C. 时通时断 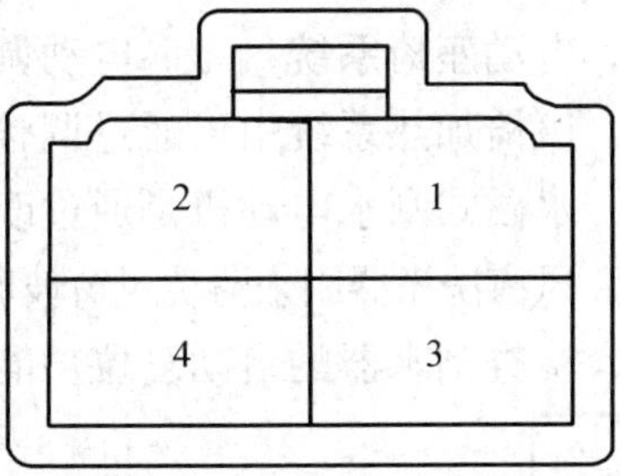
2. 每个电动后视镜的后面都有（　　）电动机驱动。
   A. 1 个　　　　B. 2 个　　　　C. 3 个
3. 门锁控制开关用于控制所有门锁的开关，安装在（　　）。
   A. 驾驶员侧门的内侧扶手上
   B. 每个门上　　　C. 门锁总成中
4. 电加热座椅电路如图所示，节温器开关断开，将会使（　　）。
   A. 快速加热系统失效

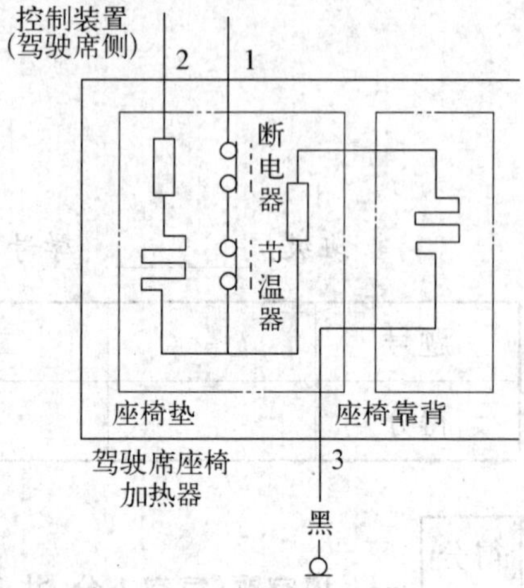

B. 低速加热系统失效

C. 快速和低速加热系统都失效

5. 检查电动车窗左后电动机时,用蓄电池的正负极分别接电动机连接器端子后,电动机转动,互换正负极和端子的连接后,电动机反转,说明(　　)。

　　A. 电动机状况良好

　　B. 不能判断电动机的好坏

　　C. 电动机损坏

6. 在电动座椅中,一般一个电机可完成座椅(　　)。

　　A. 1个方向的调整

　　B. 2个方向的调整

　　C. 3个方向的调整

图2

7. 门锁位置开关位于(　　)。

　　A. 驾驶员侧门的内侧扶手上　　　　B. 每个门上

　　C. 门锁总成中

8. 门锁控制开关的作用是(　　)。

　　A. 在任意一车门内侧实现开锁和锁门动作　　B. 在乘客车门内侧实现开锁和锁门动作

　　C. 在驾驶员侧车门内侧实现开锁和锁门动作

9. 电动车窗中的电动机一般为(　　)。

　　A. 单向直流电动机　　B. 双向交流电动机　　C. 永磁双向直流电动机

三、判断题(对的画"√",错的画"×"。每题1分,共10分)

1. 门锁开关用于检测车门的开闭情况,当车门关闭时,门锁开关接通。(　　)
2. 每个电动后视镜的镜片后面都有4个电动机来实现后视镜的调整。(　　)
3. 永磁刮水电动机利用改变电路中电阻的大小来变速。(　　)
4. 永磁式风窗刮水电动机用两只电刷。(　　)
5. 电动车窗中自动控制依靠检测电阻测量车窗的位置,当检测电阻的电压减小时,
　　表示车窗已经升到位或降到位。(　　)
6. 电动座椅系统六方向电动调整座椅用一台可逆永磁式三电枢的电动机。(　　)
7. 座椅加热系统中可通过调整可变电阻来调整座椅的加热速度。(　　)
8. 永磁式刮水电动机是通过改变正、负电刷之间串联线圈的个数实现变速的。(　　)
9. 风窗洗涤器用来清洗风窗玻璃上的尘土和脏物,所用洗涤液中有去垢剂、防冻剂等物质。(　　)
10. 检查刮水器的自动复位功能时,可让电动机在停止时的位置,然后进行相关的检查。(　　)

四、问答题(每题3分,共18分)

1. 何谓电动车窗手动升降?何谓自动升降?
2. 结合电动车窗、电动座椅、电动后视镜和中控门锁的相关知识,分析双向电动机的检查思路。
3. 电动车窗主要由哪些部件组成?其中升降机构有哪几种?

五、看图写出原理，并画出电流方向（19分）

请根据下图说出北京现代索纳塔轿车左后视镜垂直方向的倾斜程度调节过程。

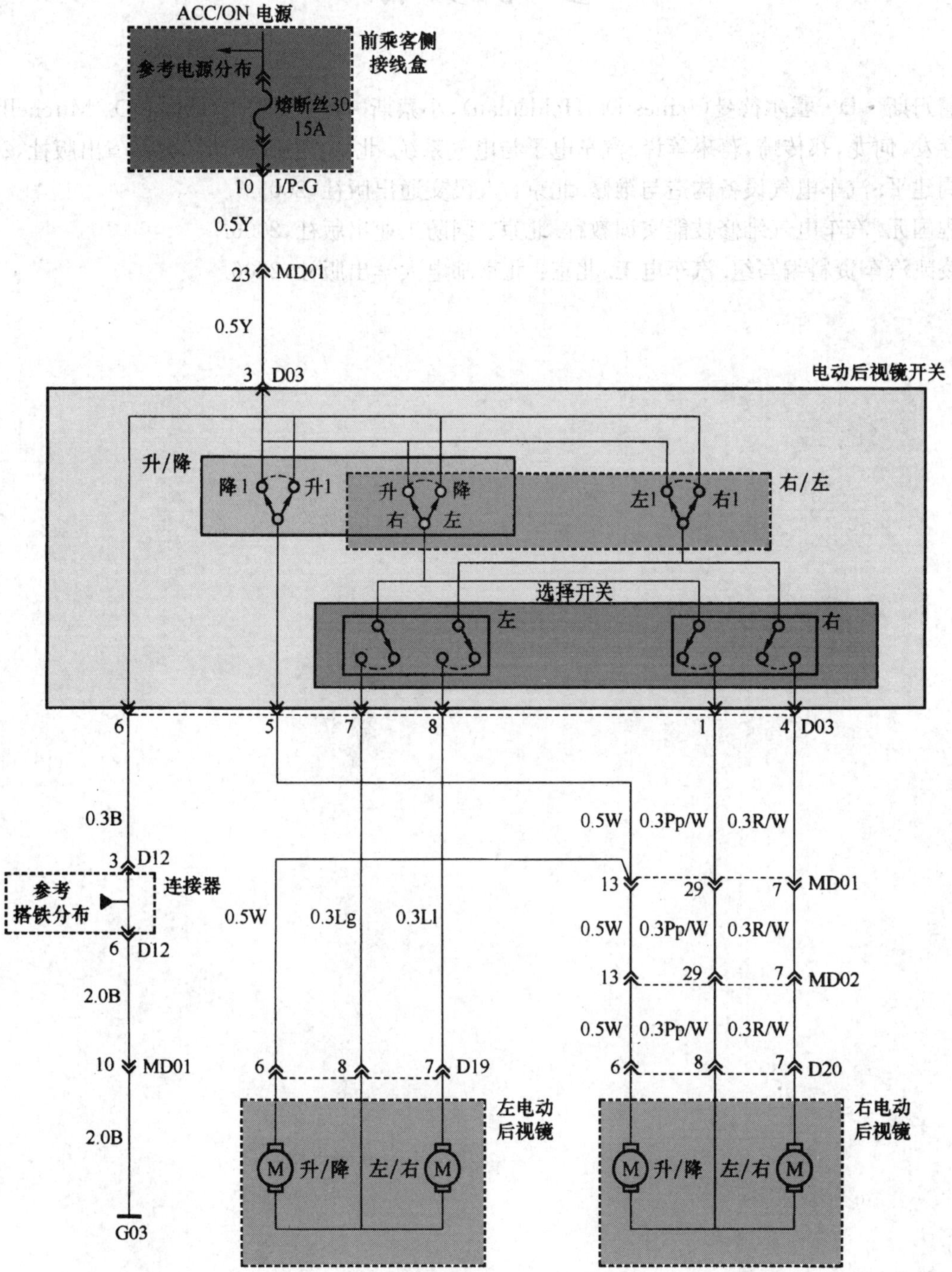

项目六　辅助电器

315

参 考 文 献

1. 詹姆斯·D·霍尔德曼(James D. Haldeman),小蔡斯·D·米切尔(Chase D. Mitchell),刘存友,何龙,祁传琦,蒋琳等译.汽车电子与电气系统.北京:中国劳动社会保障出版社,2005.
2. 周建平.汽车电气设备构造与维修.北京:人民交通出版社,2005.
3. 程国元.汽车电气维修技能实训教程.北京:国防工业出版社,2006.
4. 凌凯汽车资料编写组.汽车电工.北京:北京邮电大学出版社,2006.

图书在版编目(CIP)数据

汽车电器设备结构与维修/王宝根,王惠军主编. —上海:复旦大学出版社,2009.8(2021.12重印)
(复旦卓越·21世纪汽车类职业教育教材)
ISBN 978-7-309-06713-2

Ⅰ.汽… Ⅱ.①王…②王… Ⅲ.①汽车-电器设备-构造-职业教育-教材
②汽车-电器设备-车辆修理-职业教育-教材 Ⅳ.U472.41

中国版本图书馆CIP数据核字(2009)第104809号

汽车电器设备结构与维修
王宝根 王惠军 主编
责任编辑/梁 玲

复旦大学出版社有限公司出版发行
上海市国权路579号 邮编:200433
网址:fupnet@fudanpress.com http://www.fudanpress.com
门市零售:86-21-65102580 团体订购:86-21-65104505
出版部电话:86-21-65642845
上海新艺印刷有限公司

开本 787×1092 1/16 印张 20.5 字数 511 千
2021年12月第1版第6次印刷
印数 10 501—11 600

ISBN 978-7-309-06713-2/U·08
定价:49.00元

如有印装质量问题,请向复旦大学出版社有限公司出版部调换。
版权所有 侵权必究

复旦大学出版社向使用本书作为教材进行教学的教师免费赠送教学辅助光盘供参考,该光盘含有本书练习题和测验试卷的答案等。欢迎完整填写下面表格来索取光盘。

教师姓名:＿＿＿＿＿＿＿＿＿＿

任课课程名称:＿＿＿＿＿＿＿＿＿＿＿＿＿＿＿＿＿

任课课程学生人数:＿＿＿＿＿＿＿＿＿＿

联系电话:(O)＿＿＿＿＿＿＿＿＿**(H)**＿＿＿＿＿＿＿＿＿**手机:**＿＿＿＿＿＿＿＿＿

e-mail 地址:＿＿＿＿＿＿＿＿＿＿＿＿＿＿＿＿＿＿＿＿＿

所在学校名称:＿＿＿＿＿＿＿＿＿＿＿＿＿＿＿**邮政编码:**＿＿＿＿＿＿＿＿＿

所在学校地址:＿＿＿＿＿＿＿＿＿＿＿＿＿＿＿＿＿＿＿

学校电话总机(带区号):＿＿＿＿＿＿＿＿＿＿**学校网址:**＿＿＿＿＿＿＿＿＿

系名称:＿＿＿＿＿＿＿＿＿＿＿＿＿＿＿＿＿**系联系电话:**＿＿＿＿＿＿＿＿＿

每位教师限赠送光盘一个。

邮寄光盘地址:＿＿＿＿＿＿＿＿＿＿＿＿＿＿＿＿＿＿＿＿＿

邮政编码:＿＿＿＿＿＿＿＿＿＿

请将本页完整填写后,剪下邮寄到上海市国权路 579 号
复旦大学出版社梁玲收
邮政编码:200433　　联系电话:(021)65654718
复旦大学出版社将免费邮寄赠送教师所需要的光盘。